태국역사문화기행

황톳길 위에서 미소를 만나다

본 저서는 2018학년도 한국외국어대학교 교내학술연구비의
지원에 의하여 수행된 결과입니다.

| 정환승의 태국 문화유산답사기 001 |

Thailand

Thailand 태국역사문화기행

황톳길 위에서 미소를 만나다

정환승 지음

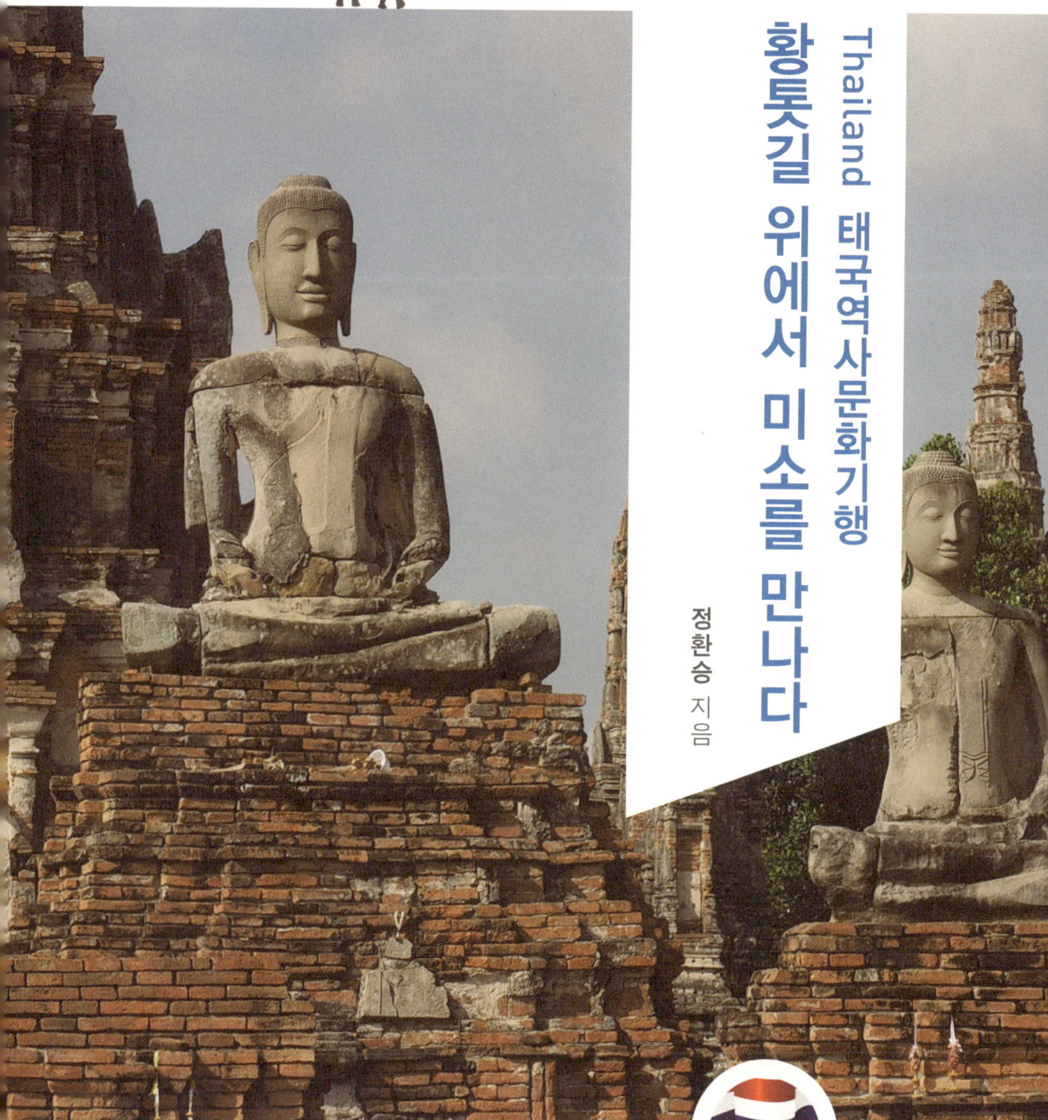

HU:iNE

Thailand

이 책을 내면서

늦깎이 공부를 하면서 태국어를 전공으로 선택하여 오늘에 이르기까지 30여 년의 세월이 훌쩍 지났습니다. 학부 4년을 마치고 태국에 유학을 갔을 때 처음 눈에 들어온 것이 어디를 가도 쉽게 볼 수 있는 곳곳의 불교 사원과 승려들의 모습이었습니다. 그래서 과연 태국은 불교의 나라라는 것을 실감할 수 있었습니다.

유학 생활을 시작하면서 태국의 불교에 대해 점점 호기심이 생겼습니다. 불교는 태국인들에게 종교이면서 삶, 그 자체라는 생각이 들었습니다. 따라서 태국의 불교를 이해하지 못하고는 절대 태국인의 삶과 태국 문화를 이해할 수 없을 것 같았습니다. 그래서 생각한 것이 우선 태국의 전통사회에서 남자들이 만 20세가 되면 하는 출가 수행을 하고 싶어졌습니다. 처음 맞이하는 방학 중에 계절 학기를 수강하고는 바로 친구의 도움을 받아 랏차부리 주 매끌렁 강변에 있는 왓껫까람으로 갔습니다. 그곳에서 주지스님의 허락을 득하고 열흘 남짓 승려가 되어 수도 생활을 했습니다. 시간은 많이 지났지만 그래도 그때 얻은 감동과 작은 깨달음은 아직도 마음 한구석에 그대로 남아 있습니다.

그 뒤로 언젠가는 태국의 역사와 불교문화를 탐방하는 여행을 하고 싶다는 욕심이 생겨났습니다. 그러나 바쁜 일상생활에 얽매이다 보니 뒤로 미루기만 하다가 실행에 옮긴 것이 불과 3년 전의 일입니다. 우선 시대순으로 쑤코타이를 중심으로 인근의 씨쌋차날라이와 깜팽펫을 먼저 가보고 아유타야와 톤부리를 거쳐 방콕 지역의 사원을 돌아보았습니다. 사전에 자료 조사도 하고 미리 역사 공부도 좀 했는데 사원의 구조와 그 안에 담겨 있는 역사와 문화, 나아가 그 공간 속에서 오랜 시간을 살아온 사람들의 정신세계를 제대로 들여다본다는 것이 그리 쉬운 일은 아니었습니다.

평소에 늘 궁금했습니다. '태국인들의 해맑은 미소는 어디에서 왔을까?' 불교 사원과 불탑을 탐방하면서 어느 날 불상의 미소가 마음 깊이 와닿았습니다. 어느 사원을 가더라도 은은한 미소를 짓고 있는 붓다의 모습이 있었습니다. 그런데 여행을 마치면서 태국인들의 미소가 바로 이런 붓다의 미소와 닮았다는 사실을 깨달을 수 있었습니다. 그래서 앞으로는 그들처럼 미소 지으며 살아야겠다는 다짐을 하게 되었습니다. 그러면 그만큼 앞으로의 삶이 더욱 행복해질 거라는 믿음이 있기 때문입니다.

어설프게 느끼고 이해한 것을 책으로 낸다는 것에 두려움이 앞섰습니다. 그러나 한편으로는 그동안 쌓아온 얼마간의 소중한 경험과 지식을 좀더 많은 사람들과 공유하고 싶은 욕심도 생겨났습니다. 지난해 태국을 찾은 한국인 수가 180만 명이라고 합니다. 태국을 다녀오는 모든 이들이 태국의 역사와 불교 문화에 대해 좀더 많은 관심을 가져주었으면 좋겠다는 생각이 많이 듭니다. 태국인 대다수가 신봉하는 불교와 그것을 바탕으로 형성된 문화를 들여다보면 태국과 태국 사람을 좀더 깊이 있게 이해할 수 있기 때문입니다. 그런 과정에서 이 책이 조금이나마 도움이 되었으면 하는 바람을 가져 봅니다.

이 책이 나오기까지 많은 분의 도움이 있었습니다. 우선 한국외국어대학교 지식출판콘텐츠원 관계자분들께 감사드립니다. 까다로운 원고를 잘 다듬어 예쁘게 책으로 꾸며 주셨습니다. 태국의 역사와 문화에 대한 궁금증을 많이 해소시켜준 태국의 많은 지인들과 여행 중에 만난 사람들에게 고마움을 전합니다. 특히 빤야피왓대학교의 찐따나 풋타메따(จินตนา พุทธเมตะ) 교수님께 깊은 감사를 드립니다. 뜬금없는 질문에도 늘 성의 있는 답변을 해주셨습니다. 그리고 모든 여정 내내 길동무가 되어 준 아내 권은경과 보람을 같이 나누고 싶습니다. 뙤약볕 아래 같이 사진을 찍어주면서 항상 옆에서 힘이 되어 주었습니다. 아직 부족한 점이 많다는 것을 잘 알고 있습니다. 앞으로 계속 살펴보면서 채워 나가겠습니다.

2019년 8월

정환승

Thailand

차 례

T H A I L A N D

1
쑤코타이를 가다

S U K H O T H A I

제1장 쑤코타이를 가다

황토색이 아름다운 나라 태국

처음 태국에 유학을 간 것이 1987년 1월 초였다. 방콕에서 이틀을 묵고는 후아람퐁 역에서 남부 최대의 도시 핫야이 역까지 가는 기차에 올랐다. 빳따니 주에 있는 쏭클라대학교로 가기 위해서였다. 기차로 17시간을 가서 다시 택시를 합승하여 한 시간 남짓을 이동해야 하는 장거리 여행이었다. 후아람퐁 역은 우리나라의 서울역이나 마찬가지인데 유학 생활 당시 기차를 타고 방콕에 자주 다녔던 터라 나중에는 제법 정이 들었다. 쏭클라대학이 소재했던 남부의 빳따니에서 올라오게 되면 상경하는 설렘이 있었고 다시 내려갈 때는 고향에 가는 듯한 또다른 설렘이 있었다. 그러다 보니 매번 후아람퐁 역에 가면 우연치 않게 만나는 태국인 지인들이 적지 않았다. 그들을 만나면 마치 고향 사람을 만나는

후어람퐁역

것처럼 반가웠다. 장시간 기차 여행은 처음이라서 지루하지 않을까 싶었는데 낯선 이국의 모습들이 신기하고 새로워 생각보다 즐거웠다. 기차 타는 시간이 긴 만큼 옆에 앉은 승객과 행선지를 묻고는 이내 수인사가 오갔다. 내가 한국에서 온 유학생이라고 하자 반색을 하며 이것저것을 물어보고는 식당 칸에서 배달되는 점심까지 사주었다. 공무원이라고 했던 그 승객의 호의를 나는 지금도 잊지 못한다. 그는 나에게 태국인이 친절하고 이방인들에게 호의적이라는 첫인상을 강하게 각인시켜 주었다.

저녁이 되자 승무원이 와서 좌석을 빼고 침대를 만들어 잠자리를 마련해 주었다. 2등칸에 만들어지는 침대는 좌석이 있던 자리에 하나, 그리고 위쪽에 하나 해서 두 개의 침대가 만들어 진다. 그런데 위쪽에 있는 침대는 조그만 사다리를 타고 오르내려야 하는 불편함이 있어 가격이 좀 더 싸다. 다행히 아래층으로 예약을 해서 편안하게 갈 수 있었다. 기차의 침대 칸에 만들어지는 침실은

태국 남부를 오가는 기차

정말 아늑하고 좋았다. 한 사람이 다리를 뻗고 누울 수 있는 공간에 하얀 시트가 깔린 침대가 설치되고 커튼을 내리게 되면 통로와 차단되어 조그만 침실이 되었다. 머리맡에 조그만 전등이 있어서 스위치를 올리게 되면 오렌지색의 불이 들어와 낭만적인 분위기가 연출되었다. 앞으로의 유학 생활을 생각하며 여러 가지 상념에 잠겨 잠을 못 이루고 뒤척이다 밤 늦게 겨우 잠이 들었다. 아침이 되자 승무원이 침대를 정리하고 다시 의자로 만들어 주었다. 기차가 서행을 하면서 창밖을 보니 시골 풍경이 눈에 들어왔다. 그리 크지 않은 시골 마을에 연기가 피어 오르고 밤새 비가 좀 왔는지 약간 젖어 있는 황톳길 위로 아이들이 등교를 하고 있었다. 몇은 걸어서 가고 몇은 자전거를 타고 가고 있었다. 그때 유난히 선명하게 보였던 황톳길이 어릴 적 고향의 모습과 겹쳐지면서 무척이나 친근하게 느껴졌다. 시골에서 중학교를 나온 나는 학교를 걸어서 다녔다. 집이 조금 먼 학생들 중 일부는 자전거를 타고 다녔다. 그때 학교를 조그만 야산을 깎아 내고 지은 터라 교실 뒤쪽으로는 황토색 산비탈이 그대로 드러나 있었다. 까맣게 잊고 있었던 그 시골 중학교의 뒷산 황톳빛이 이역만리 먼 곳의 한 시골 마을에서 마치 잘 그려진 한 폭의 수채화처럼 눈앞에 선명하게 되살아 났다. 그 광경에서 나는 황토색이 참으로 아름다운 색이구나 하는 것을 처음으로 느꼈다.

태국에서 황토색이 인상 깊게 다가온 것은 그해 계절학기를 마치고 찾아간 랏차부리주의 한 불교 사원에서였다. 불교의 나라 태국에서 몇 달을 지내다 보니 출가수행에 대해 남다른 관심을 갖게 되었다. 예로부터 태국에서는 남자가 스무 살이 되면 석 달간 머리를 깎고 절에 들어가 수행하는 풍습이 있었는데 이를 한 번쯤은 몸소 체험하고 싶었다. 그래야 태국 사람과 태국 문화를 제대로 이해할 수 있을 것 같다는 생각이 들었다. 어릴 적부터 불교라는 종교에 대해 막연한 호기심을 가지고 있던 나는 고등학교 때 불교학생회에 가입하여 스스로를 불교 신자라고 생각했지만 실제로 불교에 대해 아는 것은 그다지 많지 않았다. 다만 당시 직지사에 적을 두고 있던 두 분의 젊은 스님이 학교로 와서 법회를 열고 설법을 했는데 그때 반야심경을 암송하는 스님의 목소리가 너무 좋았던 기억이 난다. 마침 계절학기에서 같이 수업을 들었던 친구가 도와준다고 나섰다. 먼저 수계식 준비를 위해 의식을 치를 때 필요한 경구를 암송해야 했다. 친구가 가져다준 얇은 책자와 녹음테이프를 받아 일주일 넘

출가수행 당시 필자의 모습

게 연습하고 암송하여 그런대로 준비를 마쳤다. 그리하여 출가 일정을 정하고 그의 고향 랏차부리로 가게 되었다. 내가 수도 생활할 왓껫까람 사원은 랏차부리 주의 매끌렁 강변에 위치해 있었다. 주지 스님의 허락을 받고 2~3일 후 마침내 머리를 깎고 승려 생활을 시작하였다. 승려 생활이 조금 익숙해질 무렵 하루는 탁발을 하기 위해 행렬을 따라 절을 나서는데 우리와는 달리 쪽배를 타고 강변에 있는 수상가옥으로 탁발을 가는 동자승의 모습을 보았다. 물안개 피어오르는 강가에서 누런 황톳물 위로 노를 저어 가는 동자승의 승복 또한 황토색이었는데 강물보다는 상대적으로 밝은 황색의 승복이 아침햇살을 받아 빛이 나고 있었다. 그때 그 모습에서 형용할 수 없는 아름다움을 느꼈다. 아마도 사람이 죽어서 가는 극락이 정말 있다면 저렇게 아름답고 평화로운 모습을 하고 있을 것이라는 생각이 들었다. 나중에 암파와 수상 시장에서 아침을 맞이하면서 이와 유사한 광경을 몇 번 더 목격했다.

암파와 수상 시장의 탁발승

홍토로 지은 사원의 일부

그 뒤 세월이 한참 지나서 쑤코타이와 아유타야 같은 옛 도시를 돌아보면서 대부분 사원들이 홍토로 지어졌다는 것을 알게 되었다. 라테라이드라고 부르는 홍토는 염기와 규산이 빠져나가고 남은 성분이 산화되어 만들어진 토양층이다. 이 토양층을 태국어로는 "씰라댕"이라고 부르는데 직역하면 '붉은 돌'이란 뜻이다. 그렇다면 "홍석"이라고 해야 하겠지만 일반적으로 홍토라고 부르는 모양이다. 홍토는 산화철과 알루미늄을 포함하고 있어 붉은빛을 띤다. 쑤코타이의 홍토는 황색이면서 다소 탁한 빛깔을 지니고 있어 첫눈에 아름다움을 느끼지는 않았다. 그러나 폐허가 된 사원의 불탑이나 기둥 등을 보고 있노라면 마치 수백 년의 세월이 그 붉은빛의 홍토 속에 녹아 있는 것 같다는 경이로운 느낌을 받았다. 그 더운 상하의 나라 뜨거운 햇볕 속에서 구워지고 또다시 구워지는 상황이 끝없이 이어지는 윤회의 담금질 속에서 탄생한 성스러운 빛깔처럼 보였다. 그래서 그 홍토의 빛깔은 마치 누렇게 바랜 불교 경전을 보는 것 같은 잔잔한 감동까지 느낄 수 있었다.

지금부터 30년 전에 목격한 태국 시골의 비에 젖은 황토색의 등굣길과 시차를 두고 접해온 매끌렁 강의 황톳물, 그리고 동자승의 황색 승복의 잔영은 늘 내 가슴 한 켠에 남아 있었다. 그리고 비교적 뒤에 접하게 된 태국 고찰의 홍토에서 본 황토색은 또다른 감흥을 안겨주었다. 이런 과정을 통해 나는 태국은 빛깔로 치면 황토색이라는 생각을 하게 되었다. 그래서 언젠가는 한 번 그 황토색을 따라 여행을 해보고 싶다는 욕심이 생겨났는데 이를 실행에 옮기기까지는 적지 않은 시간이 흘렀다. 황토색을 찾아 떠나는 여행은 쑤코타이부터 시작하게 되었다.

아침이 행복한 도시 쑤코타이

쑤코타이는 하나의 주(州) 이름이면서도 주도(州都)의 이름이기도 하다. 방콕으로부터 약 400km 떨어져 있으니까 대략 서울에서 부산까지 가는 만큼의 거리이다. 쑤코타이는 '행복의 아침'이란 의미를 가지고 있다. 처음엔 그냥 그런가 보다 했는데 실제로 쑤코타이에 여러 번 가게 되면서 아침을 맞이할 때마다 쑤코타이라는 지명에 공감하게 되고 이 도시에 대한 애정이 생겨났다. 특

쑤코타이 위치

히 아침이 밝아올 무렵 오래된 사원에 안치되어 있는 불상의 미소 위로 햇살이 비치고 탁발 나온 승려에게 시주하는 모습을 보거나 오래된 사원의 조그만 연못가에 연꽃이 활짝 피어오르는 모습을 보노라면 과연 이래서 '아침이 행복한 도시'라는 생각이 들곤 했다. 이어서 잠시나마 '고요한 아침의 나라' 조선에서 태어나 엇비슷한 시기를 살았던 우리 조상들과는 어떻게 다르게 살았을까 하는 상념에 젖곤 했다. 그리고 태국인의 미소는 어떻게 생겨났고 한국인의 근엄함은 어떻게 생겨났을까 하는 궁금증을 가지게 되었다. 그래서 궁극적으로는 오늘날 인도차이나 반도에서 살아가는 태국 사람들과 한반도에서 살아가는 한국 사람들 사이에서 나는 호접몽을 꾸듯 살아가고 싶은 생각마저 들었다.

쑤코타이를 처음부터 좋아하게 된 것은 아니었다. 내가 쑤코타이를 처음 찾은 것은 2005년이었다. 당시 외대 태국어과 학생들의 단기 어학 연수단 지도 교수로 학생들을 인솔하고 부라파대학에 열흘 정도 머물렀었다. 그런데 마침 연수단 학생들의 수학여행이 쑤코타이로 잡혀 있어서 동행하게 되었다. 아침에 출발한 여정은 생각했던 것보다 길어서 중간에 점심을 먹고 저녁 나절이 다 되어서야 도착했다. 신시가지에 있는 호텔에 투숙하여 첫날을 보내면서도 나는 쑤코타이 탐방에 대한 설렘이나 기대는 그리 크지 않았다. 언어학 전공인 나는 당시 주로 관심사가 태국어 문장 성분과 구조를 분석하거나 그와 관련한 태국어 교재 집필에 한참 몰두하고 있었기에 역사와 문화에 대한 관심은 상대적으로 적었다. 그저 타이문자를 만든 람캄행 대왕 동상과 비문 정도는 보겠구나 하던 것이 전부였다. 그래서 저녁 먹고 맥주 좀 사다가 호텔 방에 학생들 몇 모아 놓고는 조촐한 술자리를 벌였다. 이런저런 이야기

쑤코타이 마하탓 사원의 아침

를 나누다가 학생들의 요청으로 내 첫사랑 이야기를 들려주고 학생들도 돌아가면서 자신의 첫사랑 이야기를 하면서 보냈다. 술자리는 그날 밤 늦게까지 이어졌다. 그날 저녁 이야기를 필력 좀 있는 작가가 들었다면 아마도 괜찮은 순정 소설 한 권쯤 쉽게 썼을 것이다. 그래서 처음 쑤코타이 여정에서는 '행복의 아침'을 맛보지 못했다.

이튿날 차를 타고 구시가지로 이동했다. 신시가지에서 구시가지로 들어서자 시간을 몇 백 년쯤 거슬러 올라간 듯 창밖의 풍경이 바뀌어 갔다. 인적은 드물고 눈에 띄는 것은 빨간색 홍토로 지은 구조물이나 불교 사원들이 대부분이었다. 오래된 고도(古都)처럼 길거리에 무너진 사원의 흔적들이 곳곳에 널려 있었다. 쑤코타이 역사공원 앞에서 차를 내려 입장권을 끊고 제일 먼저 찾아간

곳이 람캄행 대왕 동상 앞이었다. 들고 갔던 카메라로 사진 몇 장 찍고 향을 피워 꽂은 다음 태국식으로 엎드려 절했던 기억이 난다. 태국어를 전공으로 선택했는데 그래도 문자를 만들어낸 왕에 대한 최소한의 예는 올려야 된다는 단순한 생각에서였다. 첫 번째 쑤코타이행은 여기까지만 기억이 선명하다. 나머지는 땡볕 아래 이곳 저곳에 널려 있는 사원들을 돌아보는데 별로 감흥도 없고 가슴에 와닿는 것도 없었다. 그래서 최소한 두세 시간을 역사공원 안에 머물러 있으면서 같이 간 태국인 교수와 문화해설사의 설명을 들었는데도 기억에 남는 내용은 별로 없다. 참으로 태국어 전공자로서 쑤코타이에 대해 무례를 범했던 부끄러운 추억이 아닐 수 없다.

천시(天時)-만남에는 때가 있다

사람과의 만남도 그렇지만 도시와의 만남도 마찬가지이다. 특정한 시기에 특별한 인연을 가지고 만나야 모든 것이 제대로 눈에 들어온다. 푸껫이란 곳을 유학 시절 가족과 함께 간 적이 있다. 차를 가지고 갔는데 아침에 출발해서 저녁에야 닿았다. 첫날은 이미 날이 저물어 그냥 호텔로 들어가 쉬기로 하고 이튿날 주변을 돌아보기로 했다. 아침을 먹고 관광 지도를 들고 호텔 카운터에 가서 가 볼 만한 곳을 다섯 군데만 추천해달라고 했다. 호텔 직원이 추천해준 1순위가 바로 빠떵 해변이었다. 차를 몰고 호텔을 나와 조그만 언덕을 넘어서자 빠떵 해변의 전경이 한눈에 들어왔다. 그때의 경이로움을 나는 아직 잊을 수 없다. 차를 도로 갓길에 세우고 우리 가족은 빠떵 해변을 내려다보며 감탄사를 연발했다. 그리고

빠떵 비치의 모습

푸껫의 해변

그날은 다른 곳은 일체 포기하고 하루 종일 빠떵 해변에서만 보냈다. 그런데 며칠 후 다시 학교로 돌아와 생각해보니 내가 빠떵 해변을 처음 간 것이 아니었다. 몇 년 전에 태국 대학생 예술 경연대회가 푸껫에서 열렸었는데 그때 지인의 권유로 따라갔다가 빠떵 해변에서 한나절을 보낸 적이 있었다. 그때는 단순한 태국의 해변가였을 뿐 어떤 특별한 감흥도 없었다. 나중에 태국에 오는 외대 후배들에게도 관광코스로 푸껫의 빠떵 해변을 추천했는데 다녀온 친구들 대부분이 그저 그렇다고 했다. 그때부터 나는 어디를 가더라도 천시(天時) 즉, 하늘이 정해준 시간이 있다는 막연한 믿음을 갖게 되었다.

내가 다시 쑤코타이를 찾은 것은 그로부터 10여 년이 지난 겨울이었다. 태국어를 전공한 지 30년이 넘어서면서 나 자신에게 약간의 변화가 일어났다. 태국어의 문장구조보다 언어를 통해 드러나는 태국문화에 대한 호기심이 더 강해지면서 더 나이가 들기 전에 한 번쯤은 배낭 여행을 하고 싶다는 생각이 들었다. 그래서 최소한 쑤코타이부터 시작해서 길 따라 시간 따라 태국 땅을 돌아다녀보고 싶었다. 간절한 바람은 이루어진다. 2016년 겨울 방학이 시작되고 어학연수단 지도 교수로 부라파대학에 다시 가게 되었다. 부라파대학에서 며칠 있으면서 시간 나는 대로 일정을 점검하고 인터넷에 들어가 필요한 자료를 뽑아 읽어보기로 했다. 여행은 나이가 들어도 가슴을 설레게 하고 꿈을 꾸게 만든다. 태곳적은 아니더라도 태국의 역사가 시작된 옛 땅을 밟는다는 것은, 그래서 시간을 거슬러 올라가 그 시대 사람들의 숨결을 느껴본다는 것은 얼마나 의미 있는 일인가. 부라파대학에서 묶여 있는 열흘 간의 시간이 더디게 지나가는 것 같았다.

부라파대학은 방콕을 기준으로 보면 동쪽에 있는 촌부리 주에 위치하고 있다. 자동차로 가면 한 시간 반 정도 걸린다. 본래는 방콕에 있는 씨나카린위롯 대학교의 여덟 개 지방 캠퍼스 중의 하나였던 것이 나중에 독립하여 오늘날의 부라파대학교가 되었다. 태국어에서 부라파는 '동쪽'이라는 뜻이다. 일찍부터 한국어 교육에 관심을 갖고 있어서 외대 태국어과와 교류가 많았다. 외대에 교환교수로 다녀간 교수들이 많아서 아는 사람이 꽤 되었다. 방콕처럼 번잡하지 않고 캠퍼스가 조용해서 나는 갈 때마다 아침 운동 겸 산책을 즐겼다. 태국의 대부분 대학은 넓고 그 안에 호수가 하나씩은 있어서 주변에 산책로를 만들어 놓는다. 아침에 조금 일찍 일어나 호수 주변을 두세 바퀴 돌다 보면 아침 해가 떠오르는데 '룽아룬'이라고 부르는 그 여명의 시간이 그리 좋을 수가 없었다. 부라파대학에서 여명의 시간에 나는 '아침이 행복한 도시' 쑤코타이에 가는 계획을 세워나갔다.

쑤코타이 여행이 시작되면서 아내가 동행하게 되었다. 아내와는 대학 시절 동아리에서 만나 유학 5년 차에 결혼하고 태국 남부의 쏭클라대학교에서 신접살림을 차렸다. 딸아이도 거기에서 낳았다. 내가 건강관리를 잘못하여 고생을 많이 했는데 간병과 뒷바라지에 아내의 고생이 더 컸다. 아내에게 4년간의 태국 생활은 외롭고 힘들었을 터인데 아직까지 그 누구보다도 태국을 좋아한다. 그래서 빳따니에서의 힘들었던 생활도 지금은 우리에게 아름다운 추억으로 남아 있다. 그해가 마침 결혼 25주년이라서 가장 마음 편한 친구인 아내와 쑤코타이 여행을 함께하기로 했다. 쑤코타이로 떠나는 날 아내의 얼굴이 그 여느 때보다 밝아 보였다.

부라파대학교 정문

룽아룬-여명의 시간

10년 만에 다시 찾은 쑤코타이

방콕 에어웨이즈 항공기

처음에는 버스를 타고 갈까 궁리도 했었는데 저가 항공인 방콕 에어웨이즈를 타기로 했다. 쑤완나품 공항으로 나가 비행기를 탔는데 조그만 비행기 양 날개에 프로펠러가 보였다. 프로펠러 없는 제트 엔진에 익숙해져 있던 나에게 조금은 신기하게 느껴졌다. 비행기가 이륙하고 난 후 한 시간 남짓 걸려 쑤코타이 공항에 도착했다. 시간은 700년을 거슬러 올라가는데 정작 시계 바늘은 한 시간 남짓 돌아가 있었다. 착륙하면서 창밖을 보니 태국의 여느 지방 모습과 크게 다를 바가 없었는데 아담한 공항의 모습은 벌써 여기가 고색창연한 고도(古都)임을 암시해주고 있었다. 붉은 벽돌로 세워 놓은 조그만 불탑이 보이고 경비를 맡은 직원 복장도 옛 궁정을 지키는 왕실 근위병의 모습과 유사했다. 비행기가 도착한 것은 오후 2시를 넘어서였지만 그다지 덥다는 생각은 들지 않았다. 공항이 아담하고 규모가 작아 짐을 찾는 데도 그리 오래 걸리지 않았다.

호텔까지 리무진 버스를 타고 이동했다. 호텔까지 가는 버스의 운임은 1인당 300바트였다. 버스가 구시가지로 들어서자 창밖으로 보이는 풍경이 달라지기 시작했다. 13세기 비문에 나타난 서체를 흉내 낸 거리의 간판이 눈에 많이 띄었다. 나는 스스로 그 서체를 태국식 궁서체라고 이름 붙여 주었다. 군데군데 무너진 건축물

쑤코타이 공항의 직원 모습

의 잔해들이 벽돌 무더기 형태로 남아 있는 것이 보였다. 오랜 세월 비바람을 견디지 못한 탓일 수도 있고 아니면 버마와의 전쟁에서 몰락한 왕조의 유물로 버려진 탓일 수도 있을 것이다. 예약해 놓은 호텔에 도착하여 수속을 밟는데 호텔 카운터의 직원이 날짜를 아주 잘 잡아왔다고 한다. 오늘 쑤코타이 역사공원에서 람캄행 대왕의 날 축제가 시작된다는 것이다. 그러고 보니 도착한 날이 1월 17일이었다. 태국은 1990년부터 매년 1월 17일을 람캄행 대왕의 날로 지정해서 기념행사를 열고 있다. 호텔은 건물 전체를 타이 건축양식을 사용하여 단층 건물로 짓고 방과 복도를 목재를 사용하여 특유의 시원함을 느낄 수 있었다. 호텔 방에서 창문을 열자 옛날에 절터였는지 밖에 버려진 기왓장과 벽돌이 보였다. 아무 데나 땅을 파면 유물이 나오는 것 아닌가 하는 생각이 들었다. 이른바 '담장 없는 박물관'에 온 것이 실감났다. 짐을 풀고 나는 카운터로 가서 쑤코타이 역사공원 가는 방법을 물어보았다. 자전거를 타고 가도 되지만 야간에는 삼륜차인 뚝뚝을 타고 가는 것이 좋다는 답변을 얻었다.

뚝뚝에 대한 추억

방콕에 처음 오던 날 내가 가장 신기하고 재밌었던 것은 바로 뚝뚝이었다. 오토바이를 개조한 것 같은 조그만 삼발이 차에 앉아 행선지를 말하면 "뚝뚝"하는 엔진 소리를 내며 달렸다. 타고 내리기가 쉬운 데다가 시내를 달리다 보면 좌우 경관이 다 보이고 얼굴에 맞바람을 느낄 수 있었다. 나중에 알고 보니 뚝뚝이란 이름도 이 엔진소리를 흉내 내서 그냥 뚝뚝으로 지었다는 것이다. 그다음 날 선배를 만나 뚝뚝 이야기를 했더니 위험한 교통수단이라며 타지 말라고 했던 기억이 난다. 택시를 타기에는 거리가 너무 가까운 경우에 이용하기 편리한 교통수단이다. 출력이 약해서 속도가 느린 까닭에 별로 위험할 것 같지는 않았다. 그런데 아마도 교통량이 많은 도시에서 과속을 하거나 커브 길을 돌면서 종종 사고가 나는 모양이었다. 그래도 서양 사람들은 무서워하지 않고 뚝뚝을 즐겨 탔다. 이에 나도 선배의 충고를 무시하고 이후에도 여러 번 뚝뚝을 탔다. 그러나 나중에는 뚝뚝의 요금이 일반 택시 요금과 별 차이가 없다는 걸 알고 거의 타지 않게 되었다.

방콕의 삼발이 뚝뚝

뚝뚝은 한때 사라질 위기에 처해 있었다. 위험성보다는 속도가 느려 교통 흐름을 방해한다는 이유로 폐기를 검토한 적이 있었는데 나중에 그냥 존속하기로 하였다. 본래 방콕의 교통체증은 세계적으로 명성이 나 있다. 옛날 냉전 시대에 일부에서 동남아 지역의 공산화에 대해 도미노 현상을 우려한 적이 있었다. 그때 태국은 결코 공산화될 수 없다고 강변하는 사람들이 있었는데 그 이유가 방콕에 워낙 차가 많이 밀려 적군이 탱크를 밀고 들어와도 방콕을 점령할 수 없다는 것이었다. 웃자고 한 소리겠지만 듣고 보면 그럴싸한 말이기도 하다. 현재 외국인들이 뚝뚝을 즐겨 타면서 관광산업에 일조하기도 하고 근거가 터무니없이 미약하기는 하지만 뚝뚝이 태국의 안보에 기여하는 측면이 있다고 우길 수 있는 여지가 있는 셈이다.

또릉-야시장의 여유와 낭만

쑤코타이의 뚝뚝은 방콕의 뚝뚝과 달리 앞에 승객이 타는 공간이 있고 운전석은 뒤에 있다. 뚝뚝이 달리기 시작하자 시원한 바람이 얼굴을 스쳐간다. 좌우를 둘러보니 사원도 몇 개 보이고 길가에 늘어선 가게와 음식점들이 눈에 들어온다. 10분도 채 되지 않아 쑤코타이 역사공원 앞에 도착했다. 해마다 1월 17일부터 19일까지 열리는 람캄행 대왕의 날 기념 축제가 시작되었다는 것을 알리듯 공원 안으로 들어서자 오른쪽 편 공터에 야시장이 열리고 있었다. 어둠이 시나브로 내려앉기 시작하자 공원 안에 임시로 들어선 음식점에 불이 켜지고 사람들로 북적거리기 시작했다. 더운 나라의 야시장은 특유의 분위기가 있다. 저녁이 되면 더 이상 햇볕과 무더위에 시달리지 않아도 된다. 해가 지면서 형광등이 휘황

쑤코타이 역사 공원의 임시 시장

찬란하게 켜지고 숯불 위에서 익혀지는 꼬치구이와 여기저기서 프라이팬을 들어 올리며 조리되는 면류들, 그리고 단맛을 지닌 후식과 과일 음료들이 부담 없는 가격에 판매된다. 다소 허름하지만 그렇다고 누추해 보이지는 않는 편안한 차림으로 주민들이 아이들 손을 잡고 시장을 누비며 더러는 앉아서 먹기도 하고 더러는 서서 먹기도 한다. 그리고 아는 사람을 만나면 반갑게 인사하고 제 갈 길로 간다. 모두가 즐거운 표정들이다. 불교 국가인데도 인생은 고해와 같다는 불교의 가르침은 여기를 빗겨간 모양이다.

1987년 처음 태국 유학을 가서 남부 빳따니에 정착했을 때 가장 인상 깊은 것 중의 하나가 "또룽"이라고 부르는 야시장이었다. 야간 불빛 아래 쭉 늘어선 포장마차에서는 간단한 군것질거리부터 요기가 되는 온갖 음식들을 판다. 저녁에 해가 지고 나면 많은

태국의 야시장 또롱의 모습

사람들이 시내 야시장 쪽으로 몰려든다. 나도 주말이면 꾸아이띠아우라고 부르는 쌀국수나 팟타이라고 부르는 볶음 국수로 저녁을 먹고 영화를 한 편 보곤 했다. 영화가 끝나면 아이스크림을 먹고 숙소로 돌아와도 지출된 돈은 100바트가 채 되지 않았다. 거기서 느끼는 여유는 가난한 유학생에게 풍요로움을 안겨 주었었다. 시장을 대충 한 번 둘러보고는 꼬치구이 몇 개와 팟타이를 사서 자리를 잡고 앉았다. 태국에서 식사할 때 마실 것은 아직도 꼭 생수를 사서 마신다. 다른 동남아 국가들보다 길거리 음식의 위생 상태는 양호한 편이라 할지라도 가끔은 좋지 않은 얼음을 쓰는 곳이 있기 때문이다. 나는 유학 시절에 콜라를 가장 즐겨 마셨다. 처음 태국 음식을 먹으면서 기름지고 매콤한 맛에 음료수는 콜라가 제격이라고 생각했기 때문이다. 그래서 한때 코카콜라를 생명수라고 선언한 적이 있었다. 태국에서 콜라는 대부분 코카콜라라서 아예 코카콜라를 뜻하는 "콕"이 '콜라'를 뜻하는 대명사로 바뀌었다. 유학 시절부터 "콕"에 길들여져 나중에 공부를 끝내고 돌아와서도 한동안은 아침부터 콜라를 마셨다. 그래서 지금까지도 코카콜라 아니면 다른 콜라는 마시지 않는다. 쑤코타이에서의 첫 저녁 만찬을 야시장에서 조촐하게 먹은 후에 공연이 열리는 장소로 이동했다.

람캄행 대왕 기념 공연

본래 쑤코타이 역사공원의 면적이 꽤 넓어서 걸어 다니기 힘들다는 것을 알고 있었지만 밤 시간이 되자 어디가 어딘지 가늠하기조차 힘들었다. 상인들이게 길을 물어 행사장으로 가는데 저만치서 야간 조명을 받고 앉아 있는 람캄행 대왕 좌상이 눈에 들어왔다. 그 앞에 마이크가 설치되고 초청한 인사들이 앉는 귀빈석을 중심으로 꽤 많은 인파들이 모여 있었다. 곧 행사가 시작된다는 사회자의 안내 방송이 있자 웅성거리던 소리가 잦아지고 사람들의 시선이 앞에 마련된 연단으로 모아졌다. 그런데 연단 앞쪽에 마련된 의자에 빈자리가 많았다. 이를 귀빈석이라고 생각했는지 앉는 사람이 없었다. 마침 사진도 찍고 싶었던 터라 아내와 함께 빈자리에 앉았다.

태국의 국민성을 이야기하면 으레 언급되는 말 중의 하나가 "끄렝짜이"이다. 한마디로 '염치'라는 뜻인데 문맥에 따라 '어려워하다' 또는 '부담을 느끼다'로 해석되는 경우가 많다. 태국의 극장에 가보면 관람석의 앞부분보다 뒷부분의 좌석이 조금 더 비싸다. 그

쑤코타이 주지사가 축사하는 장면

람캄행 대왕 기념행사의 한 장면

런데 이따금 뒷부분의 좌석이 다 차지 않아 빈 좌석이 많이 남게 되는 경우가 있다. 영화가 시작될 즈음에 앞자리에 앉아 있는 사람들이 뒷자리로 좀 옮겨 앉을 법한데 하나같이 그냥 제자리에 앉아서 관람한다. 값이 싼 앞 좌석 표를 사가지고 들어왔는데 뒷좌석에 빈자리가 있다고 해서 옮겨 앉는 것이 염치없는 일이라고 생각하는 것 같았다. 그래서인지 태국 사람들의 전자상거래에서 보면 한국 사람들에 비해 반품률이 현저히 낮다고 한다. 내 돈 주고 산 물건도 조금 이상이 있거나 마음에 안 든다고 해서 교환이나 반품을 요구하는 것조차도 염치없는 일로 여기는 것 같다.

이윽고 행사가 시작되었다. 주지사의 축사로 시작된 행사는 생각보다 다채로운 내용으로 진행되었다. 주요 인사들의 람캄행 대왕에 대한 헌화가 이루어지고 학생들의 공연이 이어졌다. 그리고 쑤코타이 왕조 건국 과정과 당시 국민들의 생활상 등을 다룬 공연이 시작되었는데 짧은 시간에 함축적인 내용을 잘 전달하고 있었다. 특히 코끼리까지 동원되어 왕자 시절 코끼리를 타고 적군을 물리친 람캄행 대왕의 용맹함을 보여주는 장면은 매우 인상적이었다. 공연이 끝나고 나서 시장을 다시 한 번 둘러본 다음에 다시 뚝뚝을 타고 호텔로 돌아오니 밤 10시가 좀 안 되었다.

태국인과 더불어 사는 코끼리

호텔로 돌아오는 길에 아내가 옛날에 태국 사람들이 실제로 전쟁할 때 코끼리를 타고 싸웠느냐고 묻는다. 아마도 말을 타고 싸웠던 우리나라 조상들의 모습에 익숙해져서 코끼리를 타고 전쟁을 했다는 것이 잘 와닿지 않는 모양이었다. 그런데 실제로 태국

기상전의 재현 모습

역사에는 왕이 코끼리를 타고 전쟁을 수행한 기록이 많다. 왕이 코끼리를 타고 전쟁을 하게 되면 한 마리의 코끼리에 여러 명의 병사가 같이 타게 된다. 우선 왕은 코끼리의 목 위에 앉는다. 그리고 코끼리 등에는 왕과 손발이 잘 맞는 병사가 탄다. 그 병사는 여러 가지 무기를 들고 있다가 상황에 따라 왕이 요구하는 무기를 골라 주는 임무를 수행했다. 코끼리 엉덩이 부분에 탄 군인은 코끼리를 모는 역할을 한다. 이 밖에도 코끼리의 네 발 근처에는 용감한 병사가 같이 코끼리를 호위하며 전진한다. 만약 코끼리가 발을 공격당해 쓰러지게 되면 왕이 위험하기 때문이다. 람캄행 대왕 비문에 보면 람캄행 대왕 자신도 코끼리를 타고 전장에 나가 적국의 쿤삼촌이라는 왕을 물리쳤다는 내용이 있다.

동남아 국가에서는 옛날부터 흰 코끼리가 나타나면 그 시대 왕이 덕망이 높다는 믿음이 있었다. 16세기 짝끄라팟 왕(1548 - 1564)

시대에는 아유타야에 흰 코끼리가 일곱 마리나 있었다. 그래서 짝끄라팟 왕의 또 다른 이름은 창프악 왕이었는데 이는 백상왕(白象王)이라는 뜻이다. 이를 탐내던 버마 왕이 아유타야에게 흰 코끼리를 바치라고 요구하자 아유타야에서는 이를 거절했다. 그러자 버마 왕은 군대를 이끌고 아유타야를 침략했다. 두 나라의 왕이 코끼리를 타고 대결을 벌일 때 아유타야의 왕비였던 쑤리요타이는 남장을 한 후에 남편인 짝끄라팟 왕을 돕기 위해 코끼리를 타고 적진 한가운데로 돌진하였다. 그러나 쑤리요타이 왕비는 버마 왕의 낫에 맞아 쓰러졌는데 버마왕은 자신이 아녀자와 싸워 이긴 것에 대해 부끄러움을 느끼고 군사를 거두어 돌아갔다고 한다. 또한 아유타야 시대 나레쑤안 왕도 버마와 전쟁하면서 코끼리를 타고 버마의 왕세자를 물리쳐 이긴 적이 있다. 이처럼 코끼리는 전쟁을 수행하는 데 아주 중요한 역할을 했다.

아침식사의 즐거움

이른 아침 햇살이 뜨거워지기 전의 태국은 참으로 평온하기만 하다. 호텔 안에 조그만 수로가 해자처럼 안채 건물을 둘러싸고 있다. 수로 한 켠에는 고기 잡는 그물을 걸쳐 놓았다. 여기저기서 새 울음소리가 들리고 부지런한 서양 관광객 몇몇이서 아침 운동을 하고 돌아오는 모습이 보였다. 지금 이 시간에 밖에서는 마을 주민들이 탁발 나온 승려들에게 시주를 하고 있을 것이다. 새삼 태국의 아침이 가져다주는 평온함과 편안함을 즐기며 식당으로 향했다. 아침식사는 뷔페여서 몇 가지 음식을 접시에 담아 먹었다. 아내는 태국에 오면 가장 즐거운 것이 음식문화를 향유하는

바나나 나무 잎새에 담은 카놈쿡

것이라고 늘 입버릇처럼 이야기했다. 평소보다 양이 좀 많은 식사를 하면서 보니 후식이 바나나 나뭇잎에 담겨 있는 코코넛 분말로 만든 '카놈쿡'이었다. 한입 입에 넣으니 고소한 코코넛 향이 입안에 가득 퍼진다.

코코넛 분말은 태국어로 "까티"라고 부르는데 태국 음식을 만들 때 아주 다양하게 사용된다. 야자 열매는 보통 윗부분을 잘라내고 그곳에 빨대를 넣고 안에 있는 물을 마신다. 그다음에 숟가락으로 안에 있는 여린 속살을 파서 먹는다. 그리고 완전히 익은 야자는 분말을 따로 채취하여 여러 가지 음식에 넣어 먹는데 고소한 맛을 나게 해준다. 태국어에서 "후아까티"라고 하면 야자 분말을 채취할 때 가장 먼저 걸러 낸 진한 분말을 의미한다. 그래서 비유적으로 '한 무리 중의 가장 뛰어난 인물'을 의미한다. 우리말의 군계일학에 대응된다. 태국은 옛날부터 여러 가지 음식을 바나나 나뭇잎에 담아 먹거나 포장하여 팔았다. 나중에 접시나 사발과 같은 그릇으로 대체되었는데 그래서 오늘날까지도 식기류의 분류사를 나뭇잎과 같은 바이(ใบ)로 사용한다. 접시나 사발을 셀 때 한 장, 두 장 또는 한 잎, 두 잎 하고 부르는 셈이다. 언어는 이렇게 사람의 삶이 남긴 흔적을 기록해두는 속성을 가지고 있다.

차 한잔과 즐겨 먹는 빠텅꼬

태국에서의 아침식사는 언제나 즐겁다. 굳이 고급 레스토랑이나 맛있는 음식점을 찾지 않아도 된다. 길거리에 흔히 있는 조그만 가게나 식당에서도 얼마든지 맛있는 아침식사를 즐길 수 있다. 몇 년 전에 태국 남부 쏭클라 주에 한 달간 머무르면서 탁씬대학교 도서관에서 당시 집필하고 있는 책을 마무리한 적이 있었다. 태국에만 나오면 늘 마음에 여유가 생겨 한국에서 하는 것보다는 훨씬 효율적으로 글을 쓸 수 있었다. 아침에 일어나면 주변 도로를 산책 겸 운동 삼아 걷다가 길가의 조그만 가게에서 차를 한 잔 마시면서 빠텅꼬를 먹곤 했다.

빠텅꼬는 중국에서 건너온 것인데 주로 아침에 먹는 음식으로 밀가루로 만든다. 밀가루 반죽을 발효시켜 소금으로 간한 다음 길쭉한 모양으로 만들어 기름에 튀겨서 만드는데 두 개의 엄지손가락만 한 막대 도넛이 붙어 있는 형상을 하고 있다. 중국에서는 이를 유조(油條)라고 부르는데 그 유래를 보면 좀 섬찟하기까지 하다. 옛날 중국 남송 시대 진회가 악비를 살해하는 사건이 일어났다. 그러자 이를 괘씸하게 여긴 장안의 일부 주민들이 악비의 원한을 풀기 위해 밀가루 반죽으로 진회 부부의 형상을 만들어 기름에 튀겨 죽이는 시늉을 했다고 한다. 진회를 밀가루 인형으로나마 지옥의 고통을 맛보게 하려고 했던 데서 생겨난 음식이라고 하니 차라리 모르고 먹는 것이 낫겠다는 생각이 든다.

그래도 자전거가 좋다

역사공원 내 자전거로 이동하는 모습

식사를 마치고 자전거를 빌려 타기로 했다. 자전거 임대료는 대당 90바트였다. 뚝뚝을 타고 공원 앞에까지 갈 수는 있지만 어차피 공원 안에서는 자전거를 타고 돌아보아야 하기 때문이다. 평소 자전거 타기를 좋아하는 까닭에 나는 주말에 자전거를 타고 한강변을 자주 달린다. 그런데 태국의 고도 쑤코타이에 와서 자전거를 타고 유적지를 돌아볼 생각을 하니 적지 않게 기대가 되었다. 그러나 이런 나의 기대는 오래가지 못하고 이내 맥이 빠지고 말았다. 호텔 직원이 안내해준 자전거 대여소는 호텔 입구에서 오른쪽 옆에 있었는데 조그만 마당 한 켠에 한눈에 봐도 상태가 그리 양호해 보이지 않는 자전거가 10여 대 세워져 있었다. 그중에서 그래도 좀 나아 보이는 자전거 몇 대를 골라 브레이크를 점검하고 안전성을 확인한 후에 아내와 한 대씩 나누어 타고 어제 저녁 뚝뚝을 타고 갔던 길로 역사공원을 찾았다.

태국은 더운 나라라서 사람들이 자전거 타기를 꺼려할 것 같

태국 왕실의 자전거 타기 운동 포스터

은데 의외로 많은 사람들이 즐겨 탄다. 사실 자전거는 지근거리를 이동할 때는 간편하고 편리한 이동 수단이다. 내가 유학하던 1980년대 후반까지만 해도 태국의 지방도시에 있는 대학교 캠퍼스에는 자전거가 가장 보편화된 이동 수단이었다. 보통 평일에는 강의동이나 구내 식당 앞에 수백 대의 자전거가 세워져 있었다. 그런데 바람이라도 세게 부는 날에는 한 대가 쓰러지게 되면 마치 도미노처럼 그 많은 자전거가 연달아 쓰러지곤 했다. 저녁때가 되면 학생들이 자전거를 타고 시내로 나가는데 하얀 블라우스 교복을 입은 학생들이 열을 지어 달리는 모습은 무척이나 낭만적으로 보였다.

그런데 최근 몇 년 사이에 태국의 지방도시에 가보면 비교적 고가의 MTB나 로드형 자전거를 타는 사람들이 곧잘 눈에 띄었다. 더운 날씨에도 제대로 복장을 갖추어 입고 안전 헬멧을 쓰고 복잡한 도로의 갓길을 달리는 것을 여러 번 목격한 바 있다. 그 후 얼마 안 되어 태국에서 자전거 타기 열풍이 불기 시작했다. 여기에는 왕실의 역할이 컸다. 지난 2015년 당시 왕세자가 주도하여 왕비 생일이면서 어머니 날인 8월 12일을 기념하기 위해 8월 16일에 '어머니를 위한 자전거 타기(ปั่นเพื่อแม่) 행사를 치렀는데 이때 쁘라윳 총리를 비롯해 27만여 명이 참가하였다. 그 후 같은 해 12월 5일 국왕의 생일이면서 아버지의 날을 기념하기 위해 12월 11일에 다시 아버지를 위한 자전거 타기(ปั่นเพื่อพ่อ) 행사가 열렸는데 이때에는 태국 전역에서 60만여 명이 참가했다고 한다. 차가 매연을 내뿜으며 달리는 도로변에서 아슬아슬하게 자전거를 타는 태국 사람을 보면 한강변 자전거 도로에서 자전거를 즐기는 나는 얼마나 행복한가를 생각하게 된다.

쑤코타이 역사 공원

헐렁한 자전거를 타고 조금은 불안하게 호텔을 출발했다. 나는 앞서 가면서 뒤따라오는 아내가 걱정이 되어 연신 뒤돌아봐야 했다. 자전거 타는 것이 익숙해질 무렵에 공원 앞에 도착하였다. 공원 정문 앞에는 람캄행 대왕의 날 축제 간판과 유네스코 지정 세계문화유산이라는 표지가 보였다. 정문 옆의 매표소로 갔다. 안내문을 보니 매일 아침 6시에 개장하여 저녁 9시에 문을 닫는다고 한다. 입장권은 오후 6시까지 판매한다. 저녁 7시부터 9시까지는 공원 안에 있는 유물에 대한 조명을 켜 놓는다고 하는데 그 시간까지 머무르기는 어려울 것 같았다. 입장료는 내국인에게는 20바트 외국인에게는 100바트로 차등해서 받는다. 관광안내소에서 운영하는 전차가 있는데 이용료 또한 내국인은 20바트, 외국인은 40바트의 요금을 받는다. 태국은 웬만한 관광지의 관람료나 입장료, 심지어 호텔 숙박료까지 외국인에게는 더 비싸게 받는다. 내가 처음 태국에 유학하러 왔을 때 첫날 묵었던 방콕의 한 호텔에도 태국인에게는 숙박료를 50% 할인한다는 현수막이 걸려 있었다. 언젠가 치앙마이에 갔을 때 기차를 타고 갔는데 옆에 앉은 태국인과 대화를 나누며 갔다. 밤새도록 달리는 열차에서 제법 친해졌는데 그 태국인 친구가 치앙마이에 내려서 나에게 베풀어 준 호의가 호텔을 잡아주는 것이었다. 덕분에 나는 할인된 내국인 가격에 호텔에 숙박할 수 있었다.

사실 입장권을 살 때 마음만 먹으면 태국인 행세를 할 수도 있는데 아직까지는 실제로 해본 적은 없다. 오래전에 방콕 인근을 돌아보는 하루 관광을 갔다가 카메라 배터리가 떨어져 가게에 들

쑤코타이 역사 공원 정문 앞의 표지판

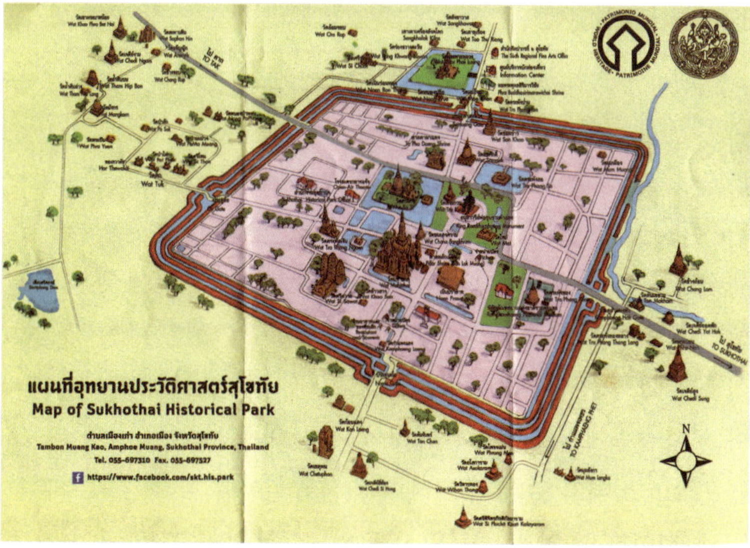

쑤코타이 역사공원 안내도

른 적이 있다. 카메라와 배터리를 보여주고 똑같은 배터리를 달라고 했다. 주인이 배터리를 꺼내 주길래 지갑을 열며 얼마냐고 물었다. 그랬더니 주인이 하는 말이 외국인에게는 150바트에 파는데 태국 사람에게는 100바트에 판다고 한다. 순간적으로 망설이던 나는 100바트짜리 지폐 하나를 꺼내 주고 가게 문을 나섰다. 그러니까 지극히 수동적으로 태국인 행세를 한 번 한 셈이었다. 한 번은 잘 아는 태국인 교수에게 외국인의 입장료 차등 부과에 대해 그의 생각을 물어본 적이 있었다. 그러자 그 교수는 태국인들은 정부에 세금을 내니까 납세자로서 조금은 혜택을 누릴 수 있는 것 아니냐고 되물었다. 듣고 보니 나름대로 일리가 있는 것 같아 고개를 끄덕이며 수긍해 주었다.

세계문화유산 쑤코타이 및 인근 도시

쑤코타이 역사공원은 1961년에 처음 보호구역으로 지정되었으며 1976년 복원 계획이 수립되어 1988년 7월에 공식 개장하였다. 1991년 씨쌋차날라이 그리고 깜팽펫과 더불어 "쑤코타이 및 인근 도시"라는 이름으로 세계문화유산으로 등록되었는데 이는 이들 유적지가 과거 쑤코타이 왕국의 아름답고 찬란했던 문명의 흔적을 고스란히 보여주고 있기 때문이다. 오늘날 많은 사원과 불탑, 성곽과 성문 등 유적지와 유물이 도처에 많이 남아 있다. 쑤코타이 역사공원에서 씨쌋차날라이까지는 80km 그리고 깜팽펫까지는 72km 떨어져 있다. 쑤코타이 역사공원이 위치해 있는 자리는 1238-1438년 동안 번성했던 쑤코타이 왕국의 수도였던 곳이다. 시내의 지형은 가로 2km, 세로 1.6km의 사각형 모양으로 되어

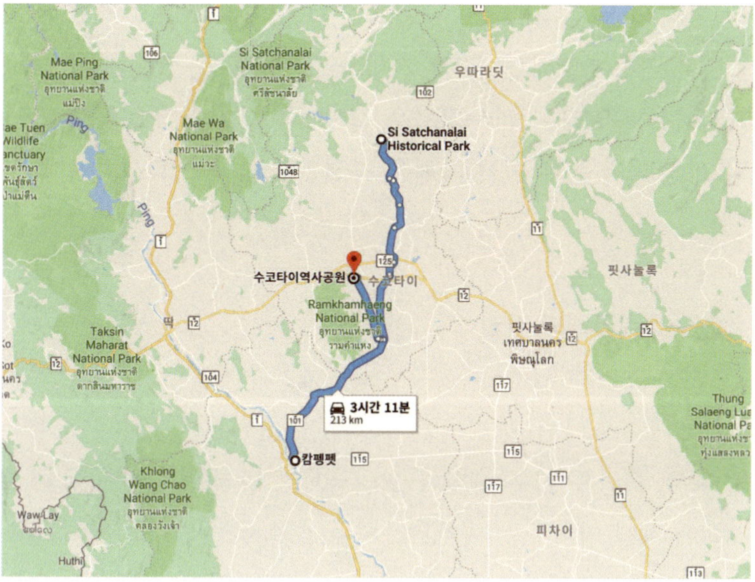

📷 쑤코타이와 인근도시의 위치

있다. 내부에 왓마하탓 사원을 비롯한 26개 불교 사원과 옛 왕궁터의 흔적이 남아 있으며 많은 유적과 유물이 유네스코의 지원을 받아 복원되었다.

쑤코타이는 구시가지와 신시가지로 나뉘어져 있다. 쑤코타이 왕조 시대 유물이 집합되어 있는 구시가지는 신시가지로부터 12km 떨어져 있다. 역사공원은 이 구시가지에 조성되어 있다. 그래도 신시가지에 무언가 좀 있을 것 같아 일부러 한 번 가본 적이 있는데 그냥 조그만 지방도시일뿐 아무런 문화재도 없었다. 대중교통은 대개 신시가지가 종착지이므로 신시가지에서 구시가지로 다시 이동해야 한다. 일반 버스로 가려면 신시가지에 위치한 시청에서 쑤코타이-딱주로 가는 12번 국도를 타고 서쪽으로 12km 지점에서 하차하면 된다. 또 다른 방법은 신시가지에서 아침 6시부터 저녁

6시까지 20분 간격으로 운행되고 있는 썽태우를 타고 가도 된다. 특별한 계획이 없다면 구시가지에 숙소를 정하는 것이 좋다. 구시가지에서 쑤코타이 역사공원은 걸어가거나 자전거를 타고 가면 되고 성 외곽 쪽에 있는 사원은 자전거나 뚝뚝을 타고 관람하면 된다.

태국의 세종대왕 람캄행

태국에 쑤코타이 왕조가 들어선 것은 13세기의 일이다. 소왕국들 중에 세력을 키운 나라가 고대국가로 발전하는 시기였다. 그 시기에 세상 밖에서는 칭기즈칸이 이끄는 몽골이 유라시아 대륙으로 세력을 뻗어나가면서 지배력을 높이고 있었다. 동유럽과 중국을 정복한 몽골군은 고려까지 쳐들어왔다. 고려는 최우가 이끄는 무신 정권이 몽골군에 맞서 대항하였다. 도성을 강화도로 옮기면서까지 저항하는 가운데 백성들은 불심을 모아 외적을 물리치기 위해 팔만대장경을 만들었다. 결국 몽골은 고려 정복을 포기하고 고려에 대한 간섭을 확보하는 선에서 그쳤다. 고려가 수난을 겪고 있을 때 쑤코타이 왕국은 번영을 누렸다. 이때 등장한 인물이 바로 람캄행 대왕이다. 람캄행 대왕은 타이문자를 만들고 불교를 진작시켰으며 영토를 넓혀나갔다.

람캄행 대왕은 타이문자를 만들어 낸 다음에 새 문자체계를 사용하여 높이가 111cm 되는 사각의 돌비석에 왕실의 내력과 당시의 생활상 등을 기록해 놓았다. 이 비석은 몇 백 년간 숲 속에 묻혀 있다가 라마 4세가 왕자 시절 출가하여 승려 신분으로 있을 때 다른 비문 두 개와 함께 발견하였다. 이 비문의 초반부 내용에 따

람캄행 대왕 비문 제작 모습

르면 람캄행 대왕은 씨인트라팃 왕과 낭쓰엉 왕비 사이에서 태어났으며 형제가 3남 2녀로 모두 다섯 명이었다. 19세 되던 해에 첫 왕국의 왕인 쿤쌈촌이 쳐들어왔을 때 코끼리를 타고 나가 물리쳤다. 씨인트라팃 왕은 용감히 싸운 공로를 치하하여 프라 람캄행이라는 이름을 하사하였다. 아버지 뒤를 이어 형이 왕이 되었는데 형이 죽자 왕위는 람캄행에게로 돌아갔다. 그런데 비문의 중반부로 가면 당시 쑤코타이의 생활상과 법제도 또는 관습에 관한 내용이 기술되는데 주어가 1인칭에서 3인칭으로 바뀐다. 쑤코타이 시대의 풍요로움을 나타낸 '물에는 고기가 있고 논에는 벼가 있다'는 구절이 나오는 곳이 바로 이 부분이다. 또한, 람캄행 대왕이 1283년에 타이문자를 만들었다는 이야기도 나온다. 후반부에는 람캄행 대왕의 위업과 당시의 국경선이 어디까지였는지를 기술하고 있다. 비문 내용을 기술한 문장에서의 주어의 인칭 변화나 문자의 모양과 짜임새 등을 볼 때 여러 가지 논란 거리가 있어 학자들 간에 진위 여부에 대한 공방이 있어왔다. 그러나 쌍방 모두 명

람캄행 대왕 비문 모형

확한 근거를 제시하지 못해 쉽게 결론이 도출되기는 어려워 보인다. 어쨌든 이 비문은 나중에 쑤코타이 1호 비문이라고 명명되었으며 태국 역사를 연구하는 데 중요한 사료로 인용되고 있다.

쑤코타이 왕조는 람캄행 대왕 시절에 전성기를 이루었다. 비문에 나와 있는 것처럼 람캄행 대왕은 영토를 확장하여 동쪽으로는 오늘날 피찟, 피싸눌록, 비엔티엔, 남쪽으로는 깜팽펫, 나컨싸완, 차야낫, 랏차부리, 펫부리, 나컨씨탐마랏을 지나 말레이반도 남쪽 해안에까지 이르렀다. 서쪽으로는 첫, 홍싸외디, 벵골만을 포함하고, 북쪽으로는 프래와 루엉프라방에까지 진출하였다. 또한 람캄행 대왕은 "라이쓰타이"라고 부르는 타이문자를 만들었다. 크메르 문자의 흘림체를 바탕으로 고안해낸 타이문자는 표기한 문장을 읽으면 실제 그 문장을 발화할 때의 성조가 그대로 살아나는 우수성을 지니고 있다. 말하자면 오선지 위에 그려진 악보와 같은 문자라고 할 수 있다. 이 밖에도 람캄행 대왕은 당시 나컨씨탐마랏에 갔을 때 스리랑카에서 온 고승을 승왕으로 추대하여 모셔왔다. 그 결과 쑤코타이 왕국에 상좌부 불교를 전파하여 백성과 왕실 모두가 같은 종교를 신봉하게 되었다. 람캄행 대왕은 영토 확장에서는 고구려의 광개토대왕, 문자 창제에서는 조선의 세종대왕, 그리고 불교 진작에 있어서는 신라의 법흥왕에 비견되는 인물이라고 할 수 있다. 그래서 태국 역대 왕 중에서 몇 안 되는 대왕의 칭호인 "마하랏"을 헌정받았다.

온정주의적 국왕 퍼쿤과 법왕 탐마라차

람캄행 대왕 동상은 좌상이다. 이 좌상은 1975년에 세워졌다. 놋쇠와 구리의 합금으로 실물의 두 배 크기로 제작되어 높이가 3m에 이른다. 용안은 쑤코타이 시대 불상과 유사한 모습을 띠고 있다. 단상에 앉아서 오른손에는 불경을 들고 있고 왼손은 백성을 가르치는 모습을 하고 있어 인자한 국왕의 모습을 잘 표현하고 있다. 동상 앞에 많은 꽃이 놓여져 있었다. 동상 주변에 람캄행 대

람캄행 대왕 동상

법왕의 모습

왕 비문과 당시의 왕의 행적 등을 알려주는 조각물들이 있고 한 옆에는 백성들의 억울한 사정이 있을 때 울리게 했다는 종의 모형이 전시되어 있었다. 람캄행 대왕 당시의 국왕은 어버이가 자녀를 다스리듯이 백성을 따뜻한 마음으로 다스리는 온정주의적 국왕이었다. 람캄행 대왕은 정자를 지어 놓고 한달에 네 번 법회가 있는 시간을 제외하고는 거의 매일 석단에 앉아 백성에게 붓다의 가르침을 전하고 국사를 논의했다.

쑤코타이 시대 불교는 통치 이념에 많은 영향을 주었다. 왕은 붓다의 가르침 즉, 불법(佛法)에 기초하여 백성을 통치했다. 이때부터 불법에 의해 왕권이 정당성을 부여받는 "탐마라차" 정치가 확립되었다. 태국어로 "탐마"는 붓다의 가르침 즉, 법(法)을 의미하며 "라차"는 왕(王)을 뜻한다. 따라서 탐마라차는 법왕(法王)이라는 뜻이 되는데 이는 '붓다의 가르침을 근간으로 백성을 다스리는 왕'이란 뜻이다. 탐마라차의 이념에 따르면 군주는 국왕의 십정도라고 하는 다음의 10가지 덕목을 갖추어야 한다.

1. 보시(ทาน)

국왕은 베풀어야 한다. 백성과 승려들에게 살아가는 데 필요한 것들을 베풀어 주고 왕족이나 속국의 군주들에게도 신분과 지위에 맞게 후원해주어야 한다. 여기서 말하는 보시는 물질적인 것뿐만 아니라 마음으로 베풀어주는 인정까지 포함한다.

2. 지계(ศีล)

국왕은 계율을 지켜야 한다. 불교의 가르침을 배우고 실천하며 계율을 어겨서는 안 된다. 모든 언행과 마음 씀씀이에 있어서도 불교의 가르침에 따라야 한다. 실제로 쑤코타이 시대 국왕은 머리를 깎고 출가하여 일정 기간 승려로 생활하기도 하였다.

3. 나눔(บริจาค)

국왕은 나누어야 한다. 나눔이란 자신의 이익을 희생하여 공공의 이익을 도모하는 것을 말한다. 국왕은 왕족이나 귀족들에게 신분과 지위에 맞게 필요한 물자를 나누어 주는 것은 물론 승려들에게 보시하여야 한다. 또한 가난한 백성들에게도 살아갈 수 있도록 그들에게 필요한 것을 나누어주어야 한다.

4. 정직(อาชวะ)

국왕은 정직해야 한다. 말과 행동이 정직해야 하고 동맹국의 왕과 왕족 그리고 속국의 군주들을 대할 때 공명정대해야 함은 물론 술책을 써서 그들을 기만해서도 안 된다.

5. 온화(มัททวะ)

국왕은 온화하여야 한다. 말과 태도를 부드럽게 하게 하고 아랫사람이 타당한 사유를 들어 고언을 하게 되면 자신의 생각만을 고집하지 말고 이를 받아들일 줄 알아야 한다. 또한 국왕은 덕행을 갖추고 웃어른에 대한 공손한 마음을 지니며 함부로 그들을 경시해서도 안 된다.

6. 수고(ตบะ)

국왕은 수고하여야 한다. 국왕의 수고란 근면과 노력을 말한다. 국왕은 백성을 다스리는 일에 온 마음을 쓰고, 백성의 안녕과 행복을 돌보아야 한다. 또한 국왕은 자신의 죄악을 소멸시키고 나쁜 마음이 본성으로 자리잡지 않도록 늘 경계하여야 한다.

7. 불노(อักโกธะ)

국왕은 화내지 말아야 한다. 국왕은 화를 내지 않는 것을 본성으로 삼고 설령 화를 낼 이유가 있다고 하더라도 이를 억제하고 자비를 베풀어야 한다. 국왕은 분노로 인해 다른 사람을 위험에 빠뜨리거나 악업을 쌓아서는 안 된다.

8. 불압(อวิหิงสา)

국왕은 남을 억눌러서는 안 된다. 사람은 물론 동물에게조차 자비로운 마음을 가져야 하며 고통을 주어서는 안 된다. 또한 왕족이나 영주, 또는 자신이 다스리고 있는 백성들을 부당하게 억압해서는 안 된다.

9. 인내(ขันติ)

국왕은 인내하여야 한다. 국왕은 참고 견디는 마음을 가지고 정신적 괴로움과 육체적 고통을 극복하여야 한다. 자비와 인내심을 가지고 사소한 법을 어긴 자들에 대한 처벌은 자제하여야 하며 형법을 어겨 이를 처벌함이 마땅한 자들에 대해서도 참고 인내하여야 한다.

10. 불오(อวิโรธนะ)

국왕은 불오(不誤)하여야 한다. 불오는 착오가 없고 공정한 것을 의미한다. 국왕은 어느 한쪽으로 치우침이 없이 공정함을 유지하여야 한다. 또한 왕실 관습과 법도를 지키면서 국왕의 품위를 잃지 말아야 한다.

쑤코타이 시대의 왕은 전통적으로 법왕주의를 바탕으로 한 탐마라차적 성격이 강했다. 국왕의 십정도에서 보는 바와 같이 불교국가에서 군주에 대한 비교적 엄격한 덕목이 요구되었다. 그래서 가뭄이 들거나 홍수가 나거나 혹은 흉작이 들어 백성들이 고통을 당하게 되면 이를 탐마 통치의 미숙으로 보았다. 조선시대 왕들이 백성을 적자라고 부르고 가뭄이 들거나 변란을 당하게 되면 스스로가 부덕한 탓으로 돌리고 자책했던 것과 크게 다르지 않다. 이와 같은 불교로부터 유래하는 이상적인 국왕을 추구하는 탐마라차 정치의 큰 틀은 오늘날까지 유지되고 있다.

그런데 아유타야 시대 들어서면서부터 크메르의 영향을 받아 테와라차 즉, 신권주의적 성격을 띠게 되었다. 국왕은 더 이상 어버이가 자식을 돌보듯이 나라를 다스리는 온정주의적인 국왕이 아니라 하늘에서 내려와 인간세상을 다스리고 죽으면 다시 하늘나라로 돌아가는 신과 같은 존재로 바뀌었다. 태국어에서 국왕이 승하하는 것을 싸완콧(สวรรคต)이라고 하는데 직역하면 '하늘로 되돌아가다'의 의미를 갖는다. 이는 신권주의적 국왕의 성격이 언어를 통해 드러나는 예이다. 크메르를 통해 유입된 신권주의 사상은 힌두교의 사상을 바탕으로 하고 있다. 그런 까닭에 태국의 왕의 모습은 흔히 힌두교의 나라이신(นารายณ์)과 동일시하는 모습을 곳곳에서 발견할 수 있다. 국왕의 이름에 나라이나 라마(ราม)와 같은 힌두교의 신 이름이 사용되는 경우가 흔하고 종종 국왕은 인드라신과 같은 존재로 여겨지기도 한다. 오늘날 태국의 국왕이 앉는 용상을 중심으로 한

어전의 구조를 보면 인드라신의 모습을 형상화해놓은 것을 볼 수 있다. 태국인의 우주관에 따르면 인드라신은 수미산 정상에서 인간 세상으로 물을 흘려보내 만물에게 생명을 부여하는 신이다.

람캄행 대왕 동상을 둘러보고 이런저런 생각에 젖어 적지 않은 시간을 보냈다. 아직까지 람캄행 대왕의 날 축제가 이어지는 까닭에 공원 한쪽에는 여전히 시장이 서고 있었다. 식사하기에는 조금 이른 시간이어서 반대편 쪽에 있는 왓마하탓 사원을 먼저 돌아보기로 했다. 옆에 있는 음료수 가게에서 생수를 한 병씩 사서 마셨다. 가게 주인은 우리가 첫 손님이라면서 반갑게 맞아 주었다. 그리고 우리가 낸 지폐의 한쪽 끝을 잡고 다른 쪽으로 프라이팬과 음식이 담겨 있는 가게 안의 밥그릇과 냄비들을 돌아가면서 치는 것이었다. 오늘 하루도 장사 잘되게 해달라고 비는 태국판 마수걸

시장에서 군것질하는 학생들

이였다. 공원 곳곳에 사람들이 많아지기 시작했다. 자전거를 타고 중앙 도로를 건너 왓마하탓 사원으로 갔다. 옆으로 들어가는 입구에 자전거를 세워두고 걸어서 돌아보는데 워낙 절터의 규모가 커서 조금 상세히 보려면 한 나절의 시간 가지고도 부족할 것 같았다.

왓마하탓 사원

태국어에서 '왓'은 사원을 의미한다. 그리고 '마하탓'은 붓다의 사리를 뜻한다. 그러므로 왓마하탓은 붓다의 사리가 모셔져 있는 사원에게 붙여지는 이름이다. 태국에는 여러 곳에 마하탓 사원이 있는데 보통은 역사적으로 중요한 왕도의 한가운데 세워져 있다. 쑤코타이뿐만 아니라 핏싸눌록과 펫부리, 랏차부리, 아유타야 그리고 방콕에도 마하탓이라는 이름을 가진 사원이 있다. 쑤코타이 유적 중 가장 중요한 사원으로 꼽히는 왓마하탓 사원은 중앙의 정문에서 들어와 왼편에 위치해 있다. 대부분 건축물은 홍토로 세워졌고 주변은 벽돌로 쌓은 담과 해자로 둘러싸여 있다. 해자는

왓마하탓 사원 복원도

원래 적의 침입을 막기 위해 성밖을 둘러 파서 못으로 만든 곳을 말하는데 태국을 비롯한 동남아에서는 법당의 경계를 나타내기 위해 사원 주위를 둘러싸고 만들어 놓은 해자를 많이 볼 수 있다. 왓마하탓 사원은 쑤코타이를 창건한 인트라팃 왕이 세우기 시작해 리타이 왕 시대에 완성됐다. 이 거대한 사원 안에는 10개의 법당과 200개의 불탑이 세워져 있다. 마하탓 사원의 구조는 태국인들의 우주관이 반영되어 있다. 옛날 태국인들은 우주의 중심에 수미산이 자리하고 있는 것처럼 사람이 사는 세상의 한 중심에 불교 사원이 있어야 한다고 생각했다. 그래서 왕도의 한가운데 사원을 건립하고 그 사원에 수미산을 상징하는 주탑을 세웠다. 따라서 태국의 어느 도시에 마하탓 사원이 있다는 것은 곧 그 도시가 과거에 정치와 행정 중심의 왕도였다는 것을 말해주는 것이다. 아울러 왓마하탓 사원은 그 당시의 건축과 조각 그리고 예술의 진수가 모여 있는 집합체이기도 하다.

람캄행 대왕 상을 보고 왓마하탓 사원을 보자니 자연스럽게 사원의 왼쪽 출입구로 들어가게 되었다. 사원을 둘러싸고 있는 해자를 건너가니 엄청나게 큰 규모의 사원 속으로 빨려 들어가는 듯

왓마하탓 사원의 전경

왓마하탓 사원을 둘러싸고 있는 해자

한 느낌이었다. 밖에서 보이던 숲의 모습은 사라지고 나무만 보이는 형국이었다. 여기저기서 관람객들이 사진을 찍으며 사원을 돌아보고 있었다. 가족끼리 온 태국 사람들도 보이고 연인으로 보이는 서양 사람들도 있었다. 수학여행 온 중학생 무리가 지나가면서 우리에게 사진 찍어 달라고 한다. 사진을 찍어 주며 몇 마디 이야기를 주고받다 우리가 한국에서 왔다고 하니까 같이 사진 좀 찍자고 한다. 해맑게 웃는 아이들 모습에서 문득 경주로 수학여행 갔던 오래전의 추억이 떠올랐다.

연꽃 봉오리 모양의 주탑

왓마하탓 사원은 쑤코타이의 대표적 상징물이다. 그중에서 주탑은 쑤코타이 예술의 진수로 여겨진다. 주탑 안에 붓다의 사리가 모셔져 있다고 하는데 주탑의 윗부분이 연꽃 봉오리 모양을 하고 있다. 이는 아침 햇살을 받는 순간의 연꽃 형상을 통해 사람이 번뇌에서 벗어나 해탈하는 것을 나타낸다고 한다. 처음에는 잘 몰랐었는데 볼수록 연꽃 형상이 사람의 마음을 끌고 그 안에서 은은한 아름다움이 묻어 나오는 것 같았다. 태국 예절에서 두 손을 합장하여 상대방에 대해 경의를 표하는 "와이"가 있는데 그 모습이 무척이나 예쁘고 우아해 보인다. 두 손을 모아 합장하는 것을 "파놈므"라고도 하는데 이는 두 손을 연꽃 봉오리처럼 만들어 합장하는 것을 말한다. 태국 문화에서 연꽃은 꽃 자체도 의미가 있지만 연꽃 봉오리 모양은 사원의 불탑과 두 손 모아 합장하는 데서 또 한번 그 아름다움이 시각적으로 드러난다. 왓마하탓 사원에는 여러 가지 쑤코타이의 시대의 특징적 예술을 보여주는 것들이 있다. 연꽃 봉오리 모양을 하고 있는 주탑과 그 주 밑단에 새겨진 코끼리 조각상들, 그리고 몬돕이라고 불리는 불당과 그 안에 안치되어 있는 불상이 그것이다. 그중에서도 특히 연꽃 봉오리 모양으로 된 주탑의 건축 양식은 인근의 차이야낫, 씽부리, 깜팽펫 등지로 많이 전파되었다.

한국의 사원에서는 불상을 안치시키는 받침대를 연꽃 모양으로 수놓은 것을 많이 볼 수 있는데 태국에서는 쑤코타이 시대 들어 불탑의 윗부분을 연꽃 모양으로 해 놓은 것을 많이 볼 수 있다. 전해져 오는 설화에 따르면 싯다르타는 그의 어머니 마야부인이 당시 풍습에 따라 출산을 위해 친정으로 가는 길에 태어났다고 한다. 왕비의 가마 행렬이 룸비니 동산에서 잠시 쉬어 가기로 하고 멈추어 섰는데 진한 꽃 향기가 나는 것이었다. 마야부인이 가마의 휘장을 걷고 한 송이 꺾으려는 순간에 오른쪽 옆구리에서 아기가 나와 동서남북으로 일곱 발자국씩 걷고는 하늘과 땅을 가리키며

연꽃 봉오리 모양의 주탑

왓싸씨 사원의 연꽃

"찬상천하유아독존"이라고 외쳤다. 이때 발걸음을 옮길 때마다 땅에서 연꽃이 솟아 올랐다고 한다. 또한 싯다르타가 보리수 나무 아래 앉아 수행하다가 앞에 있는 연꽃이 만개하는 순간에 깨달음을 얻었다고 한다. 그래서 연꽃은 불교에서 많은 의미가 부여되었다. 진흙 속에 뿌리를 내리고 피어나지만 꽃잎은 결코 더러운 것에 물들지 않는 청정무구함을 지니고 있어 열반의 경지를 뜻하기도 한다. 인간의 삶도 마찬가지여서 욕망과 번뇌 속에서 살아가지만 수행을 통해 깨달음을 얻으면 티끌 하나 없는 불국토에 이를 수 있다는 것이다. 이런 연유로 연꽃은 불교를 상징하는 꽃이 되었다. 태국인들이 절에 갈 때는 초와 향과 더불어 연꽃을 들고 가는데 이따금 태국인들의 환한 미소를 보면 연꽃을 닮았다는 생각이 들기도 한다.

걷는 모습의 승려상

주탑과 같은 평면 위에 세워진 보조탑도 쑤코타이 시대의 예술을 잘 드러내고 있다. 이 보조탑들은 벽돌과 석회로 지었는데 이는 하리푼차이의 영향을 받은 것이다. 하리푼차이 왕국(661-1292)은 쑤코타이 왕조가 들어서기 이전에 태국의 북부지방에서 번성했던 왕국이다. 한편, 동서남북 사각 지점에 세워진 보조탑은 홍토로 지어졌는데 이는 크메르의 영향을 받은 것으로 보인다. 태국의 건축물에 있어서 크메르 양식은 흔히 롭부리 양식이라고 하는데 옛날에 롭부리 지역이 크메르 제국의 영향하에 있었기 때문이다. 이러한 혼합된 예술 형식으로 보아 당시 쑤코타이는 고립되어 있던 것이 아니라 주변의 멀고 가까운 왕국들과 여러 분야에서 교류가 있었음을 알 수 있다. 그래서 주탑뿐만 아니라 보조탑 등의 건축 양식이 하리푼차이 양식과 롭부리 양식이 혼재되어 있는 것이다. 롭부리 양식의 보조탑 밑단에는 붓다의 탄생과 득도 과정을 그린 조각들이 있다.

쑤코타이의 건축 예술을 보면 불상은 대개 공중에 떠 있는 형태로 조각되어 있다. 불상뿐만 아니라 코끼리와 같은 동물들도 모두 땅 위에서 어느 정도 높이를 두고 있다. 이는 씨쌋차날라이나 깜팽펫의 조각에서도 마찬가지이다. 그런데 왓마하탓 사원의 주탑 아래 조각되어 있는 승려상은 땅 위에서 걷고 있는 모습을 하고 있다. 얼핏 보면 불상처럼 보이지만 머리 부분을 보면 불상과 구분되는 승려상임을 알 수 있다. 불상은 머리 위로 더 올라간 부분이 있는데 승려상은 일반 사람의 머리와 같다. 그리고 여기에 조각된 승려상들은 하나같이 두 손을 합장하고 걷는 모습을 하고 있다. 주탑을 둘러싸고 움직이는 승려상은 무엇을 의미하는 것일까? 당시 이를 조각한 석공들은 수백 명의 승려들이 주탑을 돌면서 붓다에게 경배하는 마음을 나타내고 싶었던 것 아닐까? 더러는 내생의 복을 기원했을 것이고 더러는 고향에 두고 온 노모와 처자식의 안녕도 기원했을 것이다. 그런 석공들의 불심 덕에 오늘날 그 후손들이 해맑은 미소를 지으며 살아가고 있는 것인지도 모른다.

촛불 행진

우리나라의 탑돌이와 유사한 태국의 불교 문화로 촛불 행진이 있다. 촛불을 들고 법당 주변을 도는 의식인데 정확히 언제부터 있었는지는 알 수 없지만 매우 오래전에 생겨난 것임에는 틀림없다. 대개는 타와라와디 시대(6-13세기)부터 있었던 것으로 추정한다. 태국의 "프라 뜨라이 삐독"이라고 부르는 삼매경에 촛불 행진에 관한 기록이 있는데 그 내용을 보면 인도에서 불교를 따라 건너온 것이 태국의 문화에 맞게 변형되어 자리잡은 것으로 보인다. 역사를 기록한 퐁싸와단에 보면 불교에서 중요한 명절에 촛불을 들고 불교의 삼보에 경배하면서 법당을 세 바퀴 돌았다고 기록되어 있다. 이 풍습은 오늘날 불교의 삼보에 대해 가장 높은 경배를 드리는 의식으로 자리잡게 되었다.

태국의 촛불 행진은 주로 법당의 주변을 돈다. 보통은 저녁 시간에 하는데 손에 촛불과 연꽃 그리고 향을 들고는 법당을 오른쪽으로 세 바퀴 돈다. 이는 불법승 삼보를 기리기 위한 것이다. 불교 명절 외에도 누가 출가수행하여 수계식을 치르는 경우처럼 좋은 일에는 오른쪽으로 세 바퀴 돌고 장례식과 같이 슬픈 일에는 왼쪽으로 세 바퀴를 돈다. 촛불 행진은 시작하기에 앞서 법당 안으로 들어가 불상 앞에서 절을 한다. 그리고 다시 나와서 법당을 돌기 시작하는데 승려가 맨 앞에 서고 사미승과 일반 신도들이 뒤를 따른다. 태국의 영화나 드라마에서 보면 이런 촛불 행진을 하면서 청춘 남녀가 눈이 맞아 사랑을 하게 되는 경우가 많은데 옛날 제약이 많았던 시절에 젊은 남녀가 만나 구애를 할 수 있는 몇 번 안 되는 기회였던 것 같다.

보조탑

주탑과 더불어 아름다움을 자랑하는 건축물 중의 하나는 쩨디 하엿이라고 부르는 보조탑의 양식이다. 이 탑을 받치고 있는 밑단은 3층으로 되어 있는데 주탑과 마찬가지로 연꽃 모양의 탑이었을 것으로 추정된다. 현재는 단만 남아 있고 탑의 절반이 무너지고 없다. 본래 있었던 탑은 주탑의 높이와 같았을 것으로 보고 있

보조탑의 모습

다. 북쪽과 남쪽 그리고 서쪽에 불상이 안치되어 있다. 아래 단에는 코끼리와 사자, 그리고 어깨에 짐을 지고 있는 사람 등이 조각되어 있다. 이런 조각상들은 일정 부분 스리랑카의 영향을 받은 것으로 알려졌다.

주탑의 양쪽에 커다란 불상이 안치되어 있고 이 주탑을 8기의 보조탑이 둘러싸고 있다. 동서남북 사방의 구석진 곳에 있는 4기의 불탑은 크메르의 영향을 받은 것이고 또 다른 4기의 불탑은 란나의 영향을 받은 것으로 보인다. 이는 당시 쑤코타이가 주변의 여러 나라와 교류가 있었음을 말해주고 있다.

란나 왕국(1292-1774)은 쑤코타이 왕국과 더불어 13세기에 오늘날 태국 땅에서 번성한 왕국이었다. 당시 란나 왕국의 수도는 치앙마이였으며 남방의 수코타이 왕국이나 이후 아유타야 왕국과는 완전히 다른 패권을 구축했다. 란나 왕국은 1558년 이후 버마의 지배를 받다가 1774년 톤부리 왕조를 세운 딱씬에게 정벌되었다. 그 후 짝그리 왕조의 중앙집권화가 진행될 때까지 반독립을 유

보조탑 기단부의 조각상

지하였다.

사원을 건립할 때 맨 먼저 세우는 것이 주탑이다. 이어서 법당과 불당을 세우고 맨 나중에 보조탑을 세우게 된다. 마하탓 사원에는 200개의 보조탑이 있는데 모두가 건축양식이 다르다. 어떤 것은 연꽃모양으로 지어졌고 어떤 것은 하리푼차이 또는 란나 양식으로 층층이 쌓아 올린 것도 있다. 이러한 보조탑들은 대개는 왕실의 유골을 안치하는 용도로 세워졌다. 따라서 마하탓 사원의 보조탑이 있는 지역은 어떻게 보면 쑤코타이 왕실의 영묘인 셈이다. 태국은 이렇게 왕실의 사원 안에 유골을 안치하는 보조탑을 세웠는데 치앙마이에 있는 쑤언덕 사원도 치앙마이국 왕실의 유골이 보관되어 있는 왕실묘지이다.

태국의 화장 문화

태국인들은 사람이 죽으면 대부분 화장을 한다. 일부 중국계 태국인들에게는 부분적으로 매장 문화가 있기는 하지만 우리나라처럼 묘지를 잘 조성하고 무덤을 정성껏 돌보는 정도는 아니다. 이따금 지방 도시를 여행하다 보면 중국계들의 공동 묘지를 볼 수 있다. 그런 묘지들도 세월이 지나 돌보는 후손이 없게 되면 모두 모아 합장을 한다. 대부분의 태국인들은 절에서 장례식을 치르고 화장까지 한다. 장례식이 끝나고 바로 화장하는 경우도 있지만 일정 기간 지나고 나서 화장을 하기도 한다. 조문 올 사람들이 모두 다녀갈 수 있도록 하기 위함인데 사회적 지위가 높을수록 그 기간이 길어진다. 유학 시절 초기에 단기 출가수행을 하면서 나는 태국의 장례문화를 제대로 이해할 수 있었다. 하루 일과 중에서 저녁나절 경내를 산책하곤 했는데 강변을 끼고 돌다가 법당 뒤편으로 돌아오는 코스였다. 처음 며칠은 아무 생각없이 상념에 젖어 두세 바퀴 돌았는데 하루는 법당 뒤편의 굴뚝과 크고 작은 탑들을 조금 세밀하게 관찰하게 되었다. 알고 보니 굴뚝은 화장터의 굴뚝이었고 크고 작은 탑들은 유골을 보관하는 탑이었다. 그 후 나는 산책하면서 더 이상 법당 뒤쪽으로 가지 않았다.

역사 공원에서 규모가 가장 큰 왓마하탓 사원을 세울 때 건축 자재들은 어디서 가져왔을까? 역사학자들은 본당을 세울 때 사용한 자재들은 모두 인근 지역에서 공급되었던 것으로 추정한다. 벽돌과 돌, 그리고 특히 홍토는 씨쌋차날라이와 깸팽펫에서 정해진 규격에 맞게 잘라서 운송해 왔을 것이라고 한다. 석회도 쑤코타이 북쪽으로 20km 떨어진 지역에 생산지가 있었다. 본당의

중국식 묘지

기둥만 남은 본당의 모습

끝자락에 본존불을 모셨던 안치대가 남아 있다. 이 본존 불상은 1362년 리타이 왕의 명을 받고 주조된 것인데 18세기경에 현 짝그리 왕조의 라마 1세의 명으로 방콕의 왓쑤탓 사원으로 옮겨 안치하고 석가모니불이라고 부르도록 했다.

왓마하탓 사원의 주탑 앞에는 커다란 본당이 있던 자리가 있다. 현재는 홍토로 만든 주탑만 남아 있는데 흔히 이곳을 11칸 방의 본당이라고 부른다. 이는 본당 맨 앞과 맨 뒤의 기둥 숫자를 세서 넓이를 말하는 것인데 규모가 매우 큰 본당이었음을 알 수 있다. 왓마하탓 사원이 무척이나 넓어서 사원의 모습을 한눈에 보기는 힘들다. 그래도 사원의 규모나 모습을 가장 잘 볼 수 있는 자리가 바로 주탑의 모습이 뒤로 보이고 그 앞이 본당이 있었던 자리를 나타내는 기둥들이 서 있는 곳이다. 약간의 상상력을 발휘하여 불상을 앉히고 기둥 위에 지붕을 얹어서 머릿속에서나마 복원을 해보면 그 웅장함을 조금 더 실감나게 느낄 수 있다. 13세기 더운 나라에서 땀을 흘리며 불상을 만들고 사원을 세웠던 장인들의 애환이 곳곳에 서려 있음을 한 번쯤 생각해 볼 일이다.

태국 사원을 돌아다니다 보면 수학여행 온 학생들을 종종 만나게 된다. 그때마다 옛날 수학여행 갔던 추억이 떠오른다. 중학 시절 수학여행을 경주로 간 적이 있었는데 그 당시 수학여행이라는 것이 시골 사는 아이들이 모처럼 집을 떠나 여행하면 집밖에서 하루나 이틀을 자고 온다는 이른바 '수학'보다는 '여행'에 방점이 찍히는 그런 것이었다. 다만 교과서에서 사진으로만 본 불국사나 석굴암 등을 보면서 진짜 이런 것이 있구나 하는 정도였다. 그런 기억 속에서 그래도 기억에 뚜렷이 남는 것이 하나 있었는데 불국사에 들러 석가탑과 다보탑을 보면서 들었던 무영탑의 전설이었다. 석가탑을 짓기 위해 백제에서 온 아사달은 두고 온 아내 아사녀에게 탑을 쌓는 일이 끝나게 되면 영지라는 연못에 탑 그림자가 비치게 되는데 그 때 다시 만날 수 있을 것이라고 했다. 아사달을 찾아 불국사로 간 아사녀는 영지에서 탑 그림자가 비치기만을 기다리고 있었다. 그런데 약속한 기간이 지나도 그림자가 비치지 않자 영지에 뛰어들어 죽었다는 이야기였다. 13세기 쑤코타이 안에 빼곡하게 모여 살면서 사원을 짓고 탑을 세우던 석공들 중에는 외지에서 징발된 사람도 적지 않았을 것이다. 최소한 당시 번영했던 씨쌋차날라이와 깜팽펫에서는 많은 사람들이 동원되었을 것이

사진찍는 신부의 모습

다. 그들도 고향을 떠나면서 연인이나 가족들에게 언제쯤 꼭 돌아올 것이라는 약속을 하고 왔을 터인데 그들의 약속은 이루어졌을까? 아마도 적지 않은 사람들이 눈물로 세월을 보내고 더러는 영영 다시 만나지 못한 사람들도 있었을 것이다.

여기저기 사진을 찍는 관광객들 옆에 하얀 웨딩드레스를 입은 신부가 보이고 그 앞에 사진사가 삼각대를 세워 놓고 손짓을 하며 신부의 포즈를 교정해 주는 모습이 눈에 들어왔다. 결혼을 앞둔 이 처자는 무슨 생각으로 고찰에 와서 결혼 기념 사진을 찍는 것일까? 전생에 이곳에서 불탑을 세우던 장인의 연인이었을까? 그래서 인연이 빗겨가 이루지 못한 사랑에 미련이 남아 이곳을 찾은 것일까? 아니면 내생에 남자로 태어나기를 소원하였다는 왕비였을까? 그런데 또다시 여자로 태어나 이곳에 와서 자신의 업보에 순응하는 모습을 사진으로 남기고 싶어서일까? 이 모든 모습을 수백 년 묵묵히 앉아 지켜보면서 웃고 있는 불상의 미소가 모든 게 덧없음을 말해주는 듯하다.

석고 속에 감추어진 황금불상

왓마하탓 사원에는 황금불상이 있었다고 전해진다. 일찍이 람캄행 대왕의 비문에 보면 "쑤코타이의 중심부에 불당이 있고, 황금불상이 있고, 입불상이 있고, 큰 불상이 있고, 누런 불상 있고…."라는 구절이 나오는데 여기에 등장하는 것으로 추정되는 황금불상은 높이 3.04m, 무게가 5,500kg에 달한다. 이 황금불상은 나중에 쑤코타이가 쇠락하면서 1403년에 아유타야로 옮겨졌는데 아유타야가 전란을 겪게 되자 승려들은 이 불상을 보존하고자 검은 옻칠을 한 뒤에 석회 반죽을 입혔다. 석고 불상으로 변신한 황금불상은 전쟁 때 적군의 관심을 벗어나 파괴되지 않고 이후 수백 년 동안 석고 불상으로 존속하다가 1801년 짝끄리 왕조의 라마 1세가 이 불상을 방콕으로 옮기도록 명하였다. 석고 속에 감추어져 있던 황금불상은 1935년에 현재의 뜨라이밋 사원으로 옮겨졌다. 당시 이 불상을 안치할 건물이 없어 20년간 임시 거처에 안치되어 있다가 1955년 새로 세워진 법당으로 옮기던 중 부주의로 불상이 땅에 떨어지면서 석고가 깨지고 안에 있던 황금불상이 제 모습을 드러내게 되었다. 이 황금불상의 운명에서 보듯 쑤코타이의 여러 불상과 사원들은 화려했던 당시의 불교문화와 제국의 흥망성쇠의 흔적을 나타내주고 있다.

법당과 몬돕

태국의 사원 구조를 보면 중앙부에 주탑과 큰 불상을 안치하는 몬돕이 있다. 그리고 주불을 안치하는 본당은 보통 동쪽에 짓거나 접근성이 좋은 방향에 짓는다. 왓마하탓 사원도 주탑과 법당이 동쪽에 있다. 그런데 법당 앞에 조금 높은 지대를 만들고 거기에 불당을 하나 더 지었다. 이를 위한쑹이라고 하는데 '높은 불당'이라는 뜻이다. 이는 쑤코타이 건축 양식의 변화를 의미한다. 이러한 건축 양식은 아유타야 양식인데 쑤코타이가 아유타야에게 복속되면서 지은 것으로 추정된다. 이 높은 불당 안에 불상이 하나 안치되어 있는데 벽돌로 만든 후에 석회를 발라 완성한 것이다.

사원 안에 불상을 안치하는 곳은 몬돕과 불당 말고도 프라우보쏫이라고 부르는 법당이 있다. 법당은 보통 사원의 북쪽이나 남쪽

위한쑹이 있던 자리

에 짓는다. 우보쏫 또는 봇이라고도 부르는데 승려들이 종교적 의식을 행하는 장소를 뜻한다. 일반적으로 아침 예불과 저녁 예불 또는 수계 의식 등이 거행되는 장소이다. 크기는 20명 이상의 승려를 수용할 수 있는 정도였는데 승려 숫자에 맞게 지어지는 것이 보통이었다. 프라우보쏫은 아유타야 시대 들어 크게 짓기 시작하여 어떤 절에서는 본당과 같은 크기로 짓는 곳도 있었다. 쑤코타이 시대에는 쎄마(เสมา)라고 하는 표지석을 세워 법당이 있는 구역을 표시하였다. 흔히 비계석이라고 부르는 것이 바로 쎄마이다. 쎄마는 돌이나 홍토 또는 석회로 세우기도 하고 나무나 수로와 같은 자연물로 표시하기도 했다. 왓마하탓 사원 주변에도 연못이나 수로가 있는데 이 또한 법당 구역을 표시하기 위한 것이다.

서 있는 모습의 앗타롯 불상

앗타롯 불상은 벽에 붙어 서 있는 입불상을 말한다. 앗타롯은 숫자 18을 의미하는데 18썩(ศอก) 높이의 불상을 뜻하는 말이다. 18썩은 미터로 환산하면 약 9m가 된다. 일상 생활에서 자주 사용하는 태국의 길이 단위는 니우(นิ้ว)와 큽(คืบ), 썩(ศอก) 그리고 와(วา)가 있다. 니우는 본래 손가락이라는 뜻인데 1인치와 같다. 큽은 엄지손가락과 새끼손가락을 펼친 길이로 우리말의 뼘에 해당하는데 25cm와 같다. 썩은 팔꿈치의 중앙에서 가운데 손가락까지의 길이인데 50cm와 같다. 그리고 와는 양팔을 펼친 길이로 약 2m 정도 된다. 태국 속담에 '어디 갔다 오세요? 하니 2와 3썩이라고 한다'는 말이 있는데 이는 동문서답한다는 뜻이다. 18썩의 높이로 서 있는 앗타롯 불상은 쑤코타이에 전래된 불교가 스리랑카에서 온 상좌부 불교임을 말해주는 상징물이기도 하다. 이런 입불상은 쑤코타이 성 외곽에 있는 왓싸판힌 사원이나 북부의 핏싸눌록 등지에서도 볼 수 있는데 왓마하탓 사원에도 북쪽과 남쪽에 각각 하나씩 세워져 있다.

쁘라쌋 언덕

쁘라쌋 언덕은 왓마하탓 사원 동쪽에 있는데 과거 쑤코타이 시절 왕의 집무실이거나 주거 공간일 것으로 추측해왔다. 최근 예술청에서 고고학적으로 연구한 결과에 의하면 왕의 다목적 건물이 있던 곳으로 추정되며 왓마하탓 사원의 일부로 여러 의식이 행해졌던 장소로 보인다. 라마 4세가 왕자시절 출가하여 두타행을 행

입불상 모습

하던 중 1월 17일에 이곳에서 람캄행 대왕 비문을 발견하였다. 그래서 매년 1월 17일을 람캄행 대왕의 날로 지정하였다. 라마 4세는 영화 '왕과 나'에 나오는 인물로 매우 영민한 왕이었다. 왕이 되기 전에 오랜 시간 승려의 신분으로 수행하였으며 불교 개혁에 힘써 탐마윳니까이라고 하는 종파를 만들었다. 그러나 영화 '왕과 나'에서는 라마 4세가 서양인의 시각으로 그려져 다소 우스꽝스럽게 보이는 면이 있다. 그래서 현재까지도 태국에서는 상영이 금지되고 있다.

두타행이란 불교의 수행 방법 중의 하나이다. 두타란 범어로 '버리다' 또는 '씻다'의 의미로 인간의 모든 집착과 번뇌를 버리고 수행하는 것을 말한다. 두타행에는 여러 가지 수행법이 있다. 최소한 12가지를 지켜야 하는데 매우 어렵고 까다로운 일이다. 일단은 인가를 떠나 멀리 숲이나 광야에 머물러야 하고 끼니는 항상 탁발을 해야 한다. 그리고 탁발을 할 때는 빈부를 가리지 않고 차례로 걸식을 해야 하며 공양은 한 자리에서 마쳐야 하고 두 번 먹어서는 안 된다. 또 탁발 시에 발우 안에 든 것만으로 만족해야 하고 정오 이후에는 미음조차 먹어서도 안 된다. 옷은 한 가지를 빨아 입고 기워 가며 입어야 하고 정해진 세 가지 승복 외에는 다른 것을 입어서는 안 된다. 또한 무상관(無常觀)을 수행하기 위해 무덤 곁에서 수행해야 하고 나무 밑에 머물고 노지(露地)에 앉아야 하며 앉기는 하되 누워서는 안 된다. 태국에서 이런 두타행을 행하는 모습을 보면 황색천을 파라솔처럼 만들고 그 아래 앉아 낮에는 햇볕이나 비를 가리고 저녁이 되면 잠자리로 펴서 그 안에서 잔다. 아마도 사람이 죽으면 누울 수 있는 자리만큼의 공간일 것이다. 불교 문화를 나타내는 사진들을 보면 이른 아침에 승려들

두타행을 떠나는 승려들 (출처: wikimedia, Tevaprapas)

이 길다랗게 줄을 지어 탁발을 나서는 모습이 있는데 여명을 배경으로 아주 아름답게 찍은 사진들이 많다. 그러나 석양이 지고 어둠이 깔리기 시작하는 저녁 무렵 두타행을 하는 승려들이 노천에 앉아 좌선하는 모습 또한 그에 못지않게 아름답다.

왓씨싸와이 사원

왓씨싸와이 사원은 왓마하탓 사원의 남쪽으로 350m 떨어진 곳에 위치해 있다. 정문에서 보자면 마하탓 사원 뒤편에 있는 셈이다. 자전거로 이동하여 경내로 들어서니 마당을 청소하는 인부 들의 모습이 보인다. 하나같이 이슬람교도들이 쓰는 히잡과 유사한 두건을 쓰고 있다. 이따금 도로 포장 공사나 길거리에서 장사하는 사람들이 우리가 보기에 더워 보이는 두건을 쓰고 있는 모습을 볼 수 있다. 바깥 기온이 일정 수준 이상으로 올라가면 오히려 천으로 몸을 감싸는 것이 더위를 극복하는 방법이라고 한다.

왓씨싸와이 사원의 복원도

다른 사원들이 동향인데 비해 씨싸와이 사원은 남향으로 세워져 있다. 주거문화에서 한국인이 좋아하는 방향은 남향이다. 이는 북반구에 위치한 한국이 태양의 고도가 높은 여름에 햇볕을 덜 받아 시원하게 지내고 반대로 태양의 고도가 낮아지는 겨울에 햇볕을 많이 받아 따뜻하게 지내기 위함이다. 그런데 상대적으로 적도에 가까운 지역에 위치한 태국은 연중 태양의 고도 차이가 그다지 많이 나지 않는다. 그래서 태국인들이 좋아하는 방향은 남향이 아니라 동향과 북향이다. 동향은 해가 뜨는 쪽이라서 좋아하고 북향은 태국어의 "느아"가 북쪽이라는 의미 외에 '위쪽'이라는 뜻이 있어 '상승하다'라는 어감이 있어 선호한다. 그럼에도 불구하고 태국에서 남향은 상대적으로 더울 수밖에 없다. 유학 시절 살던 아파트가 남동향이었는데 오후에는 안방 벽 쪽이 햇볕을 받아 초저녁까지도 늘 더위와 싸워야 했다.

왓씨싸와이 사원 주변을 홍토로 낮게 둘러싼 담이 있고 그 안쪽에 쁘랑이라고 부르는 롭부리 양식의 불탑이 3기 있다. 불탑은 상대적으로 날씬한 편인데 낮은 단 위에 세워져 있다. 탑에 새겨진 무늬는 원나라 시대의 중국 자기 무늬와 형태가 유사하다. 돌 위에 새겨진 힌두교 신의 모습으로 볼 때 본래 힌두 신전이었던 것

크메르 양식의 쁘랑

을 18세기에 법당 앞쪽을 증축하여 불교 사원으로 만든 것으로 추정된다. 그래서 전체적으로 크메르 양식과 힌두 양식이 혼재되어 있다.

태국은 전통적인 불교 국가로 국민의 대다수가 불교 신자이고 전국에 수많은 사원이 있다. 그런데 태국의 왕궁이나 사원의 양식을 보면 힌두교적 요소가 상당부분 섞여 있는 것을 볼 수 있다. 또한 태국 왕실의 문양에도 힌두교의 가루다(Garuda)가 사용되고 있다. 태국인은 예로부터 불교를 신봉하여 왔으나 힌두교의 형식과 의식을 무리 없이 받아들여 태국의 불교에는 힌두교의 요소가 많이 융합되어 있다. 특히 아유타야 시대에 들어와 왕이 힌두교의 의식을 즐김으로써 힌두교의 여러 가지 것들이 태국의 풍습과 문화로 발전하였다. 태국 속의 힌두교는 교리의 전파와 가르침보다

뜨랑에 새겨진 무늬

나무 뿌리 위에 모셔진 불상들

는 경을 외워 악을 물리치고 의식을 행하는 데 치우쳐 있다.

씨싸와이 사원의 불탑 앞쪽에 있었던 불당의 모습은 온데간데 없고 그 규모를 짐작하게 하는 기둥만 남아 있었다. 3기의 불탑 앞으로 불당이 있던 곳에 남국의 뜨거운 햇볕이 내리쬐고 있었다. 기둥의 형태로 봐서 불당은 두 채가 있었던 것으로 추정되는데 주변에 제법 큰 나무가 몇 그루 있어 그래도 쓸쓸함을 덜어주고 있었다. 나무 아래쪽에 뿌리가 반쯤은 드러나 있는데 서로 엉켜져 있는 뿌리 위에 조그만 불상이 여럿 보인다. 누군가가 간절히 바라는 염원을 담아 가져다 놓았을 것이다. 그가 누구인지 그리고 그 염원이 이루어졌는지는 알 길이 없지만 그래도 넉넉한 미소를 지으며 살아가고 있을 것이라고 근거 없는 추측을 해본다. 사원 주변에 빗자루질 하는 사람들이 보이고 사원 한 옆에 바퀴 하나를 더 달아 개조한 리어카 위에 아이스크림과 과자를 놓고 파는 장사꾼이 나무 그늘 아래 앉아 손님을 기다리고 있었다. 오가면서 보아도 사먹는 사람은 보이지 않는데 장사꾼의 얼굴은 평온하기만 하다. 그래도 이따금 수학여행 온 학생들이 우르르 몰려들어 사 먹곤 하는 일이 좀 있었으면 좋겠다.

왓뜨라팡은 사원

왓뜨라팡은 사원은 왓마하탓 사원에서 동쪽으로 300m 떨어진 곳에 위치하고 있다. 이 유적지에는 사원을 둘러싼 담이 없다. 쑤코타이 양식인 연꽃 모양의 주탑이 아름답게 솟아 있고 사리가 모셔져 있는 탑의 사방에는 서 있는 모습의 입불상이 있다. 주탑 앞쪽에 커다란 좌불상이 있고 그 앞에 불당이 있었던 곳에 기

불당 앞에서 사진찍는 처자들

보조탑과 유행불의 모습

둥만이 남아 있다. 붉은색의 셔츠를 입은 처자 둘이 자전거를 타고 와서 한 바퀴 둘러보더니 불당으로 올라가는 계단 앞에 앉아 사진을 찍는다. 오래된 허물어진 사원을 배경으로 한 밝은 붉은색 셔츠가 햇볕에 그을린 듯한 홍토의 탁한 기둥 색깔과 묘한 조화를 이루고 있었다. 주탑의 왼쪽에 보조탑이 하나 있는데 탑의 윗부분은 흔적도 없이 사라지고 몸뚱아리만 덩그러니 남아 있다. 그 옆에 걸어가는 불상의 모습을 한 유행불(遊行佛)이 보인다.

사원의 앞쪽으로 조그만 호수가 있는데 물 한가운데 섬이 있고 그 섬 안에 법당이 세워져 있다. 법당에 가기 위해서는 사원 앞쪽에서 왓마하탓 사원 쪽으로 가는 도로를 통해 조금 걸어가다가 호수 위로 난 다리를 건너가야 한다. 왜 법당을 따로 호수 위에 있는 섬에 지었을까 하는 의구심이 든다. 호수의 물 전부를 해자처럼 생각해서 특별히 법당의 경계를 짓고자 한 것인지도 모른다. 혹은 누군가 출가수행을 해서 수계 의식을 치르거나 아니면 매일 예불을 드리기 위해서 이 법당을 오가면서 속세에서 지은 악업을 호숫물로 정화시키고 싶었는지도 모른다. 외따로 지어져 있는 법당에서 바라본 연꽃 봉오리 모양의 주탑은 유난히 단아하고 아름다워 보였다.

왓싸씨 사원

왓싸씨 사원은 왓마하탓 사원의 북서쪽에 위치해 있다. 뜨라팡 뜨라꾸안이라고 부르는 연못의 섬 한가운데에 있는 사원으로 조그만 다리를 건너가야 한다. 태국어에서 싸(สระ)는 연못을 뜻한다. 그래서 왓싸씨는 '복된 연못의 사원'이란 뜻이 된다. 과연 물이 많

섬 한가운데 있는 왓싸씨 사원

은 나라에 있는 그 많은 연못 중에서 이렇게 아름다운 사원을 둘러싸고 있는 연못이 몇이나 될까? 진정 복된 연못이 아닐 수 없다. 이 사원의 주탑은 뾰족한 형태의 스리랑카 양식으로 건축되었다. 마치 종을 엎어 놓은 형상을 하고 있다. 이 사원은 물로 둘러 싸여 있는 셈인데 물이 해자처럼 법당 구역 경계를 나타내 주는 비계석 역할을 하는 셈이다.

왓싸씨 사원은 섬 한가운데에 주탑이 있고 주탑 앞쪽에 기둥만 남은 법당 안에 큰 좌불상이 안치되어 있다. 남쪽에 조그만 탑이 있는데 씨위차이와 스리랑카 양식이 혼합되어 있다. 씨위차이 왕국(659-1215)은 스리비자야라고도 하며 7세기 말경에 인도네시아에 힌두교의 영향을 받은 소왕국들이 연합하여 만들어진 나라였다. 나중에는 불교가 융성하게 되고 10세기에 전성기를 이루다가 14세기경에 몰락했다. 씨위차이는 인도와 중국을 잇는 항로가 발

아름다운 유행불의 모습

작은 섬에서 바라본 왓싸씨 사원의 모습

작은섬 안의 법당이 있었던 자리

달된 곳에 위치해 있어서 이곳까지 영향을 미친 모양이다. 이 사원의 전체적인 탑 모습은 종을 엎어 놓은 모양을 하고 있는데 특이하게도 사면으로 불상을 모시는 아치형의 신전이 나와 있다. 그 앞에 걷는 모습의 유행불이 있는데 그 자태가 매우 아름답다. 조금 엉뚱하기는 하지만 미륵반가상이 서 있는 것 같다는 생각이 든다. 그 앞쪽으로 또다시 조그만 섬이 있고 크기가 작은 법당이 있던 터와 기둥이 남아 있다. 섬 안의 섬인 셈이다. 그 섬으로 가기 위해 양쪽에 난간이 있는 다리를 건너가는데 물위에 빨간 연꽃이 피어나고 있었다. 작은 섬을 돌아보고 다시 몸을 돌리면 조금 전에 있었던 큰 섬의 주탑과 법당 안의 좌불상이 일직선을 이루고 있는 모습이 한눈에 들어온다. 섬을 보기 위해 섬으로 온 게 아니고 조금 전에 내가 본 모습을 제대로 보기 위해 섬으로 온 것 같다. 숲을 보려고 숲에 들어가니 정작 숲을 보지 못하고 밖으로 나와서 숲을 보니 비로소 숲을 보게 된 것이다. 눈앞의 광경이 정말로 놀랍도록 아름답다. 진정한 쑤코타이 예술의 아름다움을 그대로 보여주고 있다는 생각에 감탄사가 절로 나온다.

다리를 건너서 섬을 빠져나와 다른 사원으로 발길을 옮기는데 자꾸만 시선은 뒤로 간다. 정말 다시 보아도 아름다운 사원이다. 어떻게 호수 한가운데 사원을 지을 생각을 했을까? 불교에서 물은 정결함을 뜻한다. 이 물이 사원을 둘러싸고 있으면서 사원이 있는 지역이 불력이 미치고 있는 신성한 곳임을 알려 주고 있다. 이렇게 비계석 대신 물을 사방에 둘러싸는 형태를 통해 법당 경계를 표시하는 것을 우톡까씨마(อุทกสีมา)라고 한다. 우톡까는 물이라는 뜻이므로 굳이 뜻을 옮기자면 비계수라고 해야 할 것이다. 주탑의 양식을 볼 때 스리랑카를 통해 불교가 들어왔음을 입증

해주고 있다. 이 사원은 경치가 좋고 특히 불탑 위로 해가 넘어갈 때 석양이 아름답다고 한다. 마하 짝그리 씨린턴 공주가 이 석양을 즐겼다는 이야기를 들은 적이 있다. 아쉽게도 나는 시간이 맞지 않아 석양을 볼 수는 없었다.

싼따파댕 신전

싼따파댕 신전은 나컨왓 시대(1107-1157)의 크메르 양식으로 지어진 신전이다. 신전 주변으로 여기저기 널브러져 있는 홍토 벽돌들이 보인다. 예술청에서 발굴 작업을 거쳐 복원한 것이라고 하는데 복원 과정에서 힌두신과 여신 그리고 치장품 등이 많이 나왔다고 한다. 현재는 우리나라 독립문을 떠올리게 하는 형태의 사원 건물만 우뚝 서 있다. 그래도 누군가가 앞에 노란 꽃을 가져다

싼따파댕 신전의 모습

놓고 향을 피운 흔적이 보인다. 여기서 나온 유물들은 람캄행 국립박물관으로 옮겨 전시해 놓고 있다. 힌두신은 머리와 팔 부분이 파손되기는 했지만 크메르의 바이욘 양식의 특징을 나타내고 있어 12세기 중반의 것으로 추정하고 있다. 당시 크메르는 롭부리를 중심으로 짜오프라야강 유역에까지 세력을 뻗쳤는데 1027년 자야바르만 7세를 끝으로 멸망하기 이전까지 태국 중부의 위쪽인 욤강 유역까지 진출해 있었다. 싼따파댕 신전은 역사 공원 한쪽으로 좀 외따로 떨어져 있는데 그 외로움을 달려주기라도 하는 것처럼 큰 나무 한 그루가 옆에서 있었다.

쑤코타이의 수원(水源) 씨다퐁 저수지

씨다퐁은 탐놈 프라루앙이라고 부르는 저수지로 구시가지 남서쪽에 위치해 있다. 물을 가두어 두기 위해 프라밧야이 산과 키우아이마 산의 경계에 만들어 놓은 제방이 있다. 이 제방을 통해 물을 성곽 쪽으로 끌어들여 뜨라팡은 저수지와 뜨라팡텅 저수지로 흐르게 만들었다. 이렇게 끌어들인 물은 당시 왕궁과 쑤코타이 백성들이 사용했다. 현재 수도국에서 이를 수리하고 복원해 놓았다. 옛날에 수원지를 쏙(ซก)이라고 불렀는데 이는 '개울' 또는 '시내'란 뜻이다. 현재 쏙이라는 접두어를 사용하는 여러 개의 수원지가 있다. 현재 남아 있는 씨다퐁의 모습은 커다란 방죽 그대로의 모습이었다. 낚싯대를 드리우거나 때로는 그물을 던져 물고기를 잡아 올리거나 아니면 멱을 감는 동네 아이들이 보일 만도 한데 이른 시간이라 그런지 주변은 적막하고 마을 주민 몇몇이서 무언가를 끌어내고 있었다. 700년 전부터 이 땅의 군주에게 치수를

씨다퐁 저수지

통해 쑤코타이를 번영하게 했던 수원지의 모습치고는 참으로 수수하기만 하다.

성곽 밖 남쪽으로 가다

성곽 밖의 유적지를 관람하는 방법은 자전거를 타고 가거나 뚝뚝을 전세 내어 가야 하는데 유적지 간 거리가 꽤 되어 뚝뚝울 타고 가기로 했다. 아침에 조금 일찍 나섰더니 뚝뚝에 앉아서 맞는 맞바람이 제법 차가웠다. 뚝뚝 운전기사는 우리가 한국 사람이란 걸 알고는 자신이 2-3년 전에 한국의 인천 남동공단에서 일했었노라고 자랑을 한다. 인천의 남동 공단에서 일했다는 소리를 듣고 무척 반가웠다. 10년도 훨씬 전에 부천에 살면서 인천 남동공단에서 태국인 근로자들을 위한 통역 봉사를 한 적이 있었다. 한 치과

한국에서 일한 적 있다는 뚝뚝 기사

의사가 주말에 외국인 근로자들에게 무료로 치아 검진을 해주고 있는데 태국어 통역이 필요하다는 것이었다. 자동차로 20분이면 갈 수 있는 곳이어서 몇 번 통역 봉사를 해 주고 나중에는 태국인 근로자들에게 내 전화번호를 주었다. 그리고 의사 소통에 문제가 있으면 언제든지 전화하라고 했다. 그러자 수시로 전화가 오는데 내가 잠깐 시간을 내서 통화를 해주면 곤란한 문제들이 쉽게 풀리는 경우가 많았다.

요즘에 한국에서 일하는 태국인 근로자 수가 부쩍 늘었다. 지난해 기준으로 태국인 체류자 수가 18만 명을 넘어섰다. 한국을 찾은 관광객 수도 50만을 넘었다고 한다. 한국과 태국이 실제적으로 관계를 맺기 시작한 것은 1950년 한국전쟁에 태국이 참전하면서부터이다. 태국은 1950년 11월 7일부터 휴전협정이 맺어질 때까지 육군 1개 대대와 해군함정 2척 그리고 공군 수송기 3대 규

태국 촌부리 주 소재 참전 기념탑

모로 8,693명 참전하였는데 연인원으로 따져보면 15,708명에 달했다. 이때 태국군은 매우 용감하여 싸워 "작은 호랑이"라는 별명을 얻었다. 당시 참전 용사들이 인터뷰한 내용을 보면 북한군이나 중공군 못지 않게 무서운 것이 한국의 혹한이었다고 한다. 태국의 참전은 우리가 잊어서는 안 되는 참으로 고마운 일이다. 태국군의 참전을 기념하기 위해 우리나라에는 경기도 포천군 운천리에 참전비가 건립되었고 태국은 촌부리 주에 참전비 및 기념관이 건립되었다. 나는 한태 수교 50주년을 맞아 개최된 세미나가 끝나고 나와민트라치니 부대를 방문하고 참전비와 전쟁 기념관을 둘러본 적이 있다.

1980년에 한국전에 참전한 태국군 장교와 한국 처녀 간의 사랑을 그린 영화 <아리당>이 제작되었다. <아리당>은 아리랑의 태국식 발음이다. 한국전에 참전했던 태국군의 퐁판 대위와 한국인 처녀 옥분이와의 사랑을 그린 영화다. 퐁판 대위는 전투 임무를 수행하던 어느 날 밤에 적의 기습공격을 받았다. 총에 맞아 부상을 당하고 부대가 거의 전멸하는 위기에 몰린 퐁판 대위는 인근에 아리랑이라는 마을에 들어가 치료를 받게 된다. 이때 퐁판 대위를 치료해준 사람이 바로 옥분이였다. 퐁판 대위는 치료를 받는 중에 자신을 간호해 주던 옥분과 사랑에 빠지게 되고 전쟁 중에 결혼까지 하게 된다. 그 후 1953년 7월 27일 휴전이 되자 퐁판 대위는 태국으로 돌아가야만 했는데, 옥분이의 가족들을 데리고 갈 수 없었다. 그래서 나중에 다시 데리러 오겠다는 약속만을 남기고 떠났다. 태국에 돌아온 후 퐁판 대위는 여러 가지 일에 쫓기다 보니 한국의 옥분이 가족을 찾아갈 기회를 잃었고, 어느덧 3년이라는 시간이 흘렀다. 우여곡절 끝에 퐁판은 한국으로 돌아와 옥분이를 찾아갔다. 그런데 그녀가 살고 있는 마을에 도착했을 때 옥분은 때마침 무너져 내리는 눈에 깔려 죽게 된다. 비극으로 끝나는 영화 <아리랑>은 1997년에 TV 드라마로 제작되어 다시 한 번 방영되었다. 나는 유학 시절 식당에서 흘러나오는 아리랑 노래를 심심찮게 들었다. 한국 정부에서는 매년 대사관 주최로 기념식을 거행하고 참전용사 후손들에게 장학금을 주기도 한다. 참으로 잘하는 일이다.

왓체뚜폰 사원

왓체뚜폰으로 가는 길 양옆으로 여기저기 사원이 있었던 흔적이 보인다. 붉은 벽돌이나 홍토로 만든 기둥 또는 불탑의 기단으로 보이는 잔해들이 흩어져 있다. 왓체뚜폰 사원 입구에 다다르자 넓은 벌판에 여기저기 서 있는 기둥이 보인다. 사원은 사각형

왓체뚜폰 사원 복원도

걷는 모습의 유행불

모양의 해자로 둘러싸여 있어 조그만 돌다리를 건너가야 한다. 입구에 세워져 있는 안내판에는 사원의 본래 모습을 복원한 그림이 있었다. 앞쪽으로는 옥수수 모양의 불탑이 있고 그 뒤로 피라미드 모양을 한 몬돕이 있는데 사방에 울타리가 쳐져 있다. 그리고 그 뒤로 다시 불당이 자리잡고 있으며 주변에 작은 보조탑이 여럿 세워져 있다. 군데군데 누군가가 모셔놓은 작은 꼬마불상이 보이고

목각처럼 보이는 돌 난간

목이 잘려나간 승려상도 보인다.

사원 안에는 석판으로 지은 몬돕이 있는데 좌불상과 와불상 그리고 서 있는 모습의 입불상과 걷는 자세의 유행불(遊行佛)이 안치되어 있다. 이 중에서 입불상과 유행불만이 상태가 양호하게 남아 있다. 몬돕 안에는 벽돌과 석판 그리고 홍토로 제작된 불상이 있다. 볼만한 예술품으로는 정방형의 몬돕을 둘러싸고 있는 돌담이다. 부분적으로 남아 있는 돌담은 크고 두꺼운 석판으로 되어 있는데 무늬가 새겨져 있고 테두리를 위한 조각을 내었다. 또한 목각을 흉내 낸 돌 난간이 있다. 그리고 58호 비문이 있는데 1514년에 새겨진 것으로 이 사원에 불상을 건립해 놓았다는 기록이 있다. 역사적으로 보면 500년 세월이 지났다 하지만 사원의 본래의 모습에 비해 너무 많이 파손된 것 같다는 생각이 들었다. 그 이유는 무엇이었을까? 우기에 집중해서 내리는 이른바 코끼리도 쫓아낸다는 장대비였을까? 버마와의 전쟁에서 약탈과 방화를 빗겨가지 못했던 것일까? 아니면 사람들이 가지고 있는 불심이 옛날 같지 않아 발길을 끊어서일까? 쑤코타이의 성곽 밖 유적지의 모습을 보면서 드는 아쉬움이 크다.

왓싸판힌 사원

왓싸판힌 사원은 서쪽 외곽에 위치해 있다. 쑤코타이에는 시대 불교와 관련하여 승려가 두 부류로 나누어져 있었다. 성내에서 수행하는 승려를 카마와씨라고 하고 주거지역에서 1km 이상 떨어진 성 외곽 숲 속에서 위빠싸나를 통한 명상 수행하는 승려들을 아란야와씨라고 불렀다. 카마와씨는 '집에 있는 자' 또는 '마을에 거주하는 자'라는 의미이다. 카마와씨는 마을이나 도시에 거주하는 승려 집단으로 주로 불경을 공부하고 포교에 힘쓰면서 사원을 건립하거나 보수하고 유지하는 일에 몰두하였다. 주로 유학의 경험이 없는 국내파 승려들이 이에 속했다. 이에 비해 아란야와씨는 '숲에 있는 승려' 또는 '숲 속의 승려'라는 뜻이다. 주로 유학파 승려들이었는데 주거지와 멀리 떨어진 숲에 거주하면서 마음을 다스리고 지혜를 얻는 일과 붓다의 가르침을 실행하면서 포교하는 데 힘썼다. 왓싸판힌 사원은 아란야와씨들의 수행처였다.

왓싸판힌 사원은 200m의 산 언덕에 위치하고 있다. 산 아래에서 올라가는 길에는 돌이 깔려 있다. 나지막한 산등성을 걸어 올라가니 이미 와 있던 여행객들이 몇몇이서 사진을 찍고 있었다. 한 중년 남자에게 어디서 왔느냐고 물어보니 벨기에에서 왔다고 한다. 휴가를 얻어 태국에 여행 중이라는데 우리가 한국에서 왔다고 하니 반색을 하며 엄지를 척 세워주었다. 벨기에라는 나라를

왓싸판힌 사원의 입구 모습

산꼭대기에 있는 입불상의 모습

좌불상의 모습

가본 적은 없지만 친근감이 들었다. 가톨릭 신자였던 아내는 유학 시절 남부 빳따니 주에서 작은 공소에 가서 미사를 드렸다. 그때 신부님이 벨기에 사람이었다. 당시 태국에 온 지 18년째라고 했는데 유창한 태국어로 미사를 집전하면서 강론을 했다. 그게 벌써 30년 전 일이다.

왓싸판힌 사원은 '돌다리 사원'이라는 뜻인데 사원으로 올라가는 언덕길에 돌을 깔았기 때문에 붙여진 이름이다. 그런데 물이 아닌 산으로 오르는 길에 왜 돌다리를 놓았는지 다소 의아한 생각이 든다. 올라가는 길에서 보면 먼저 좌측으로 규모가 작은 연꽃봉오리 모양의 탑이 서 있다. 끝까지 올라가면 담이 없는 사원 안쪽에 12.50m의 높이에 달하는 입불상이 있다. 본래 입불상은 몬돕 안에 안치되어 있었던 것 같은데 지붕과 벽은 온데간데없고 홍토로 만든 기둥만 남아 있다. 입불상의 발치 아래 높이 가부좌를 틀고 앉아 있는 좌불상이 있다. 입불상은 오랜 세월을 견디지 못하고 군데군데 파손되거나 변색되어 마치 구걸하고 고행하는 승려의 모습을 떠올리게 한다. 그래도 아래쪽 제단에 보면 누군가가 놓고 간 향과 초 그리고 화환이 남아 있다. 오른쪽으로 보면 다른 건축물이 있었는지 아래 기단의 모습이 두어 군데 남아 있는 것이 보인다. 전해져 내려오는 이야기에 따르면 람캄행 대왕이 코끼리를 타고 이곳에 예불을 드리러 오르내렸다고 한다.

성곽 밖 북쪽으로 가다

왓프라파이루앙 사원

성곽 북쪽에 있는 왓프라파이루앙 사원은 다른 사원보다 꽤 넓은 공터 위에 폐허로 변한 고찰 모습을 하고 있었다. 주변에 발굴 작업을 하는지 여기저기 땅을 파고 인부들이 삼삼오오 모여 앉아 점심을 먹고 있는 모습이 눈에 들어왔다. 한눈에 봐도 규모가 큰 사원이 있었던 자리라는 것을 쉽게 짐작할 수 있다. 안내판에 그려진 복원 모습을 보니 좀더 구체적으로 사원의 옛모습을 그려볼 수 있었다.

왓프라파이루앙 사원은 왓마하탓 사원 다음으로 크고 중요한 유적으로 크메르 시대의 우주관을 반영하여 지은 사각형의 모습을 하고 있다. 옥수수 모양을 한 쁘랑 형식의 불탑이 3기 있었는데 북쪽에 세워진 불탑만 남아 있고 나머지는 불탑을 받쳐주던 기단만 남아 있다. 이곳에 새겨진 무늬를 보면 대승불교적 요소를 엿볼 수 있다. 이 사원은 세 겹의 제방으로 둘러싸여 있는데 바깥쪽을 매쫀 제방이라고 부른다.

왓프라파이루앙 사원 복원도

왓프라파이루앙 사원의 모습

왓프라파이루앙 사원은 당시 지역 주민의 생활 중심지였다. 사원에서 가장 오래된 유물은 세 개의 좌불상인데 홍토로 제작되었다. 불상의 얼굴을 보니 양 볼이 좀 두툼하게 살찐 모습을 하고 있다. 법당 주변에 비계석인 바이쎄마가 몇 개 덩그러니 남아 있다. 이 사원에 남아 있는 유물과 건축물들은 크메르의 자야바르만 7세 시대의 바이욘 양식으로 된 예술 면모를 보여준다. 사원 앞에는 네 개의 불상이 있는데 좌불상과 와불상 그리고 서 있는 모습의 입불상과 걸어가는 모습의 유행불이 세워져 있다. 전체적으로 크메르 또는 롭부리 형식과 쑤코타이 형식이 혼재되어 있다. 그 옛날 이곳이 번성하던 시기에는 아마도 수천 명의 승려와 불자들이 오갔을 텐데 지금은 공터 위에 남겨진 나뭇가지에서 새 울음소리만 들려왔다.

왓씨춤 사원

왓씨춤 사원은 왓프라파이루앙 사원으로부터 서쪽으로 800m 떨어진 곳에 위치해 있다. "씨춤"은 '보리수가 우거진'이란 의미인데 옛날 이곳에 보리수가 많아서 붙여진 이름일 것이다. 쑤코타이에 오기 이전부터 알고 있는 사원이 바로 왓씨춤 사원이다. 태국 관광 홍보 포스터에 보면 자주 등장하는 좌불상이 바로 왓씨춤 사원에 있기 때문이다. 앗짜나불이라고 부르는 이 좌불상은 높이가 15m에 이르고 무릎 앞쪽 간의 폭이 11.30m에 달한다. 앗짜나(อจนะ)는 '나는 견고하다'는 의미이다. 몬돕이라고 부르는 법당은 사각형의 정자 비슷한 모양으로 지었는데 지붕은 모두 내려앉고 사방의 벽만 남아 있다. 벽은 시멘트로 촘촘하게 만들었고 아래쪽에 내부로 드나들 수 있는 문을 만들어 놓았다. 이 문을 지나면 좁은 계단을 통해 앗짜나불 옆쪽까지 올라갈 수 있다.

왓씨춤 사원의 정면 모습

거대한 크기의 좌불상

왓씨춤 사원의 불상은 예술적 차원에서 가히 걸작이라고 할 수 있다. 온화하면서도 갸름한 얼굴에 은은한 미소를 짓고 있는데 왓 마하탓 사원의 불상과 유사하면서도 조금은 엄한 모습을 하고 있다. 13세기 후반에 건립했다고 하니 700년쯤 된 불상인데 가슴과 팔 그리고 다리에 부분적으로 칠이 벗겨져 있으나 얼굴의 미소는 그대로 살아 있다. 오른쪽 무릎 위에 올려놓은 손의 손가락 길이가 길어 중지는 거의 바닥에까지 와 닿는다. 거대한 좌불상의 기형적으로 긴 손가락이 절묘한 아름다움을 느끼게 한다. 누군가가 그 기다란 손가락에 금박을 입히고 앞에 놓여 있는 향로에는 타고 남은 향과 화환이 걸려 있다. 거대한 좌불상을 모셔 놓기에는 몬돕이 많이 협소하다는 생각이 들었다. 불상의 크기에 비해 몬돕의 규모가 작아 어찌 보면 불상이 갇혀 있는 모양새로 보이기도 한다. 태국 속담에 장소가 좁은 곳에서는 살 수 있지만 마음이 좁은 곳에서는 살기 어렵다는 말이 있는데 하물며 불상에게 있어서 물리적 공간의 크기가 무슨 상관이 있을까 싶기도 하다.

벽 안쪽에는 오래된 그림이 있는데 거의 다 지워지고 흔적만 남았다. 이 그림은 700년 전의 것으로 추정하고 있다. 이 밖에도 계단 위쪽 천장에는 붓다의 본생담 이야기가 새겨진 석판이 50개가 있다. 계단을 따라 올라가면 법당의 지붕이 나타나는데 이 지점에서 고도 쑤코타이의 아름다운 전경을 감상할 수 있다. 그러나 일부 관광객들의 무분별한 행동으로 논란이 일자 현재는 폐쇄시켜 놓은 상태이다. 전해져 내려오는 이야기에 따르면 이 좌불상은 말을 할 수 있었다고 한다. 버마군이 이곳에 쳐들어오다 좌불상이 말을 하며 아유타야 병사들을 독려하는 걸 보고 놀라 도망갔다고 하는데 아무래도 과장된 이야기인 것 같다. 버마의 1차 침공

좌불상의 손가락 크기

작은 몬돕 속의 불상

이후 아유타야는 부분적으로 버마의 지배를 받았는데 나레쑤안 대왕이 여러 차례에 걸쳐 버마군을 물리쳤다. 나레쑤안 왕은 이곳에서 무신들에게 충성 맹세식을 거행했다고 한다. 태국에 전해져 오는 전통적인 충성 맹세식은 무신들이 들고 있는 물에 왕이 무기를 담그면 무신들이 충성을 맹세하고 그 물을 마시는 형식이었다.

몬돕 밖으로 나오면 불당이 있던 자리에 기둥이 남아 있고 옆으로 작은 몬돕이 하나 더 있는데 마찬가지로 지붕은 온데간데없고 벽과 기둥이 남아 있다. 이 작은 몬돕에도 불상이 하나 안치되어 있는데 누군가가 이끼가 낀 벽돌 위로 분홍색 꽃이 있는 화분을 가져다 놓았다. 사원이 성곽 밖으로 좀 외진 데 있어서인지 찾는 사람은 그리 많지 않아 보인다. 그래도 불자(佛者)들 몇몇이서 삼배도 올리고 일부는 사진을 찍고 있는 모습이 눈에 들어왔다. 사원을 나오다 보니 사방이 해자로 둘러싸여 있었다. 다시 차에 올라 이동하는데 뒤돌아보니 출입문 사이로 앗짜나불의 은은한 미소가 나를 소리없이 전송하고 있었다.

역사 공원 앞의 람캄행 박물관

람캄행 국립박물관은 쑤코타이 역사공원 바로 앞쪽에 있어 금방 눈에 띈다. 안내서를 받아 읽어 보니 박물관의 역사가 간단하게 소개되어 있었다. 이 박물관은 1960~1963년까지 예술청에서 지었는데 규모는 그리 크지 않고 아담하게 지어진 태국 전통 양식의 2층짜리 건물이다. 812㎢의 면적에 중앙 정부 예산과 쑤코타이 주민의 성금으로 건립했다. 1964년 1월 25일 푸미폰 국왕 부처가 참석하여 개관한 이래 1983년 타이문자 제정 700주년을 맞이하여 새 건물을 더 지었다.

람캄행 박물관 정문 간판

라이쓰타이관

그래서 현재 박물관은 두 개의 건물이 되었는데 하나는 타이문자 제정을 기리기 위해 지은 라이쓰타이관으로 단층 전시관이다. 안에는 쑤코타이 왕국 관련 물품이 있는데 쑤코타이 왕국 건립 이전부터 세계문화유산으로 등록되기까지의 역사를 보여주고 있다. 이밖에 내부에 세미나나 특강을 위한 회의실, 관람객 안내실, 도서 및 기념품 판매점 등이 있다. 또 하나의 건물은 태국 전통양식으로 지어진 2층 박물관이다. 여기에는 쑤코타이와 인근 도시에서 발굴된 유물들을 전시하고 있다. 앞에 안내판을 보니 관람시간은 오전 9시부터 오후 4시까지이고 입장료는 태국인은 30바트, 외국인은 150바트였다. 입구 벤치에 앉아 더위를 좀 식히고 표를 끊고 안으로 들어갔다,

이곳 람캄행대왕 박물관에 소장되어 있는 유물은 쑤코타이 시대 예술품들로 1953년부터 쑤코타이 구시가지에서 발굴되거나 복원사업을 하면서 발견된 유물들이다. 인근의 씨쌋차날라이, 깜팽펫, 펫차분, 피찟 등지에서 발굴한 것도 있고 왓랏차타니 사원의 주지승과 쑤코타이 유지 그리고 일부 주민들이 기증한 것도 있다. 전시품은 쑤코타이 시대 비문, 도자기, 여러 형태의 불상, 유적지에서 발굴된 호신불, 신상, 옛날 무기 등으로 매우 다양하다.

박물관 유물 중에서 상당 부분은 왓프라파이루엉 사원과 왓마하탓 사원에서 발굴된 조각품으로 사람상, 신상, 불상 등이 있다. 왓프라파이루엉 사원에서 발굴된 불상은 대체적으로 얼굴이 둥글고 눈썹은 휘어져 있다. 입은 가늘고 턱은 나와 있으며 두발은 작은 지문 모양을 하고 있다. 불상의 어깨에 둘러져 있는 쌍카띠의 가장자리가 여러 겹으로 접혀 있는 것으로 보아 13세기 중후반 시기에 제작된 것으로 추정된다. 왓마하탓 사원에서 발견된 불

유물전시관

상은 얼굴이 계란형이고 두발은 지문모양으로 되어 있어 제작 시기를 14세기 중반으로 추정할 수 있다. 신상과 사람상도 왓프라파이루엉 사원의 유물은 둥글고, 왓마하탓 사원의 것은 계란형이다.

시기적으로 보면 쑤코타이 시대 이전의 조각품들이 있는데 싼따파댕 신전, 왓프라파이루엉 사원, 왓씨싸와이 사원에서 나온 것이다. 형태적으로 보면 롭부리 예술품으로 분류하며 12세기 중반에 제작된 것으로 추정된다. 그리고 쑤코타이 예술로는 13세기 중반부터 14세기 중반에 제작된 것들이다. 1273년 씨인트라팃왕이 쑤코타이 왕국을 건립한 이후부터의 예술품으로 가장 아름답고 독창적이다. 불상에 있어서 두드러진 점은 아우라는 불꽃 모양, 두발은 지문 모양, 얼굴은 계란형이며 눈썹은 휘어지고 코는 아래로 굽어 있다. 입은 약간 웃는 모습이고 어깨가 넓으며 허리는 가늘다. 가사인 찌원은 길어서 배꼽까지 내려오고 아랫단은 톱니 모양 무늬로 마감되어 있다. 쑤코타이 시대 불상은 서 있는 입불상, 걸어가는 유행불, 앉아 있는 좌불상, 누워 있는 와불상이 많다.

아유타야 우텅왕 시대 불교 관련 예술품으로 경배하는 모습을 나타내는 조형물이나 청동상이 많다. 쑤코타이의 여러 사원에서 발견된 불상들은 14세기 중반에 제작된 것인데 그 당시는 쑤코타이 일부 왕족과 쑤완나품 왕족과의 관계가 문서로 된 사료에 나와 있다. 우텅왕 시대의 불상은 얼굴은 사각형이고 머리털이 굵으며 두발은 카눈(Jack fruit)의 돌기처럼 작은 원형을 하고 있다. 머리를 묶어 올린 끝단이 마치 라임을 자른 형태를 하고 있으며 아우라는 불꽃 모양이다. 아유타야 시대 불상은 쑤코타이 시대의 영향이 남아 있어 얼굴은 계란형이다. 머리털은 가늘고 두발은 지문 모양이며 눈썹은 휘어져 있다. 눈은 유리알 같고 코는 높으며 입은 가늘다. 나중에는 치장을 많이 하여 만들었는데 모두 14세기 중반에서 17세기 중반에 제작된 것들이다.

박물관 안의 유물들

나깐 조각상

깐(กาล)은 '시간' 또는 '세월'을 뜻한다. 시간을 상징하는 나깐은 72×90cm로 13세기 중반에서 14세기 중반의 쑤코타이 예술 유적지에서 발견되는데 박공벽의 아치(八형)형 부분 무늬에 사용되었다. 보통은 용 무늬와 함께 나타나는데 나깐의 양쪽을 지워 없애면 남는 부분은 도깨비와 사자의 얼굴을 합쳐 놓은 것 같다. 또는 험상궂은 아수라와도 같다고도 한다. 두 눈을 찡그리고 있는데

나깐상과 여러 조각품들

눈은 동그랗고 툭 튀어나와 있다. 입은 크고 앞니와 송곳니가 보이나 아랫니는 없다. 몸통은 없고 양팔이 머리 옆에서 나오는 형상을 하고 있다.

나깐은 인도의 힌두교와 불교의 신전이나 불전에서 많이 볼 수 있는데 영광과 행운을 상징하여 나쁜 것을 물리치고 성스러운 것을 보호한다고 믿는다. 인도에서 먼저 생겨난 것으로 추정하지만 일부 학자는 티베트나 중국에서 생겨난 것으로 보기도 한다. 태국에는 타와라와디와 씨위차이 시대 유입된 것으로 추정되는데 태국의 여러 곳에서 발견된다. 예컨대 나컨라차씨마의 힌피마이 신전과 치앙라이의 치앙쌘에 있는 왓빠싹 불탑의 아치형 부분을 치장하는 데 나깐이 사용되었다. 쑤코타이에서는 왓마하탓 사원 불탑의 박공벽 치장 무늬로 사용된 것을 볼 수 있다.

돌로 만든 신상

높이 128cm 크기의 롭부리 예술로 13세기경 돌로 만든 신의 형상이다. 쑤코타이의 싼따파댕 신전에서 발굴되었는데 머리와 팔다리는 부러져 나가고 몸통만 남아 있다. 치장품은 큰 금박판으로 제작한 목걸이를 걸고 있다. 아래 가장자리 중간 부분은 끝이 뾰족하고 목 부분 무늬는 둥근 꽃 모양 또는 염주 모양을 하고 있다.

어깨에 걸치는 장식을 두 줄로 좌우 어깨에 대각선으로 걸쳤는데 가슴에서 겹친다. 어깨 장식줄은 염주 무늬를 하고 있고 무늬 사이에 꽃잎 무늬를 넣은 형태로 되어 있다. 허리띠는 위 옷단 아래 있으며 네 개의 꽃잎 무늬를 놓았다. 옷의 허리춤 가장자리는 몸통 오른쪽에서 허리띠와 겹쳐 있다. 끝부분은 뾰족한 삼각형 형태로 되어 있다. 이 신상은 쑤코타이 싼따파댕 신전에서 네 개가 발견되었다. 고고학자들은 롭부리 시대 예술로 진단하고 있는데 크메르의 바이욘 양식 영향을 받은 것으로 추정된다. 그 이유는 장식품의 무늬가 크메르의 반타이차마 신전에서 발견된 것과 유사하기 때문이다.

청동으로 만든 나라이 신상

14세기 후반 쑤코타이 시대에 만들어진 높이 161cm 의 청동상이다. 나라이 또는 비슈누신은 힌두교의 세 신 중의 하나이다. 나라이신은 보통 똬리를 틀고 있는 뱀 아난따 위에 누워 쉬고 있는 모습을 하고 있다. 네 손에 고동, 원반, 철퇴, 연꽃을 들고 있다. 고동은 우주를 구성하는 다섯 요소의 근원이면서 생명의 근원이고 원반은 우주 질서를 위협하는 악마를 처치하는 무기이다. 연꽃은 정결과 정화의 의미이며, 철퇴는 원초적 지식을 상징한다. 나라이

힌두교 신상

신이 타고 다니는 것이 바로 가루다이다.

걷는 자세의 유행불(遊行佛)-빵릴라

14세기 중반 쑤코타이 시대에 만들어진 165cm 크기의 청동 입불상이다. 빵릴라 불상이라고 하는데 걷고 있는 모습의 불상 즉,

유행불을 뜻한다. 왼발을 앞으로 내디딘 채 왼손은 늘어뜨리고 오른손은 가슴 높이까지 들고서 손바닥을 앞으로 향하고 있다. 그리고 얼굴은 계란형이다. 1957년 왓랏타니 사원의 주지승이 쑤코타이에 있던 것들을 방콕의 왓벤짜마버핏 사원에 기증하였다. 팔각형의 받침대 위에 하늘로 향하고 있는 연꽃 모양의 단이 있고 그 위에 불상이 안치되어 있다. 왼발을 앞으로 내딛고 오른발은 뒤꿈치가 들려 있다. 오른손은 몸과 평행하게 아래로 내려뜨리고 왼손은 가슴높이까지 들어올려 손바닥을 앞으로 향하고 있다. 이런 불상의 아우라는 불꽃 모양을 하고 머리털은 가늘며 얼굴은 계란형이다. 눈썹은 휘어져 있고 코는 오뚝하고 아래로 굽어 있다. 그리고 입은 약간 웃는 모습을 하고 있다. 대개 어깨가 크고 허리

청동 유행불상

는 가늘다. 가사를 걸치고 있는데 길이가 길어서 배꼽까지 내려오고 아랫단은 톱니 모양의 무늬로 마감되어 있다. 이 불상은 쑤코타이 시대 장인의 솜씨를 뽐낸 청동 예술의 진수를 보여주는 예술품으로 꼽힌다. 쑤코타이 동쪽 외곽 왓뜨라팡텅라앙 사원의 벽에 조각되어 있는 것과 쌍벽을 이루는 예술품으로 평가받는다. 그 조각품은 붓다가 도리천에 올라 부모님에게 설법하려고 내려오는 이야기를 담고 있다고 한다.

용 조각상

용은 태국인들에게 그다지 친근한 동물이 아니다. 인도 문화의 영향을 많이 받은 까닭에 문학이나 예술에서 용보다는 가루다가 더 자주 등장한다. 용은 일부 중국계 태국인들이 세운 관음보살상을 모시는 사원이나 차이나타운 등지에서 이따금 볼 수 있다. 사실 용은 상상 속의 동물이라서 제각기 생각하는 모습이 다를 수 있다. 우리나라의 경우에 중국의 영향을 받아 용을 신성한 동물로 여기며 용에 여러 가지 의미를 부여했다. 어릴 적에 읽은 책에 나오는 용은 여의주를 입에 물고 때로는 불을 뿜어내기도 하는 무섭고 신비로운 동물이었다. 용이 입에 물고 있는 여의주는 모든 소원을 다 들어주는 구슬이라고 했다. 뱀이 500년을 살면 몸에 비늘이 생기고, 다시 500년을 더 살면 비오는 날에 하늘로 올라가면서 용이 되는데 이때 미처 승천하지 못하게 되면 이무기가 된다고 한다. 어릴 적 동네 아이들 사이에서는 뒷산에 이무기가 사는 동굴이 있다는 소문이 돌았다. 람캄행 대왕 박물관에 너비 15cm, 높이 83cm의 크기의 용이 있는데 14세기 중반 쑤코타이의 예술품이다. 당시 중국과 교류하면서 도자기를 따라 들어온 것으로 보인다. 쑤코타이 시대 도자기는 장식품과 조각품의 치장에 사용되는 것들이 대부분인데 신화에 나오는 동물 형상을 하고 있다. 용 또는 사자, 뱀, 코끼리, 염소, 악어, 물고기, 물소 등 여러 동물의 혼합 형태를 띠고 있다.

인형 조각상

9.7cm 크기로 14세기 중엽에 쑤코타이 도자기로 만든 예술작품들이다. 청색의 도자기로 만들어진 인형은 마치 씨름을 하고 있는 것처럼 두 장사가 서로 부둥켜안고 있는 형상을 하고 있다. 반꺼너이 가마터에서는 인형은 물론 동물인형까지 제작하였는데 아이들의 장난감 또는 병든 사람의 액막이 등에 사용되었다. 인형은 반빠양 가마터에서 가장 많이 발견되었다. 그래서 반빠양 가마터는 '인형 굽는 가마터'라는 별명을 얻게 되었다.

인형과 용 그리고 불상

신의 모습을 새긴 문짝

너비 102cm, 높이 208cm 크기의 나무로 제작된 문짝으로 15세기 중반에서 16세기 중반에 만들어진 아유타야 시대 예술품이다. 무기를 들고 있는 신의 모습을 조각한 이 문짝은 씨쌋차날라이의 왓프라 씨랏따나 마하탓 사원의 신전 문으로 사용되었던 것이다. 문짝에 새겨진 신의 모습을 보면 쑤코타이 시대 영향을 받은 것으로 보인다. 얼굴은 계란형이며 왕관을 쓰고 있고 눈썹은 까마귀 날개와 비슷하다. 귀걸이와 목걸이를 하고 있고 손은 금으로 되어 있는데 왼손에 단검을 들고 오른손은 늘어뜨리고 서 있다. 두 겹의 옷을 입고 있는데 안쪽 옷을 당겨 옆으로 나오게 하였다. 나무로 된 아치문에 서 있는데 왼쪽의 신은 오른손에 단검을 들고 왼손은 잘라져 나가고 없다. 단검을 들고 있는 신을 조각한 나무 문짝은 왓프라씨싼펫 사원의 불탑 아치문의 신 조각상과 유사하다. 다른 점이 있다면 왓프라씨싼펫 사원의 신이 몸체가 뚱뚱하지 않다는 것인데 이는 씨쌋차날라이의 왓프라 씨랏따나 마하탓 사원의 신도 마찬가지이다. 그리고 목걸이를 하고 있는데 이는 아유타야 예술의 독창성 가운데 하나이다.

신 모습을 조각한 문짝

관람을 끝내고 내려오는데 한 무리의 초등학생들이 2층으로 올라온다. 아마도 인근학교에서 수학여행을 온 모양이다. 선생님이 사원의 구조와 불탑의 형태를 열심히 설명하면서 가끔 학생들에게 조금 전에 설명한 내용에 대해 물어보기도 하는데 똑똑해 보이는 여학생 하나가 곧잘 대답을 한다. 천진난만하면서도 호기심 어린 학생들의 눈초리를 보니 문득 옛날 생각이 났다. 어릴 때 소풍을 공주나 부여로 간 적이 있었다. 교과서에 나오는 유물도 보고 백마강과 낙화암도 돌아보았다. 교실에서 배운 것을 실제로 보

문화 체험 나온 학생들

니까 참으로 신기하고 좋았던 기억이 새롭다. 그러나 서울로 가기로 예정되어 있었던 수학여행은 우리보다 앞서 갔던 어느 학교 학생들이 열차 사고를 당하는 바람에 취소되어 끝내 가지를 못했다. 어린 시절 꼭 해보고 싶은 걸 하지 못하고 지나가게 되면 그것에 대한 아쉬움은 아주 오래 남기 마련이다.

박물관을 나오니 주변 잔디밭을 정원처럼 꾸미고 여러 가지 유물을 전시해 놓은 모습이 눈에 들어온다. 물고기 모양으로 보이는 듯한 석종이 걸려 있는데 7-8세기 때 만들어진 타와라와디 시대의 것이라고 한다. 돌로 만든 종이라고 하니 한번 쳐서 소리를 들어보고 싶기는 한데 행여 깨질까봐 눈으로 볼 수밖에 없었다. 그 옆으로 주탑을 장식하는 코끼리상이 있는데 쑤코타이 주의 씨쌋차날라이에서 옮겨온 것이라고 적혀 있다.

다른 편으로 돌아가보니 가마터 모형이 나오고 여기서 구워 냈

쌍칼록 도자기 가마터

다는 상수도관이 보였다. 지름 30cm에 길이 80cm 정도 관을 흙으로 빚고 이를 다시 불에 구운 것인데 왓체뚜폰 사원 인근에서 발견된 것을 이곳에 전시해 놓은 것이다. 법륜 모양을 한 커다란 바퀴가 보이는데 7-11세기에 제작된 것으로 펫차분 주에서 가져왔다고 한다. 또한 크메르 방식의 쁘랑 불탑과 스리랑카 방식의 종 모양 불탑, 그리고 쑤코타이 방식의 연꽃 봉오리 모양의 불탑 모형이 전시되어 있었다.

박물관을 나오는데 문득 동물원이 떠올랐다. 자연과 더불어 살아가야 하는 동물들을 한곳에 모아놓은 곳이 동물원이다. 울타리를 만들어 그 안에 가두어 놓고는 사람들이 와서 쉽게 관람할 수 있게 편의를 제공해 준다. 그러나 초원에서 풀을 뜯어먹거나 사냥을 하며 살아가는 동물들의 참모습을 볼 수 없다. 박물관도 어찌 보면 마찬가지이다. 사원의 법당이나 불당 안에 있어야 할 불상과 비계석 등을 옮겨 박물관에 전시해 놓으니 오히려 유물과 유적들의 참모습을 이해하기 어렵게 만든다. 쑤코타이와 같은 담장 없는 박물관이 좋은 이유가 바로 여기에 있다.

쑤코타이 왕국의 몰락

쑤코타이 역사는 대략 200년으로 보지만 실제로 쑤코타이가 주도하던 시대는 그리 길지 않았다. 람캄행 대왕 사후 프라야 러타이 왕(1298-1347)이 즉위하고 국운이 기울어져 가자 쑤코타이의 속국들이 독립해 나갔다. 북쪽으로는 우따라딧이 독립하고, 얼마 안 있어 현재 라오스에 위치한 루앙프라방과 비엔티안이 분리 독립했다. 서쪽으로는 몬족 왕국이 독립해 나갔고, 1321년에는 가장 오랫동안 쑤코타이 지배하에 있던 딱 왕국을 아유타야 왕국이 점령했다. 남쪽으로는 강성했던 도시 쑤판부리가 프라야 러타이 왕 치세 초기에 분리되어 나갔다.

쑤코타이가 급속도로 쇠락의 길을 걷게 되자 그사이에 아유타야 왕국이 부상했고, 결국 1378년 프라마하탐마라차 2세(1374-1399) 때 이르러 쑤코타이는 아유타야의 속국이 되었다. 국운이 쇠락하자 프라야 러타이 왕은 수도를 피사눌록으로 옮겼다. 그 후에 프라마하 탐마라차 3세 왕(1399-1419)이 죽고 나서 왕자들 간에 싸움이 일어나고 그로 인해 국운은 더욱 기울어져 갔다. 1438년 프라마하탐마라차 4세(1419-1438) 시대에 이르러 쑤코타이는 완전히 아유타야에게 병합되었다. 쑤코타이 역사는 주로 람캄행 대왕 비문과 왓씨춤 비문 그리고 왓빠무앙 비문 등 몇 안 되는 비문 기록에 의존할 수밖에 없어 상세한 내용을 파악하기에는 어려움이 많다.

태국에서 쑤코타이가 몰락해가던 시기에 한국은 원나라의 통치 아래 있었다. 고려는 100년 동안 몽골의 지배를 받으면서 많은 영향을 받았다. 음식과 의복은 물론 여러가지 몽골식 생활 풍습이 생겨나고 원나라를 섬기는 일부 권력층은 자신들의 부를 축적하며 백성을 도탄에 빠뜨렸다. 공민왕이 들어서면서 개혁 바람이 불었다. 원의 간섭을 배제하고 권문세가들의 제압하면서 본래의 고려식 통치방식을 되찾고자 했다. 이때 신진 사대부들은 개혁을 성공적으로 이끌었으나 나중에는 고려를 무너뜨리고 새로운 왕조를 세웠다. 중국에서는 명나라가 일어나고 서양에서는 르네상스가 시작되었다.

역사에서는 항상 흥망성쇠가 반복된다. 엇비슷한 시기에 태국에서는 쑤코타이가 몰락하고 아유타야 왕조가 들어서고 한국에서는 고려가 망하고 조선 왕조가 세워졌다. 쑤코타이는 200년간 지속된 데 비해 고려는 475년간 존속했다.

고도를 떠나며

쑤코타이를 떠나는데 아쉬움이 몰려온다. 그래도 며칠 사이 정이 들었던지 무언가 두고 온 물건이 있는 것처럼 마음이 조금 어수선해지고 눈길이 자꾸만 길거리의 무너진 벽돌로 간다. 기회가 되면 언제든지 다시 찾아올 수 있는 곳인데 그 이별의 시간이 잠깐일 것 같지 않아서인지도 모른다. 오래된 도시가 안겨주는 포근함이 있는가 하면 쓰라린 역사의 상흔도 있다. 어느 왕조가 몰락할 때 아름답게 사라진 적이 있었던가? 대개는 전쟁에 패하면서 약탈과 방화, 그리고 검은 연기 속에서 처참하게 버려진 백성들이 더러는 포로로 끌려가고 노예로 전락해가면서 역사 속으로 침몰해 간다. 어느 시인은 쑤코타이의 황폐한 사원을 보고 다음과 같이 노래했다.

อิฐเก่าเก่าเรียงรายคล้ายเล่าเรื่อง
ความฟูเฟื่องครั้งเก่าคราวกรุงศรีฯ

เสียงบรรเลงเพลงแผ่วแว่วกวี
ปฐพีมีสุขไม่ทุกข์ทน

ในหนองน้ำกุ้งปูปลาล้วนคราคล่ำ
ในดินต่ำมีรวงทองพร้อมร่วงหล่น

ในเวียงวังมากล้วนหมู่มวลชน
ร่ำรวยล้นมีสุขทุกวานวัน

และแล้วถึงวันสิ้นแผ่นดินสุข
ข้าศึกรุกรานไทยให้อาสัญ

เผาหมดสิ้นเวียงวัดวาสารพัน
ของที่เราบากบั่นสร้างสรรค์มา

ณ.วันนี้เหลือเพียงอิฐเก่าเก่า
พร้อมเรื่องเล่าเพื่อลูกหลานสานศึกษา

ให้จำไว้กว่าที่ไทยเป็นไทมา
จงรักษ์ค่าความเป็นไทยให้ยั่งยืน…

늘어서 있는 옛날 벽돌이 이야기를 들려주려 하는구나
그 옛날 복되었던 제국의 풍요로움을

시적(詩的)으로 들려주는 나지막한 음악소리
그때는 온 땅에 행복이 넘쳐나고 고통이 없었나니

물에는 새우, 게, 생선이 넘쳐나고
낮은 지대에서는 황금 벌판의 벼들이 고개를 숙였다.

도성에는 온통 사람으로 붐비고
나날이 부유함이 더 늘어 갔는데

그런데 행복한 세상의 종말이 왔구나
적들이 쳐들어와 우리의 운명을 다하게 하였도다.

모든 도성과 사원에 남김없이 불을 지르고
우리가 힘들여 만들어 낸 좋은 것들을 태워 버렸다.

오늘 우리에게는 옛날 벽돌만 남아 있어
후손들에게 가르침을 들려주나니

우리가 어떻게 살아왔는가를 기억하라.
그리하여 우리의 타이촌을 영원히 지켜 나가라.

공항으로 가는 버스 속에서 창밖을 보니 여기저기 홍토로 지었던 사원에서 무너져 내린 벽돌 더미가 보인다. 고도의 저녁은 고즈넉하다. 구시가지를 빠져나오자 좌우로 조그만 마을들의 모습이 눈에 들어온다. 이따금 마을 앞에서 뛰어 노는 아이들 모습이 평온해 보인다. 그들은 여기서 나고 자라 이 땅을 지켜 나갈 것이다.

T H A I L A N D

2

씨쌋차날라이를 가다

제2장 씨쌋차날라이를 가다

씨쌋차날라이 역사공원은 행정구역상으로 쑤코타이 주 씨쌋차날라이 군의 씨쌋차날라이 면과 싼찟면, 넝어면 그리고 타차이면에 걸쳐 위치하고 있다. 씨쌋차날라이의 구시가지는 프라쁘랑 마을에 위치하고 있는데 방콕으로부터 550km 떨어져 있다. 씨쌋차날라이의 구시가지는 서쪽으로 프라씨 산과 카오야이 산의 평원지대에 자리 잡고 있으며 동쪽으로 욤강이 흐르고 있다. 승용차로 가는 경우 1번 국도를 따라 나컨싸완과 깜팽펫을 지나 101번 국도를 들어선 다음 프란끄라타이 군, 키리맛 군을 지나서 쑤코타이 주로 진입한다. 그다음에 반쑤안사거리에 도착하면 씨쌈롱 군으로 들어서서 싸완카록을 지난다. 그 이후에 1201국도를 따라 18km를 가면 비로소 씨쌋차날라이 역사공원 입구가 나온다. 정기 노선 버스로는 방콕의 북부 터미널에서 방콕-쑤코타이-씨쌋차날라이행 버스가 매일 운행되고 있다.

씨쌋차날라이 위치

타논까울리

씨쌋차날라이를 갈 때는 차를 빌려 타고 갔다. 대중교통으로 쑤코타이에서 씨쌋차날라이로 가기에는 너무 불편한 점이 많기 때문이다. 초행길이기는 해도 구글맵을 켜놓고 가면 훌륭한 내비게이션 역할을 해서 찾아가는 데 전혀 불편하지 않았다. 사실 자동차로 태국의 국도를 따라 여행하는 것은 그리 어려운 일이 아니다. 쑤코타이 숙소에서 씨쌋차날라이까지는 약 50km로 천천히

가니까 한 시간 남짓 걸렸다. 국도에는 차량이 많지 않아 비교적 한적한 편이었고 날씨도 그리 덥지 않아서 쾌적하게 여행할 수 있었다. 태국의 국도는 옛날에는 상태가 좋지 못했는데 요즘에는 많이 좋아졌다.

태국 남부의 빳따니에서 나라티왓까지는 100km 조금 안 되는 거리인데 이 구간에 깔려 있는 도로를 지역 주민들은 타논까울리라고 부른다. 직역하면 '한국로'라는 뜻이다. 지난 1960년대 한국의 현대건설이 이 도로를 건설했기 때문에 붙여진 이름이다. 내가 처음 유학하러 빳따니에 갔을 때가 1987년이니까 그 당시에 이미 20년 된 도로인데에도 상태가 매우 양호했다. 같이 공부하던 친구는 승용차 앞에 물 한 컵을 올려놓고 시속 100km 속력으로 달려도 물이 엎질러지지 않는다며 극구 칭찬을 했다. 그 당시만 해도 태국 사회 청렴도가 그리 높지 않아서인지 부실 공사가 많았다. 지방 국도에 아스팔트 포장 공사를 하고 나서 며칠 뒤 소나기가 한번 오면 여기저기에 작은 웅덩이가 파였다. 그에 비하면 오래전에 한국에서 건설한 도로가 멀쩡하게 남아 있으니 두고두고 찬사를 받을 만도 했다.

타논까울리 도로 공사는 현대건설이 당시 선진 16개국 29개 업체와의 경쟁을 통해 따낸 첫 해외 공사였다. 이 도로공사가 국내 건설사들의 해외진출 효시가 되었다고 해도 과언이 아니다. 도로는 2차선으로 98km 구간인데 공기는 30개월에 총 공사비가 522만 달러였다. 당시 환율로 계산하면 14억 8천만 원 정도였다. 이 공사 금액은 그때까지 현대건설 각 회계연도의 연간 전체 공사 금액보다 많은 액수였고 1965년도 국내외 공사 전체 계약액의 60%가 넘는 금액이었다. 현대건설은 이 공사에서 계약금액의 20%에 달하는 2억 8천만 원 넘게 적자를 보았다. 그러나 다른 한편으로 거듭되는 시행착오를 재빨리 수정하는 노하우를 축적하게 되었다. 또한 국내 건설사 중 최초의 고속도로 시공 실적으로 훗날 경부고속도로 건설에서 주도적인 역할도 수행할 수 있었다.

당시 이 건설 공사에 참여했던 이명박 전 대통령에게서 모티브를 얻어 제작한 드라마가 바로 <야망의 세월>이었다. 한국방송공사에서 제작하여 1990년 10월 20일부터 1991년 10월 20일까지 방영되었는데 이 드라마가 인기를 끌어 이명박 전 대통령은『신화는 없다』라는 책을 발간하여 인지도를 높이고 서울특별시 시장에 당선되는 계기를 만들었다. 태국 쪽에서는 이명박 정부가 들어서자 남다른 관심을 보였다. 한때 빳따니-나라티왓 도로 공사에 참여했던 한국 사람이 서울 시장이 되고 청계천 복원 사업을 통해 대통령까지 되었다면서 많은 사람들이 청계천을 둘러보고 가기도 했다.

숨겨져 있는 고도(古都) 씨쌋차날라이

씨쌋차날라이는 '좋은 가문의 사람이 사는 곳'이라는 뜻이다. 의미로만 보면 내가 살던 '양반의 고장 충청도' 같은 곳인지도 모른다는 생각이 들면서 갑자기 친근감이 생겼다. 씨쌋차날라이는 지형은 욤강의 저지대와 프리싸 산과 카오야이 산의 평원에 위치하고 있어 풍요롭고 적의 침입을 방어하기에 매우 적합하다. 이곳에서 돌을 갈아서 만든 도끼를 비롯한 여러 가지 유물이 발견되었는데 3세기 중엽부터 이곳에 주거지역이 형성된 것으로 추정된다. 이는 중부의 타와라와디와 동시대 것으로 나중에 12세기 중엽의 롭부리 문화로 발전해 나갔다. 이런 추론을 가능케 하는 유물들이 왓프라씨 랏따나 마하탓 찰리앙 사원에서 발견되었다. 여러 비문을 통해서 그 당시 씨쌋차날라이는 찰리앙이라고 불렸음을 알 수 있다. 당시의 비문이나 연대기 등에서는 욤강 주변에 중요한 두 개의 소왕국을 언급하였는데, 그곳이 바로 쑤코타이와 찰리앙이었다. 후에 찰리앙의 북쪽으로 1.5km 떨어진 곳에 씨쌋차날라이가 건설되었는데, 쑤코타이와 더불어 역사적 중요성을 지니고 있다. 쑤코타이 2호 비문에 보면 1238년 이전에 씨나우남톰왕(?-1181)이 두 개의 소왕국 즉, 쑤코타이와 씨쌋차날라이를 통치했다고 기록되어 있다.

그 후 씨인트라팃 왕(1238-1279)은 쑤코타이를 통치하면서 반므앙으로 하여금 씨쌋차날라이를 통치하도록 하였다. 그리고 람캄행 대왕(1279-1299)과 리타이 왕(1347-1376)도 쑤코타이의 왕위에 오르기 전에 씨쌋차날라이를 통치한 적이 있다. 나중에 쑤코타이가 아유타야에게 점령되고 싸완카록으로 이름을 바꾸기까지 씨쌋차날라이는 쑤코타이의 왕자가 부임하여 통치하는 작은 수도로 존속되었다. 아유타야 시대 초기에 씨쌋차날라이는 도자기를 구워 아유타야에 공급했다. 아유타야는 왕실 혈통과 통치 제도가 정비된 후에 씨쌋차날라이를 외곽 2급 도시로 지정하고 영주를 임명하여 통치하도록 했다.

1767년 버마의 2차 침공으로 아유타야가 멸망하자 씨쌋차날라이는 다소 소외되었다가 본래의 시가지 남쪽에 있는 타차이에 재건하였다. 그 후에 랏따나꼬신 시대에 들어와 현재의 씨쌋차날라이가 위치한 왕마이컨으로 옮기고 씨쌋차날라이라는 이름을 구시가지를 아우르는 지역까지 포함시켜 부르게 되었다. 씨쌋차날라이 역사공원은 1990년 11월 17일에 공식 개장하였다. 1991년에는 쑤코타이 역사공원과 깜펭펫 역사공원과 더불어 태국 역사 초기 쑤코타이 시대 뛰어난 건축물로 인정받아 세계문화유산으로 등록되었다.

씨쌋차날라이 역사도시의 지도를 보면 본래의 찰리앙 시 위에 겹치게 건설되었다. 찰리앙 시의 성벽은 욤강을 따라 길게 흙두렁을 쌓았다. 이 성벽은 찰리앙 마하탓 사원을 기점으로 하여 욤강과 평행으로 프놈플룽 산을 지나가는데 이 흙두렁의 유적이 아직 군데군데 남아 있다. 그 후 이곳에 씨삿차나라이를 건설하면서 산지 평원인 지형을 고려하여 부지를 선정한 다음 홍토로 도시의 성곽을 쌓았던 것이다. 시가지의 모습은 욤강을 따라 다각형으로 되어 있다. 현재의 씨쌋차날라이의 성곽은 여러 줄로 되어 있는데 이렇게 혼합되어 있는 양상을 띠고 있는 이유는 앞서 건설된 찰리앙 시대의 성곽을 허물지 않고 유용하게 활용하였기 때문이다. 씨

씨쌋차날라이 공원 안내도

쌋차날라이 역사도시에는 성곽 안팎에 모두 215개 이상의 유적지가 있다.

성곽 안의 유적지

씨쌋차날라이 역사공원 입구에서 주차를 하고 자전거를 빌렸다. 그리고 나서 매표소에서 입장권을 사니까 표와 더불어 공원 안내도를 함께 나누어 준다. 날씨는 그다지 덥지 않았다. 아침부터 이슬비가 내리는 듯하다가 이따금씩 햇볕이 나기도 한다. 이른바 호랑이 장가가는 날 같은 날씨다. 매표소 쪽에 적지 않은 사람들이 표를 사고 지도를 펼쳐보고 있었다. 대부분이 태국 사람인 듯한데 더러는 외국 사람들도 눈에 띈다. 역사 공원은 사방으로 담을 둘렀는데 홍토를 만든 벽돌을 쌓아 올렸다. 공원 안으로 들어가기 위해서는 조그만 다리를 건너 해자처럼 둘러 싼 수로를 지

성곽 안으로 들어가는 입구

나야 했다. 바닥도 붉은색 보도 블록을 깔아서 만든 데다가 공원의 남동쪽에 위치한 람나롱 문을 들어서는데 마치 이안에서 피안으로 건너가는 것 같은 기분이 들었다. 입구가 이렇게 아름답고 신비스러우니까 기대감이 더 커졌다. 공원 안으로 들어서자 앞쪽으로 즐비하게 들어서 있는 사원들이 눈에 들어왔다. 이제부터 700여 년 전의 씨쌋차날라이로 시간 여행을 시작하는 것이다.

왓낭파야 사원

공원 안으로 들어서면 맨 먼저 맞이하는 사원이 왓낭파야 사원이다. 들어가는 입구 쪽에서 보면 불당이 있던 자리에 기둥이 남아 있고 그 뒤쪽으로 종 모양의 주탑이 보인다. 다시 그 뒤로 왓쑤안깨우 우타얀야이 사원과 왓쩨디쨋태우 사원이 일렬로 서 있다. 세 개의 사원이 낮은 담장을 경계로 나란히 서 있는데 까닭에 어디까지가 왓낭파야 사원이고 어디서부터가 왓쑤안깨우 우타얀야이 사원인지 분명하지 않아 조금 헷갈렸다. 나중에 보니 두 사원이 만나는 부분의 땅 바닥에 홍토로 만든 판이 있었다. 옛날에 만들어 놓은 유물인가 싶어 자세히 보니 흙판 위에 사원의 안내도가 새겨져 있었다. 영어도 병기되어 있는 것으로 보아 그리 오래

왓낭파야 사원 복원도

왓낭파야 사원의 모습

전에 만든 것 같지는 않았다. 왓낭파야 사원이 정확히 언제 세워졌는지는 알 수 없다. 그런데 라마 6세가 이 지역에 왔을 때 한 주민이 중국의 성주의 딸로 쑤코타이 왕조의 후궁이 된 파쏫테위에 의해 세워졌다는 기록을 본 적이 있노라고 말했다. 그러나 그 자료는 이미 불타 없어졌기 때문에 신빙성을 인정받지는 못했다. 사원 앞에 세워진 안내판에 보니 15세기 중엽 아유타야 시대 초기에 지어진 것으로 추정한다고 쓰여져 있다.

사원은 꽤 넓은 면적을 차지하고 있다. 주탑은 스리랑카 양식으로 종 모양을 하고 있는데 사리를 모셔 두는 상인방이 있다고 한다. 홍토로 세운 주탑은 상태가 매우 양호하고 사방에 조명을 비추는 전신주가 설치되어 있다. 탑의 중간 지점까지 위로 올라갈 수 있는 계단이 있다. 7칸방 크기의 불당은 한쪽에 일부가 남아 있는데 건축 양식을 보면 쑤코타이 양식과 태국 북부 양식으로 지어졌고 벽면에 석고로 만든 아름다운 무늬가 남아 있다. 벽에는 여러 가지 무늬가 어우러져 있는데 란나와 중국의 영향을 받

불당의 벽면 조각

은 것으로 보인다. 태국의 불교 예술에 그리 조예가 깊지 않은 내가 봐도 벽면의 무늬는 쑤코타이나 아유타야의 예술과는 무엇인가 달라 보이는 점이 많다. 이 무늬는 지역의 장인들에게 영감을 주어 현재까지도 금은 장식에 많이 응용되어 가계 수입을 돕고 있다고 한다. 그러나 벽면의 무늬 중 일부는 세월을 빗겨 갈 수 없었는지 파손되어 보수 작업을 하고 있었다.

주탑 뒤쪽으로 법당이 자리하고 있는데 기둥 몇 개와 무너진 벽의 흔적만 조금 남아 있다. 옆으로 보조탑이 두 기 남아 있는데 무언가 조금 쓸쓸해 보인다. 법당 뒤쪽으로 있는 낮은 담장을 넘어 왓쑤안깨우 우타얀야이 사원으로 넘어가는데 옆으로 난 도로에 자전거를 타고 이동하는 관광객 모습이 보인다. 나는 입구에 자전거를 세워 놓고 들어왔기 때문에 도로 정문 쪽으로 가서 자전거를 타고 이동해야 했다. 그런데 바로 뒤에 있는 두 사원의 모

자전거로 이동하는 관광객

습이 시야에 들어오면서 나도 모르게 그냥 빨려 들어가듯 걸어서 왓쑤안깨우 우타얀야이 사원의 경내로 들어섰다.

왓쑤안깨우 우타얀야이

왓낭파야 사원 바로 뒤에 연결되어 있는 낮은 담을 넘어가면 바로 왓쑤안깨우 우타얀야이 사원이 나온다. 주탑은 스리랑카 양식으로 지어졌지만 종 모양의 윗부분이 많이 파손되고 첨탑 부분은 형태가 남아 있지 않다. 불당은 6칸방 크기였던 것이 현재는 기둥만 남아 있는데 앞쪽과 뒤쪽에 출입 통로가 나 있다. 불당으로 오르는 계단은 앞쪽에 세 개가 있고 뒤쪽과 옆쪽에 네 개가 더 있다. 불당의 내부에는 불상을 안치했던 단과 승려들이 앉는 좌석의 흔적이 아직 남아 있다. 경내 바닥에 보니 왓낭파야 사원에서 본 것처럼 붉은 홍토로 구워 만든 흙판 위에 사원의 안내도와 간단한

왓쑤안깨우 우타얀야이 전경

흙판 사원 안내도

설명이 새겨져 있었는데 태국어와 영문으로 병기되어 있다. 군데군데 비계석이 보이고 사원을 둘러싼 낮은 담에 세월의 흔적이 남아 있다. 다시 왓낭파야 사원의 입구 쪽으로 돌아와 자전거를 타고 다음 사원으로 이동했다.

왓쩨디 쩻태우 사원

왓쩨디 쩻태우는 '일곱 줄의 탑 사원'이다. 그만큼 탑이 많아서 지어진 이름이다. 이 사원은 왓창럼 사원 앞쪽에 위치하고 있는데 쑤코타이 양식으로 지어진 연꽃 봉오리 모양의 주탑이 있고 보조탑이 26기가 더 있다.

이 사원은 씨쌋차날라이에서 매우 중요한 사원이다. 도심의 중심에 있을 뿐만 아니라 일반 백성들이 지었다고 보기에는 그 규모가 매우 크다. 라마 4세의 쑤코타이 왕국 탐방기에 보면 이 사원은 왓깐라야니밋이라고 부르던 사원으로 규모를 볼 때 아유타야

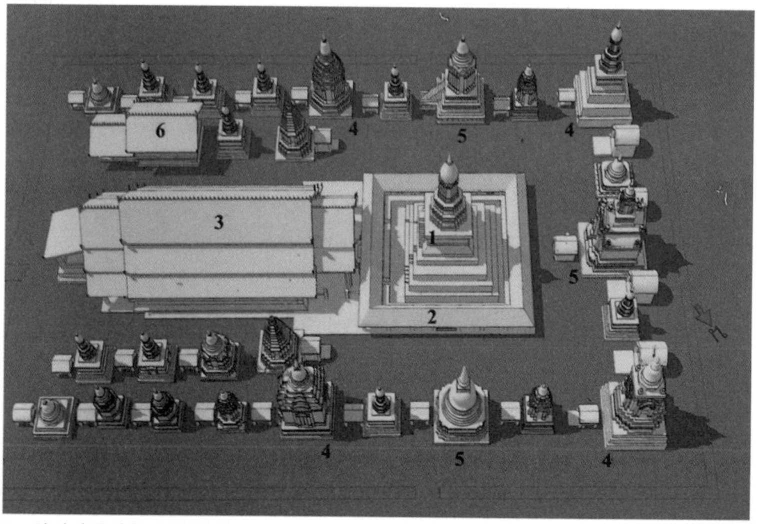

왓쩨디쩻태우 사원 복원도

입불상이 있는 보조탑

시대 쑤코타이 왕가의 왕비가 세운 것일 수도 있다고 적고 있다. 또한 짝끄리 시대의 담롱랏차누팝 왕자는 이 사원이 다른 사원에 비해 뛰어나게 아름답다는 점을 들어 이 지역을 다스리던 왕이 건립한 것으로 추정하고 여러 탑에는 왕실 가족들의 유골이 안장되었을 것이라고 언급한 바 있다.

이 사원의 건축 양식을 보면 스리랑카와 푸깜 왕국(1044-1287) 등 여러 지역의 영향을 받은 것으로 보인다. 주탑의 뒤쪽에 있는 보조탑은 정사각형의 단 위에 세워져 있는데 꼭대기는 둥근 모양을 하고 있다. 탑의 내부에는 아치형의 발코니가 있고 거기에 입불상과 붓다의 전생을 나타내는 신의 모습, 그리고 왕의 모습들이 새겨져 있다. 보조탑 중에서 특이한 것은 신전 모양의 탑이 하나 있는데 사리를 안치한 방 뒤쪽으로 몬돕 형식의 발코니가 있다.

무찰린다 좌불상이 있는 보조탑

그 위쪽으로 서쪽을 향해 난 발코니가 있는데 이곳에는 좌불상이 있다. 이 좌불상의 머리 위에는 목덜미를 활짝 펴고 있는 무찰린다가 있는데 뱀이 불상을 호위하고 있는 듯한 모습을 하고 있다.

태국뿐만 아니라 동남아 일대를 돌다 보면 코브라 같은 뱀이 불상을 삿갓이나 우산처럼 받쳐주고 있는 모습을 자주 접하게 된다. 한국이나 중국에서는 연꽃이나 아우라로 나타나는 부분에 어김없이 뱀이 똬리를 틀고 있는 무찰린다의 모습을 하고 있다. 태국에서는 이를 파야낙이라고 하는데 불교 사원의 조각물

주탑과 일부 보조탑의 모습

에서 자주 볼 수 있다. 불교에서 전해져 오는 이야기에 따르면 싯다르타가 보리수 나무 아래서 수행하고 있을 때 뱀의 왕이 나타나 싯다르타 머리 위로 똬리를 틀어 비와 바람 그리고 벌레들로부터 보호해주었다고 한다. 기독교에서 뱀은 신이 금지한 선악과 열매를 먹도록 사람을 유혹하는 간교한 존재로 인식되지만, 불교에서는 허물을 벗으며 새로 태어나는 신비한 동물이자 영원한 생명을 상징한다. 뱀이 불상의 광배(光背)에 새겨진 것은 뱀의 왕이 수행 중인 붓다를 보호했다는 설화를 상기시켜주면서 다른 한편으로는 진리를 지키기 위해서는 죽음보다 더 강한 힘이 필요하다는 속내를 담고 있는 것 같다.

이 사원의 아름다운 좌불상은 쑤코타이 시대 불상의 진수로 꼽힌다. '일곱 줄의 불탑 사원'이라는 이름에 걸맞게 이 사원 안에는 여러 가지 양식으로 지어진 불탑과 작은 건물들이 총 30기가 넘는다. 사원 주변에는 낮은 돌담이 둘러싸고 그 바깥쪽에 법당이 지어져 있고 샘이 있는데 옛날에는 수로가 있어 주변으로 물이 흘러갔던 것으로 추측된다. 사원 안에 신령한 나무들이 있고 주민들이 경배하기 위해 색깔이 있는 천으로 나무에 둘러 놓은 것이 보인다.

조금 뒤로 물러서서 사원을 보게 되면 전체적인 윤곽이 보이는데 왓쩨디 쩻태우 사원은 사각 천의 모습을 하고 있다. 사원 안에 불당 한 채, 법당 한 채, 몬돕 다섯 채, 정자 두 채, 주탑 1기, 보조탑 26기가 있다. 불당은 7칸방 규모로 홍토로 짓고 지붕은 흙을 구워 만든 기와로 얹었다. 불탑은 스리랑카 양식으로 지어진 종 모양의 것과 크메르 양식으로 지어진 옥수수 모양의 것, 그리고 쑤코타이 양식으로 지어진 연꽃 봉오리 모양의 것이 뒤섞여 있다. 그렇다고 해서 무질서해 보이거나 혼란스러워 보이지 않는다. 그러면서 다른 한편으로는 질서정연하게 세워져 있는 뒤쪽의 왓창럼 사원과 묘한 대조를 이룬다.

왓창럼 사원

왓창럼은 '코끼리가 둘러싼 사원'이란 뜻이다. 파놈플릉산의 남쪽 평지 위에 왓쩨디 쩻태우 사원과 같은 열의 뒤쪽으로 자리잡고 있는데 정면으로 스리랑카 양식의 주탑이 위치하고 있다. 그 앞으로 규모가 무척 커 보이는 불당이 있었던 자리에 기둥이 남아 있고 오른쪽에 작은 불당과 보조탑이 있었던 흔적이 있다. 사원은 매우 넓은 직사각형의 경내 안에 다시 정사각형의 담장을 쌓고 그 안에 주탑을 세웠다. 불당에서 주탑으로 올라가는 계단이 있어 그 위로 올라가 아래쪽을 보면 불당과 그 뒤쪽으로 서 있는 왓쩨디 쩻태우 사원의 전경이 한눈에 들어온다.

왓창럼 사원 복원도

주탑은 정사각형 모양의 단 위에 세워져 있는데 모두 39마리의 코끼리상이 이를 둘러싸고 있다. 이 중에서 37마리는 곧 삼십칠 보리분법을 의미하고 두 마리는 마음을 다스려 얻는 해탈과 지혜를 통해 얻는 해탈을 의미한다. 삼십칠 보리분법이란 깨달음에 이르기 위한 서른일곱 가지 수행법을 말한다. 이는 일곱 가지 주제로 나누어 지는데 첫 번째가 사염처(四念處)로 네 가지 마음 챙기는 것을 말하고 두 번째가 사정근(四正勤)으로 네 가지 바른 노력을 말하며 세 번째가 사신족(四神足)으로 신통(神通)을 얻기 위한 뛰어난 선정(禪定)에 드는 네 가지 기반을 의미한다. 네 번째는 오근(五根)이라 하는데 여기에서 근(根)은 능력이라는 뜻으로 곧 미혹에서 깨달음으로 나아가는 다섯 가지 능력을 말한다. 다섯 번째는 오력(五力)으로 오근이 실제로 활동하는 구체적인 힘으로 오

정문 입구에서 바라본 모습

주탑에서 내려다본 모습

근보다 진전된 수행 단계를 뜻한다. 여섯 번째는 칠각지(七覺支)로 깨달음에 이르는 일곱 가지 갈래를 말하며 끝으로 일곱 번째는 팔정도(八正道)라 하여 괴로움의 소멸에 이르는 여덟 가지 바른 길을 뜻한다.

람캄행 대왕의 비문에 보면 "1286년에 람캄행 대왕께서 붓다의 사리를 파내어 경배하게 하셨다. 그리고 씨쌋차날라이의 도심 한가운데에 묻고 다시 그 위에 탑을 세우셨다"라고 기록된 것이 있는데 이 불탑이 있는 사원이 바로 왓창림 사원으로 추정된다. 당시 붓다의 사리를 파내어 한 달 엿새 동안 경배하고 이곳 왓창림 사원에 안치한 다음 불탑과 사원을 건설하는 데 9년이 걸렸다고 한다.

가장 중요한 유물은 역시 주탑인데 낮은 담장 안에 정사각형의 기단이 있다. 기단은 여러 층으로 되어 있고 사방에 위층으로 올라갈 수 있는 출입문이 있다. 정면과 후면의 출입문은 두꺼운 홍토로 주변을 두르고 출입문은 아름답게 치장하였다. 이에 비해 측면의 출입문은 홍토 벽돌로 만들었는데 문은 막혀 있다. 탑을 둘러싸고 있는 코끼리는 모두 35마리로 위로 올라갈 수 있는 출입문이 있는 쪽에는 8마리가 있고 다른 사면에는 각각 9마리씩 세워져 있다. 그리고 기단의 사방 모서리에 크기가 더 큰 코끼리가 각각 한 마리씩 서 있어 모두 네 마리의 코끼리가 더 있다. 그래서 주탑 주변의 코끼리는 모두 39마리가 된다. 모서리에 있는 코끼리는 목 부분과 발목 부분에 장식된 무늬가 있어 다른 벽면에 있는 코끼리보다 상대적으로 아름답게 보인다. 코끼리와 코끼리의 중간에는 홍토로 만든 기둥이 세워져 있고 코끼리 앞쪽에는 연꽃 봉오리 모양이 조각되어 있다.

주탑의 코끼리상

주탑의 모습

발코니의 불상

코끼리 대부분은 많이 파손되어 온전한 것은 몇 마리 남아 있지 않지만 그럼에도 불구하고 쑤코타이 시대 건축미를 제대로 나타내 주고 있다. 다른 지역에도 코끼리상이 있는 사원이 많이 있지만 씨쌋차날라이의 왓창럼 사원에 있는 코끼리는 다른 사원의 코끼리와는 다소 다른 점이 있다. 이 사원의 코끼리들은 완전히 서 있는 모습을 하고 있으며 벽에서 돌출되어 앞으로 나와 있다. 그리고 코끼리의 크기도 실제 코끼리와 같거나 오히려 큰 것도 있다.

주탑으로 오르는 계단이 있는데 그 위로 올라가면 평평한 부분이 나오고 사방으로 좌불상이 안치되어 있는 아치형의 발코니가 20개 있다. 그러나 안에 있는 불상은 대부분 파손되었고 온전하게 남아 있는 것은 그리 많지 않다.

왓창럼 사원을 돌아보고 나오니 남아 있는 사원들이 상대적으로 왜소해 보였다. 씨쌋차날라이 역사공원에서 왓쩨디 쩻태우 사원과 왓창럼 사원이 차지하는 비중이 크다. 사원의 규모나 아름다움이 다른 사원들에 비해 상대적으로 압도적 우위를 점하고 있다. 옛날 씨쌋차날라이가 쑤코타이 왕국의 중요한 위성 도시였을 때 이곳을 중심으로 번성하지 않았을까 하는 생각이 든다. 간헐적으로 내리던 이슬비도 그치고 햇볕이 났다. 시야가 맑아지자 홍토의 붉은 색깔이 더욱 선명하게 보였다. 지도를 보니 다음 사원을 보기 위해서는 몇 백 미터 이동한 후에 나지막한 산 언덕을 올라야 한다.

왓카오 쑤완키리 사원

왓창럼 사원 뒤편으로 그리 높지 않은 산이 하나 있는데 그 산의 양 끝자락에 사원이 하나씩 있다. 왼편으로 있는 것이 왓카오 쑤완키리 사원이고 오른편에 있는 것이 왓카오 파놈플렁 사원이다. 사람들이 가는 방향을 따라 왼쪽으로 갔는데 중간에 규모가 아주 작은 사원들이 몇 개 나온다. 그 옆에 보수작업을 하는 인부들이 잠시 쉬면서 곁두리를 먹는 모습이 보였다. 길가의 양옆으로 작은 사원들이 몇 개 더 있다. 200여 미터를 가니까 오른쪽으로 오르막길이 나온다. 그리 가파르지는 않은데 고갯마루에 다다르자 제법 땀이 났다. 옆으로 왓카오 쑤완키리 사원으로 올라가는 표지가 보이고 산 위로 올라가는 길에는 폭이 그리 좁지 않은 계단이 있었다. 홍토로 만든 계단을 따라 10분 남짓 오르자 조그만 산 정상에 도착했다. 사원으로 진입하는 입구에는 솟을대문 비슷하게 만들어 놓은 문이 있는데 오랜 시간 방치되어 있던 탓에 파란 이끼가 돋아나 있었다.

주탑의 모습

사원으로 들어가는 입구

이 사원은 역사 공원의 서쪽 산 꼭대기에 위치하고 있어 공원 입구의 매표소에서 보면 높이 솟아 있는 주탑이 우아하게 보인다. 홍토로 만든 종 모양의 커다란 주탑이 있고 탑을 받치고 있는 기단은 5층으로 만들었는데 비교적 양호한 상태로 남아 있다. 가장 높은 곳까지 올라가보면 역사 공원의 전경이 한눈에 들어온다. 위에서 사원 안쪽을 내려다보면 7칸방 크기의 불당이 있었던 자리에 기둥과 단만이 남아 있고 반대쪽으로 보면 보조탑이 보이는데 역시 종 모양의 스리랑카 양식으로 만들어 졌다. 보조탑 정면에는 불상이 안치되어 있는 아치형 발코니가 있다. 첨탑 부분은 오랜 세월의 비바람을 견디지 못했는지 일부 파손되고 탑의 위아래로 군데군데

불당이 있던 자리

풀이 돋아나 있었다. 사원을 둘러쌌던 낮은 담장들도 여기저기 많이 허물어져 있었다. 크고 작은 동물과 도깨비 등의 조각상들이 흩어져 있는데 왓창림 사원의 것들과 형태가 유사한 것으로 보아 두 사원이 비슷한 시기에 지어진 것으로 추정된다.

왓쑤안깨우 우타얀너이 사원

왓카오 쑤완키리 사원에서 내려와 오던 길을 되밟아 왓카오 파놈플렁 쪽으로 향했다. 왓창림 앞을 다시 지나 200여 미터 가다 보면 오른편으로 조그만 사원이 하나 나타나는데 바로 왓쑤안깨우 우타얀너이 사원이다. 당시의 왕궁과 인접한 곳에 세워져 있어 아유타야 시대의 왓프라씨싼펫 사원이나 랏따나꼬신 시대의 왓프라깨우 사원과 같은 왕실 전용 사원이었던 것으로 추정된다. 이 사원은 동남향으로 지어졌는데 앞쪽과 뒤쪽에 출입문이 나 있다.

연꽃 봉오리 모양을 한 주탑이 서 있고 이를 둘러싸고 있는 13기의 보조탑은 쑤코타이 양식의 신전 모습을 하고 있다. 이 두 가

왓쑤안깨우 우타얀너이 사원 복원도

정면에서 바라본 모습

사원의 옆 모습

지 양식은 쑤코타이 시대 장인의 우수성을 잘 나타내고 있는데 크메르 양식과 스리랑카 양식을 받아들여 이를 조화롭게 발전시킴으로써 쑤코타이 양식의 독창성을 창출해 낸 것이다. 뒤편으로 몬돕 형식으로 지어진 불당이 있는데 지붕은 둥글고 아치형으로 난 발코니가 있다. 본래는 앞쪽 내부에 좌불상을 안치시켜 놓았던 자리인데 현재 불상은 남아 있지 않다. 사원의 크기가 비교적 작고 아담하여 마치 잘 지어진 성당 모습을 보는 듯했다.

왓카오 파놈플렁 사원

왓쑤안깨우 우타얀너이 사원을 지나 좀더 올라가면 산 아래에서 위로 올라가는 계단이 있다. 안내판에 보니 계단 폭이 6m라고 하는데 114개의 계단이 있다고 쓰여 있다. 이 사원에 대한 기록은 퐁싸와단느아에 나타나 있다. 씨쌋차날라이의 당시 이름인 싸완카록을 건설할 때 파놈플렁 산을 중심에 두었다. 그리고 그 위에

사원에서 내려다 본 진입로

불당의 불상

작은 몬돕

사원을 세워 불의 신에 대한 의식을 행할 수 있도록 했다고 한다. "파놈플렁"은 글자 그대로 옮기면 '불의 산'이란 의미이다. 아마도 당시에 불의 신에 대한 경배 의식이 있었는데 그 의식을 행할 수 있는 가장 적합한 장소가 파놈플렁 산이라고 생각했던 모양이다. 그래서 이 산을 중심에 두고 나라를 세운 다음에 그 한가운데 사원을 짓고 불의 신에 대한 경배 의식을 올린 듯하다.

사원에는 스리랑카 양식으로 지은 종 모양의 주탑이 있는데 윗부분은 모두 파손되어 형체가 없다. 이에 비해 불상이 안치되어 있는 불당의 터는 비교적 양호한 상태로 보존되어 있었다. 누군가 시주하고 갔는지 노랑색 천을 어깨 위에 두른 좌불상이 불당 앞쪽에 위치한 산 아래를 내려보고 있었다. 울타리도 없고 지붕도 없는 폐허가 된 절을 지키는 불상의 모습에서 쓸쓸함이 감돌았다. 주탑 뒤쪽으로 보조탑이 3기가 있는데 그쪽으로 내려가는 계단이 있고 정사각형의 단 위에 홍토로 지은 몬돕이 있다. 몬돕은 아마도 어느 여신을 모시는 사당 같은데 안에는 타다 남은 향과 초가 있었다. 내려오는 길에 아래쪽을 보니 생각보다 멀리 보인다. 다행히 계단의 경사가 그다지 급하지 않아 어렵지 않게 내려올 수 있었다.

성곽 밖의 유적지

씨쌋차날라이의 사원은 대부분 성곽 안에 위치하고 있다. 그런데 성곽 바깥쪽으로 꼭 가봐야 하는 사원이 하나 있다고 해서 지도를 보고 찾아갔다. 그리 멀지 않은 곳이어서 금방 도착했다.

왓프라씨 랏따나 마하탓 사원

왓프라씨 랏따나 마하탓 사원은 씨쌋차날라이 성곽 밖에 위치하고 있는데 욤강이 팔꿈치 모양으로 굽어진 곳에 동남쪽을 향해 세워져 있다. 씨쌋차날라이 성곽의 남쪽으로 1.9km 떨어진 곳이다. 이 사원은 왕실 사원으로 11세기 중엽에서 12세기 중엽 사이에 세워진 것으로 본래부터 찰리앙 지역의 중요한 사원이었다. 이 사원에 대한 기록은 람캄행 대왕 비문에도 나와 있다. 그리고 톤부리 왕조를 세운 딱씬이 아유타야 멸망 후에 독립국으로 있었던 싸왕카부리의 프라퐝 지역을 정벌하고 찰리앙국에 붓다의 사리를 모시는 의식을 행했다는 기록이 있다. 이 사원은 옛날부터 국왕이 왕위에 오르기 전에 머리에 물을 붓는 의식을 행하던 곳이기도 하다. 1935년에 국가 유적지로 등록되었으며 1958년에 왕실 사원으로 승격되었다.

구글 지도를 따라 목적지에 거의 다다랐을 때 앞쪽에 규모가

사원의 옆 모습

출입문의 모습

무척 커 보이는 사원의 모습이 한눈에 들어왔다. 차에서 내려 꽤 넓은 직사각형의 담장 안에 있는 사원 입구로 들어서니 제일 먼저 출입문을 볼 수 있었다. 홍토로 만든 커다란 3개의 기둥 위에 큰 덮개를 얹고 중앙 한가운데 조그만 탑을 세웠다. 탑 지붕의 사면에는 범천의 얼굴과 춤추고 있는 천사 등이 조각되어 있는데 상태가 비교적 양호하다. 문을 들어서면 정면에 불당이 있었던 자리에 기둥이 남아 있고 그 뒤로 주탑이 나오는데 30m 너비의 정사각형 단위에 세워져 있다. 중앙부의 위로 사리방까지 올라갈 수 있는 계단이 있는데 사리방 안에 조그만 연꽃 봉오리 모양의 탑이 있다. 붓다의 사리가 그 안에 모셔져 있을 것으로 추정된다. 주변에 문처럼 보이는 입구와 계단이 있어 더 위로 올라갈 수 있는 것처럼 보였다. 그러나 이 문은 그냥 모양만 문 형태일 뿐 실제로 열리지는 않았다. 크메르 양식의 옥수수 모양으로 세워진 주탑은 규모가 크고 높이 솟아 올라 있어 멀리서 봐도 그

주탑의 모습

웅장함을 느낄 수 있다.

주탑의 앞쪽에 홍토로 지은 불당이 있었던 자리가 있다. 넓이 19.20m, 길이 25.20m 그리고 높이 1.20m의 사각 단 위에 6칸 방 크기의 불당이 있었다. 중앙에 큰 좌불상이 안치되어 있고 좌우에 작은 입불상이 있다. 이 불당은 지붕과 벽이 파손되어 현재 단과 일부 기둥만이 남아 있다. 중앙에 있는 이 큰 불당의 동북쪽으로 너비 5m, 길이 10m의 작은 불당이 있는데 불당 뒤쪽의 윗부분에 둥근 아치형 발코니를 만들어 무찰린다가 있는 좌불상을 안치해 놓았다. 또 동남쪽에는 6칸방의 크기로 지어졌던 불당의 단이 남아 있는데 너비 7m, 길이 10m 규모이다. 역시 뒤쪽에 좌불상을 안치시켰던 발코니가 있는데 불상의 대부분이 파손되어 형체가 많이 남아 있지는 않다.

중앙에 있는 주탑을 둘러싸고 보조탑이 있는데 스리랑카 양식의 둥근 종 모양으로 만들어졌다. 홍토로 만든 보조탑은 높이가

프라랏 무따우탑

4m쯤 되는데 주탑의 사방에 하나씩 세워져 있어 모두 4기가 있다. 사원을 둘러싼 낮은 담장도 홍토로 만들었다. 담장에 사람 키 높이의 기둥을 나란히 붙여 박았는데 너비 60m, 길이 90m의 사각형 모양을 하고 있다. 출입문은 사원의 앞뒤로 두 군데가 있어 뒷문으로 나가면 프라탓 무따우 탑이 나온다. 프라탓 무따우 탑은 미얀마 양곤에 있는 쉐다곤 파고다의 또 다른 이름으로 알려져 있다. 무따우는 '코가 뜨거운'이란 뜻이다. 탑이 높아 꼭대기를 쳐다보고 있노라면 코가 햇볕을 받아 뜨겁기 때문에 붙인 이름이라고 한다. 고개가 끄덕여지면서 이름도 참 재미있게 지었다는 생각이 든다. 이 사원에 있는 프라탓 무따우 탑은 그리 높아 보이지는 않는다. 홍토로 쌓아 만든 4층의 기단은 팔각형 모양으로 직경이 22m이다. 기단 위로 3층이 더 있지만 모두 파손되어 남아 있지 않다. 앞쪽에 보면 탑 위로 올라갈 수 있는 계단이 만들어져 있다.

프라탓 무따우탑 뒤쪽으로 몬돕이 하나 있고 그 안에 사방으로 서 있는 입불상이 안치되어 있다. 북쪽의 불상은 그런대로 상태가 양호한데 동쪽의 불상은 정강이만 남아 있고 남쪽과 동쪽의 불상은 흔적도 없이 파손되어 있다. 그 왼편으로 불당이 있었던 터가 있고 좌불상이 두 개 안치되어 있다. 뒤쪽 있는 불상이 좀더 크다. 이 불당은 너비 11m, 길이 27m의 7칸방 크기로 지어졌는데 이 두 개의 불당을 형제 불당이라고 부른다.

다시 역사공원 앞쪽으로 돌아와 저녁 식사를 했다. 공원 입구 옆쪽에 조그만 식당들이 늘어서 있는데 마침 손님이 그리 많지 않아서 여유있게 먹을 수 있었다. 파파야 샐러드인 쏨땀을 한 접시 시키고 각자 먹고 싶은 음식을 따로 주문했다. 더위에 지쳐 식욕이 떨어지면 우선 매운 샐러드를 먹는 것이 좋다. 매운맛이 입

입불상들의 모습

쏨땀

안에 퍼지면서 식욕을 돋우어 주기 때문이다. 그래서인지 태국 음식에는 매운맛을 내는 음식이 많다. 찌개나 국은 물론 무침이나 볶음류의 음식에도 매운 고춧가루를 많이 쓴다. 그런데 매운 정도가 한국 음식보다 훨씬 강하다. 옛날에 어렸을 때 보면 한국 사람들은 매운 고추를 먹어 독하다는 이야기를 많이 했는데 그렇게 따지면 태국 사람들이 한국 사람보다 훨씬 독해야 맞다.

태국 음식에서 매운맛을 낼 때는 주로 프릭키누가 사용된다. 프릭키누는 '쥐똥고추'라는 뜻인데 모양이나 크기가 마치 쥐똥과 같아서 붙여진 이름이다. 그래서 '작은 고추가 맵다'는 식의 표현은 태국어에서도 자주 사용한다. 외대를 찾는 손님들에게 프리키누와 같은 대학이라고 설명한다. 서울 캠퍼스의 경우 3만 5천평밖에 되지 않지만 세계 600여 개 대학과 교류하고 있다. 그러므로 지구촌 전체가 우리 대학의 캠퍼스이고 따라서 외대는 해가 지지 않는 대학이라고 하면 대부분 수긍하는 편이다. 우리가 매운맛을 내는 데 사용하는 청양고추는 사실 태국의 프릭키누와 토종 고추를 접붙여 개발한 것이다. 처음 시험 재배를 청송과 양양에서 했기 때문에 두 지명의 첫 글자를 따서 청양고추라고 부르게 된 것이라고 한다.

태국은 예전부터 매운맛을 가시게 하기 위해 단것을 즐겨 먹었다. 단맛을 통해 매운맛을 중화시키는 것을 "깨펫"이라고 하는데 '복수하다' 또는 '앙갚음 하다'라는 의미가 더해졌다. 태국인들이 즐겨먹는 컹완(ของหวาน)은 '단것'이라는 뜻이지만 일반적으로 식사 후에 먹는 '후식'을 통틀어 가리키는 말이 되었다. 매운맛을 중화시키기 위해 먹기도 하지만 간식이나 군것질용으로도 많이 먹는다. 종류가 수십 가지에 달해 태국에서 몇 년을 살아도 다 먹어

보기는 어렵다.

음료수로는 올리앙을 시켰다. 처음 대학에 들어가 배운 회화 교재에 나온 음료수가 올리앙이라서 무슨 맛일까 궁금했는데 태국에 와서 먹어보니 냉커피와 비슷하면서도 다른 오묘한 맛을 지니고 있어 가장 즐겨 마시는 음료수가 되었다. 올리앙은 중국에서 온 것으로 추정된다. 어원으로 보면 까마귀 오(烏)자와 찰 냉(冷)의 합성어다. 글자 그대로 하면 '검은색의 차가운 음료' 정도로 해석된다. 원두 커피를 갈아 분말을 만든 다음 옥수수와 마캄 등을 넣어 다시 프라이팬에 볶아 만든다고 하는데 이때 당밀과 버터를 넣어 특유의 향이 생겨난다. 올리앙은 특히 볶음밥을 먹을 때 제일 잘 어울리는데 요즘 음식점에서 올리앙을 주문하면 없다고 하는 집이 늘어나고 있다. 아마도 서양의 냉커피에 밀려 점차 사라져 가는 것 아닌가 하는 생각이 들어 아쉬움이 크다.

올리앙

식사를 마치고 다시 쑤코타이로 향했다. 태국은 어디를 가더라도 시야가 넓어서 좋다. 높은 산이 없고 대부분 평지라서 해가 더 일찍 떠서 더 늦게 지는 것 같다. 해가 한 바퀴 돌아야 하는 하늘도 그만큼 더 커 보이고 하루 낮이 그래서 더 길어 보인다. 여행 일정이 절반을 넘어서자 시간의 흐름이 조금 빨라지는 것 같다. 그래도 아직 남아 있는 시간이 적지 않다고 스스로를 위로한다. 타일랜드는 '자유의 땅'이란 의미를 지니고 있다. 그래서인지 태국에만 오면 마음이 편해지고 음식도 맛있고 마음에 여유가 생겨서 좋다. 차가 쑤코타이 구시가지로 들어서자 이상하게도 집에 온 것 같은 기분이 들었다. 날이 저물고 길가의 가로등이 하나둘 켜진다. 오늘 저녁 자고 나면 내일은 다시 아침이 행복한 도시에서 깨어날 것이다.

T H A I L A N D

3
깜팽펫을 가다

제3장 깜팽펫을 가다

깜팽펫 역사공원은 삥강의 동쪽 시가지에 위치하고 있으며 3.4㎢의 면적을 지니고 있다. 글자 그대로 하면 깜팽펫은 '다이아몬드로 쌓은 성'이란 뜻이다. 13세기 난공불락의 요새처럼 수도인 쑤코타이를 보호해주던 위성도시에 잘 어울리는 이름이다. 오늘날은 많은 사람들이 자신의 부와 명예 그리고 소유하고 있는 소중한 것들이 금강석만큼이나 단단하고 굳건하기를 기원하며 살아가는 고장이기도 하다. 깜팽펫은 두 지역으로 나누어져 있는데 성곽 안쪽에 0.8㎢ 넓이의 땅과 그리고 아란닉 지역으로 불리는 성곽이 있고, 바깥쪽 작은 홍토산 위에 2.58㎢의 넓이를 가진 땅이 있다. 두 지역 모두 캄팽펫 주에 위치하고 있으며 방콕으로부터 거리는 358㎞이다. 예술청에서는 이 지역을 깜팽펫 역사공원으로 지정하였다. 승용차의 경우 32번 국도를 따라 아유타야, 앙텅, 씽부리, 나컨싸완을 지나 1번 국도로 들어서게 되면 깜팽펫에

깜팽펫 위치

도착한다. 방콕에서의 거리는 358km이다. 쑤코타이에서 거리가 75km 정도 되는데 차를 가지고 가면 한 시간 남짓 걸린다.

깜팽펫으로 가는 길

깜팽펫으로 가는 도중에 이슬비가 내렸다. 빗줄기가 굵어지면 어쩌나 걱정이 되었다. 다행히 도로는 생각했던 것보다 한산해서 운전하기에는 어렵지 않았다. 태국인들은 보통 한국인들에 비해 마음의 여유가 있고 매사에 거칠기보다는 부드러운 면이 있다. 그런데 내가 경험한 바로는 두 가지 상황에서 돌변한다. 첫 번째는 운전석에 앉으면 갑자기 거친 사람으로 변한다. 그리고 이상하리만큼 다른 차에 추월당하는 것을 싫어한다. 그래서 지방 국도에서 심심찮게 과속으로 인한 교통사고가 잦다. 태국의 전통 설인

쏭끄란 축제 기간만 되면 매년 3~400명이 죽고 3~4,000명 정도가 다친다. 이 중 오토바이 사고가 80% 정도 되는데 음주운전이 차지하는 비율이 30~40%가 된다고 한다. 태국인이 차분하고 여유 있다고 생각하는 사람으로서 이해하기 힘든 수치이다.

또 한 가지는 음악을 들을 때 볼륨을 너무 키운다. 태국 사람들이 보통 전화 통화를 하게 되면 바로 옆에서도 무슨 이야기를 하는지 듣기 어려울 만큼 작은 목소리로 통화를 한다. 그런데 음악만큼은 크게 듣는다. 태국의 주거 문화는 방음이 잘 되지 않는다. 한국의 경우에 방한 시설로 인해 어느 정도 방음까지 되는데 태국은 겨울이 없어 기본적인 방음이 잘 되지 않는다. 그래서 옆집 소리가 창문 틈으로 잘 들어온다. 보통 집에서 텔레비전이나 오디오를 볼륨을 크게 틀어 놓고 가수가 나와 노래 부르는 음식점에 가면 옆 사람과 대화 나누기가 어려울 정도다.

다행히 햇살이 나고 가느다란 빗줄기도 멈추었다. 비가 오고 나서 갠 하늘이 유난히 맑아 보인다. 오늘도 즐거운 마음으로 13세기로 돌아가는 시간 여행을 할 수 있을 것 같았다. 더운 나라 태국에서도 비가 오는 것이 마냥 반갑기만 한 것은 아니다. 어디 다니기 불편하기 때문이다. '날씨가 좋다'는 표현은 한국과 태국이 다르다. 한국은 햇볕이 반짝 나는 날, 그래서 가정주부들이 빨래 널기 좋은 날이 좋은 날씨이다. 태국어에서는 악천후를 표현할 때 '비가 오든 햇볕이 나든'이라고 한다. 더운 나라다 보니 햇볕 나는 게 마냥 좋을 리 없다. 그래서 태국 사람들에게 좋은 날씨는 구름만 끼고 비는 오지 않은 날이 가장 좋은 날씨이다. 상대적으로 덜 덥기 때문이다.

현재 깜팽펫 역사공원 부근에 있는 삥강유역의 뺍, 테파나컨,

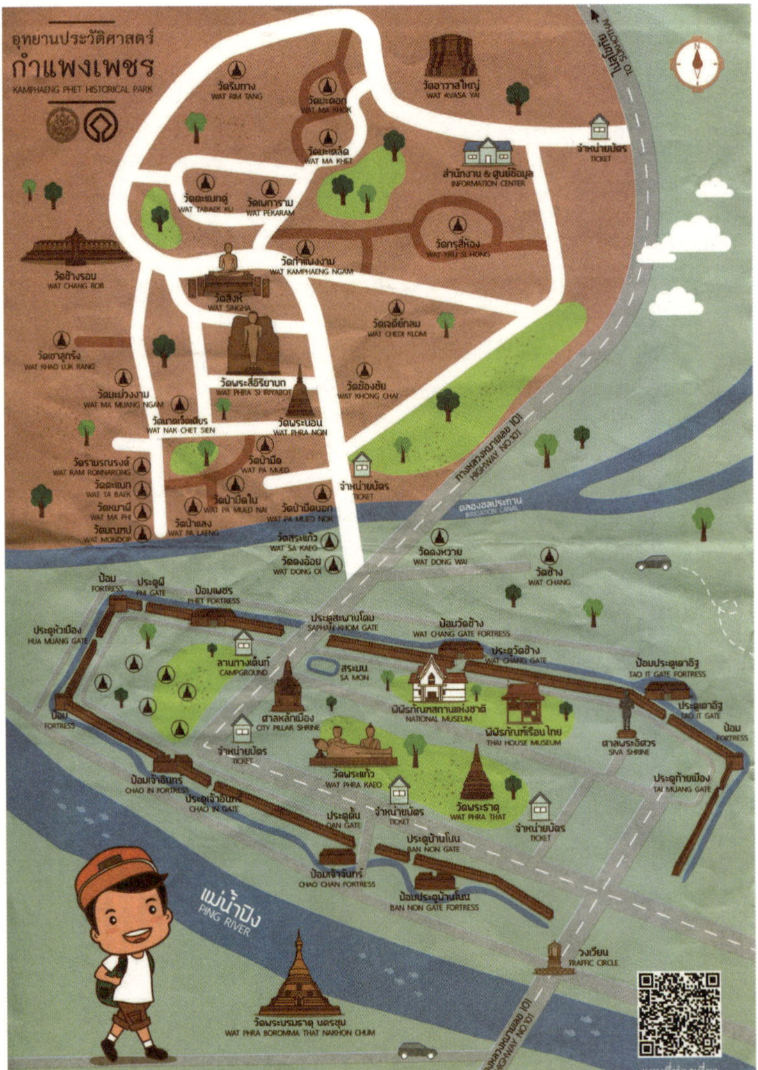

อุทยานประวัติศาสตร์
กำแพงเพชร
KAMPHAENG PHET HISTORICAL PARK
WAT RIM TANG
WAT MA KHOK
WAT MA KHET
WAT AVASA YAI
TICKET
INFORMATION CENTER
WAT TABAEK KU
WAT PEKARAM
WAT KRU SI HONG
WAT CHANG ROB
WAT KAMPHAENG NGAM
WAT SINGHA
WAT CHEDI KLOM
WAT KHAO LUK RANG
WAT PHRA SI IRIYABOT
WAT KHONG CHAI
WAT MA MUANG NGAM
WAT NAK CHET SIEN
WAT PHRA NON
WAT RAM RONNARONG
WAT PA MUED
WAT TA BAEK
WAT MA PHI
WAT MONDOP
WAT PA MUED NAI
WAT PA LAENG
WAT PA MUED NOK
TICKET
HIGHWAY NO.101
IRRIGATION CANAL
WAT SA KAEO
WAT DONG OI
WAT DONG WAI
WAT CHANG
FORTRESS
PHI GATE
PHET FORTRESS
SAPHAN KHOM GATE
WAT CHANG GATE FORTRESS
HUA MUANG GATE
WAT CHANG GATE
TAO IT GATE FORTRESS
CAMPGROUND
SA MON
NATIONAL MUSEUM
TAO IT GATE
FORTRESS
CITY PILLAR SHRINE
THAI HOUSE MUSEUM
FORTRESS
TICKET
SIVA SHRINE
WAT PHRA KAEO
TAI MUANG GATE
CHAO IN FORTRESS
CHAO IN GATE
WAT PHRA THAT
OAN GATE
TICKET
TICKET
BAN NON GATE
CHAO CHAN FORTRESS
BAN NON GATE FORTRESS
แม่น้ำปิง
PING RIVER
TRAFFIC CIRCLE
WAT PHRA BOROMMA THAT NAKHON CHUM
HIGHWAY NO.101
แผนที่ท่องเที่ยว

깜팽펫 역사공원 안내도

뜨라이뜨릉, 판, 나컨춤, 차깡라우와 같은 여러 도시의 유물이 발견되었다. 삥강의 저지대가 풍요로운 까닭에 여러 도시들이 형성되었는데 이들은 거리상 서로 가까이 분포되어 있다. 이 중에서 가장 초기에 건설된 도시는 뻽이다. 전해져 내려오는 이야기에 의하면 뻽은 나컨춤 쪽에 위치해 있었는데 현재의 깜팽펫의 반대편이다.

제3호 비문인 나컨춤 비문 내용에 1357년 쑤코타이 왕조의 리타이 왕(1347-1376)이 나컨춤의 프라버롬탓에 행차하여 왓프라씨랏따나 마하탓 사원을 창건했다고 기록되어 있는 것으로 보아 당시 나컨춤은 쑤코타이의 중요한 도시였던 것을 알 수 있다. 그러나 후에 아유타야가 멸망하자 나컨춤은 지극히 작은 도시로 전락하고 말았다.

한편, 차깡라우는 여전히 동쪽에서 힘을 가진 도시로 유지되고 있었다. 이곳은 아유타야 시대에 깜팽펫이라는 이름으로 불렸다. 리타이 왕이 승하하고 나서 1370~1371년경에 쑤코타이의 여러 도시들이 분열되었는데 어떤 도시는 아유타야와 연합하기도 했다. 깜팽펫이라는 지명은 37호 비문에 나타나는데 짝그라팟 왕이 1397년에 이곳에서 즉위했다고 기록되어 있다. 이를 통해 당시 아유타야 왕들이 나컨춤에서 당시 차깡라우라고 부르던 깜팽펫을 권력의 중심지로 삼으려 했던 것을 알 수 있다. 그 후 아유타야가 버마의 2차 침공으로 멸망하면서 깜팽펫은 역할이 감소되고 끝내 퇴출되기에 이르렀다.

깜팽펫의 지도를 보면 직사각형 모양으로 삥강을 따라 북서쪽과 동쪽으로 길게 늘어서 있다. 본래 흙두렁과 3중의 해자 모양이었던 성곽이 나중에 홍토 성곽으로 발전했을 것으로 추정된다. 이곳에는 성채와 사원 경계를 나타내는 비계석, 그리고 성문을 지키는 초소가 지어져 있다. 성곽 안쪽에는 북쪽 지역에 뜨라이록까낫 왕(1368-1488) 시대에 건축된 것으로 추정케 하는 흔적이 남아 있다. 깜팽펫 역사공원은 1991년에 쑤코타이 역사공원과 씨쌋차날라이 역사공원과 더불어 태국 역사 초기 쑤코타이 시대 뛰어난 건축물로 인정받아 세계문화유산으로 등재되었다. 역사공원은 매일 아침 8시에서 오후 5시까지 관람할 수 있다. 입장료는 내국인 10바트, 외국인 30바트이다. 정기 노선 버스로는 방콕의 북부 터미널에서 방콕-깜팽펫행 버스가 매일 운행하고 있다.

성곽 안의 유적지

차가 시내에 가까워지자 군데군데 역사 공원으로 가는 길을 표시하는 이정표가 있어 찾아가기 어렵지 않았다. 역사 공원은 성곽으로 둘러싸여 있고 그 안에는 약 0.8㎢ 넓이의 지역에 모두 20개의 유적지가 발견되었는데 이 중에서 가장 크고 중요한 유적지가 바로 왓프라깨우 사원과 왓프라탓 사원이다. 성곽 안 유적지를 보기 위해서는 입장권을 사야 하는데 내국인은 20바트, 외국인은 100바트를 내야 한다.

싼락므앙

왓프라깨우 사원으로 들어가기 전에 입구 쪽에 싼락므앙이 있다. 싼락므앙은 그 도시를 지켜주는 수호신을 모시는 사당으로 대개는 그 도시에서 가장 중요한 사원 옆에 세워져 있다. 공원 안에 있는 사원은 700여 년 전에 이곳까지 영향력을 미쳤던 자야바르만 시대에 의해 세워진 것을 그 후 몇 번의 복원과 개축을 거쳐 현재의 모습을 하고 있다.

싼락므엉 입구 쪽 한 켠에 '술을 쏟아 버리는 곳'이라는 팻말이 있고 그 뒤에 작은 항아리 두 개가 나란히 놓여 있다. 불교 국가다운 모습이다. 태국 사람들에게 술은 부정적 이미지가 강하다. 드라마를 보다 보면 술을 마시는 장면을 모자이크 처리하는 것을 종종 볼 수 있다. 술과 관련하여 태국에서 오래 공부한 후배 하나가 들려준 이야기가 있다. 한 번은 그 후배가 장거리 기차 여행을 한 적이 있는데 무료함을 달랠 겸 맥주를 몇 캔 사서 가방에 넣고 차에 올랐다. 기차가 출발하고 서너 시간 지나 갈증이 나길래 가방을 열고 맥주를 꺼냈다. 그런데 마침 대각선 맞은편 옆쪽에 탄 아이 엄마가 초등학생으로 보이는 아들에게 술이 얼마나 안 좋은 것인지를 한참 설명하고 있는 것이었다. 그래서 그 후배는 결국 맥주를 마시지 못하고 슬그머니 가방 안에 도로 넣고 말았단다. 한국에서는 사제지간에 같이 술을 마시는 것이 흔한 일인데 태국에서는 거의 찾아보기 어렵다. 한국에 유학 온 태국 학생들이 처음에 신기하게 여기는 것 중에 하나가 사제 간 술을 마시는 것과 어른들과 술 마실 때 두 손으로 받아 얼굴을 옆으로 돌려 마시는 것이라고 한다.

입구 쪽에 무언가 조금 특이하게 보이는 건물이 있어 다가가 보니 딱씬을 기리는 사당이었다. 처음엔 몰랐는데 사진을 찍기 위해 뒤로 물러나서 보니 건물이 전쟁터에 나갈 때 쓰는 투구 모양을 하고 있었다. 앞쪽에는 말과 코끼리 등의 동물상이 세워져 있었는데 유난히 닭이 크게 만들어져 있었다. 사실 닭고기는 돼지고기와 더불어 태국인들이 생선 다음으로 즐겨 먹는 음식이기도 한다.

싼락므앙

술을 쏟아 버리는 곳

태국어에 "무빠이 까이마"라는 표현이 있는데 '돼지고기가 가야 닭고기가 온다'는 뜻이다. 우리 집에서 돼지고기로 만든 음식을 먹을 때 옆집에 나누어주게 되면 옆집에서 닭고기로 만든 음식을 먹을 때 우리 집에도 나누어 준다는 뜻이다. 우리말에 "가는 정이 있어야 오는 정이 있다"는 말과 대응되는 표현이라고 할 수 있다. 그런데 태국의 사원을 다니다 보면 몇몇 사원에 닭의 조각상을 만들어 놓은 것을 자주 보게 된다. 그 이유가 궁금했는데 태국인 친구의 말로는 태국 사람들은 불공을 드리면서 소원을 빌고 그 소원을 성취하게 되면 사은(謝恩)의 뜻으로 닭을 시주하는 경우가 많다고 한다. 그리고 옛날 아유타야 시대 나라이 왕이 닭싸움을 즐겼다고 하는데 그것도 한 이유가 될 수 있을 것 같다고 한다. 태국인들이 즐기는 놀이 중의 하나가 닭싸움인데 많은 판돈이 오가는

딱씬 대왕 사당

일종의 노름 형태로까지 발전했다. 닭싸움에서 우승한 챔피언 닭은 몸값이 천정부지로 치솟는다.

태국인은 노름을 좋아하는 것 같다. 아무래도 일 년 내내 더운 나라다 보니 가끔은 활력소가 필요한 모양이다. 축구도 마찬가지이다. 어느 신문에서 유럽의 한 축구 경기장에서 경기 종료를 알리는 심판의 호루라기 소리가 들리는 순간 태국 내에서는 엄청난 판돈이 오간다는 내용의 기사를 읽은 적이 있다. 과거 태국은 아시아의 축구 강국이었다. 사실 어렸을 때 태국이란 나라를 처음 알게 된 것은 킹스컵 축구 대회를 통해서였다. 당시에 태국에서 주최하는 킹스컵 축구대회와 말레이시아에서 주최하는 메르데카배 축구대회, 그리고 필리핀에서 주최하는 농구대회는 시골 어린이가 청각을 통해 즐길 수 있는 몇 안 되는 스포츠였다.

태국 사람들은 축구 경기를 무척이나 좋아한다. 1980년대 이미 유럽에서 열리는 여러 가지 경기를 텔레비전 중계를 통해 실시간으로 시청하면서 좋아하는 팀을 응원하는 일이 보통이었다. 남부 쏭클라대학교에서 한국어를 강의하고 있던 시절의 이야기이다. 방학이 끝나갈 무렵 개강을 앞두고는 단과대학 전체 교수 회의가 있었다. 회의 시작이 아침 10시로 잡혀 있어서 인문사회대 교무처를 지나가는데 교수와 직원들이 한 켠에 모여 텔레비전을 보고 있었다. 무슨 일이 났나 하고 보니 유럽에서 시작된 축구 경기 중계 방송이었다. 나는 대수롭지 않게 여기고 회의실로 가서 기다렸다. 그런데 회의시작 시간이 다 되어 가는데도 아무도 오지 않는 것이었다. 혹시나 내가 시간과 장소를 잘못 알고 있나 생각하고 있는데 30분이 지나서야 학장을 선두로 교수들이 들어왔다. 좌석이 정돈되자 학장이 원래 회의 시작 시간이 10시였으나 마침 축구 경기가 있어 30분 늦게 시작하게 되었다고 이야기했다.

그런 태국 사람들이 2002년 월드컵에서 한국을 응원한 것은 조금 의아한 일이었다. 평소 자신들이 좋아하던 유럽 팀을 버리고 같은 아시아 국가라면서 한국을 열렬히 응원했다. 한류가 이미 태국에 상륙하기는 했지만 그래도 자신의 응원 팀을 바꾼다는 것은 그리 쉬운 일이 아니다. 한 번은 북부 치앙마이에서 저녁을 먹는데 갑자기 옆의 건물에서 함성이 터져 나오는 것이었다. 종업원에게 무슨 일이 있느냐고 묻자 유럽에서 하는 축구 경기 중계방송을 하고 있다는 대답이 돌아왔다. 아무리 축구가 좋아서 그렇다손 치더라도 그 소리가 한일전에서 우리나라가 극적으로 역전골을 넣고 승리했을 때 나올 수 있는 함성이었다. 축구를 좋아하는 이면에는 더운 날씨와 도박을 즐기는 태국의 국민성이 자리잡고 있는 것 같다. 몇 년 전부터는 태국에 프로 축구팀이 결성되어 현재 열 여덟 개의 프로 축구 팀이 있다.

왓프라깨우 사원

공원 입구를 지나 사원들이 있는 경내로 들어서니 마치 일반 시민 공원에 들어서는 기분이었다. 나무도 많고 너른 풀밭이 보였다. 맨 먼저 만나는 사원이 왓프라깨우 사원이다. 이 사원은 쑤코타이의 왓마하탓 사원이나 아유타야의 왓프라씨싼펫 사원처럼 왕궁과 인접한 곳에 세워진 중요한 사원이다. 역사공원은 1m 남짓 높이의 둥근 홍토 기둥으로 낮은 담을 두르고 있다. 높이가 낮아 걷는 사람들의 시야를 전혀 가리지 않았다. 경계를 표시할 뿐 넘어 들어오지 말라고 세운 담은 아닌 것 같다. 중간중간 심어 놓은 나무가 푸른 녹음을 만들고 나무의 푸른색과 홍토의 짙은 황색이

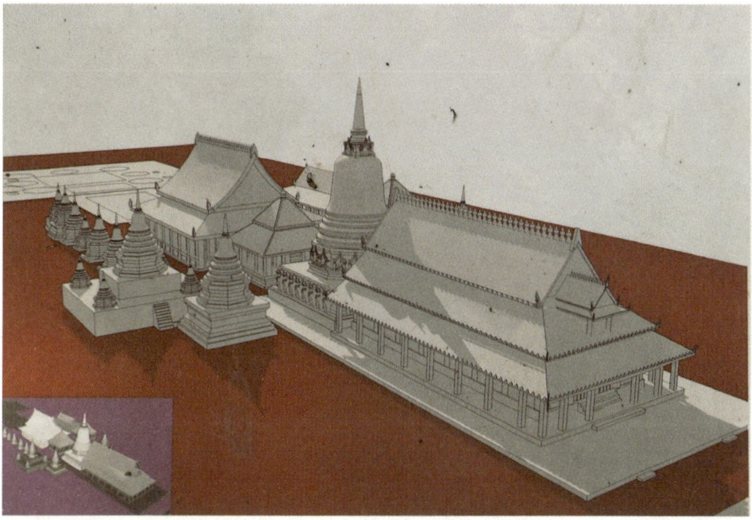

왓프라깨우 사원 복원도

묘한 조화를 이루고 있다. 마치 꼭 공원으로 소풍 나온 것 같은 분위기여서 걷는 것 자체가 즐겁게 느껴졌다.

역사 공원은 직사각형의 모습을 하고 있는데 길이가 무척이나 길다. 담은 중간중간에 끊어져 있는데 사원 안의 건축물은 대부분 홍토로 만들어졌다. 공원 안내도를 보니 이곳에 두 개의 사원이 있는데 어디까지가 왓프라깨우 사원이고 어디서부터 왓프라탓 사원인지 경계를 구분하기 힘들었다. 한참을 걸어 들어가니 커다란 좌불과 누워 있는 와불이 보였다. 온화한 미소를 띠고 있는데 무척이나 평화스런 분위기를 자아낸다. 마치 세 부처님이 친구 집에 마실 와서 이런저런 이야기를 나누는 것 같아 보인다. 태국에서 미소 짓고 있는 불상을 많이 볼 수 있는데 이곳 세 불상의 미소는 그 어느 사원 불상의 미소보다 아름답고 평화롭다.

사원의 한가운데 있는 주탑은 스리랑카 형식으로 종 모양을 하고 있다. 사각형의 기단에 아치형 문을 만들고 안에 사자상을 세

미소 짓고 있는 세 불상

주탑의 모습

웠는데 사자상은 모두 파손되어 형체가 남아 있지 않다. 이 사원을 파내고 보수할 때 여러 양식의 탑을 세웠던 기단이 35군데 발견되었고 크고 작은 법당 터가 세 군데, 그리고 불당 터가 여덟 군데 발견되었다. 이를 통해 이 사원에 옛날에 매우 거대하고 중요한 사원이었음을 알 수 있다. 현재에 깜팽펫 시에서 주관하는 크고 작은 축제를 이 사원 주변에서 거행한다고 한다.

왓프라탓 사원

왓프라깨우 사원 안쪽으로 연이어 있는 사원이 왓프라탓 사원이다. 깜팽펫 성곽 안에서 왓프라깨우 다음으로 큰 사원이기도 하다. 그러나 입구에서부터 왓프라깨우 사원이 차지하고 있는 공간이 무척 길어서 왓프라탓 사원은 상대적으로 규모가 작아 보인다. 사원 안내도를 보아도 규모가 큰 것 같지는 않고 부속 건물도 매우 단순하다. 주탑 앞에 불당이 있고 불당 양쪽으로 보조탑이 있었던 모양이다. 지금은 홍토로 만든 벽돌과 보조탑 일부만 덩그러니 남아 있다. 사원은 버마 형식으로 지어진 것이라는데 딱히 눈에 들어는 특징은 보이지 않는다. 홍토로 지은 주탑이 너비 15m의 기단 위에 세워져 있다. 이 사원을 보수하면서 큰 주탑을 복원한 것이라고 한다. 남쪽에 있는 탑을 복원하고 나서 사원의 구조와 형태가 쑤코타이의 왓싸씨 사원과 유사하다는 것을 발견하였다. 그러나 탑의 형태는 깜팽펫 양식으로 조금 달랐다.

왓프라깨우 사원과 왓마하탓 사원을 돌아보는 일은 단조롭지만 유쾌한 일이다. 대개 무너진 사원이 있는 곳은 홍토가 연출하는 붉은색 일색인데 이곳은 나무와 풀밭이 많아 녹지대 속에 숨겨 놓은 사원을 찾아온 기분이다. 더운 나라에서는 아무래도 녹

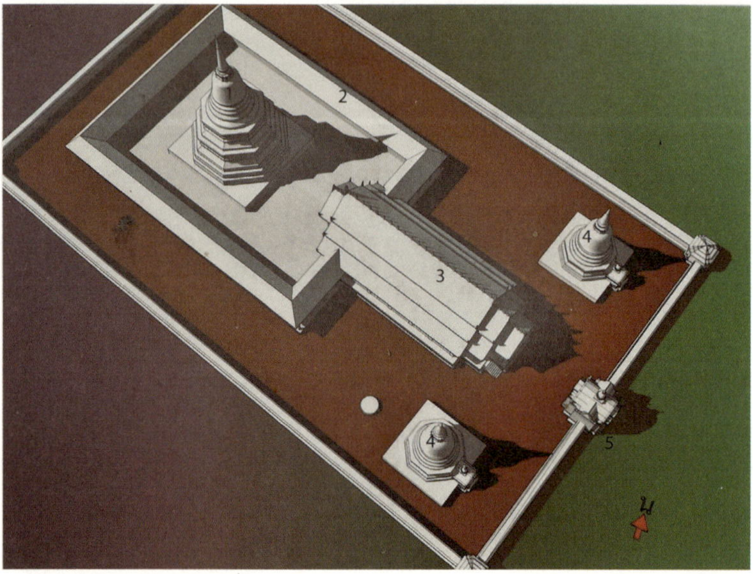

왓프라탓 사원 복원도

주탑의 모습

색에 대해 애착을 갖게 된다. 녹색은 대개 풀밭이나 나무에서 나온다. 그래서 풀밭이 있거나 나무가 많이 심어진 곳은 상대적으로 훨씬 덜 덥다. 태국의 고도에 흩어져 있는 사원을 찾아 다니다 보면 아무래도 더위에 시달리는 경우가 많다. 그런데 이곳 성곽 안쪽의 왓프라깨우가 있는 깜팽펫 역사공원은 사막을 돌아다니다가 오아시스를 만나 것처럼 기분이 무척 상쾌했다. 그래서 다음 목적지로 발길을 돌리는 데 아쉬움이 컸다.

성곽 밖의 유적지

성곽 북쪽에 있는 산 위에 위치한 약 25.8㎢ 넓이의 지역을 아란닉 지역이라고 부른다. 이 지역에서 모두 37개의 유적지가 발견되었는데 주요 유적지는 역사공원 안에 위치하고 있다. 주차를 하고 입구 앞 매표소에서 표를 사려 했는데 직원이 차 앞으로 오더니 표를 내밀고 돈을 받아갔다. 결국 차에서 앉은 채로 입장권을 끊은 셈이다. 주차 요금도 따로 받지 않았다. 여행하다 보면 큰 돈이 아니더라도 조금만 절약돼도 기분이 좋아진다. 공원 안에는 주차장이 따로 없어 사원을 따라 난 길 옆에 차를 세웠다. 그러면서 사원을 돌아보니 걷는 거리가 줄어들어 오히려 좋았다.

왓창럽 사원

왓창럽은 '코끼리가 둘러싸고 있는 사원'이라는 의미이다. 씨쌋차날라이의 "왓창럼" 사원과 의미가 유사하고 사원의 모습도 매우 유사하다. 나지막한 산에 여러 개의 사원이 있는데 왓창럽 사원이 가장 높은 곳에 위치하고 있다.

이 사원에는 규모가 큰 스리랑카 양식으로 지어진 종 모양의 주탑이 있는데 한 변의 길이가 31m 되는 정사각형의 기단 위에 세워져 있다. 기단부는 68마리의 코끼리가 반신만 내밀고 있는 조각상이 있다. 코끼리와 코끼리 사이에는 보리수나무 잎새와 도깨비 그리고 춤추는 무희 등의 무늬가 있지만 많이 파손되어 상태가 좋지 못하다. 사방에 기단부로 오르내릴 수 있는 계단이 있다. 계단의 높이가 7m라는데 내려다보면 조금 아찔해 보인다. 계단에는 사자상으로 장식되어 있다. 기단부 위에는 조그만 평지가 나오는데 작은 스투파 형식의 탑이 사면의 모서리에 세워져 있다. 기단부 위쪽 평지에 다시 팔각형의 기단이 있고 그 위에 주탑이 세워져 있는데 탑 위쪽은 둥근 형태로 되어 있다. 기단부 주위에는 붓다의 생애를 나타내는 그림이 조각되어 있고 흙으로 구운 신 상과 춤추는 무희, 그리고 봉황의 모습이 새겨져 있다고 하나 형태가

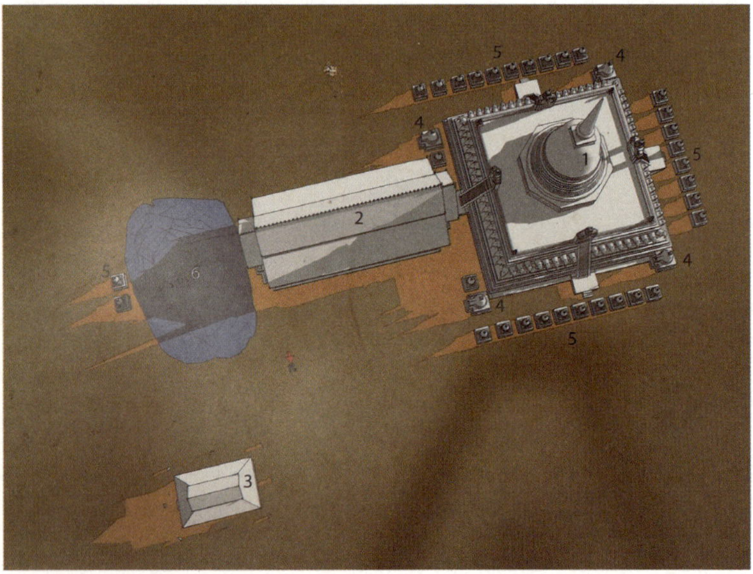

왓창럽 사원 복원도

뚜렷하게 남아 있지는 않다.

주탑 앞에는 불당이 있는데 남아 있는 단의 너비가 17m, 길이가 34m, 높이 1.5m인 것을 보면 매우 큰 규모였음을 알 수 있다. 불당의 기둥은 네 줄로 7칸 방의 크기였던 것으로 보인다. 불당 앞에는 홍토를 파내던 큰 규모의 터가 있다. 여기서 파낸 홍토로 이 사원을 지었을 것이다. 동북쪽으로 조그만 법당이 세워져 있다. 이 사원에서 기단부 주변에서 발견된 여러 가지 유물들 중에는 흙으로 구운 도깨비상과 신상, 사람의 얼굴상, 무희상 등이 있는데 이를 통해 쑤코타이 말기와 아유타야 초기의 의상과 공연 예술 등에 관해 여러 가지를 알 수 있다. 이 중 일부는 깜팽펫 국립 박물관에 전시되어 있다고 한다.

어떤 사람들은 태국을 코끼리의 나라라고 한다. 아마도 태국이 불교국가라서 코끼리를 불교를 상징하는 동물로 여기기 때문일

사원의 전경

옆에서 본 모습

것이다. 실제로 코끼리는 극락조라고 불리는 가루다와 불법을 보호하는 용과 더불어 불교와 밀접한 동물이다. 코끼리는 마야부인이 흰 코끼리가 품 안으로 들어오는 꿈을 꾸고 싯다르타를 잉태했다는 데서 시작하여 자비와 덕을 상징하는 성스런 동물로 대접받는다. 또한 코끼리는 옛날에는 전쟁터에서 유용한 동물이었다. 전쟁터에서는 왕이나 장수가 코끼리를 타고 싸우는 기상전이 전투의 승패를 좌우하는 경우도 많았다. 따라서 코끼리는 오늘날 현대전에서의 탱크 같은 역할을 했다고 볼 수 있다.

코끼리는 평화 시에는 사람을 도와 여러 가지 일을 해주는 고마운 동물이다. 잘 훈련된 코끼리는 차량이 들어가기 어려운 밀림지대로 들어가 벌목을 돕고 사람이 베어 놓은 통나무를 코로 들어올려 화물차나 물가로 운반하기도 한다. 길이 나 있지 않은 밀림

주탑의 기단부

묘기 부리는 코끼리

숲도 코끼리가 한 번 지나가게 되면 다른 작은 동물들이 다닐 수 있는 길이 생긴다고 한다. 코끼리는 밀림지대에서 꼭 필요한 '걸어 다니는 불도저'라고 할 수 있다. 태국의 코끼리는 관광산업에도 일익을 한다. 태국의 관광지에 가면 코끼리 트레킹을 할 수 있다. 코끼리가 사람을 태우고 강을 건너거나 밀림지대를 돌아오기도 한다. 일부 도심의 관광지에서는 공연장에서 코끼리가 통나무를 운반하는 모습을 보여주기도 하고 관람객에게 인사도 하고 춤을 추기도 한다. 체조를 하는 코끼리도 있는가 하면 심지어는 그림을 그리는 코끼리도 있다. 태국의 쑤린 주에서는 매년 11월 중순경에 코끼리 축제를 한다. 이때는 전국에서 재주 많은 코끼리를 모아 여러 가지 볼거리를 제공하는 대규모 행사를 하는데 코끼리가 편을 갈라 축구를 하기도 한다.

이런 코끼리들은 별도의 조련장에서 숙련된 조련사들에게 훈련을 받은 것이다. 여기서 사육되는 코끼리는 긴장을 풀어주기 위해 매일 목욕을 시키고 영양 보충을 위해 찹쌀밥을 먹이기도 한다. 최근에는 코끼리 배설물에서 섬유질을 분리하여 종이를 만드는 방법도 개발해냈다. 우리말의 마분지는 볏짚이나 보릿짚으로 만든 종이인데 느낌이나 색상이 말의 배설물과 유사하여 그렇게 이름 붙여진 것이라고 한다. 그렇다면 코끼리 배설물로 만든 종이는 아마도 상분지라고 불러야 할 것이다. 이처럼 태국에서 코끼리는 백방으로 유익한 동물이다. 그런데 코끼리 중에서 간혹 흰색을 띤 코끼리가 태어나는 경우가 있다. 이를 백상이라고 하는데 글자 그대로 흰 코끼리라는 뜻이다. 태국어에서 일반 코끼리는 창이라고 부르는데 비해 백상은 창프악이라고 부른다. 한때는 태국을 상징하는 동물로 태국 국기에 백상을 사용하던 시절이 있었다. 태국

코끼리 모습을 사용한 국기

사람들은 백상이 나타나면 그 시대 왕이 매우 덕망이 있어 국운이 상승한다는 징표라고 믿는다. 실제로 현재 태국에는 실제로 백상이 있다고 한다. 그래서인지 태국의 라마 9세 푸미폰 국왕은 덕망이 높아서 생전에 태국 사람들로부터 많은 존경과 사랑을 받았다.

코끼리가 태국 사람들의 삶과 밀접한 관계를 가지게 되면서 코끼리는 태국 사람들의 언어 표현에 다양하게 나타나 있다. '남자는 코끼리 앞발이며 여자는 코끼리 뒷발이다'라는 태국어 표현은 '여자는 반드시 남자를 따라야 한다'는 "여필종부"와 같은 뜻이다. 또 '코끼리를 죽여 상아를 취한다'는 말이 있는데 이는 '작은 것을 얻기 위해 큰 것을 희생한다'는 뜻으로 우리말에 '빈대 잡으려고 초가삼간 태운다'와 유사한 표현이다. 현재 태국 전역에 약 6천 마리의 코끼리가 있는 것으로 알려져 있다. 이 중에는 사람이 사육하는 코끼리도 일부 있고 다른 나머지는 숲에서 스스로 살아가는 코끼리들이다. 태국 정부는 1998년에 3월 13일을 코끼리의 날로 정하여 코끼리 보호에 힘쓰고 있다. 태국의 쑤판부리 주, 깐짜나부리 주, 아유타야 주 등지에는 늙고 병든 코끼리를 치료해주고 돌보아주는 빵창 또는 반창이라고 부르는 코끼리 보호소가 있다. 코끼리들의 요양 병원인 셈이다.

왓씽 사원

왓창롭 사원 아래쪽으로 내려오면 만나는 사원이 바로 왓씽 사원이다. 이 사원은 1358~1557년 사이에 세워졌을 것으로 추정되는데 사각형 모양의 터에 동향으로 지어졌다. 홍토로 만든 기둥을 박아 담을 둘러싸고 사원 앞에 역시 홍토로 만든 정자가 있다. 사원 안에는 법당이 하나 있는데 본래는 불당으로 지은 것을 나중에 법당으로 개조한 것으로 추정하고 있다. 본래 있던 단 위에 단을 한 층 더 쌓고 그 위에 지었다. 단 앞쪽에는 사자상이 있고 법당 뒤쪽에는 문지기상이 장식되어 있다. 주탑에는 사방으로 발코니가 나 있고 승려 구역은 법당 구역의 남쪽에 있는데 정자 터와 승려들의 숙소가 있던 터 등이 남아 있다.

사원의 전체적인 모습은 세월의 흔적을 가장 극명하게 드러내주는 듯하다. 주탑이나 법당 또는 불당의 모습도 제대로 남아 있는 것이 없을 뿐더러 겉에 바른 석고가 벗겨져 홍토로 만든 벽돌이 그대로 드러난 불상의 모습에서도 자비로움보다는 참혹한 느낌을 받았다. 그래서 아마도 고행하는 싯다르타의 모습이 저러하지 않았을까 하는 생각이 들었다. 사원을 둘러싼 담장도 많이 무너져 있고 무너진 벽돌 위로 푸른 이끼가 돋아나 있다.

왓프라 씨이리야봇 사원

왓씽 사원 아래로 좀더 내려오면 왓프라 씨이리야봇 사원이 있

왓씽 사원 복원도

기둥만 남아 있는 모습

좌불상

다. 프라 씨이리야봇이라는 말은 '네 가지 자세의 불상'이란 뜻이다. 그 이름에서 알 수 있듯이 이 사원에는 걷는 모습의 유행불을 비롯해 입불상, 좌불상 그리고 와불상이 안치되어 있다. 이 중에서 입불상이 가장 대표적인 불상인지 지역 주민들은 이곳을 "왓 프라이은" 즉, '입불상 사원'이라고 부른다.

이 사원은 왓씽 사원과 같은 시기에 지어진 것으로 보인다. 홍토로 만든 기둥을 박아 사원을 둘러싼 담장을 만들고 사원으로 들어가는 입구도 홍토로 깔았다. 법당 구역에 너비 6m, 길이 11m

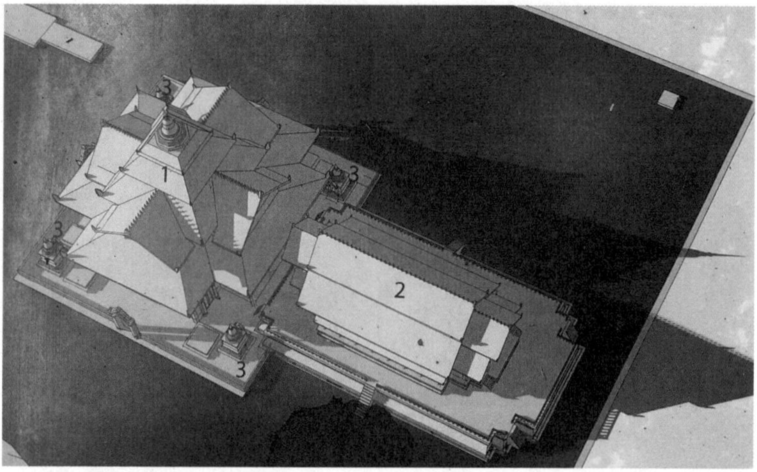

왓프라 씨이리야봇 사원 복원도

의 정자가 있었는데 네 줄의 기둥이 있는 5칸 방 크기였다. 사원 앞에 있는 정자에서 사원으로 들어가는 출입문이 있는데 안으로 들어가면 홍토로 만든 커다란 단을 만난다. 이 단위로 오르는 계단이 앞쪽과 뒤쪽에 각각 두 개씩 있다.

불당이 있던 자리에는 너비 17m, 길이 29m의 단이 있는데 작은 현관이 앞뒤로 있었던 것으로 보인다. 불당을 받치고 있던 기둥이 있는데 네 줄의 기둥이 있는 5칸 방과 두 줄의 기둥이 있던 2칸 방이 앞뒤로 있어 모두 7칸 방 크기의 규모였던 것으로 추정된다.

불상을 안치했던 단에는 좌불상을 안치했던 흔적이 있고 사자상과 문지기상으로 보이는 조각이 있다. 불당 뒤쪽에는 난 계단을 따라가면 몬돕이 있고 여기에 네 가지 자세의 불상 즉, 서고, 걷고, 앉고, 누워 있는 모습의 불상을 안치시켜 놓았다. 몬돕의 사방에는 낮은 담장이 둘러싸고 있는데 현재에는 단만 남아 있다. 몬돕으로 출입하는 문이 있는데 몬돕은 사면으로 되어 있어 동쪽에

유행불상

입불상

목욕하던 곳

홍토 제작소 터

는 유행불, 서쪽에 입불상이 있다. 그리고 북쪽으로는 와불상이 있고 남쪽으로 좌불상이 있다. 입불상을 제외하고 다른 불상들은 많이 파손되어 불상이 있었다는 흔적만이 남아 있을 뿐이다. 그럼에도 불구하고 쑤코타이 양식의 불교 예술을 이어받은 깜팽펫 장인들의 솜씨라는 근거는 충분하다.

남쪽에 상대적으로 작게 지어 놓은 법당을 볼 때 당시에는 법당보다 불당에 더 신경을 많이 쓴 것으로 추정할 수 있다. 승려 구역은 몬돕 뒤편에 위치하고 있다. 사원 앞쪽에는 왓프라넌 사원과 마찬가지로 우물이 있고 목욕하던 곳의 흔적이 남아 있다.

왓프라넌 사원

왓프라넌 사원은 왓씽 사원과 왓프라 씨이리야봇 사원이 세워진 시기에 같이 건립된 것으로 추정된다. 동쪽으로 향해 지어졌는데 홍토로 만든 담장이 사면을 둘러싸고 있다. 건물의 단과 기둥도 홍토로 만들어졌고 사람이 걷는 길도 홍토로 깔았다. 사원 앞에 정자와 우물 그리고 목욕실이 있었던 흔적이 있다. 사원은 법당 구역과 승려 구역의 두 구역으로 나누어진다. 법당 구역에는 규모가 큰 법당과 불당이 있었는데 커다란 팔각 기둥이 남아 있다. 그 뒤로 종 모양의 커다란 불탑과 불상을 안치해 놓은 몬돕이 있다. 승려 구역은 법당 구역의 위쪽에 있는데 승려들의 휴식 공간으로 숙소와 정자가 있고 우물과 해우소가 있던 흔적이 남아 있다.

깜팽펫을 나와 쑤코타이로 돌아가는데 해가 서쪽으로 뉘엿뉘엿 넘어가고 있었다. 태국의 석양은 참으로 아름답다. 큰아이가 태국의 남부 빳따니에서 태어난 것은 쏭끄란을 하루 앞둔 4월 12일이

법당이 있던 자리

팔각 기둥

홍토길

었다. 의사의 권유대로 수술을 받았는데 마침 수술이 해질 무렵이었다. 아내가 수술실로 들어가고 나는 수술실 밖에서 초조함을 달래고 있는데 그날 석양이 어찌나 아름답던지 신비로움을 느낄 정도였다. 30분쯤 지나자 간호사가 핏덩이를 안고 나와 "룩푸잉나카" 하면서 아기를 살짝 보여주고 다시 들어갔다. 딸이라는 뜻이었다. 그렇게 첫 아이가 우리에게 왔다. 그 아이가 올해 스물 여덟이 되었다. 그 뒤로 나는 태국에서의 석양에 대해 남다른 감정을

불당이 있던 자리

갖게 되었다. 석양을 볼 때마다 새 생명이 우리에게 올 때의 뭔가 형용하기 어려운 신비함을 되돌아보게 한다.

도로에는 차가 그리 많지 않았다. 돌아가는 길은 늘 오던 길보다 가깝게 느껴진다. 차로 한 시간 정도 걸리는 이 길을 옛날 쑤코타이에서 깜팽펫으로 오가던 사람들은 며칠을 걸려 다녔을 것이다. 고관대작들이야 코끼리를 타거나 가마를 탔겠지만 일반 백성들은 무거운 짐을 지고 걸어서 다녔을 것이다. 뜨거운 태양 아래 고된 여정으로 지친 이들에게 석양은 반갑게 다가오고 날이 저물면 그래도 안식의 시간이 주어졌을 것이다. 중간중간 마을에 들러 물을 얻어 마시기도 했을 것이고 우리나라 주막처럼 음식을 팔고 잠을 재워주는 숙소도 있었을 터인데 흔적을 찾아보기 어렵다. 길가 양옆으로 보이는 사원들도 모두 현대식 건물이다. 쑤코타이 구시가지 입구로 들어서자 비로소 다시 13세기로 들어선 느낌이다. 좌우로 무너진 사원의 벽돌 더미가 보이고 거리의 안내판에 쓰여진 태국식 궁서체도 이제 익숙해졌다. 저녁 식사를 마치고 나니 피로감이 몰려온다. 일찍 잠자리에 들었다. 이름을 알 수 없는 새소리가 들려오고 700년 고도(古都)의 밤이 다시 깊어갔다.

T H A I L A N D

4

아유타야를 가다

S U K H O T H A I

제4장 아유타야를 가다

아유타야로 가는 길

아유타야는 방콕에서 80km 정도 떨어져 있다. 유학 시절에 일일 투어로 한번 가본 적이 있는데 가는 길은 육로로 가고 돌아오는 길은 수로로 배를 타고 왔다. 서양 사람들과 한 팀이 되어 돌아보았는데 뚜렷하게 기억에 남아 있는 것이 없다. 더운 날씨로 가이드의 설명은 귀에 들어오지 않고 찾아가는 사원들은 대개 비슷한 형태의 기둥과 벽돌의 잔해들만 남아 있는 모습이어서 큰 흥미를 느끼지 못했다. 무엇보다 역사적 배경과 지식이 없다 보니까 봐야 할 것을 제대로 보지 못했다. 그 이후 아유타야를 몇 차례 더 돌아보면서 점차 태국의 사원과 불교 문화에 관심을 가지게 되었다.

한번은 가이드가 쉰은 더 들어 보이는 남자였는데 꽤 유창한 한국어로 설명을 해주었다. 한국어를 어디서 배웠냐고 물었더니 특

아유타야의 위치

별히 배운 거 없이 독학으로 익혔다고 한다. 참으로 놀라운 일이었다. 또 한번은 유학 시절 초기에 방콕에서 사업하는 선배가 한 분 계셨는데 수년 전에 한국에서 유학하고 돌아온 태국인을 소개시켜 주면서 함께 저녁식사를 한 적이 있었다. 지금이야 한국에서 유학하는 태국인 학생 수가 수백 명이 되지만 옛날에는 손가락으로 꼽을 수 있을 정도로 적었다. 그런데 그 태국인이 한국어를 잊지 않고 있어서 곧잘 대화를 나눌 수 있었다. 어떻게 그렇게 한국어를 잊지 않고 말할 수 있느냐고 물었더니 혼자 있을 때 가상의 한국인을 대상으로 자주 대화를 나누었다고 한다. 외국어 교육에서도 가끔은 믿어지지 않을 정도로 놀라운 성과를 거두는 사람들이 있다.

태국인에게 한국어는 배우기 어려운 언어라고 생각했다. 이따금 텔레비전에서 외국인 근로자들을 인터뷰하는 걸 보면 다른 나라 사람들은 한국에 체류한 지 2~3년이면 한국어를 제법 하는데 태국인들은 유학생들조차도 한국에 와서 2~3년을 공부해도 한국어 습득이 더디게 보였다. 그 이유가 무엇일까 곰곰이 생각해 봤는데 아무래도 모국어와 한국어의 차이에서 비롯된 것으로 보였다. 그래도 최근 한국어에 대한 관심이 많아지고 유학생 수가 급증하면서 한국어를 제대로 구사하는 태국인 수도 많이 늘어났다. 어쨌든 태국인에게 한국어를 가르쳐보고 한국인에게 태국어도 가르쳐 본 사람으로서 태국인이 한국어를 배우는 것보다는 한국인이 태국어를 배우는 것이 더 쉽다고 생각하게 되었다.

태국어를 전공하고 태국에서의 한국어 교육에 발을 담그면서 여러 사람들과 인연을 맺게 되었다. 처음 유학생활을 시작하던 80년대 후반부만 해도 한국에 대해 그다지 많이 알려지지 않았다. 처음 쏭클라대학교에서 시작된 한국어 교육은 상당기간 정체된 모습을 보였다. 그래도 나는 열심히 강의하면서 처음 태국어로 된 한국어 문법 교재와 회화 교재를 집필했다. 이후 부라파대학교와 씨나카린위롯대학교가 한국어과를 설립하면서 한국어 교육 열풍이 시작되었다. 2000년대 들어서는 태국의 여러 대학에서 한국어 교육에 관심을 갖고 경쟁적으로 한국어과를 개설하였다. 현재 한국어를 전공과목과 교양과목으로 개설한 대학은 20여 개교에 이른다. 몇 년 전부터는 고등학교에서도 한국어 교육이 시작되었는데 지난 2018년 태국의 대학 입시에서 한국어를 제2외국어로 선택한 학생이 5,000명을 넘어섰다. 처음 한국어를 강의한 것이 엊그제 같은데 벌써 30년이 넘었다. 참으로 격세지감을 느끼지 않을 수 없다. 그래도 그때 처음 내게 한국어를 배웠던 학생들 중 몇 명이 지금은 태국의 유수한 대학에서 한국어과 교수로 재직하고 있으니 그로 인해 느끼는 보람이 결코 작지 않다.

아유타야는 하나의 섬으로 이루어진 도시이다. 면적은 2500㎢ 정도인데 서울과 제주도를 합친 것과 비슷한 크기이다. 이곳에 80만 명 정도의 사람이 모여 산다. 방콕과 비교적 가까운 거리에 있어서 쑤코타이보다는 관광객들이 많다. 배편으로 가는 경우도 있지만 대개는 승용차로 가거나 북부 터미널에서 버스를 타고 가는데 전승 기념탑에서 출발하는 봉고차를 타면 조금 빠르게 갈 수 있다. 태국 역사상 가장 번영했던 도시였지만 버마의 침략으로 멸망할 때 완전히 폐허 된 것을 딱씬이 톤부리 왕조를 세우면서 그대로 방치하여 오늘날 많은 사원들이 옛모습으로 복원되지 못하고 그대로 남아 있다. 그래서 한동안 "끄룽까오"라고 불렀는데 '옛도시'라는 뜻이다. 그 후 라마 6세가 "프라나컨씨 아유타야"로 명명했는데 이때가 바로 1919년이다.

아유타야 이전의 아요타야

아유타야는 '영원 불멸의 위대한 제국'이라는 뜻을 가지고 있다. 보통 우텅왕이라고 부르는 프라라마티버디 1세가 아유타야 왕조를 세운 것은 1350년 1월 4일이다. 그 후 1767년 4월 7일 버마에 의해 멸망할 때까지 417년간 33명의 왕이 아유타야를 다스렸다.

아유타야 지도

아유타야 왕조 이전의 아유타야 지역은 아요타야라고 불렀는데 이미 적지 않은 사람들이 모여 살고 있었다. 당시 이 지역에 여러 개의 사원이 있었다는 것은 이러한 사실을 잘 뒷받침해주고 있다. 14세기 초에 아요타야는 상당한 수준까지 발전했다.

퐁싸와단 기록에 보면 프라짜오 파난청이라는 불상을 만들어 1324년에 왓파난청 사원에 안치시켰다는 기록이 있는데 이는 아유타야 왕조가 들어서기 26년 전의 일이다. 이런 거대한 불상을 만들어 사원에 안치시킬 수 있었다는 것은 당시 아요타야가 매우 안정되고 번영을 이룩했다는 것을 말해준다. 이 불상은 그 후 여러 차례 보수를 거쳐서 본래의 예술 형식을 정확히 알 수 없지만 얼굴이 사각형에 가까운 것을 보면 아유타야 시대 초기 또는 그 이전의 예술이라고 평가된다.

우텅왕의 등장

아유타야 왕조가 들어서기 이전 오늘날의 태국 영토에는 여러 크고 작은 나라가 서로 독립된 국가 형태로 자리잡고 있었다. 북쪽으로 란나와 쑤코타이, 남쪽으로 나칸씨탐마랏, 서쪽으로 쑤판부리, 그리고 북동부와 중부에 롭부리가 있었고 아요타야가 있었다. 당시에 롭부리를 중심으로 한 지역은 크메르의 영향력 아래 있었는데 14세기에 크메르의 영향력이 약해지자 제각기 독립하기 시작했다. 중부지역에 자리잡고 있던 우텅왕은 서로 혈통 관계를 맺고 있던 주변의 롭부리와 쑤판부리 그리고 싼부리의 세력을 규합하여 독립했다. 그리고 아유타야에 도읍을 정하고 아유타야 왕조를 세웠다. 그리고 아유타야의 공식 명칭을 다음과 같이 만들어 부르도록 했다.

우텅왕의 동상

กรุงเทพทวารวดีศรีอโยธยา มหาดิลกภพ นพรัตนราชบุรีรมย์ อุดมราชนิเวศน์มหาสถาน

[끄룽텝 타와라와디 씨아요타야 마하디록폽 높파랏차타니부리롬 우돔라차니웻마하싸탄]

천사의 도시, 성문과 성곽이 솟아난 도시, 그 누구도 이길 수 없는 위대한 도시, 견고한 아름다움과 번영이 있는 도시, 아홉 가지의 보석으로 풍요로운 수도, 행복한 도시, 거대한 왕궁이 많은 도시

그런데 우텅왕이 어디 사람인지를 알 수 있는 정확한 사료가 없다. 혹자는 쑤판부리의 우텅에서 왔다고 하고 혹자는 치앙쌘에서 왔다고 한다. 롭부리 또는 펫차부리에서 왔다고 하는 사람도 있다. 이처럼 태국의 역사 기록은 우리나라와 비교해 보면 치밀하지 못한 면이 많다.

영원불멸의 제국

아유타야가 417년간 수도로 존속할 수 있었던 것은 여러 가지 최적의 조건을 갖추고 있었기 때문이다. 우선은 안전이 확보되어 있었다. 세 개의 강으로 둘러싸여 있는 섬의 형태를 갖고 있어 적의 침입이 어려웠다. 그리고 아유타야를 둘러싸고 있는 지역이 푸카오텅, 한뜨라 마캄영 등의 저지대 평야로 되어 있어서 설령 적이 아유타야를 포위하고 있다 하더라도 우기가 되면 이 지역에 물이 차오르기 때문에 퇴각할 수밖에 없다. 두 번째는 풍요로움이다.

비옥한 평야지대에 넘치는 강수량으로 농사를 짓기가 수월했다. 그리고 끝으로 부의 축적이다. 수로를 통제할 수 있는 요지에 있어서 세수 확보가 가능하고 중계 무역을 통해서 막대한 부를 창출할 수 있었다.

아유타야는 지형 조건으로 적의 침략으로부터 방어하기에 좋은 데다가 안쪽에 성곽과 망루를 지어 이중 방어막을 형성할 수 있었다. 우텅왕 시대에는 둔덕에 가까웠던 방어진은 짝끄라팟 왕 시대에 이르러서 성곽을 쌓았는데 길이가 12.5km, 두께가 5m, 높이는 6m나 되었다. 18개의 대문이 있었고 백성들이 출입하는 61개의 문과 수문이 20개가 있었다. 그리고 총이 설치된 망루와 초소가 16개가 있었다.

우텅왕은 아유타야 섬 중앙부의 조금 위쪽에 왕궁을 세웠다. 그런데 짜오쌈프라야 왕으로 불리는 프라버롬랏차티랏 2세(1424-1448) 때 두 차례의 화재로 전소되다시피 했다. 이후 프라버롬 뜨라이 록까낫 왕(1448-1488)이 즉위하면서 1448년에 왕궁이 있던 자리에는 왓프라씨싼펫 사원을 세우고 그 위쪽으로 롭부리 강에 인접한 지역에 새 왕궁을 지었다. 이후 아유타야가 멸망할 때까지 역대 왕들이 이 왕궁에서 거처했다.

왕궁의 동쪽 외곽 지역에 짝끄라팟 차이파욘 어좌를 지었는데 왕은 이곳에서 주로 정사를 돌보았다. 그리고 중간 지역에 위한쏨뎃, 싼펫 마하 쁘라쌋, 쑤리얏 아마린 어좌를 지었는데 주로 왕실 행사의 의식을 치르는 용도로 사용되었다. 왕궁 서쪽에 있는 내곽 지역은 왕의 처소로 왕실의 여인과 후궁들이 거처했다. 반용랏따나 어좌도 이곳에 있었다.

15세기의 아유타야는 여러모로 번영했던 제국이었다. 통치 제도의 개혁이 이루어지고 싹디나 제도가 생겨났다. 아유타야 전역에 왕궁과 사원들이 즐비하고 백성들이 풍요를 누렸다. 아유타야가 번영을 구가하던 시기에 세계정세에는 여러 가지 변화가 있었다. 명나라의 영락제는 정화가 이끄는 대함대를 인도양에 파견하였다. 이는 중국의 위엄을 세계에 알고자 함이었다. 조선은 명나라의 영향으로 유교문화가 전파되고 확산되었다. 농본주의로 농업을 장려하면서 나라가 풍요로워지고 한글이 창제되어 일반 백성들도 유교적 소양을 쌓을 수 있게 되었다. 서양은 지중해가 이슬람 세력의 지배하에 들어가게 되고 유럽 상인들은 대서양으로 무역로를 개척하면서 콜롬버스가 신대륙을 발견하였다. 이로써 유럽인들이 전 세계로 진출할 수 있는 토대가 마련되었다. 아유타야에도 포르투갈을 선두로 서양 세력들의 진출이 임박하고 있었다.

현재 남아 있는 유적을 보고 당시의 아유타야 모습을 상상하기는 그리 쉽지 않은 일이다. 그런데 지난 2018년 3번 채널에서 방영된 드라마 <붑페쌴니왓>을 보게 되었다. 드라마를 보면서 아유타야 시대의 모습을 상상하는 데 적지 않은 도움을 받았다.

<붑페쌴니왓>은 역사학을 전공하는 껫쑤랑이라고 하는 한 여성의 이야기이다. 껫쑤랑은 착하고 낙천적이며 발랄한 성격의 소유자로 어머니와 외조모와 함께 살고 있다. 껫쑤랑에게는 좋아하는 르앙릿이라는 남성이 있지만 아직 고백하지 못하고 있었다. 어느 날 두 사람은 아유타야의 옛 사원에서 일하다가 귀신을 만나게 된다. 그 귀신은 아유타야 시대에 살고 있던 까라껫이 몬끄릿싸나깔리 의식으로 죽어 영혼이 나타난 것이었다. 몬끄릿싸나깔리 의식은 잘못을 저지른 자에게 저주를 청하는 의식이다. 두 사

<븝페싼니왓> 포스터

람은 놀라움에 서둘러 차를 타고 귀가하지만 까라껫의 영혼이 두 사람이 탄 차에까지 따라붙어 교통사고가 나고 결국 껫쑤랑이 죽게 된다.

까라껫은 아유타야 시대에 살고 있던 여성인데 얼굴은 예쁘나 성격이 포악하여 자주 폭언을 일삼고 하녀를 폭행하여 주변에 좋아하는 사람이 없었다. 본래 핏싸눌록에서 귀족의 딸로 태어났으나 부모를 잃고 고아가 되었다. 그 후 아버지의 절친한 친구였던 호라티버디가 거두어 주었고 그의 아들 믄쑨턴테와와 혼인하기로 한 사이였다. 어느날 까라켓은 꼬싸티버디렉의 딸인 짠왓이 믄쑨턴테와에게 호감을 보인다는 이유로 하녀인 핀과 앰으로 하여금 짠왓이 탄 배가 전복되도록 시켰다. 이 사고로 짠왓은 살아남았지만 같이 타고 있던 하녀 하나가 물에 빠져 죽게 되었다. 많은 사람들이 배후자로 까라껫을 의심했지만 믄쑨턴테와의 아버지 호라티버디는 까라껫의 결백을 믿었다. 그래서 믄쑨턴테와에게

<붑페싼니왓>의 한 장면

몬끄릿싸나깔리 의식을 준비하도록 한다. 몬끄릿싸나깔리 의식을 행하자 까라껫은 죽게 된다. 죽은 까라껫의 영혼이 껫쑤랑을 찾아간 것이다.

이렇게 하여 21세기를 살아가던 껫쑤랑의 영혼과 17세기를 살아가던 까라껫의 영혼이 시공을 초월하여 서로 만나게 된다. 까라껫은 자신의 과오를 뉘우치고 참회하면서 껫쑤랑에게 자신의 잘못된 업보를 씻어 달라고 애원하고 사라진다. 껫쑤랑은 눈을 뜨자 333년을 거슬러 올라가 아유타야 시대 까라껫의 육신 안에 있는 자신을 발견한다. 까라껫이 되어버린 껫쑤랑은 시대에 맞지 않는 말투와 지금까지와는 전혀 다른 온화한 언행으로 주변 사람들을 어리둥절하게 만든다. 껫쑤랑은 까라껫으로 살아가면서 하인들에게도 인자하고 웃어른께도 공손한 태도를 보였다. 그러자 까라껫을 싫어하고 미워하던 븐쑨턴테와도 점차 마음을 풀고 다정다감한 모습을 보여주게 된다. 호기심이 많고 궁금한 게 많은 껫쑤랑을 이곳저곳 데리고 다니며 구경도 시켜주면서 묻는 말에 친절하게 대답도 해주었다. 까라껫으로 살아가면서 껫쑤랑은 역사 공부를 통해 알게 된 인물과 사건들을 직접 접하게 되면서 놀라움을 금치 못한다.

그러던 어느 날 껫쑤랑은 호라티버디 서재에서 책상 위에 있는 서책을 발견하고 그것에 손을 대게 된다. 그런데 그 서책은 몬끄릿 싸나깔리의 주문이 적힌 서책이었다. 그러자 껫쑤랑의 영혼은 까라껫 몸에서 빠져나와 21세기 현실 사회로 돌아오게 되었다. 다시 돌아온 껫쑤랑은 교통사고 이후 출가수행하고 있는 남자 친구 르앙릿을 보게 된다. 그리고 그도 자신을 사랑하고 있었다는 사실을 알게 되었다. 이에 감동을 받은 껫쑤랑은 르앙릿을 바라보다 그 안에서 므쑨턴테와의 모습을 발견하게 된다. 르앙릿이 전생에는 므쑨턴테와이었던 것이다. 그리고 까라껫이 아름다운 여성의 모습으로 있는 것을 발견하게 되는데 이는 자신이 까라껫으로 살면서 쌓아 준 공덕 때문이었다. 까라껫은 껫쑤랑에게 고마운 뜻을 전하며 자신의 몸을 계속 사용해도 좋다고 말하고는 아주 떠나가 버린다. 껫쑤랑은 21세기 현생에서의 업보가 다하고 다시 아유타야로 돌아가 살게 되는 운명이었다.

아유타야로 돌아온 껫쑤랑은 자신이 더 이상 21세기 현생으로 돌아가지 못하고 운명적으로 므쑨턴테와와 살아가야 하는 현실을 깨닫게 된다. 그리고 나중에 자신과 까레껫은 여러 생에 걸쳐 쌍둥이로 태어난 자매임을 알게 된다. 까라껫의 몸으로 다시 돌아온 껫쑤랑이 깨어나자 므쑨턴테와는 껫쑤랑을 끌어안으며 반긴다. 그리고 껫쑤랑에게 당신이 누구인지 또는 어디서 왔든지 영원히 사랑하겠노라고 약속한다. 껫쑤랑도 므쑨턴테와가 자신의 천생연분임을 알고 결혼한 후에 자식을 낳고 행복하게 살아간다.

<붑페싼니왓>에 나오는 아유타야의 모습

드라마 속에 아유타야 시대의 역사와 문화 그리고 당시 불교적 세계관 속에서 살아가는 그 당시 사람들의 삶이 잘 그려져 있다. 태국의 역사와 불교 문화에 한참 관심을 가지고 있었던 나에게 드라마 <붑페싼니왓>은 매우 흥미로운 것이었다. 드라마의 OST가 좋아서 내용을 번역하여 페이스북에 올려놓기까지 했다.

บุพเพสันนิวาส

붑페싼니왓

สบตาเธอคนนี้ไม่รู้ฉันเป็นอย่างไร
เธอตราตรึงในฝันดั่งแสงจันทร์อันสดใส
ห่างไกลยังเฝ้ารอใกล้กันฉันก็หวั่นไหว
เหลียวมองจันทร์ต้องทำให้คิดถึงเธอ

그대 눈을 보고 있노라면 내가 어떻게 되는 건지 모르겠어요.
그대는 해맑은 달빛과 같이 내 꿈에 각인되어
멀리 있어도 가까이서 기다리고 있으면 나는 떨리기만 합니다.
달을 바라보노라면 그대 생각을 하지 않을 수 없어요.

ไม่ว่าอยู่แห่งไหนดั่งเรามีสายใยผูกพัน
ใจไม่เคยเปลี่ยนผันจากเธอคนนี้

어디에 있든 간에 우리는 줄로 묶여 있는 것 같아
(내) 마음은 그대로부터 변한 적이 없답니다.

ฟ้าดินแยกเราเท่าไรไม่ขาด
ภพชาติพรากเราห่างกันไม่ได้
เมื่อบุพเพสันนิวาสมั่นหมายให้เจอ
ผู้ใดเข้ามาไม่เคยไหวหวั่น
เหมือนใจฉันเกิดมาเพื่อเป็นของเธอ
รอวันพบเจอเคียงข้างรักเธอนิรันดร์

천지가 아무리 우리를 갈라 놓으려 해도 떨어지지 않고
죽고 나서 다시 태어나는 생(生)도 우리를 떼어 놓지 못할 겁니다.
이미 전생의 인연으로 그대를 만나게 되어 있어서
그 누가 내게 다가와도 두려워한 적이 없어요.
내 마음은 당신에게 주기 위해 생겨난 것처럼
그대를 만나 옆에서 함께 영원히 사랑할 날을 기다립니다.

แค่มีเราวันนี้จะร้อนหนาวสักเท่าไร
เมื่อใจมีความรักจะไม่เกรงกลัวสิ่งใด
กี่ภูผาสูงชันลำน้ำอันกว้างใหญ่
ฉันจะไปขอให้พานพบเธอ

우리에게 오늘이 있다는 것만으로 그 어떤 어려움이 닥친다 하더라도
서로 사랑하는 마음만 있다면 아무것도 두렵지 않아요.
험준한 돌산과 거대한 물줄기가 아무리 많아도
나는 그대를 찾아가 만날 겁니다.

ไม่ว่าอยู่แห่งไหนดั่งเรามีสายใยผูกพัน
ใจไม่เคยเปลี่ยนผันจากเธอคนนี้

어디에 있든 간에 우리는 줄로 묶여 있는 것 같아
(내) 마음은 그대로부터 변한 적이 없답니다.

ฟ้าดินแยกเราเท่าไรไม่ขาด
ภพชาติพรากเราห่างกันไม่ได้
เมื่อบุพเพสันนิวาสมั่นหมายให้เจอ
ผู้ใดเข้ามาไม่เคยไหวหวั่น
เหมือนใจฉันเกิดมาเพื่อเป็นของเธอ
รอวันพบเจอเคียงข้างรักเธอนิรันดร์

천지가 아무리 우리를 갈라 놓으려 해도 떨어지지 않고
죽고 나서 다시 태어나는 생(生)도 우리를 떼어 놓지 못할 겁니다.
이미 전생의 인연으로 그대를 만나게 되어 있어서
그 누가 내게 다가와도 두려워한 적이 없어요.
내 마음은 당신에게 주기 위해 생겨난 것처럼
그대를 만나 옆에서 함께 영원히 사랑할 날을 기다립니다.

ฟ้าดินแยกเราเท่าไรไม่ขาด
ภพชาติพรากเราห่างกันไม่ได้
เมื่อบุพเพสันนิวาสมั่นหมายให้เจอ
ผู้ใดเข้ามาไม่เคยไหวหวั่น
เหมือนใจฉันเกิดมาเพื่อเป็นของเธอ
รอวันพบเจอ
รอวันพบเธอ
จะรอเสมอ
เคียงข้างรักเธอนิรันดร์

천지가 아무리 우리를 갈라 놓으려 해도 떨어지지 않고
죽고 나서 다시 태어나는 생(生)도 우리를 떼어 놓지 못할 겁니다.
이미 전생의 인연으로 그대를 만나게 되어 있어서
그 누가 내게 다가와도 두려워한 적이 없어요.
내 마음은 당신에게 주기 위해 생겨난 것처럼
그대를 만날 날을 기다립니다.
그대를 만날 날을 기다립니다.
언제나 기다리고 있을 겁니다.
그대 옆에서 함께 영원히 사랑할 그 날을.

드라마 <붑페싼니왓>을 보면서 무너져 내린 왕궁과 사원의 본래 모습을 상상 속으로 재현해 낼 수 있었다. 기둥을 다시 올리고 벽을 쌓고 지붕을 덮고 했더니 당시 웅장하고도 화려했던 불멸의 제국 아유타야의 모습을 조금은 더 뚜렷하게 짐작할 수 있었다. 그러고 나서 보니까 남아 있는 벽돌 하나와 쓰러져가는 기둥 하나가 더 소중하게 보였다.

쁘라윳 총리의 <붑페싼니왓> 격려 보도 기사

드라마 <붑페쌴니왓>은 작가 럼팽의 소설을 바탕으로 제작하여 3번 채널에서 방영하면서 커다란 반향을 일으켰다. 태국뿐만 아니라 중국과 캄보디아 등에서 방영되어 인기를 끌었다. 드라마 방영 시간이 되면 거리에 사람이 없어 한산할 정도였다고 한다. 시청자들의 반응이 워낙 뜨거워 본래 계획했던 분량보다 3회를 더 연장하여 종영했다. 당시 태국의 쁘라윳 총리가 출연진을 접견하고 격려해주기도 했다. 드라마의 배경이 되는 아유타야의 왓차이왓타나람 사원의 관광객 수는 평일에는 하루에 800~900명이던 것이 드라마 방영 후에 4,000명을 웃돌았으며 주말에는 하루 평균 3,300명 선이던 것이 18,300명으로 늘었다. 또한 젊은 남녀들이 사원을 배경으로 전통의상을 입고 사진을 찍는 새로운 풍속도를 낳았다. 드라마 <붑페쌴니왓>은 태국인들에게 자신들의 역사와 문화에 대한 자부심을 안겨주었다.

쑤리요타이 불탑

쑤리요타이 불탑은 아유타야 역사공원 안에 위치해 있다. 우텅로에 있는 고고학 사무소와 제3 국립박물관 바로 옆에 자리잡고 있다. 쑤리요타이는 태국 역사상 가장 위대한 여영웅이다. 그녀는 1548년에 즉위한 짝끄라팟왕(1548-1564)의 왕비였다. 짝끄라팟왕이 즉위하고 불과 7개월이 지났을 때 버마의 따벵차웨띠왕(Tabinshwehti, 1530-1550)과 그의 이복형인 부렝넝(Bayinnaung, 1550-1581)이 군사를 일으켜 쳐들어왔다. 버마군은 깐짜나부리 주의 세 개의 불탑을 지나 아유타야를 에워싸고 있었다. 싸움터로 나간 왕을 걱정하던 쑤리요타이는 장수의 복장을 하고 자녀들과 함

쑤리요타이 불탑

께 코끼리를 타고 전장으로 나갔다. 이때 아유타야군은 쁘래국의 군대와 싸움을 벌이고 있는 중이었다. 짝끄라팟왕이 위험에 처하자 쑤리요타이는 코끼리를 몰고 나가 쁘래왕의 앞을 막았다. 그러나 쑤리요타이가 실수한 순간 쁘래왕의 낫이 허리를 베며 들어왔다. 쑤리요타이는 코끼리에서 떨어지며 장렬하게 전사하고 말았다. 전쟁이 끝나고 짝끄라팟왕은 쑤리요타이의 시신을 화장하고 쑤언루앙 쏩싸완이라는 절을 세웠다. 그리고 이 절에 쩨디프라씨 쑤리요타이 불탑을 세우고 유골을 안치시켰다. 오늘날 절은 없어지고 불탑만 남아 있는데 태국 정부는 1990년에 예술청으로 하여금 불탑을 복원하도록 하여 현재의 모습을 갖추게 되었다. 태국 역사상 가장 위대한 여영웅 쑤리요타이는 전쟁터에서 쓰러져 숨을 거두었으나 태국 역사에는 영원한 구국의 영웅으로 기억되고 있다.

쑤리요타이 기념탑

쑤리요타이 기념탑은 북서쪽 퉁마캄영 반마이면에 위치해 있다. 아유타야 섬에서 3~4km 떨어져 있는 동쪽 짜오프라야강 강변 벌판에 조그만 공원처럼 조성되어 있다. 공원에 실제 크기의 1.5배 되는 쑤리요타이의 청동상이 세워져 있다. 청동상은 코끼리를 타고 기상전을 하는 모습을 하고 있는데 주변에 49개의 조각상들이 있다. 이 기념탑이 세워져 있는 퉁마캄영은 버마와 아유타야가 여러 번 전쟁을 치렀던 싸움터였다. 쑤리요타이도 바로 이곳에서 있었던 버마와의 전쟁에서 목숨을 잃었다. 그 후 나레쑤안 대왕이 즉위하고 독립을 선언한 지 2년째 되던 해에 버마의 홍

쑤리요타이 기념탑

싸와디 난타부렝(Nanda Bayin, 1581-1599)왕이 왕자로 하여금 마캄영 벌판에 군대를 주둔하도록 하고 홍싸와디 왕은 그 남쪽 아래에 진을 쳤다. 그러나 나레쑤안 대왕은 번번히 군대를 이끌고 나아가 홍싸와디 군의 주둔지를 유린하고 적군을 물리쳤다. 태국 정부는 이곳이 역사적으로 중요한 격전지였다는 점을 높이 평가하여 1992년 라마 9세의 씨리킷 왕비 탄생 60주년 기념사업으로 이 기념탑을 건립하였다.

영화 〈쑤리요타이〉

쑤리요타이의 이야기는 2001년에 영화로 제작되었다. 1524년부터 1549년까지 아유타야에서 용병 생활을 했다는 포르투갈인 도

영화 <쑤리요타이> 포스터

밍고스 데 세사스가 본국으로 돌아가 당시의 포르투갈 왕 요한 3세에게 보고한 기록을 바탕으로 만들었다고 한다. 상영시간이 세 시간이 넘는 데다 역사적 사실을 바탕으로 하고 있어 태국의 역사에 대해 어느 정도 사전에 공부해 두지 않으면 제대로 이해하기 힘든 부분이 많다. 그래도 2천여 명의 조연과 80마리의 코끼리, 그리고 70마리의 말이 등장하는 버마와의 전투 장면이 볼만하고 당시 태국의 궁중 풍습과 전통문화를 엿볼 수 있어 좋다. 아울러 왕위를 둘러싼 치열한 암투를 지혜와 용기로 극복하고 왕비가 된 쑤리요타이가 버마와의 전쟁에서 용감하게 싸우다 전사하는 극적인 전개가 몰입도를 더해준다.

영화는 쑤리요타이가 어렸을 적 연모하는 젊은 군인 쿤 피란터라텝과의 로맨틱한 이야기로 시작된다. 쿤 피란터라텝을 좋아했지만 쑤리요타이는 당시 아유타야의 왕 라마티버디 2세의 눈에 들어 왕자인 티안라차와 정략적인 결혼을 하게 된다. 왕자비가 된 쑤리요타이는 궁중 내 권력을 둘러싼 암투에 휘말린다. 라마티버디 2세가 승하하고 그 뒤를 이어 아팃따야가 왕위에 오르지만 얼마 되지 않아 병석에 눕게 되었다. 아팃따야는 평소 야심 많고 호전적인 동생 차이랏차티랏을 불러 자신이 죽고 나면 왕위를 아들에게 물려줄 것이라고 말한다. 그리고 아들에게 충성을 다하라는 유언을 남기고 죽는다. 차이랏차티랏은 형이 죽고 나자 반란을 일으켜 새로 왕이 된 조카를 죽이고 스스로 왕위에 오른다. 쑤리요타이의 남편 티안라차는 처음에 이에 대항하여 싸웠으나 역부족인 데다 당시 아유타야에 강력한 왕권이 필요하다는 생각에 한발 물러섰다. 그러나 왕위에 오른 차이랏차티랏은 쑤다짠을 후궁으로 삼았다. 쑤다짠은 몰락한 우텅 가문의 여인이었다.

차이랏차티랏은 버마 정벌을 위해 군대를 일으켜 코끼리 부대를 이끌고 전장으로 나갔다. 그러자 쑤다짠은 왕실의 악사인 씨텝이 우텅 가문의 사람인 것을 알고 그를 유혹하여 빈번히 잠자리를 가졌다. 나중에 전쟁터에서 돌아온 차이랏차티랏은 이를 전혀 눈치채지 못하고 있었다. 쑤다짠은 자신이 임신한 것을 알자 독약으로 차이랏차티랏을 죽여버렸다. 이렇게 하여 우텅 가문의 핏줄로 왕위를 이어가려 하던 쑤다짠의 계획은 성공하는 듯 보였다.

상황이 이렇게 되자 쑤리요타이는 남편 티안라차에게 머리를 깎고 출가할 것을 권했다. 쑤다짠에게 다른 뜻을 품고 있지 않음을 보여주기 위한 것이었다. 쑤다짠은 티안라차에 대한 경계심을 풀고 자신이 낳은 아들을 형식적인 왕으로 앉히고 폭정을 일삼았다. 의로운 신하를 모두 죽이거나 내친 다음에 쑤다짠은 씨텝을 왕으로 옹립하고 자신이 왕비가 되었다. 그러나 타락한 왕실에 대

<쑤리요타이>의 한 장면

한 백성들의 원성이 자자하자 쑤리요타이는 쿤 피란터라텝에게 구원을 요청하여 그로 하여금 씨텝 왕을 무찌르게 하였다. 쿤 피란터라텝의 도움을 받아 티안라차는 마침내 왕위에 올라 아유타야를 통치하게 되었다. 티안라차가 바로 짝그라팟 왕이다.

한편, 이웃나라 버마에서는 타빈슈웨티 왕이 호시탐탐 침략의 기회를 노리고 있다가 아유타야가 권력 다툼과 내분으로 혼란해진 틈을 타 쳐들어왔다. 물밀 듯이 밀려오는 버마군에 아유타야군들은 속수무책이었다. 상황을 전해들은 쑤리요타이는 갑옷을 입고 전장으로 나갔다. 코끼리를 타고 전선의 선두진영으로 내달렸다. 그곳에서는 짝끄라팟 왕이 힘겹게 적군과 싸우고 있었다. 버마군의 코끼리가 왕에게 돌진하는 것을 본 쑤리요타이는 그 앞을 가로막았다. 코끼리 위에서 싸움이 벌어지고 용감히 싸우던 쑤리요타이는 적장의 낫에 허리를 베여 코끼리에서 떨어지고 말았다. 쑤리요타이는 "끝까지 싸워 아유타야와 왕을 지키라"는 유언을 남기고 숨을 거두었다. 이 광경을 본 아유타야군은 의기충천하여 결사항전한 끝에 버마군을 격퇴시켰다. 쑤리요타이의 거룩한 죽음은 신라시대 화랑 관창의 죽음이나 프랑스의 잔다르크에 비견될만한 일이었다. 아유타야는 이로써 200년을 더 존속할 수 있었다.

영화 <쑤리요타이>는 100억 원이 넘는 제작비를 들인 대작이었다. 개봉 첫 주에만 60억 원의 수익을 올리면서 흥행에도 성공한 영화로 평가받았다. 태국의 한 한국어과 교수는 우리나라의 역사 교과서에 나라를 구한 위인들의 이야기가 무척 많이 나온다며 이를 통해 역사를 돌아보며 한국인으로서의 자부심과 애국심을 갖게 되는 것 같다고 말한 적이 있다. 근래 들어 태국에서도 역사적으로 실존했던 위인들의 이야기를 영화나 드라마로 많이 만들고 있는 데 매우 의미 있는 일로 보인다.

태국 여성의 지위와 역할

태국에 처음 유학 간 쏭클라대학교 빳따니 캠퍼스는 주로 인문 계열 중심이었다. 이공 계열과 의과대학은 주로 핫야이 캠퍼스에 있었다. 사실인지는 몰라도 빳따니 캠퍼스가 바닷가에 위치하고 있어 실험 기자재나 고가의 의료 기계가 바다 바람의 염분으로 쉽게 녹이 슬기 때문에 이공 계열 학과와 의대를 따로 분리하여 핫야이 캠퍼스에 세운 것이라고 했다. 인문 계열이다 보니 아무래도 여학생 숫자가 꽤 많은 편이었다. 태국은 대학생들도 교복을 입다 보니 캠퍼스에 하얀색 블라우스를 입은 여학생이 넘쳐나 전체적으로 밝은 분위기를 만들어냈다.

처음 유학 생활을 시작하면서 보니까 점차로 드는 생각이 남학생들보다 여학생들이 더 활동적이고 매사에 적극적인 것 같았다. 학과의 학생 대표도 대부분 여학생들이 맡았는데, 행사가 있을 때면 마치 영화감독처럼 메가폰을 잡고 학생들을 지휘하는 것이 무척 인상적이었다. 한국의 경우 여학생이 학생 대표를 맡는 경우는 그로부터 10년 후에 이따금씩 생겨나기 시작하였다. 가장 놀라운 것은 체육대회에서 농구와 배구 종목을 할 때 한 팀에 남학생, 여학생이 뒤섞여 경기를 하는 것이었다. 여학생이 남자들 틈에 끼여 똑같이 몸싸움을 하면서 풀타임을 뛰었다. 이를 계기로 태국 사회에서 여성의 지위에 대해 호기심이 생겼고 일상생활에서 관심을 가지고 지켜보게 되었다. 역시 은행이나 관공서에 가봐도 여성 상관의 지휘를 받는 남자 직원의 모습을 쉽게 볼 수 있었다. 등받이가 높은 의자에 앉은 여성 상관이 뒷줄에 앉고 그 앞으로 남자 직원들이 앉아 업무를 보는 모습은 금세 익숙해졌다. 당시 한국에서는 좀처럼 보기 드문 장면이었다. 남성 중심의 사회에서 자란 나에게 태국 사회에서 목격한 여성의 모습은 매우 당당하고 활기차게 자신의 몫을 해나가면서 살아가는 신여성의 모습이었다.

나중에 유학을 끝내고 돌아왔을 때 한번은 모 방송국 라디오 프로그램 피디가 찾아왔다. 동남아 여성의 정치세력화란 주제로 현지 취재를 나가는데 사전에 조언을 듣고 싶다는 것이었다. 두어 시간 인터뷰를 했는데 피디는 난감한 표정을 하고 돌아갔다. 아마도 태국의 여권 상황이 아주 열악할 거라고 생각하고 방향을 설정하고 왔는데 막상 인터뷰를 하고 보니 태국의 여권 상황이 오히려 우리나라보다 양호해서 계획하고 있던 프로그램을 전면 재검토해야겠다는 것이었다.

사실 태국 여성의 지위를 보면 우리와 유사하면서도 다른 점이

여성 수도자들의 모습

있다. 태국의 전통 사회에서 남편은 가족을 부양해야 하는 의무를 지고 있으면서 출가하여 승려가 되거나 관리로 진출할 수 있었다. 남자 승려인 비구승들에게는 무임 승차권이 주어지고 투표권을 행사할 수 있지만 여자 승려인 비구니들에게는 무임 승차권도 주어지지 않고 투표권도 행사할 수 없었다. 옛날에 교육이란 것이 사원에서 팔리어를 통해 붓다의 가르침을 공부하는 것이었으므로 당연히 여성들에게는 교육받을 기회도 주어지지 않았다. 그래서 여성들은 열등한 존재로 여겨져서 '여자는 물소 남자는 사람'이라는 말도 생겼다. 오죽하면 쑤코타이 시대 왕비의 소원이 내생에 남자로 태어나는 것이었다는 기록이 남아 있을 정도였다.

그러나 태국을 비롯한 동남아 여성의 지위와 역할을 다르게 보는 시각도 적지 않다. 15세기 명나라 정화와 그의 일행이었던 공진의 기록에 보면 "국왕이 형벌을 내리려고 한다든지, 평민이 장사를 하든지 간에 크고 작은 일은 모두 반드시 그 부인에 의해 결정된다. 그것은 부인의 재능과 견식이 남자들의 것보다 뛰어나기 때문이다"라는 내용이 나온다. 이후 16~19세기 유럽인과 아시아인의 동남아 여행기를 보면 태국의 여성들은 농사일을 하면서 베를 짜고 바구니를 제작하는 한편 시장에 나가 장사도 했다고 한다. 그러면서 자녀의 출산 및 양육을 맡아 했는데 집안의 우두머리는 형식상으로 남자인 것처럼 보이나 실제로는 가정의 경제문제나 자녀의 결혼 등 집안의 대소사를 모두 여자들이 결정했다고 기록되어 있다.

한국의 경우 태국인의 시각으로 보면 흥미로운 점이 있다. 태국의 한 한국어과 여교수는 자신이 한국의 역사를 배울 때 남성 중심의 사회라고 배웠는데 실제로 보면 많이 다르다고 했다. 예를 들어 젊은 부부들이 아기를 데리고 외출할 때 보면 대개는 남자가 아기를 업거나 안고 다니고 여자가 기저귀 가방을 들고 뒤를 따라 가는 모습을 보고 갸우뚱했다고 한다. 또 남자들이 아침에 비닐로 만든 쓰레기 봉투를 들고 출근하는데 그 시간에 여자는 무엇하고 있느냐고 나한테 되물었다. 그리고 외벌이를 하는 집의 남자가 대개는 월급을 전부 부인에게 가져다주고 최소한의 용돈을 받아 쓴다는 것도 이해하기 어렵다고 했다. 하기는 그때에 이른바 '간 큰 남자 시리즈'라는 우스갯소리가 유행하던 시절이기도 했다.

잉락 총리와 박근혜 대통령 회담 기사 사진

우리가 최초로 여성 대통령을 선출했던 시기에 태국에서도 첫 여성 총리가 배출되었다. 그러나 그보다 훨씬 이전인 1500년대 중기에 쑤리요타이는 코끼리를 타고 전장으로 나아가 적장과 싸웠다. 한국은 조선시대 임진 왜란이 일어나기 40여 년 전이었다. 이때 조선의 궁궐에서 왕비가 갑옷을 입고 전쟁터로 나간다는 것은 상상조차 할 수 없었던 일이다. 요즘 우리나라에서 양성 평등과 여성 차별 등의 이슈가 많이 거론되고 적지 않은 변화가 일어나고 있다. 그러나 아무리 봐도 여성의 지위와 역할에 관한 한 우리가 태국으로부터 배워야 할 점이 많은 것 같다.

왓차이왓타나람 사원

왓차이왓타나람 사원은 아유타야 섬 밖 짜오프라야강 서쪽 반뼘면에 위치하고 있다. 이 사원은 쁘라쌋텅 왕(1630-1656) 시대인 1630년에 세워졌다. 본래 이곳은 쁘라쌋텅 왕의 어머니가 살던 곳인데 쁘라쌋텅 왕의 어머니는 아들이 왕으로 즉위하기 1년 전에 죽었다. 쁘라쌋텅 왕은 이 사원을 세워 그 공덕을 어머니께 드리고자 했다. 또한 이 사원은 크메르를 물리치고 승리한 기념으로 세운 것이기도 하다. 그래서 나컨왓 방식을 모방하여 지은 신전도 있다.

왓차이왓타나람 사원은 왕실 사원인 까닭에 모든 왕과 왕실의 불교 행사나 다비식이 여기서 거행되었고 지속적으로 보존, 관리되어 왔다. 버롬마꼿 왕의 다비식도 이 사원에서 거행되었다. 아유타야가 멸망하던 1767년, 이 사원은 군사 진지로 탈바꿈했다. 그리고 버마의 2차 침공으로 아유타야가 완전히 멸망하고 나서부터 이 사원은 그대로 방치되어 황폐해져 갔다. 때로는 도적들이 들어와 유물을 도굴해가기도 하고 불상의 머리를 잘라 가기도 했

사원의 전경

다. 불전의 유골을 훼손하기도 하고 사원의 담장 건축물을 훔쳐 가 팔기도 했다. 이에 1987년부터 예술청이 보존 작업에 들어갔고 1992년에 공사를 마치고 나서 현재의 모습을 갖게 되었다.

왓차이왓타나람 사원의 주탑과 구석에 세워진 보조탑은 같은 높이의 단위에 세워져 있다. 주탑은 아유타야 시대 초기 양식에 따라 지어졌는데 발코니가 많이 나와 있다. 아마도 옛날에 커다란 주탑 위에 수미산을 뜻하는 작은 쭐라마니탑을 형상화하여 세운 것으로 추정된다. 주탑을 둘러싸고 굽어진 회랑이 있는데 안에는 금박을 입히기 위해 옻칠을 했던 120개의 불상이 성역을 나타내는 담처럼 둘러싸고 있다. 여덟 곳의 회랑에는 큰 탑을 둘러싼 보조탑이 있는데 안에는 불상이 안치되어 있고 금박을 입히기 위한 옻칠이 되어 있다. 천장에는 나무 장식이 되어 있고 옻칠을 한 무늬가 있다.

법당은 회랑 바깥쪽 보조탑 앞에 세워져 있었다. 현재는 법당을

보조탑의 모습

세웠던 하단부 터만 남아 있다. 옆쪽에 작은 탑이 세워져 있고 담장이 주변을 세 겹으로 둘러싸고 있다. 그리고 작은 탑들이 몇 개 더 있는데 아마도 나중에 추가로 건립한 것으로 보인다.

보조탑은 주탑을 둘러싸고 있는 모습으로 모두 여덟 기가 세워져 있다. 이는 힌두교적 우주관에서 이야기하는 여덟 개의 대륙을 의미한다. 안쪽 벽에는 그림이 그려져 있는데 오랜 세월 탓에 많이 퇴색되어 있다. 바깥쪽 벽에는 붓다의 생애를 나타낸 그림 12개가 있다. 이 그림 또한 많이 퇴색되어 있는 상태다. 탑은 신전

법당이 있던 자리

팔없는 불상의 미소

모습을 하고 있는데 7층으로 메루산을 떠받치고 있는 형상으로 쌓아 올렸다. 여기에 아유타야 시대 왕들의 유골을 모셨는데 이는 모두 힌두교의 수미산을 상징하는 것이다.

사원의 곳곳에 팔다리가 잘리거나 목이 잘린 불상이 많이 남아 있다. 그런 불상의 미소가 너무도 자애롭고 평온해 보인다. 오히려 육신은 멀쩡하게 생겼으면서도 고해에서 벗어나지 못하는 중생들의 사바세계를 걱정하며 내려다보는 듯하다. 경내에 사원을 관리하고 청소하는 인부들의 모습이 보이고 한쪽에서는 도시락을 꺼내 식사하는 모습도 보인다.

이 사원은 전쟁만 겪은 게 아니다. 2011년 10월에 짜오프라야강의 범람으로 차이왓타라남 사원 뒤쪽 마을에 홍수가 난 적이 있다. 수심이 2m 넘게 침수되어 아유타야 섬에 있는 유적과 유물의 대다수가 피해를 입었다. 나중에 예술청에서는 60억이 넘는 예산을 들여 복구 작업을 시행하였다.

세 번째 왓차이왓타나람 사원을 찾았을 때는 늦은 오후였다. 배를 타고 갔는데 선착장에서 내려 사원을 발을 디디자 여기저기 태국 전통의상을 입은 젊은 남녀들의 모습이 눈에 들어왔다. 무슨 영화를 찍거나 아니면 결혼식을 올린 부부가 기념 촬영을 하는 것이겠거니 했는데 아무리 봐도 그런 것 같지는 않았다. 입구의 매표원 아가씨에게 물어봤더니 그냥 젊은 사람들이 전통의상을 입고 사진을 찍는 것이라고 했다. 드라마 <붑페싼니왓>이 인기를 끌면서 태국에 새로 생겨난 풍속도라고 한다. 아마도 한번쯤은 극중의 주인공 까라껫이 되어 아유타야 시대로 돌아가보고 싶은 생각이 들었나 보다. 태국 전통에 대해 젊은이들이 새로운 인식을 하는 것 같아 좋은 일 같다고 말하자 한국 사람들이 고궁에 들어

전통 의상 입고 사진 찍는 사람들

갈 때 한복을 즐겨 입는 것이 좋아 보였는데 태국에서도 유사한 풍습이 생겨났다고 하면서 웃는다. 내가 한국에서 왔다고 하지 않았는데 한국 사람처럼 보인 모양이다. 기왕이면 한국처럼 전통의상을 입고 들어오는 사람들에게 입장료를 할인해주거나 무료로 입장하게 해주면 더 좋겠다는 생각이 들었다.

왓나프라멘 사원

왓나프라멘 사원은 아유타야 시내에 있다. 옛 롭부리강 북쪽 싸부아 호숫가에 있는데 왕궁 바로 맞은편이다. 본래는 왓프라메루 랏차까람이라고 불렀는데 언제 누가 세웠는지 정확하게 명시되어 있는 사료가 없다. 아마도 아유타야 시대 초기에 왕의 시

사원의 전경

신을 화장하기 위해 세웠을 것으로 추측된다. 이 사원은 유일하게 버마와의 전쟁에서 전혀 피해를 입지 않았다. 버마군이 이 절에 지휘소를 차렸기 때문인데 그래서 아직까지도 상태가 비교적 양호한 편이다. 법당은 아유타야 시대 양식으로 건설하여 안쪽에 기둥이 있는데 후에 버롬마꼿왕 시절에 처마를 받치는 기둥을 추가로 세웠다. 법당의 외관을 보면 지붕의 곡선과 앞에 세워진 기둥, 그리고 천장의 모습까지 아유타야 건축의 아름다움을 그대로 드러내고 있다는 느낌을 준다.

법당 지붕의 시옷(ㅅ) 모양으로 된 부분에는 나무로 조각하고 금박을 입힌 가루다를 탄 나라이신상이 있고 그 주변을 다른 신들이 둘러싸고 있는 모습을 하고 있다. 이는 국왕을 신의 화신으로 보았던 신권주의 사상이 지배하던 시대에 유행하던 것이다. 왕이

법당 지붕의 가루다상

법당 안의 본존불

세웠거나 복원한 사원의 법당이나 불당 그리고 신전의 처마에는 가루다를 타고 있는 나라이신상이 많은데 이는 곧 그 사원이 왕실 사원임을 나타내주는 것이기도 하다.

법당 안의 본존불은 아유타야 시대 말기에 제작된 것으로 높이가 6m에 달한다. 청동을 주조하여 만든 가장 큰 불상으로 매우 아름답다. 오른손은 허벅지에 얹고 왼손을 무릎에 올리고 있는 좌불상은 아유타야 중기에서부터 현 랏따나꼬신 시대 초기까지 즐겨 제작되었던 불상이다. 이 불상은 쁘라쌋텅 왕 시대에 제작된 왓차이왓타나람 사원의 보조탑에 안치되어 있는 불상과 그 모습이 상당히 유사함을 알 수 있다. 국왕의 얼굴을 형상화하여 만들었다고 하는데 이 본존불상도 왓차야왓타나람 사원의 불상과 같은 시대에 제작되었을 것으로 추정된다. 법당 뒤쪽에 이보다 작은 미륵불상이 하나 더 안치되어 있다.

법당의 동쪽에 랏따나꼬신 시대 라마 3세 때 세운 법당이 있다. 이 법당은 본존불을 모신 법당을 흉내 내어 좀 작게 지었는데 처마는 그 당시 유행하던 무늬를 넣었다. 내부에는 아유타야의 왓마하탓 사원에서 모셔온 타와라와디 형식의 큰 불상을 안치시켜 놓았다. 이 불상은 본래 나컨빠톰 주에 있던 것을 짝끄라팟 왕 시대에 왓마하탓 사원으로 옮겨 온 것으로 보인다. 이 불상은 다리를 석단 위에 걸터앉아 있는 모습을 하고 있다. 초록색의 석회암에 조각되어 있는 이 간다라불상은 현재 태국에 몇 개 남아 있지 않다. 시기적으로 천 년 전의 예술품이라고 할 수 있다. 크기도 태국에서 가장 크고 보존 상태도 양호하다. 이런 불상은 태국 전역에 여섯 개밖에 남아 있지 않아서 그 가치를 높게 평가받고 있다.

법당의 뒤쪽에는 보리수나무 뿌리가 휘감고 있는 불탑이 세 개

간다라 불상의 모습

있다. 프랑스의 탐험가 앙리 무오가 자신의 책자에 그린 아유타야 그림에 나와 있는 것이다. 앙코르왓트를 발견한 앙리 무오는 라마 5세 때에 태국에 왔었다. 마치 나무가 불탑을 연모하여 끌어안고 놓아주지 않으려는 듯 칭칭 휘감고 있다. 어쩌면 끊임없이 죽고 다시 태어나는 윤회마저 거부하고 그냥 서로 부둥켜 안고 살고 싶었던 어느 연인들이 환생한 모습이 아닐까 하는 생각이 들었다. 사

색동 천을 두른 나무

원을 나오는데 방생을 권유하는 문구 아래 새장을 옆에 두고 새를 파는 장사꾼이 보인다. 누군가 불심이 깊은 사람이 와서 그 새를 구원해줄 것이다. 하늘을 자유롭게 날아 다니는 새를 왜 굳이 잡아 다시 돈을 주고 사서 풀어줘야 하는지 의문이 들기는 한다.

사원 앞쪽으로 커다란 나무가 있는데 누군가가 색동천을 둘러 놓았다. 태국 전역 곳곳에서 볼 수 있는 이 색동천은 태국인의 민간 신앙에서 유래한 것이다. 우리나라의 서낭당 같은 곳에 둘렀던 색동천과 모습이 매우 흡사하다. 옛날 옷감이 귀하던 시절 귀한 천을 신령스런 나무에게 봉헌하면서 복을 구하는 것이다. 그렇게 되면 그 나무를 누가 쉽게 베어가지 못하게 된다. 결국 사람은 나무를 보호해주고 나무는 사람의 삶을 돌봐 주게 되는 셈이다.

왓몽콘버핏 사원

왓몽콘버핏 사원은 옛 궁터와 맞닿아 있다. 그래서 관광객들은 대부분 이 사원에 들어가 먼저 예불을 드린 다음 옛 궁터를 관람한다. 그리고 사원의 법당 앞쪽에는 여러 가지 특산품과 공예품, 기념품, 식료품과 과자류 등을 파는 가게들이 줄지어 있다. 옛날이나 오늘이나 사원이 지역 주민들의 생활 중심지가 되다 보니 사원 주변에는 항상 오가는 사람들이 많다.

태국의 사원에서는 행사가 많이 치러진다. 특히 농촌의 사원에서는 경내의 기존의 건물을 수리하거나 새 건물을 짓는 데 필요한 재원을 얻기 위해 마련하는 경우가 많다. 행사기간에는 국기와 법륜기가 절로 향하여 난 길 양쪽에 나란히 꽂아 둔다. 이는 행사를 위해 사원을 찾는 사람들에게 사원으로 가는 길을 알려주기 위함이다. 주민들에게 추수가 끝난 뒤 보시나 시주 또는 불상에 금박 등을 입히는 기회가 되기도 한다. 특정한 사안을 위한 재원 마련을 위해 연례적으로 열리는 행사 말고도 법당을 새로 지을 때 그 자리에 "룩니밋"이라는 둥근 돌을 묻는 행사도 있다. 이 돌을 묻지 않으면 새로 지은 법당에서는 출가수행을 위한 수계식을 비롯한 그 어떤 불교 행사를 할 수 없다.

사원 행사가 열리는 날이 되면 주민들에게는 신나고 즐거운 축제가 아닐 수 없다. 이런 행사는 여러 날에 걸쳐 열리게 되는데 사원과 그 주변에 야시장이 들어선다. 가게마다 환하게 밝힌 형광등 불빛 아래 음식점, 기념품 가게는 물론 회전식 관람차를 비롯한 각종 놀이기구가 설치되고 공터에서는 노천 영화가 상영된다. 또한 룩퉁, 리께, 낭따니와 같은 공연도 있다. 뜨거운 태양이 지고 날

사원의 앞모습

씨가 조금 선선해지는 저녁시간에 남녀노소를 불문하고 온 가족이 나와 행사를 즐긴다.

왓몽콘버핏 사원은 퐁싸와단의 기록에 나와 있는데 본래는 흔히 프라짜오쑹탐이라고 부르는 프라버롬라차 1세(1611-1628) 시대에 세워져 있던 사원으로 보인다. 그 당시에 "몽콘버핏"이라는 불상을 동쪽에서 옮겨와 지금의 자리에 안치시키고 그 위에 몬돕 형식의 법당으로 건립했다고 한다. 그 후에 버롬마꿋왕이라고 부르는 프라버롬라차티랏 3세(1732-1758) 시대에 이르러 다시 복원 작업을 거쳤다. 그때 지붕을 허물고 현재와 같은 모습으로 다시 만들었다.

아유타야가 버마의 침공으로 멸망한 1767년 버마군은 이 몽콘버핏 불상을 겉과는 달리 속에는 황금으로 만든 불상일 거라고

법당의 본존불

생각했다. 그래서 불상에 불을 지르면서 불상과 법당에 많은 손실을 입혔다. 법당의 위쪽이 무너지면서 불상의 머리와 오른손이 부러졌다. 그 후 현 짝그리 왕조의 라마 5세 때 복원 작업에 들어갔다. 불상의 머리와 오른손 부분을 복원하고 법당도 재건하였다. 이후 1957년 피분 쏭크람 시절에 불상을 전부 검은색으로 칠하고 법당을 다시 세웠다. 1990년에 승왕이 불심을 돈독하게 하기 위

법사 의식

한 작업의 일환으로 몽콘비핏 불상에 금박을 입혀 현재의 황금불상 모습을 갖추게 되었다.

왓몽콘버핏 불상은 몸에 가사인 찌원을 두르고 가부좌를 틀고 앉아 있는 모습을 한 좌불상이다. 벽돌로 속을 만들고 겉은 청동으로 입혔다. 허벅지 길이가 9.55m, 단을 제외한 불상의 높이는 12.45m, 연꽃 모양으로 된 안치대 높이가 4.5m, 귀의 위쪽으로

사원에 모셔진 승려상

잰 머리 둘레가 7.25m, 얼굴 크기가 2.32m, 후광과 머리 사이 높이가 1.05m, 코 길이가 1.20m 입 크기가 1.16m로 주조로 제작한 불상으로는 태국에서 가장 크다. 제작 시기는 아유타야의 프라버롬뜨라이록까낫왕(1448-1488) 시대로 추정된다.

사원을 찾은 날 마침 법사(法絲) 의식이 있는 날이었다. 거대한 불상의 손에 "싸이씬"이라고 부르는 면으로 만든 실이 걸려 있고 그 실은 옆에 안치된 에메랄드 불상에까지 연결되어 있었다. 시간이 되면 스님이 실의 한쪽 끝을 잡고 빠릿따라고 부르는 독경을 할 것이다. 빠릿따는 팔리어로 '막다' 또는 '보호하다'라는 뜻이다. 스님이 독경을 하게 되면 불상으로부터 나오는 불력이 실을 통해 전달되는 것이다. 그러면서 그 싸이씬에 둘러싸인 구역이나 물체가 성스럽게 변화되어 액운으로부터 육신을 보호해주거나 물질적 행운을 가져다준다고 믿는다. 처음 태국에 와서 많은 사람들이 평범한 면사 실로 손목을 묶은 것을 자주 보게 되었는데 그 의미를 제대로 알기까지는 적지 않은 시간이 걸렸다.

태국인이 가지고 있는 불교에 대한 믿음은 우리와 다른 것들이 꽤 있다. 한국인은 대개 불력(佛力)을 믿는데 태국인들은 불력 외에 스님이 가지고 있는 법력(法力)도 믿는다. 태국인들이 목에 걸고 다니는 불상 같은 것이 있는데 가만히 보면 불상이 아니라 스님 상인 경우가 많다. 자동차를 타게 되면 운전기사 앞에 놓여진 것도 스님상이고 절에 들어가 보면 등이 좀 굽은 노스님 좌상이 등신불처럼 안치되어 있는 것을 자주 볼 수 있다. 보통 태국 사회에서 특정 스님에게서 나오는 법력은 사람의 건강과 안녕을 지켜주거나 행운을 가져다준다고 믿는다. 이러한 믿음은 불교가 태국에 유입되면서 토속적인 주술 신앙과 융합된 것으로 보인다.

꾸아이띠어우 르아

왓몽콘버핏 사원은 왓프라씨싼펫 사원과 담 하나를 두고 인접해 있다. 입구 쪽에 긴 골목 양쪽으로 기념품 가게가 늘어서 있다. 이곳에 온갖 종류의 기념품들이 널려 있는데 불교용품이나 역대 왕들의 인형을 비롯해 옷가지와 과자 또는 건어물이 판매되고 있다. 골목 뒤쪽으로 음식점도 몇 군데 있어 간단히 점심식사를 해결할 수 있다. 마침 점심식사 시간이 다가오고 해서 쌀국수 집을 찾아 들어갔다. 꾸아이띠아우 르아를 파는 집이었는데 손님이 제법 붐비는 것으로 보아 맛이 있는 모양이었다. 조금 서서 기다리다가 구석에 자리가 나서 앉았다. 꾸아이띠아우 르아는 글자 그대로 하면 '배 쌀국수'라는 뜻이다. 원래 물가에 사는 사람들이 많고 배를 타고 이동하는 사람이 많다 보니 배 위에서 말아 파는 국수였다. 그런데 나름대로 독특한 맛이 있어서 육지에서도 그대로 만들어 팔게 되었다. 그래도 이름은 꾸아이띠아우 르아를 유지하고 있다. 주문을 하고 몇 분 있다가 음식이 나왔는데 과연 맛이 있어 우리를 실망시키지 않았다. 배에서 내려와 땅에서 환영받는 음식이 바로 이 꾸아이띠아우 르아인데 아유타야에서 꼭 먹어 보아야 한다는 음식 중 하나이다.

꾸아이띠아우 르아

맛있게 한 그릇을 비우고 파파야 샐러드인 쏨땀과 찰밥을 사서 호텔에서 먹기로 하고 건너편 음식점으로 갔다. 노파와 며느리로 보이는 아주머니가 음식을 만들어 파는데 아직 나이 어린 손녀딸 둘이서 바쁜 일손을 돕고 있었다. 배달을 나가는지 큰 아이가 오토바이를 몰고 작은 아이가 뒤에 앉아 주문받은 음식을 이고 가려는 것 같았다. 아내가 선뜻 나서 음식 쟁반을 들어 주자 환하게 웃으며 답례를 하고 출발한다. 태국에서는 부모를 도와 식당에서 일하는 초등학생이나 중학생들을 많이 보게 된다. 볼 때마다 기특하다는 생각이 든다. 언젠가 태국인 친구에게 이 이야기를 했더니 아이들이 물려 받을 음식점에서 일하는 것이므로 자신의 미래에 대한 투자가 아니냐 해서 웃은 적이 있다.

왓프라씨싼펫 사원

배 모양의 조리대

음식배달하는 소녀들 모습

왓프라씨싼펫 사원은 옛 궁터에 위치하고 있는 왕실 사원이다. 국가적으로 필요한 불교 의식이나 행사를 거행하기 위해 지은 사원으로 상주하는 승려는 없다. 방콕의 왕궁에 있는 왓프라씨랏따나 쌋싸다람 사원처럼 왕의 유골을 보관해왔다. 현재는 유골의 화석과 높이 솟아 있는 원추형 불탑 3기가 남아 있다. 사원에는 여기저기 무너져 내린 건물의 잔해도 보이고 목이 잘린 불상과 팔이 잘린 불상도 곳곳에서 눈에 띈다. 그럼에도 워낙 사원의 규모가 큰 탓인지 남아 있는 기둥과 벽돌 더미 그리고 한쪽이 무너져 내린 건물들 속에서도 사원이 지니고 있던 풍모가 느껴진다. 입구쪽에 사원의 본래 모습을 추정해서 그려 놓은 그림을 보면 정면에 불당과 주탑, 그리고 그 뒤로 법당이 있는데 스리랑카 양식으로 세운 3기의 주탑말고도 사원 주변을 수많은 법당과 보조탑이 둘러싸고 있다. 약간의 상상력을 동원해서 보면 아유타야가 수도가 되고 난 초기의 불교 사원의 위대함과 아름다움을 짐작할 수 있다.

이 사원은 본래 프라라마티버디 1세(1350-1369)가 주거의 목적으로 지었던 건물이다. 나중에 프라버롬 뜨라이록까낫 왕(1448-1488)이 북쪽에 새로운 왕궁을 세우고 나서 본래의 건물을 불교 행사를 거행하기 위해 사원으로 용도를 바꾸게 되었다. 그래서 쑤코타이 마하탓 사원과는 달리 이 사원에는 상주하는 승려가 없는 사원이 되었다. 왓프라씨싼펫 사원에는 모두 3기의 불탑이 있다. 첫 번째 불탑은 1491년 프라라마티버디 2세(1491-1529)가 선왕인 프라버롬뜨라이록까낫왕의 유골을 안치하기 위해 동쪽에 건립한 것이고 두 번째 불탑은 1499년에 프라버롬라차 3세(1488-1491)의 유골을 안장하기 위해 지은 것으로 가운데 위치해 있다. 그리고 나

왓프라씨싼펫 사원 복원도

3기의 불탑

중에 프라버롬라마티버디 2세(1491-1529)가 16m 높이의 입불상을 제작하였는데 171kg의 황금을 녹여 입혔다고 한다. 이 불상을 법당 안에 안치시키고 씨싼펫차야다얀으로 명명하였다. 그러나 버마와의 전쟁으로 불상에 입혀져 있던 황금은 사라지고 지금은 남

법당이 있었던 자리

아 있지 않다. 마지막으로 지은 세 번째 불탑은 프라버롬라차티랏 2세(1424-1448)의 유골을 안치하기 위해 아들인 프라버롬라차티랏 4세(1529-1533)가 건립한 것인데 세 개의 불탑 모두 스리랑카 양식으로 지어졌다. 프라짜오쏭탐 시대에 이르러 몽콘버핏 법당의 담장 가까이 승려가 설법할 수 있도록 석단을 세우고 버롬마꼿왕 시대에 처음으로 이 사원을 재건하였다.

전해오는 이야기에 의하면 1767년 아유타야가 몰락하면서 버마군이 이 사원에 불을 질렀다. 버마군이 불상의 금은 녹여서 가져가고 속에 있던 몸통의 중심축만 남게 되었다. 랏따나꼬신 시대의 라마 1세가 이를 다시 주조하려 했으나 많은 사람들이 불상을 두 번이나 불에 녹이는 것은 상서롭지 못한 일이라 간하였다. 그래서 왓포 사원에 불탑을 세우면서 이 청동대를 가운데 넣고 탑의 이름을 프라쩨디 씨싼펫차다얀이라고 지었다. 라마 4세(1851-

1868) 때 이 불탑의 지하실을 파내서 불상과 여러 가지 금붙이를 많이 발굴하였다. 이후 피분 쏭크람 시대 다시 한 번의 복원 작업을 거쳐 현재의 모습으로 남게 되었다.

쏘팟 쑤완의 역사 소설 "싸이로힛"은 '혈통'이란 뜻이다. 이 소설은 아유타야 시대 말기 국론의 분열과 권력 다툼으로 기울어져 가는 당시의 상황을 잘 묘사한 것으로 평가받았다. 나중에 네 차례나 드라마로 각색되어 방영되었는데 아유타야가 멸망하는 과정을 다음과 같이 그리고 있다.

เสียงกรุงแตก ปืนพ่าย ข้าศึกบุก
คนล้มลุกคลุกคลาน ใจสลาย
แผ่นดินแตกแยกสิ้นดินมลาย
เพลิงวอดวายเผากรุงให้สิ้นใจ

제국이 무너지는 소리, 총소리, 적군이 쳐들어오는 소리
사람들은 갈팡질팡 쓰러지고 가슴은 무너져 내린다.
나라가 분열되고 땅은 파멸하는데
불길은 제국을 태워 숨을 끊어 놓는다.

เห็นบ้านเมือง ราชวังพังพินาศ
กาลถึงฆาต หมดสิ้นแผ่นดินไหว
อยุธยาล้มแล้ว ดินแดนไทย
อิสรภาพหมดไปสูญสิ้นกัน

나라를 돌아보니 왕궁은 무너지고
죽음의 시간이 되어 땅이 흔들린다.
태국의 땅 아유타야는 쓰러졌다.
독립은 흔적도 없이 사라졌다.

เสียงกองทัพ กึกก้องกัมปนาท
ทรราชเข่นฆ่าไม่อาสัญ
เหล่าประชา จะเคียงสู้ รบพบพร้อมกัน
แม้โลหิตสายนั้นจะสิ้นใจ

군대의 진군 소리가 울려 퍼지고
폭군의 도살은 인정을 두지 않는구나
우리 백성들이 다함께 싸워나갈 수 밖에 더 있으랴.

한쪽에 보니 목이 잘려 나간 불상 위에도 누군가 화환을 걸어 놓고 갔다. 낡은 탑과 홍토로 만든 기둥 사이로 울긋불긋한 옷을 입고 돌아다니는 관광객들의 모습이 묘한 조화를 이루고 있다. 다른 한쪽에는 소풍 온 듯한 학생들이 열을 지어 앉아 있다. 전쟁과 오랜 세월로 인해 불에 타고 무너지고 깎아져 내린 사원에 그래도 꿋꿋하게 살아남은 나무 몇 그루는 여기저기에 그늘을 만들어 순례자들에게 쉼터를 만들어 주고 있었다. 사람은 사람대로 그리고 나무는 나무대로 자연의 법칙에 순응하며 나름대로 대를 이어 살아가고 있다. 그런 모습을 보면서 옛날 버마군이 불태우고 파괴한 것은 불국토가 아니고 탐욕에 찌들어 살던 인간의 사바 세계가 아니었을까 하는 생각이 든다.

목이 잘린 불상 위의 화환

사원 안의 관광객들

왓창 래 파니앗 코끼리 캠프

아유타야 시내 한가운데 코끼리를 타고 관광하는 코스가 있다. 옛날 같으면 전쟁터에 나가 자신의 군주를 태우고 적진을 향해 무찔러 갔을 코끼리가 이방인 손님을 태우고 한가로이 시내를 거닐고 있다. 나는 코끼리를 볼 때마다 거구의 마음씨 착하고 일 잘하는 이웃집 아저씨라는 생각이 든다. 결코 서두르는 법 없이 묵묵히 자신의 일을 하면서 불만을 표시하거나 많은 것을 바라지 않는다. 한때는 태국 전역에 10만 마리의 야생 코끼리가 살고 있었다고 한다. 그래서 코끼리는 태국을 상징하는 동물로 국기에 사용되기도 했는데 현재는 약 600마리밖에 남아 있지 않다고 하니 멸종 위기라고 보아야 할 것 같다. 인간이 가지고 있는 땅 욕심에 코끼리가 서식할 수 있는 숲이 갈수록 줄어들고 있는 것이 중요한 원인 중의 하나일 것이다.

코끼리들은 왓창 래피니앗 코끼리 캠프에 적을 두고 있다. 이 코끼리 캠프는 1997년에 만들어졌다고 한다. 코끼리들을 보호하기 위해 태국 관광청과 예술청의 지원을 받고 있다. 입구에서 표를 사면 코끼리와 함께 놀면서 사진을 찍을 수 있다. 잘 훈련받은 코끼리는 사진을 찍으면서 재롱을 보이기도 한다. 주말에는 코끼리 쇼가 있고 평일에는 오전 9시부터 오후 5시까지 코끼리를 타고 인근 지역을 잠깐 돌아보는데 가끔 관광객들이 코끼리를 모는 사람에게 카메라를 건네주고 사진을 찍어 달라고 부탁하는 모양이다. 입구에 가이드들에게 이를 자제해달라는 문구가 붙어 있고 옆에는 병들고 늙은 코끼리를 위한 치료비 모금함이 비치되어 있다. 나레쑤안 대왕은 코끼리를 타고 버마군과 싸워 물리치고 난 후 자

코끼리 캠프

코끼리 관광하는 모습

신이 탔던 코끼리에게 귀족의 작위를 수여하기까지 했었다. 번영했던 고도 아유타야의 무너진 사원의 모습과 이제 점점 사라져가는 코끼리가 관광객을 태우고 돌아다니는 모습이 조금은 씁쓸하고 안타까워 보인다.

짜오쌈프라야 국립 박물관

왓랏차부라나 사원에서 도굴 사건이 발생한 적이 있었다. 그 후 예술청에서 남아 있는 유물을 분류하여 중복되거나 역사적 가치가 상대적으로 적은 유물을 일반인에게 판매하였다. 그때 남은 수익금으로 박물관을 건립하고 남아 있던 유물을 박물관 안에 전시 보관하도록 하였다. 박물관 이름을 왓랏차부라나 사원을 세운 짜오쌈프라야 왕의 이름을 따서 그대로 지었다. 짜오쌈프라야 박물관은 두 채의 건물로 지어졌는데 이곳에 왓랏차부라나 사원의 유물과 더불어 왓마하탓 사원의 유물도 함께 보관되어 있다. 이곳의 유물들은 매우 높은 학술적 가치를 지니고 있다. 이 지역에서 발굴한 유물들을 통해서 아유타야 시대 초기의 타이 문화와 불교 예술의 실체가 드러났기 때문이다.

왓마마탓 사원과 왓랏차부라나 사원에서 발굴된 유물들은 당시 아유타야와 인근지역의 예술과 문화를 이해하는 데 중요한 단서를 제공하고 있다. 벽화와 불상을 보면 한자로 중국의 특정 성씨를 가진 사람들이 어떤 사원을 지었다든가 하는 내용도 나오고 아랍 문자로 중동지역의 왕 이름이 새겨진 것도 있었다. 이를 통해 아유타야 시대 초기부터 여러 지역으로 국제 교역이 이루어지고 있었음을 다시 한 번 확인할 수 있다.

짜오쌈프라야 박물관의 모습

짜오쌈프라야 박물관은 1957년 11월 23일 개관식을 했는데 이때 푸미폰 국왕 부처가 참석하였다. 푸미폰 국왕은 특정 지역에서 발굴된 문화유산은 그 지역에 박물관을 세워 보관하고 전시하는 것이 바람직하다고 역설하였다. 이후 짜오쌈프라야 박물관을 모델로 하여 태국의 여러 지방에 박물관이 생겨나 문화유산을 지키고 보존하는 데 있어 일익을 담당하게 되었다.

연못가에 태국 전통 가옥들이 지어져 있다. 태국 중부의 전통가옥과 생활도구를 전시하여 놓은 것이 있는데 과거 중부지방 사람들의 주거 문화를 엿볼 수 있다. 태국의 예술관은 2층 건물로 아유타야 지역의 유물을 시대별로 전시하여 놓았다. 타와라와디, 씨위차이, 롭부리, 쑤코타이, 치앙쌘, 아유타야, 랏따나꼬신의 예술품들을 관람할 수 있다.

짜오쌈프라야관은 아유타야 시대 유물을 보관하고 있는 가장 중요한 건물이다. 여기에도 수학여행을 왔는지 푸른 티셔츠를 입

연못 위에 지어진 별관

일층 전시실의 모습

여러 가지 문짝들의 모습

은 까까머리 학생들이 우르르 몰려 들어왔다. 관람은 자연히 아래층부터 시작했다. 박물관 안에 왓탐믹까랏 사원에 있던 청동불상이 안치되어 있는데 머리가 매우 크다. 우텅양식의 예술로 불교적 예술의 아름다움과 아유타야 시대의 높은 주조술의 수준을 보여주고 있다.

오른쪽 유리관 안에는 여러 장인들이 빚어낸 불상을 전시해 놓았다. 몽콘버핏 불상과 왓랏차부라나 사원에서 볼 수 있는 여러 가지 양식의 불상들이 있고 왓마하탓 사원에서 불탑을 장식했던 가루다, 흰색의 석불상, 그리고 타와라와디의 예술품 등이 전시되어 있다. 또, 한 켠에는 왓나프라멘 사원에서 옮겨 온 타와라와

이층 전시실의 불상과 붓싸봇

디의 큰 불상이 있다. 작은 도자기 조각품들이 있는데 아이들이 나 닭을 안고 있는 어른, 그리고 네덜란드인으로 보이는 외국인, 개 등의 모습이 보인다.

왼쪽 아래층에는 여러 나무 조각들이 있는데 문지기, 왓프라씨 싼펫 사원의 나무 문짝, 무늬가 들어가 있는 위한텅 사원의 나무 문짝, 박공벽의 아수라에 둘러싸여 있는 나라이신상과 반인반조상 등이 있다. 계단 끝 쪽에 가루다상의 뱃머리, 아유타야 시대 사용했던 것으로 보이는 여러 동물의 형상을 하고 있는 뱃머리가 전시되어 있다.

위층으로 올라가니 각국 장인들의 도자기, 여러 가지 불상과 불상의 머리, 건물 모형, 도자기, 붓다와 관련된 그림을 그린 천, 법좌, 나무 조각품, 불경을 보관하던 아름다운 책장 등이 있다. 왓마하탓 사원실이 따로 마련되어 있는데 땅속에서 발견된 금붙이, 붓다의 사리, 붓다의 사리를 안치하는 형식을 설명한 책자가 전시되어 있다. 이것들은 아유타야 시대의 가장 중요한 유물로 평가된다. 이밖에도 7층으로 되어 있는 사리 보관함과 붓다의 유골을 육안으로 볼 수 있다.

왓랏차부라나 사원실에는 왓랏차부라나 사원의 불탑 지하에서 발굴한 예술품이 전시되어 있는데 모두가 금이나 보석제품들이다. 왕이 가지고 있던 무기, 금박으로 만든 불탑 모형, 왕을 상징하는 다섯 가지 용품인 왕관, 보검, 지팡이, 부채, 신발이 있다. 그밖에도 목걸이 장식, 흉부 장식품, 팔찌, 머리 장식품, 여자 머리를 묶는 가느다란 금실로 짠 그물 형태의 소품 등이 있다. 왕이 사용하는 도구의 축소 모형들, 예컨대 유골함, 작은 단지, 쟁반, 받침대, 상자, 그릇, 봉황, 뚜껑이 있는 작은 용기, 엎드려 앉아 있는 코끼리 등이 있는데 이런 금장식품들은 예술적 미와 더불어 아유타야 시대 왕실의 풍요로움을 반영하고 있다.

왓마하탓 사원

왓마하탓 사원은 아유타야 섬의 중심부에 위치해 있다. 붓다의 유골이 안치되어 있으며 카마와씨 종단의 승왕이 거처하던 곳이다. 당시에 승려는 주로 마을이나 도시에 자리잡고 수행하는 카마와씨와 숲으로 들어가 위빠싸나를 통해 수행을 하는 안란야와씨

왓마하탓 사원 복원도

등 두 개의 종단이 있었다. 아란야와씨 종단의 승왕은 현재의 왓야이차이몽콘 사원에 기거하고 있었다고 한다.

우텅왕이 아유타야 왕조를 세우고 현재의 롭부리에 위치하고 있던 라워국을 공략하였다. 당시 라워국(7세기-1388)은 크메르에 조공을 바치는 속국이었다. 라워국을 점령한 우텅왕은 이 지역을 당시 왕자였던 라메쑤안 왕에게 지키도록 하였다. 1352년 크메르가 롭부리 지역을 되찾기 위해 쳐들어오자 처음에는 라메쑤안 왕을 보내 응전했으나 젊고 경륜이 짧아 어려움을 겪자 왕비의 오빠인 쿤루앙 프라웅워에게 도움을 청하였다. 당시 쑤판부리를 지키고 있던 프라웅워는 국왕을 명을 받고 나가 1년 남짓의 전쟁 끝에 크메르를 정벌하고 돌아왔다. 1369년에 우텅왕이 승하하고 나자 프라라메쑤안 왕이 등극하였다. 그러나 1년 정도 지나 라메쑤안 왕은 프라웅워에게 왕위를 이양하였다. 퐁싸와단을 보면 라메쑤안이 덕망이 높은 프라웅워에게 양보했다는 기록도 있고 또 다른 기록에는 프라웅워가 왕위를 찬탈했다고 적어 놓은 것도 있다.

여기저기 무너져 내린 사원의 모습

프라버롬 라차티버디 1세로 등극한 프라웅워는 크메르에서 돌아오면서 수많은 크메르의 장인들과 노획한 불교 유물, 그리고 건축 자재 등을 전리품으로 들여와 왓마하탓 사원을 건립하였다. 이때가 1374년이다. 왓마하탓 사원은 200개의 불탑과 18개의 법당이 있는 엄청난 규모를 갖게 되었다. 프라웅워가 12년간 통치하고 승하한 후 왕위는 다시 라메쑤안왕에게로 돌아갔다. 라메쑤안왕은 왓마하탓 사원을 증축하여 사원의 규모를 확장시켰다.

예나 지금이나 전쟁은 참으로 참혹한 것이다. 특히나 패전국의 포로들은 비참한 삶을 살게 된다. 임진왜란을 겪으면서 조선의 많은 도공들이 포로가 되어 일본으로 끌려갔다. 이들을 피로인(被虜人)이라고 불렀는데 일본에서 조선인 마을을 형성하고 살았다고 한다. 임진왜란 때 아리타 지역에 도공으로 건너가 조선 도공 마

크메르 양식의 쁘랑

을에서 살아가는 사람들을 소재로 쓴 백년가약이란 책에 보면 다음과 같은 구절이 나온다.

> "한 달에 한번 산에 오르는 날이다. 일본에 건너온 고향 사람들이 모두 나와 근처의 고려산에 올라 고국을 그리며 노래와 춤을 추고 저녁까지 실컷 노는 것이다. 꽃이 없는 꽃놀이지만 고향 동지들에게 꽃은 필요 없다. 고국과 이어지는 하늘만 있으면 되는 것이다.
> 아이고! 우리의 고향이여, 아이고! 아름다운 산천초목이여, 아이고! 훌륭한 우리들의 조상이여, 이 몸은 이국의 흙이 되리라. 아이고! 당신을 그리는 마음은 언제까지나 변함이 없어라."

아유타야에 패한 크메르의 장인들도 전쟁포로가 되어 고국산천을 등지고 아유타야로 끌려와 비운의 삶을 살아갔을 것이다. 그들의 애환을 기록한 사료는 없지만 늙은 부모 또는 사랑하는 아내와 아이들을 두고 이곳으로 와서 홍토로 기둥을 만들고 벽돌로 담을 쌓아가면서 불탑을 세우고 법당을 지었을 것이다. 그래도 적국에 와서 불사(佛事)를 일으켰으니까 그 공덕에 힘입어 극락에 갔을지도 모르겠다. 그러나 그들이 그렇게 쌓아 올린 불탑과 법당들은 버마라고 하는 또다른 민족과의 전쟁에 패배하면서 불타 없어지고 허무하게 홍수에 무너져 내려 버렸다. 그런 것을 보면 역사 속에서 색즉시공 공즉시색이 따로 있는 게 아니다.

왓마하탓 사원은 동서로 길게 뻗어 있는 구조를 하고 있다. 본래는 옥수수 모양의 쁘랑 주탑이 있고 다시 사방에 보조탑이 같은 기단 위에 서 있었다. 쁘랑 형식의 불탑은 쁘라쌋텅 왕이 만들기 시작하여 나중에 여러 기가 추가되었다. 회랑이 사면으로 둘러싸고 있으며 주탑 앞에 프라위한루앙이라고 부르는 불당이 있고 뒤쪽으로 프라우보쏫이라고 부르는 법당이 있는데 이는 아유타야 초기 사원 건축 양식에 따른 것이다. 이밖에도 사원 내에 많은 불당과 불탑이 있었다. 아유타야 말기에 이르러 나라이왕의 선왕인 쁘라쌋텅 왕 시대에 대대적인 보수작업을 하였다. 주탑의 기단부나 다른 건축물의 곳곳에 보면 홍토와 벽돌이 뒤섞여 있는 것을 볼 수 있다. 홍토는 크메르 장인이 사용한 것이고 벽돌은 아유타야 장인이 사용한 것으로 시간을 두고 개축과 보수가 이루어져 왔음을 보여주는 것이다.

주탑 앞쪽에 넓은 공터가 있는데 가장 큰 불당인 위한루앙이 있던 장소이다. 당시 병사들이 전쟁터로 나가기 전에 이곳에서 예불을 드리고 승리와 안전을 기원했다고 한다. 이곳에 안치되어 있던 불상은 버마와의 전쟁에서 소실되었다. 당시 전쟁이 나면 사원은 가장 먼저 적군의 손아귀에 들어갔다. 본존불과 불탑의 첨탑 부분에 있는 금은 언제나 적군이 노리는 약탈의 대상이었다. 전해져 오는 이야기로는 버마의 2차 침공 때 아유타야가 7일 낮과 7일 밤 동안 불길에 휩싸여 있었다고 한다. 당시 아유타야는 곳곳이 아름다운 황금 사원과 불탑으로 뒤덮인 가장 아름답고 찬란한 불국토였다.

보조탑에는 입불상이 있는데 언뜻 보면 쑤코타이 양식인 것 같아 보이지만 아유타야 시대 초기 예술이라고 한다. 회랑에는 불상들이 안치되어 있는데 아유타야 시대 초기에 제작된 것이다. 이 사원에 있는 여러 불상들은 어느 시대에 건립 또는 보수가 이루

여러 가지 양식의 불탑들

주탑 앞의 빈자리

어졌는지를 나타내주는 시계와 같다. 시대마다 불상을 제작하는 불교 예술이 다르기 때문이다. 회랑의 불상들은 대부분 사암으로 조각하여 만든 것인데 불상의 머리와 몸통 그리고 하체를 따로 조각한 후에 조립한 것이다. 아유타야는 평야가 많고 산이 없어서 사암이 없는데 아마도 크메르에서 돌을 옮겨와 조각한 것으로 보인다. 아유타야에 이런 석불상이 있다는 것은 그리 흔하지 않은 일이다. 주변에 있는 건축물에서도 보면 홍토와 벽돌이 뒤섞여 있는데 홍토는 처음 건립할 때 크메르에서 가져온 것이고 벽돌은 후에 보수 공사하면서 이곳에서 구워 만든 것이다. 높이가 다른 불탑이 3기가 있는데 삼형제가 나란히 서 있는 것 같다. 불탑의 형태는 옥수수 모양의 쁘랑인데 태국 장인이 크메르 양식으로 세운 것으로 보인다. 쑤코타이의 왓씨싸와이 사원에서도 이와 유사한 흔적을 관찰할 수 있다. 오랜 시간 보수와 증축을 거듭하면서 크메르 예술과 태국 예술이 혼재되어 있는 모습은 곳곳에서 발견되고 있다.

라마 6세때 아유타야에 큰 홍수가 났었는데 당시 사진을 보면 쁘랑 주변이 물바다가 되어 주민들이 쁘랑 앞에서 배를 타고 있는 모습을 볼 수 있다. 그럼에도 불구하고 주탑은 형체가 남아 있었는데 1904년 지진으로 그나마 남아 있던 주탑이 무너져 현재의 모습을 하고 있다. 피분 쏭크람 시절인 1956년에 기단부만 남아 있던 주탑과 보조탑을 도굴하는 사건이 일어났다. 엄청나게 많은 불상과 보석 등이 도난당한 뒤에 사원 보수 작업이 이루어졌다. 작업 과정에서 주탑 벽 가장자리에 조그만 구멍을 발견하였는데 지하공간의 환풍구일 것으로 생각하고 흙과 벽돌을 파내려 갔다. 그러자 3층으로 된 지하 공간이 발견되었다. 그 안에는 온갖 신상

보조탑 앞의 좌불상

과 불상 그리고 보석 등이 보관되어 있었다. 아마도 프라웅워가 전리품으로 크메르에서 가져온 유물의 상당 부분을 이곳에 안치시켜 놓았던 것으로 추정된다. 지하 공간 17m 아래 3층에서는 붓다의 사리를 발견하였는데 불탑 모형 안에 일곱 겹으로 만든 함 안에 모셔져 있었다. 이 유물들은 현재 짜오쌈프라야 박물관에 보관되어 있다.

홍수가 났을 때의 사원 모습 사진

탄식하는 듯한 모습의 불상

나무뿌리에 감겨 있는 불상

왓마하탓 사원은 버마와의 전쟁으로 인한 참혹한 시련을 견뎌내지 못하고 무너져 내렸다. 그러고 나서 홍수로 인해 한 번 더 무너져 내렸다. 그러고도 남아 있는 현재의 모습으로 우리는 과거의 찬란한 아유타야의 번영과 풍요로움을 상상한다. 왜 아유타야인들은 그리도 많은 사원과 불탑을 짓고도 끝내 몰락하는 삶을 살아야 했을까? 역사는 말한다. 아유타야 멸망의 원인은 당시 왕자와 귀족 관료들이 오로지 왕위와 권력만을 탐한 나머지 수십 년을 서로 싸우고 죽이면서 국운이 쇠했기 때문이다. 사원의 한쪽 구석에 보면 불상의 머리가 보리수 나무뿌리에 감겨 있는 모습을 볼 수 있다. 불상의 얼굴 모습을 보면 16세기경 아유타야 중기에 제작된 것으로 추정된다. 몸체에서 떨어져 나온 머리를 나무 뿌리가 휘감고 있는데 인간세계에서 유린당하는 불상의 머리라도 휘감고 보호해주고 싶었는지도 모른다. 태국 사람들은 높은 곳과 낮은 곳을 확실히 구분하는 문화가 있다. 특히 불상은 가장 높은 곳에 두기 때문에 이 불상 앞에서 사진을 찍을 때 몸을 굽혀 스스로를 불상보다 낮추어야 한다. 그래서 외국인들은 대개 서서 찍지만 태국인들은 하나같이 앉아서 찍는다.

왓랏차부라나 사원

왓랏차부라나 사원은 아유타야시 타와쑤끄리면에 위치해 있다. 빠탄교 부근 마하탓사원 동쪽 옛 궁터에서 조금 떨어진 곳에 세워져 있는데 아유타야에서 가장 크고 오래된 사원 중의 하나다. 1424년에 프라버롬랏차티랏 2세로 등극한 짜오쌈프라야 시대 때 건립하였는데 도굴단에 의해 유물이 도난된 사건으로 인해 더

왓랏차부라나 사원 복원 모형

욱 유명해졌다. 1956년 도적들이 불탑 지하를 도굴하여 막대한 유물을 가지고 도망간 사건이 있었는데 그 후 예술청에서 발굴 작업을 통해 2천여 점의 유물을 찾아냈다. 그중에는 호신불 300여 개, 금 100여 킬로그램 등이 있었는데 이 유물들은 현재 국립 쌈짜오프라야 박물관에 소장되어 있다.

이 사원은 프라버롬랏차티랏 2세(1424-1448) 때 건립하였다. 본래는 1424년에 선왕 프라나컨 인트라티랏(1409-1424)왕 승하 후 왕권을 노리고 기상전을 하다 죽은 두 형의 화장과 장례를 위해 세웠다. 프라나컨 인트라티랏 왕은 쑤완나품 왕가의 3대왕이었는데 아유타야 왕조의 6대왕으로 즉위했을 때 세 명의 아들이 있었다. 짜오아이프라야는 쑤판부리를, 짜오이프라야는 프랙씨라차를, 그리고 짜오쌈프라야는 오늘날 핏싸누록인 차이야낫을 각각 통치하고 있었다. 1424년 선왕이 왕위 계승자를 지목하지 않고 승하하자 소식을 들은 아이왕자와 이왕자가 왕권 탈취를 위해 군대를 이끌고 아유타야로 진격해 들어왔으나 두 사람이 서로 코끼리를 타

사원의 전경

고 싸우다 모두 죽었다.

아유타야 시대 왕자들은 대개 부왕(父王)의 명령을 받고 위성 도시들을 다스리고 있었다. 그래서 갑자기 왕이 승하하게 되면 왕위를 두고 치열한 쟁탈전을 벌였다. 그러면서 대개는 전생의 공덕을 근거로 내세우면서 명분을 확보하려 했다. 18세기 버롬마꼿왕은 선왕이 지목한 왕위 계승자가 아니었다. 그럼에도 불구하고 선왕의 아들들을 모두 죽이고 스스로 왕위에 올랐다. 그러면서 자신이 왕위에 오른 것은 전생의 공덕으로 이미 정해져 있었던 것이라고 주장하며 불교에서 명분을 찾았다. 이렇게 왕위에 오른 왕들은 자신이 계속 왕위에 머무르기 위한 공덕도 충분히 가지고 있음을 끊임없이 보여주어야 했다.

왓랏차부라나 사원은 동서로 길게 자리잡고 있는데 주탑은 쁘랑형식으로 중앙에 우뚝 솟아 있고 사방에 보조탑이 있다. 회랑

사원 입구에서 바라본 모습

불당에서 바라본 주탑의 모습

이 주탑 사면을 둘러싸고 있으며 주탑 앞에 불당이 있고 뒤쪽에 법당이 있다. 주탑의 내부 벽면에는 벽화가 있는데 아유타야 초기 예술로 보인다. 부분적으로는 중국문화의 영향을 받은 흔적도 눈에 띈다. 사원의 건립과 보수에 대한 기록은 없지만 건축 양식을 볼 때 지속적으로 보수가 이루어진 것을 알 수 있다.

주탑인 쁘랑의 중앙계단으로 올라가면 가운데 사면에 공간이 있고 아래쪽으로 내려가는 사다리가 있다. 꽤 깊이 들어가면 3층으로 된 공간이 나오는데 옛날 이곳에 엄청난 양의 금불상과 불탑 모형 등의 유물들이 있었다고 한다. 이 사실을 아무도 모르고 있었는데 1957년에 20~30명의 도굴단이 이곳을 파내려 가서 유물을 훔쳐가는 사건이 벌어졌다. 며칠 후 일당 중 2명이 잡혔는데 이들이 도굴해간 유물은 75kg 이상인 것으로 밝혀졌다. 대부분

주탑의 모습

지하로 내려가는 통로

의 유물이 없어지고 회수한 것은 30% 정도밖에 되지 않았다. 이후 예술청에서 이곳에 남아 있던 유물을 발굴하여 옮기고 현재의 빈 공간으로 남겨두었다. 맨 아래층에 벽화가 있는데 붓다의 일대기를 그려 놓은 듯하다. 천장에는 불교의 우주관을 보여주는 그림이 있고 천장 한구석에 구멍이 뚫리고 일부 떨어져 나간 흔적이 도굴의 상흔처럼 남아 있다. 옛날 불국정토의 모습에서 현대의 사바세계의 모습이 교차되어 보이는 것 같다.

왓랏차부라나 사원의 주탑 아래에 크고 깊은 방을 만들어 놓았다. 1957년 예술청에서 일반인들이 지하로 들어가 관람할 수 있도록 조성해 놓은 것이다. 모두 커다란 4개의 방이 수직으로 파져 있는데 가장 밑에 있는 방이 지면과 높이가 같다고 한다.

1층 방은 가장 위에 있는 방으로 본래는 그림으로 가려져 있었다. 그림 뒤쪽에 조그만 구멍이 있고 그 안에는 크고 작은 불상들로 채워져 있었는데 그중에는 도적들이 훔쳐간 황금 좌불상 3-4개가 있었다고 한다. 이 좌불상의 무릎과 무릎 사이는 50cm였다고 한다.

2층 방은 중간층에 있는 방으로 황금 쟁반 3개에 금붙이가 가득 차 있었다. 예술청에서 3층 방과 2층 방 사이를 허물자 붓다의 전생을 그린 그림이 네 귀퉁이에 그려져 있었다. 주변에 작은 청동 탁자가 놓여져 있고 남쪽을 제외한 다른 쪽에 금붙이와 황금 천이 있었다. 나중에 도굴꾼의 진술에 의하면 황금 천에 손을 대자마자 먼지로 변했다 한다.

3층 방은 가장 중요한 방으로 붓다의 사리가 금탑 안에 잘 모셔져 있고 그 주변에 불상들이 가득 차 있었다.

1956년 이 사원의 주탑에 있는 지하실을 발견한 것은 매우 큰 뉴스거리였다. 그런데 그 이듬해에 대규모 도굴 사건이 일어나 커다란 충격을 주었다. 그나마 도굴 당시 마침 폭우가 내리자 미처 유물들을 다 옮기지 못했다고 한다. 태국과 같은 불교국가에서 일어난 일이라고 믿기 어려운 엄청난 사건이었다.

물가에 세워진 식당

점심때가 되어 식당을 찾았다. 태국은 더운 나라이다 보니 물가를 선호한다. 아예 집을 물가에 짓고 살기도 하지만 음식점이 물가에 있는 경우도 흔하다. 우리나라는 산이 많다 보니 음식점 이름에 가든이 많은데 태국 음식점 중에는 "림남"이라는 이름이 들어간 상호가 많다. 글자 그대로 '물가'라는 뜻이다. 아유타야는 짜오

식당 내부 모습

프라야강과 빠삭강으로 둘러싸여 있어 강변에 지어진 식당이 많다. 물가에 있는 식당에서 먹으면 나름대로 분위기가 있다. 유유히 흘러가는 황토색 강물을 바라보노라면 마음도 차분해지고 더위도 덜 느껴지기 마련이다. 또한 먹다가 흘리거나 남긴 음식물도 강물 위로 던져버리면 물고기가 먹어 주니 어찌 보면 공덕을 쌓는 일이기도 하다. 점심을 먹기로 하고 들어간 음식점이 물가에 지어진 '크루아 야 부어'였다. '연꽃 할머니 부엌'이란 뜻인데 일단 강가에 있어 눈에 들어오는 풍경이 시원하게 느껴졌다.

식사를 주문하면서 반찬은 생선 요리와 야채 볶음을 그리고 닭고기와 돼지고기를 시켰다. 태국에서 식사를 하다 보면 끼니 때마다 먹게 되는 것이 밥과 생선이다. 1283년에 타이문자를 만들어낸 람캄행 대왕은 당시 태국의 모습을 돌비석에 기록했다. 그 가운데 당시 태국이 아주 풍요로웠다는 내용이 있다. 한정된 지면 속에서

생선 튀김 요리

야채 볶음

람캄행 대왕은 과연 무엇이라고 기록했을까? 람캄행 대왕은 이를 단 한 문장으로 표현했는데 바로 "나이나 미카우 나이남 미쁠라"라는 내용이었다. 이를 번역하면 '논에는 벼가 있고 물에는 물고기가 있다'라는 뜻이다. 람캄행 대왕은 그 당시 태국은 먹을 것이 풍부했다는 것을 벼와 물고기가 많다고 기록한 것이다. 그렇다면 왜 먹을 거리에 쌀이나 밥과 더불어 물고기가 등장하는 것일까? 이는 태국인의 음식문화와 관련이 있다.

태국은 기후조건상 일년에 두 차례 농사를 짓는 이모작 또는 삼모작이 가능한 나라이다. 쌀 수출량으로 따지면 태국이 세계 1위이다. 이렇게 쌀로 지은 밥과 함께 태국인들은 생선을 반찬으로 즐겨먹는다. 우리나라 김치에 버금가는 음식이라 할 수 있다. 태국 사람들이 서로 만났을 때 하는 인사말에는 "빠이 나이"하고 인사하는 경우가 많은데 '어디 가세요?'라는 뜻이다. 그리고 "낀카우 낀쁠라 래우 르양"이라고 인사하는 경우도 많다. 이를 직역하면 '밥과 생선은 드셨어요?'라는 뜻이지만 사실은 '식사하셨어요?'라는 인사말이다. 이처럼 생선은 태국인들이 옛날부터 아주 즐겨먹는 음식이었다. 그러다 보니 먹는 이야기에는 항상 쌀과 생선이 붙어 다니게 된 것이다.

돼지 목살구이

닭날개 튀김

쌀로는 주로 밥을 지어 먹는다. 태국에는 카우팟이라고 하는 복음밥이 있는데 태국 쌀이 우리나라 쌀과 달리 찰기가 없기 때문에 복아먹기에 알맞다. 들어가는 재료에 따라 이름이 다르다. 게가 들어가는 카우팟뿌, 새우가 들어가는 까우팟꿍, 그리고 돼지고기가 들어가는 카우팟무 등이 있다. 대표적인 생선요리로는 깽쏨이 있다. 태국음식 중에서 똠이나 깽이 들어가면 우리나라의 탕이나 찌개에 해당하는 음식이다. 깽쏨에서 쏨은 '시다'는 뜻이다. 맛이 매콤하면서 신맛이 있어 우리나라 김치찌개와 맛이 유사하다. 생선을 저민 것에 고추와 마늘, 빨간색 양파를 찧어 섞은 다음 새우와 소금을 같이 빻아서 숙성시킨 "까비"라고 하는 소스를 끓는 물에 넣어 만드는 찌개다. 유학 시절 지도교수는 미국에서 유학할 때 깽쏨이 먹고 싶을 때마다 슈퍼마켓에서 캔에 들어 있는 김치를 사다가 생선을 넣어 깽쏨을 만들어 먹었다고 한다. 그래서인지 한국 사람들이 처음부터 무난하게 먹을 수 있는 음식 중의 하나가 바로 깽쏨이다.

한쪽 옆에서는 서양 여자가 식사를 하고 있었다. 대화 소리가 우리 테이블까지 들려오는데 태국어를 곧잘 한다. 태국 음식이 맛이 다양해서인지 서양인들도 태국 음식을 즐겨 먹는다. 남의 집

음식이 더 맛있게 느껴지는지 가끔은 맛있는 태국 음식을 놔두고 서양 음식을 더 즐겨 먹는 태국인들이 있다. 태국의 "까이양"은 바비큐 치킨인데 특유의 소스를 발라 숯불에 바로 굽기 때문에 맛이 일품이다. 특히 쏨땀과 함께 먹으면 두 가지 음식 맛이 어우러져 더욱 맛이 나는데 가격도 매우 저렴하다. 그런데 태국인들은 그런 자국의 값싸고 맛있는 까이양을 제쳐두고 캔터키 프라이드 치킨 집에서 줄을 서서 먹는다.

옛 궁터

아유타야는 태국 역사상 가장 번영했던 왕조이고 33명의 왕이

태국어 잘하는 서양손님

다스렸던 나라인데도 그 수도인 아유타야 어느 곳을 둘러봐도 사원은 남아 있을지언정 왕궁은 거의 흔적도 없이 사라졌다. 대부분 버마와의 전쟁에서 소실되었다고 한다. 왕이 기거하면서 정사를 돌보는 건물을 태국어로는 프라티낭이라고 한다. 우리말로 옮기면 어좌인데 규모나 형식은 궁에 가깝다. 왓프라씨산펫 옆쪽에 넓은 공터가 있는데 이곳이 바로 과거 아유타야 시대의 어좌들이 세워져 있던 곳이다. 얼핏 보면 그냥 허허벌판 풀밭인데 안으로 들어가보면 곳곳에 작은 흔적들이 남아 있다. 그 흔적을 더듬어 왕궁터를 찾아가 보았다. 그래도 안내판에 복원도를 그려 놓아 대략 그 규모와 만듦새를 짐작할 수 있었다.

프라라마티버디 1세인 우텅왕이 1350년에 아유타야를 건국하고 나서 세 채의 어좌를 만들도록 하였다. ① 파이튠 마하쁘라쌋 ② 파이차욘 마하쁘라쌋 ③ 아이싸완 마하쁘라쌋 이렇게 세 개의 어좌는 현재 왓프라씨싼펫 사원 지역에 세워졌다 그리고 다시 ④ 망클라피쎅 마하쁘라쌋 ⑤ 뜨리묵 어좌를 더 건립하도록 하였다. 이 어좌는 초기에 일곱 명의 왕이 98년간 거처로 사용하였다.

1448년 프라버롬 뜨라이 록까낫왕(1448-1488)이 즉위하자 처음 세 채의 어좌가 있던 지역을 사원 용지로 하사하여 왓프라씨싼펫 사원으로 활용하고 왕궁을 본래 있던 지역에서 북쪽에 다시 세우도록 하였다. 이 지역은 롭부리강 가까이 위치하고 있는데 롭부리강은 북쪽의 해자 역할을 하였다. 그리고 나서 ① 벤짜랏따나 마하쁘라쌋과 ② 싼펫 마하쁘라쌋 두 채의 어좌를 더 세웠다. 이 지역에 어좌가 한 채 더 있는데 ③ 망클라피쎅 또는 위한쏨뎃 프라마하쁘라쌋이라고 부른다. 이 어좌는 어느 왕 때 세웠는지 알려진 바 없다. 이 세 채의 어좌는 16명의 왕이 182년간 머물렀다. 이

중에서 싼펫 마하쁘라쌋 어좌는 왕이 정사를 돌보거나 중요한 의식을 행하는 장소였으며 종종 외교사절을 영접하는 데에도 사용되었다.

그 후, 쁘라쌋텅 왕 시절에 왕궁을 확장했다. 왕궁을 왓프라씨싼펫 사원과 연결하고 두 채의 어좌를 새로 만들었다. 즉 ① 쑤리얏 아마린 ② 짝끄라왓 파이차욘 어좌가 바로 그것이다. 나라이왕 시절에는 반용 랏따낫 어좌를 만들었다. 그래서 아유타야 말기에 어좌는 모두 여섯 채였으며 1767년에 멸망하기까지 10명의 왕이 137년간 머물렀다. 쁘라쌋텅 왕은 1632년에 짝끄라왓 파이차욘 어좌를 세워 병사들의 훈련하는 모습을 관전하거나 오락을 관람하기도 하였다. 현재 방콕에 있는 두씻 마하쁘라쌋 왕궁은 아유타야의 쑤리얏 아마린 어좌를 모델로 모방하여 지은 것이다. 반용랏따낫 어좌는 왕이 휴식처로 사용하기 위해 지은 것인데 안

황량한 모습의 옛궁터

위한쏨뎃 어좌 복원도

싼펫쁘라쌋 어좌 복원도

쑤리얏 아마린 어좌 복원도

짝끄라왓 파이차욘 어좌 복원도

에 온천이 있고 연못이 있었다. 연못 한가운데 왕이 앉는 용좌가 있어서 여기서 승려의 법문을 듣기도 하고 별을 관찰하기도 했다고 한다.

옛 왕궁은 모두 8개의 초소가 있었으며 20여 개의 성문과 두 개의 수문이 있었다. 외곽 지역에는 짝끄라왓 파이차욘 어좌가 있고 왕실 내 여러 기관, 예컨대 배심원 법원, 왕실 법원, 회계청 등이 있다. 그리고 중심 지역에는 위한 쏨뎃, 싼펫 마하쁘라탓, 쑤리얏 아마린 어좌 등이 있고 코끼리와 말을 사육하는 우리가 있었다. 내곽 지역에는 반용랏따낫 어좌, 수라간, 의상실, 궁녀들의 처소 외에 몇 가지가 더 있었다.

뜨리묵 어좌는 현재 화석으로 발견되었는데 현 왕조의 라마 5세가 1908년 즉위 40주년을 기념하여 야외 휴식처로 재건한 후 왕실의 제례에 사용하도록 하였다. 라마 5세는 프라버롬 뜨라이 록까낫 왕과 같이 40년이 넘는 오랜 기간을 재위하였다. 그리고 파이차욘 벤짜랏 정원에는 왕실 재

뜨리묵 어좌의 모습

정을 담당하는 여러 기관들이 세워져 있었다. 또한 앙운 정원은 왕실정원으로 왕이 거처하는 싸깨우, 쑤언끄라따이, 쌀라루엇 등이 세워져 있었다. 그리고 왕실 사원인 왓프라씨싼펫 사원이 바로 이곳에 세워졌다.

왓니웻 탐마쁘라왓 랏차 워라위한 사원

왓니웻 탐마쁘라왓 라차 워라위한 사원은 왕실 사원 중의 걸작으로 꼽힌다. 탐마윳니까이 종파 소속으로 아유타야 주 방빠인군 반랜면에 위치하고 있다. 강으로 둘러싸인 조그만 섬에 자리잡고 있어 끄라차우라고 부르는 곤돌라를 타고 건너가야 한다. 먼저 와서 기다리고 있던 몇몇 사람들이 웃으며 인사를 건네온다. 한국에서 왔다고 하니까 환하게 웃으며 반색을 한다. 그리고 그중 한 사람은 "안녕하세요"하고 우리말로 인사한다. 예전에는 없었던 새로 생겨난 풍습이다. 한류가 태국에 상륙한 지 20년이 다 되어가는데도 한류 열풍은 식을 줄을 모른다. 본래 태국인들이 쉽게 싫증을 내는 성격이라서 나는 늘 태국에서 한류가 얼마나 지속될지 궁금했다. 한 번은 기회가 닿아 태국의 한 사회학과 교수에게 그 내용을 물어본 적이 있었는데 그는 지금의 십대 아이들이 한류를 좋아하니 아무래도 향후 몇 십년은 걱정하지 않아도 될 거라는 답변이 돌아왔다. 나도 별 이견이 없어서 대화는 거기서 끝났다. 동자승이 조작하는 조금 어설프게 만들어진 곤돌라는 그리 위험해 보이지 않고 오히려 약간의 긴장감과 즐거움을 더해 준다. 이미 강을 건너기 전에 사원의 모습이 부분적으로 시야에 들어오긴 하는데 금방 봐도 전혀 불교 사원 같지가 않다.

이 사원은 라마 4세가 방빠인 궁전에 머무를 때 불교 의식과 행사를 거행하기 위해 지었다고 한다. 건물이 서구의 고딕 양식으로 지어졌다. 이 사원의 법당도 기독교의 교회를 본떠 지었다. 법당으로 들어가니 한가운데 금으로 도금한 좌불을 주불로 모시고 있었

성당과 흡사한 모습의 사원

곤돌라를 타고 건너는 모습

십자가 자리에 안치된 불상

다. 이 불상은 태국 전통 예술과 서양 예술이 혼합되어 있는데 불상의 형상이 일반인의 모습을 하고 있다. 또한 주불의 안치대가 기독교의 십자가가 세워져 있는 제단의 모습과 유사하다. 주불 앞 벽에는 색유리로 치장된 라마 5세의 초상화가 있다.

밖에는 비를 청하는 간다라 불상이 하나 모셔져 있었다. 앉아 있는 모습의 좌불로 오른손을 들어 비를 청하고 왼손은 무릎 위에 올려 놓고 비를 받는 모습을 하고 있다. 이밖에도 톤부리시대 불상으로 뱀이 머리를 감싸고 있는 무찰란다 불상이 있고 말을 타고 있는 라마 4세의 모습의 동상이 세워져 있다. 수석 정원에는 왕족의 유골을 보관하기 위해 조성된 정원이 있다. 법당 앞에는 보리수 나무가 한 그루 있는데 라마 4세가 심어 놓은 것이라고 한다.

사원의 경내에 해시계가 하나 전시되어 있다. 기록에 보면 라마 5세가 당시 초대 수로청장이었던 로프터스(Captain Loftus)에게 명하여 만든 것이다. 그런데 그 이유가 서구 열강국들에게 태국인의 우수성을 알리기 위해서였다고 한다. 이것이 태국에서 만들어진 최초의 시계라고 볼 수 있다. 한국은 장영실이 자동으로 시간을 알려주는 물시계인 자격루를 만든 것이 최초의 시계였다. 라마 5세 재위기간이 1868~1910년인데 장영실이 1390년경 태어났으니까 시계에 관한 한 한국이 많이 앞섰다고 볼 수 있을 것이다.

태국 최초의 해시계

태국의 전통적인 불교 사원과 전혀 다른 모습을 하고 있는 이 사원은 매우 흥미롭다. 라마 4세는 무슨 생각을 하고 이렇게 엉뚱한 절을 지었을까? 아마도 왕위에 오르기 전에 오랫동안 승려 생활을 하며 서양 문화에도 관심을 가지고 있던 그는 태국의 전통문화를 서양 문화에 접목시켜 보고 싶은 욕구에서 시험 삼아 이 절을 지었는지 모른다. 어쨌든 방빠인 궁전에서 가까이 있는 이 사원을 돌아보니 붓다가 기독교 국가에 나들이하여 손님으로 묵고 있는 게스트하우스 같다는 생각이 들었다.

왓풋타이싸완 사원

풋타이싸완 사원은 짜오프라야강 서쪽 아유타야의 쌈파오롬 면에 위치하고 있다. 휴일이면 예불을 드리려는 인파로 붐빈다. 아유타야 시대에 이 사원은 왕실 사원으로 크고 유명한 사원이었다. 땀난에 의하면 아유타야가 주도가 되기 전에 라마티버디 1세인 우텅왕 시대에 야외 휴식처에 세웠다고 한다. 퐁싸와단에 보면 이곳 지명이 "위앙렉"으로 기록되어 있다. 우텅왕이 아유타야를 건국하고 나서 1353년에 이 사원을 세우고 후대 왕들이 증축해 나간 것으로 보인다. 1767년 아유타야가 멸망했을 때 다른 사원들과 달리 버마에 의해 파괴되지 않아 아직도 유물이 많이 남아 있다.

주요 볼거리로는 크메르 양식으로 경내 중간 지점에 크게 지어진 주탑이 있다. 불탑 아래 사각형으로 만들어진 입구에는 동쪽과 서쪽에 계단이 있고 북쪽과 남쪽에는 몬돕이 있는데 그 안에 주불이 모셔져 있다.

당시 소승불교의 고승이었던 코싸짠 스님의 숙소가 있는데 건물은 많이 낡은 상태여서 수리를 하고 있는 중이었다. 들어가 보지는 못했지만 안쪽에는 여러 신과 구도자들이 그 신에게 경배하는 모습, 붓다의 족적, 코싸짠 스님이 스리랑카 여행 시 탔던 돛단배가 그려져 있는 그림이 있다고 한다.

뒤쪽으로 돌아가니 조금 넓은 광장이 나온다. 꼭 시골집 뒤곁처럼 앞에서는 보이지 않아 감추어 놓은 공간처럼 보였다. 꽤 넓은

사원의 전경

누워 있는 와불상의 모습

공간인데 여기저기 사람들이 삼삼오오 모여 사진을 찍고 있었다. 입구 쪽에 지붕 없는 법당이 하나 있고 그 안에 꽤 규모가 큰 와불상이 하나 누워 있었다. 황색 가사를 두르고 누워서 미소 짓고 있는 와불상이 매우 평온해 보였다. 몇 군데 드라마 <붑페싼니왓>의 배너 간판도 보인다.

왓파난청 워라위한 사원

왓파난청 워라위한 사원은 아유타야가 수도가 되었을 때 세워진 대승불교 사원으로 아유타야의 성 남쪽, 그러니까 짜오프라야강 서쪽에 위치하고 있다. 행정구역은 아유타야 시 롯클렁쑤언플루면이다. 왕실 사원 순위로는 15위이며 안치되어 있는 불상은 대승불교의 불상 이미지가 있는데 이 불상의 이름을 따서 사원의 이름이 붙여졌다. "파난청"은 '앉아서 참선하고 있는 붓다'의 의미이며 오른손은 무릎 위에 얹고 왼손은 배꼽 위에서 손바닥을 위로 하고 있는 모습을 하고 있다. 이런 불상을 빵마라위차이라고 하는데 태국에서 이런 자세로 앉아 있는 모습을 한 가장 큰 좌불상이다.

본존불로 안치된 이 좌불상은 무릎 간 거리가 14.5m, 높이 19m의 큰 불상이다. 법당 내부에 사면의 벽에 공간을 만들어 84,000개의 작은 불상을 모셔 두고 있다. 아유타야를 건립하기 전 1324년에 만든 것으로 보이나 누가 세웠는지는 정확히 알 수 없다. 1901년 불상의 가삼이 번갯불로 소실되자 1928년 복원하였다. 이후 2006년에 불상에 금박을 입히고 대대적인 복원 사업을 진행하였다.

본존불 모습

법당 안의 삼불상

전해져 내려오는 이야기에 의하면 아유타야가 버마에 멸망될 때 본당의 본존불상인 좌불의 두 눈에서 눈물이 흘러내렸다고 한다. 그래서 주민들의 불상에 대한 경배심이 높아졌다. 매년 축제 기간에 사람들이 모여 경배한다. 본 법당 안에 세 개의 큰 불상이 안치되어 있는데 왼쪽에 쑤코타이 시대 좌불상이 모셔져 있다. 이 금불상은 무릎 간 거리는 1.59m이며 높이는 2.07m이다. 그 다음 가운데에 아유타야시대 좌불상이 있는데 무릎 간 거리가 2m이고 높이가 2.78m이다. 그리고 오른쪽에 쑤코타이 시대 좌불상이 있는데 무릎 간 거리 1.88m이고 높이는 2.5m이다.

왓야이 차이몽콘 사원

왓야이 차이몽콘 사원은 아유타야에서 역사적으로 매우 중요하고 관광객이 가장 많이 몰리는 사원 중의 하나이다. 이곳에는 아유타야에서 가장 높은 불탑을 비롯한 뛰어난 건축물들이 있다. 사원 뒤쪽에는 나레쑤안 대왕으로 거처가 있는데 들어가 경배할 수 있다. 사원 주변에 아름다운 정원이 있어 시민들의 휴식처가 되고 있다.

왓야이차이몽콘 사원은 오래된 절로 아유타야 초기 라마티버디 1세인 우텅왕 시대에 세워졌다. 땀난에 의하면 1357년 우텅왕은 콜레라로 죽은 '짜오깨우'의 시신을 파내 화장하도록 하고 그를 위해 "왓빠깨우"라는 절을 세웠다. 후에 왓빠깨우 사원의 승려들이 스리랑카로 소승 불교 유학을 하고 돌아왔다. 이 승려들은 백성들로부터 존경을 받게 되고 이에 따라 이 사원에 출가하여 붓다의 가르침을 배우는 사람들이 많아졌다. 그러자 우텅왕은 이 종파의 우두머리를 코싸짠과 더불어 상장경 교법을 배우는 승왕의 지위를 갖도록 했다.

역사적으로 얽힌 또 한 가지 사건은 이 사원의 법당에서 쿤워라옹과 쑤다짠을 제거하기 위한 모임을 가졌었다는 것이다. 쑤다짠은 온갖 계교와 술수로 왕비의 자리에 올라 폭정을 일삼던 여인이었다. 그때 거사가 성공하여 1561년에 출가하여 수도 생활을 하고 있던 짝끄라팟왕을 옹립할 수 있었다. 짝끄라팟왕은 나중에 쑤다짠의 아들 프라씨씬이 나이 20세 때 역모를 일으켰는데 이때 길시를 알려준 승왕을 처형하도록 했다. 버마군과 전쟁에 코끼리를 타고 참전하여 기상전을 벌이다 죽은 쑤리요타이는 바로 짝끄라팟왕의 왕비였다.

1591년 나레쑤안 대왕은 이 사원의 주탑을 복원했는데 이는 나레쑤안 대왕이 버마의 침략을 물리치고 승리한 것을 기념하기 위한 것이었다. 그래서 사원의 이름을 '복된 승리'의 의미를 지닌 왓야이차이몽콘으로 지었던 것이다.

이 사원이 주탑은 전승 기념탑으로 나레쑤안 대왕이 쑤판부리 넝싸라이에서 홍싸와디의 부왕 망까여차와를 물리쳐 이긴 것을 기념하기 위해 세운 것이다. 버마군이 국경을 넘어 진격해오자 나레쑤안과 동생 프라엑까톳싸롯이 코끼리를 타고 전쟁터로 나갔다. 전쟁이 시작되고 나레쑤안 왕의 코끼리가 적진 한가운데로 돌진하였다. 이때 버마군은 나레쑤안 왕이 탄 코끼리를 향해 총을 쏘고 있었는데 아유타야의 군사령관이 미처 나레쑤안 왕을 따라가지 못했다. 나레쑤안 왕은 적진의 버마의 부왕을 향해 직접 나와서 승부를 겨루자고 소리쳤다. 그러자 바로 버마의 부왕이 코끼리를 몰고 나와 나레쑤안왕을 대적하였다. 싸움이 시작되고 얼마

사원 주변의 휴식처

주탑과 그 앞에 있는 법당의 모습

주탑에서 내려다본 전경

안 있어 나레쑤안 왕의 어검이 버마의 부왕을 베어 물리치고 승리를 거두었다.

아유타야로 회군한 후에 나레쑤안 왕은 적군과 싸울 때 자신을 따라오지 못한 장수를 처벌하고자 하였다. 군법에 따르면 사형에 처할 중죄였다. 처형을 기다리던 중 승왕과 25명의 승려가 용서할 것을 간청하였다. 승려들은 나레쑤안 왕의 후광이 붓다와 같이 빛나고 권위와 위엄이 전 나라에 미치니 잘못된 장수를 용서함으로써 왕의 자비심을 보이는 것이 좋겠다는 이유를 들었다. 나레쑤안 왕은 큰 법당을 세워 버마와의 전승을 기념하고 잘못한 장수들에게 인정을 베푼 것을 기리도록 하였다. 그래서 불탑의 이름을 '차이몽콘탑'이라 짓게 되었다. 이는 '복된 승리의 탑'이란 뜻이다.

나레쑤안 왕은 지혜와 용맹을 두루 갖춘 군주였다. 그는 버마의 1차침공으로 아유타야가 패배했을 때 버마로 끌려가 어려운 시

차이몽콘 탑

절을 보냈다. 그러나 아유타야로 돌아오고 나서 왕위에 오른 그는 버마의 재침공을 물리치고 크메르의 도전을 훌륭하게 이겨냈다. 나레쑤안 왕의 활약으로 아유타야가 버마의 속국으로 전락했다가 독립을 되찾던 시기에 조선은 성리학에 바탕을 두고 바른 정치를 꿈꾸던 때였다. 당시 조선에서는 네 차례의 사화를 겪으면서 많은 사대부들이 죽어나갔다. 16세기 후반에 이르러 도학에 입각하여 나라를 이끌어 가겠다는 도학의 시대가 시작되고 사대부들의 당파싸움이 거세졌다. 나라가 어지러워지는 가운데 일본이 침략하여 임진왜란을 일으켰다. 유럽에서는 르네상스에 이어 종교개혁이 일어나는 한편, 아메리카와 아프리카, 아시아를 대상으로 한 식민지 사냥이 시작되고 있었다.

나레쑤안 왕은 임진왜란 당시 명나라에서 조선을 돕기 위해 파병을 한다는 소식을 접하자, 명나라에 사신을 보내 아유타야도 군대를 보내겠다는 뜻을 전했다. 아유타야 군대의 조선 파병 여부를 상세히 기록한 문건은 없어 정확한 사실 관계를 확인할 수 없지만 당시 몇몇 기록을 보면 전혀 근거가 없는 것은 아닌 것 같다. 당시 조선에 파견된 명나라 군대는 다국적군이었던 모양이다. 조선왕조실록 선조 26년 4월 10일자를 보면 이항복이 명나라 군영을 돌아보고 선조에게 보고한 기록에 다음과 같은 내용이 있다.

> 신이 또 문안 인사차 부총병 유정을 찾아갔는데 (중략) 사용하는 여러 가지 무기를 꺼내 보여주고 거느리고 있는 군대의 면모를 보여주는데 섬라, 도만, 소서천축, 육번, 득릉국, 묘자, 서번, 삼색, 면국, 파주, 당파 등 투화(投化)한 병사들을 좌

우로 도열하게 하여 차례로 그들의 묘기를 하루 종일 보여 주었습니다.

위에서 섬라(暹羅)라고 표기한 나라는 오늘날의 태국을 지칭하는 말이다. 임진왜란 당시 일본군은 조선의 추위가 일본의 겨울과는 비교도 안 될 정도로 혹독해서 고통을 겪었다고 하는데 상하의 나라 섬라국 병사들이 느꼈을 고통은 어떠했을까? 한국전에 참여한 태국의 참전 용사들이 인터뷰한 내용을 보면 가장 무서운 것이 중공군이나 인민군이 아니라 뼛속을 파고드는 겨울의 추위였다고 한다. 하물며 먹을 것과 입을 것이 오늘날에 비해 무척이나 빈약했을 16세기에 머나먼 조선으로 파견되어 일본군와 싸웠을 섬라국 병사들의 애환은 말로 표현하기 어려울 정도로 힘들었을 것이다. 어쨌거나 버마와 캄보디아 사이에서 여러 가지 위협을 받고 있던 16세기 아유타야의 군주 나레쑤안 대왕이 조선의 안위를 걱정해주었다니 여간 고마운 일이 아닐 수 없다.

이 사원의 법당은 처음 우텅왕 시대에 세워졌으며 주로 참선과 여러 의식이나 행사를 치르는 데 사용되었다. 또한 이 법당은 쿤워라웡싸와 쑤다짠을 몰아낼 음모를 꾸민 장소이기도 하다. 이 음모는 피렌텝이 주도하여 일어났는데 왕권 쟁탈 싸움에서 벗어나기 위해 왓라차쁘라왓탄 사원에서 출가수행 중이던 왕실의 후손인 티안라차를 왕으로 옹립하기 위한 것이었다. 이때 촛불로 점을 쳤는데 그 방법은 간단하다. 두 개의 초를 준비해서 하나는 쿤워라웡싸, 다른 하나는 티안라차의 분신으로 보고 동시에 불을 붙이는 것이다. 그런데 쿤워라웡싸의 분신인 초가 먼저 꺼져서 거사는 성공할 것이라 믿었다. 실제로 거사는 성공해서 티안

주탑에서 내려다 본 법당의 모습

라차는 왕위에 올랐는데 그가 바로 아유타야 왕조 15대 짝끄라팟 왕이다.

법당 내부에는 중요한 불상이 여럿 있다. 그중에서 특히 본존불은 다른 불상과 다른 면이 몇 가지 있다. 우선 불상 전체를 사암으로 만들고 가사를 두른 부분은 옻칠을 하고 금박은 입힌 후 구슬로 치장했다. 또, 가사를 두르지 않은 부분은 그대로 사암으로 만들어 매우 아름답게 보인다. 이 불상은 우텅왕 시대에 만들어졌으며 가부좌를 틀고 앉아 있는 좌불상이다.

안으로 들어가는 문을 지나면 왼편에 와불인 풋타싸이얏 불상을 모신 법당이 있다. 이 법당은 나레쑤안 대왕 시절에 참선과 경배를 목적으로 만들어진 것이다. 1956년에 복원사업을 진행

경내에서 사진찍는 젊은이들

프라픗타싸이얏 법당의 와불상

하였다. 건물은 불당 형식으로 지어졌는데 본래 북쪽으로 두 개의 출입문이 있었던 것으로 추정되나 현재는 남아 있지 않다. 내부에는 사각형의 창문이 네 개 있다. 건물 기둥은 꼭대기에 둥근 원형으로 연꽃모양으로 치장했던 흔적이 남아 있다. 불당의 중심부는 동쪽을 향하고 있는데 바로 사원의 앞쪽이다. 후에 복원 작업이 이루어져 이쪽에서 불당 뒤쪽으로 사진을 찍으면 우람하게 높이 솟아 있는 차이몽콘 불탑이 보인다. 좀 더 걸어가면 왼쪽에 씻티차이 지신 사당이 나온다. 사원을 나오면서 보니 조그만 정원처럼 느껴지는 공간이 몇 군데 있다. 주민들이 모여 서로 담소를 나누기도 하고 젊은 연인들이 사진을 찍기도 한다. 태국인들에게 불교 사원은 늘 생활 속에 자리잡고 있는 삶의 공간임을 보여주는 장면이다.

방빠인 궁전

방빠인 궁전은 아유타야 주 방빠인군 반랜면에 위치해 있다. 아유타야 섬에서 남쪽으로 18km 떨어져 있다. 아유타야 시대부터 있던 고궁으로 쁘라쌋텅 왕이 건립한 것이다. 왕 자신이 태어난 곳이어서 그곳에 세운 것인데 수도 아유타야 시에 가까이 있어 왕들이 휴식처로 사용하였다. 버스로 가는 경우에는 북부터미널에서 방콕-방빠인행 버스를 타고 하차 후 뚝뚝을 타고 방빠인까지 가야 한다. 기차를 타고 갈 경우 후아람퐁역에서 타면 된다. 방빠인 역에서 하차 후 대중교통을 이용하여 가면 된다.

이 궁전은 아유타야가 멸망하고 한때 황폐하게 버려져 있었다. 그 후 라마 1세가 싸라부리에 붓다의 족적에 경배하러 간 적이 있었다. 이때 동행했던 시인 순턴푸가 방빠인 궁전에 대해 글을 쓰면서 다시 알려지게 되었다. 나중에 라마 5세 때 왕궁 복원작업을 했는데 어좌, 별장, 그리고 여러 왕의 숙소 등이 복원되었다. 이후 외국의 외교사절을 위한 영빈관이나 연회장으로 사용하여 왔다. 현재 방빠인 궁전은 왕실에서 관리하고 있는데 왕과 왕실의 거처로 사용되기도 하고 왕실의 제례와 의식 등에 사용된다. 일반 국민들에게도 공개하여 관광객들이 들어가 관람할 수 있다.

방빠인의 유래

본래 방빠인은 반랜섬이었다. 전해져 내려오는 이야기에 의하면 쏨뎃프라싼펫 3세(1605-1610)가 부왕(副王) 시절에 물길을 따라 외지로 여행하다 방빠인 근처에 다다라 폭풍으로 배가 전복되었다.

부왕은 겨우 헤엄을 쳐서 방빠인 섬에 올라와 주민들과 같이 지내게 되었다. 이때 섬에 살던 여인 하나를 궁녀로 삼았다. 그 여인 이름이 "인"이어서 섬 이름을 "방빠인"이라고 부르게 되었다. 궁으로 돌아갈 때 "인"을 데리고 갔는데 나중에 후궁이 되어 왕자를 낳았다. 그 왕자가 바로 쁘라쌋텅 왕이 되었다고 한다.

1632년 쁘라쌋텅 왕(1630-1656)은 즉위하고 나서 어머니가 살던 곳에 절을 짓게 하고 그 사원을 "왓춤폰니까야람"으로 명명하였다. 그리고 왕비가 공주와 왕자를 출산한 것을 경축하기 위해 어좌를 만들고 "아이싸완 팁파야앗" 어좌로 이름지었다. 아유타야가 멸망하기 전까지 방빠인 궁전은 대대로 왕들이 여름에 기거하는 거처였다.

아유타야 멸망 후 황폐화되고 잊혀졌던 방빠인 궁전은 현 왕조의 라마 1세 왕이 아유타야에 갔다가 방빠인 궁전의 주변이 시원하고 경관이 뛰어난 데다 옛 아유타야 시대 궁전인 것을 알고 이를 복원하도록 하였다. 현 짝그리 왕조의 라마 4세는 방빠인이 물 한가운데 있는 섬으로 수로를 통한 접근성이 뛰어나고 여러 작물들이 잘 재배되는 점 등을 고려하여 어좌를 만들고 오늘날 거처하기에 필요한 부속 건물을 세웠다. 왕궁은 다음과 같이 두 구역으로 나누어진다.

외곽 지역

외곽지역은 주로 현 국왕이 대중과 함께하는 의식을 거행하는 장소로 사용되고 있다.

헴몬티안 테와랏 또는 쁘라쌋텅 신전

1972-1876년에 건립한 것으로 석탑 모양을 하고 있다. 크메르 양식을 모방하여 지어졌으며 연못가 보리수나무 아래 쁘라쌋텅 왕의 신상이 안치되어 있다.

아이싸완 팁파야앗 어좌

프라버롬 마하랏차 왕의 아펀피목 어좌를 모방하여 지은 것으로 연못 한가운데 있는 매우 아름다운 건물이다. 라마 6세가 라마 4세의 실물크기 청동상을 제작하게 하여 이곳에 세웠다. 이는 라마 4세가 육군 원수가 된 것을 경축하기 위한 것이었다.

워로팟피만 어좌

라마5세가 1872년 외부로 나와 기거할 숙소로 지은 2층 건물로 지금도 왕실 가족이 방빠인으로 오게 되면 이곳에서 기거한다.

싸파카라 랏차쁘라윤

물가에 세워진 2층 건물로 라마 5세가 1876년에 세웠다. 여동생과 궁정의 남자 관리 숙소로 지었던 것인데 현재는 방빠인 궁 관련 전시회 개최 장소로 사용되고 있다.

천막 모양의 어좌

전망대 형식으로 지은 천막 모양의 건물 라마 6세가 세웠다. 아이싸완 팁파야앗 어좌가 바로 보인다.

수상 어좌

라마 5세가 건립한 것으로 태국식 수상가옥으로 티크 목재로 짓고 지붕은 야자 나무로 만들었다. 내부에는 방이 있다. 라마 5세가 수로로 외유 중 쉴 수 있는 숙소로 만든 집이다.

내곽 지역

왕궁의 외곽 지역과 내곽 지역은 다리로 연결되어 있다. 다리는 중앙에 미늘문으로 막아서 왕실의 궁정 일을 보는 남녀 통행로가 구분된다. 즉, 한쪽은 남자, 다른 한쪽은 여자들의 통로이다. 그래서 서로 보이지 않는 구조로 되어 있다. 워라팟피만 어좌에서 내곽지역으로 들어가는 테와라차칸라이 문을 연결하는 형태로 만들어 졌다. 안쪽에는 왕비와 왕실의 여인들, 궁녀들의 숙소 등이 있다. 내곽 지역에는 다음과 같은 건물이 있다.

우타얀 푸미싸리안 어좌

방빠인 궁전의 주 어좌로 본래 2층의 목조건물로 지어졌다. 연

초록과 진한 초록을 교차로 채색하여 은은함을 느끼게 한다. 1938년 복원작업 진행 중 화재로 건물 전체가 소실되어 라마 9세의 씨리킷 왕비가 현재의 어좌를 새로 짓도록 명하였다. 그래서 지어진 건물은 현재 왕실의 숙소나 외교사절을 접대하는 영빈관으로 사용하고 있다.

위툰탓싸나 전망대

라마 5세 때 건립한 전망대이다. 본래 코끼리 떼와 주변 경관을 관찰할 목적으로 지은 3층 건물로 노란색과 빨간색을 교차로 채색하였다.

붑파쁘라팟

라마 5세 때 왕실 정원 안에 휴식을 목적으로 지은 중국식 정자이다.

웨핫짬룬 어좌

중국양식으로 지은 마지막 어좌로 중국계 태국인이 라마 5세에게 헌정한 것이다. 현재 왕실 제례에 사용하고 있다.

내궁 숙소

왕비와 왕실의 여인 또는 궁녀들의 숙소이다. 서양식 단층 건물 또는 단층 연립주택으로 현재 일부는 철거한 상태로 있다.

기념탑

라마 5세가 세우도록 한 기념탑으로 같은 해에 세상을 떠난 6인의 왕족을 추모하기 위해 세웠다.

왕궁문

수로를 통해 왕궁으로 드나드는 출입문으로 모두 여덟 개의 문이 있다.

물에 빠져 죽은 왕비의 슬픈 사연

쑤난타 왕비는 라마 4세의 82명 자녀 중 50번째 순위로 태어났다. 라마5세의 후궁이 되었는데 1880년 5월에 라마 5세는 모든 후궁들과 함께 방빠인 궁전으로 가도록 배편을 준비하라고 명하였다. 이때 쑤난타 왕비는 일행과 같이 움직이기 힘들어 먼저 출발했다가 동행한 공주와 5개월 된 뱃속의 아이 모두 배가 뒤집혀 사망하였다. 사망한 장소는 논타부리주 빡끄렛군 방풋면이다. 라마 5세는 방빠인 궁전 안에 추념비를 세웠다. 전해져 내려오는 이야기에 의하면 당시 이를 목격한 백성들이 많았는데 아무도 왕비를 구하지 못했다고 한다. 당시 왕비는 백성들의 신체적 접촉이 불허되었기 때문이다. 참으로 안타깝고 애달픈 일이 아닐 수 없다.

비운의 쑤난타 왕비 추모비 설명문

방빠인 궁전은 외교 사절을 접대하는 영빈관으로 사용되기도 하였다. 1891년 3월 20~24일에 라마 4세 때 러시아의 외교사절을 접대하는 행사가 열렸다. 이때 행사가 아주 성대하게 치러져서 후에 무슨 행사가 성대하게 열리면 "러시아 짜아르 환영행사 같다"는 말이 생겨났다. 지난 라마 9세 때 네덜란드 왕비, 덴마크 왕비, 엘리자베스 영국 여왕, 일본 왕자 등을 영접한 바 있다.

두 공주의 죽음

씨위라이락 공주는 라마 5세의 딸로 아버지가 등극하기 전에 태어났다. 라마 5세와 동고동락하며 자랐는데 라마 5세는 씨위라이락 공주가 죽었을 때 다비식을 아주 성대하게 거행하였다. 그래서 그 당시 다비식에 참석하지 못한 사람은 '왕실 사회 밖의 사람'이라고들 했다. 이때 윌라이락 공주와 절친했던 짠트라쌋타완 공주가 너무 상심한 나머지 운명을 달리했다. 크끄릿 쁘라못이 저술한 역사 소설 씨팬딘에 이를 "공주 한 분을 하늘로 보냈더니 다른 공주 한 분의 시신이 하늘에서 내려왔다"고 표현하였다.

라마 7세가 왕자 시절이었던 1918년 8월 26일에 이곳에서 결혼식을 올렸다. 와로팟피만 어좌에서 열린 이 결혼식은 서양식으로 이루어져 신랑·신부가 본인의 자유로운 의사에 따라 결혼하는지 등의 문답이 오갔다. 이 결혼식의 답례품은 다이아몬드 반지였다고 한다.

라마 4세는 왕실의 위패나 자신과 왕비의 중국어 서명을 만들도록 했다. 그래서 이를 방빠인 왕궁의 아마린트라 위닛차이 어좌, 암펀싸탄 프라랏차왕두씻 어좌 그리고 웨핫짬룬 어좌에 비치해 놓았다.

왕실의 제례는 라마 5세 때부터 시작되었다. 방빠인 궁전의 웨핫짬룬 어좌에 위패를 모셔놓고 뜨룻찐 하루 전날 제례를 지냈다. 뜨룻찐은 '중국 설날'이란 뜻인데 한국의 구정과 같은 날이다. 라마 9세는 매년 씨리킷 왕비와 함께 방빠인 궁에 와서 손수 제례를 거행했는데 현재는 다른 왕족을 시켜 제례를 지내도록 하고 있다.

방빠인 궁전은 푸미폰 국왕과 왕족의 거처로 사용되었고 왕실의 제례를 지내고 외교사절을 영접하는 영빈관이기도 하지만 일반인이나 관광객들이 들어가 관람할 수 있도록 개방하고 있다. 와로팟피만 어좌는 남성의 경우 짧은 바지나 단정하지 못한 옷차림을 금하고 있으며 여성의 경우에는 치마를 입어야 입장할 수 있다. 필요한 경우 군경비소에서 치마를 빌려 입을 수 있다. 와롯팟피만 어좌와 웨핫짬룬 어좌는 문화 해설사가 설명을 해준다. 사진촬영은 금지된다. 우타얀 푸미싸티안 어좌는 입장 불가라서 관람하지 못한다.

외국인 마을

아유타야는 중국, 베트남, 인도, 일본, 페르시아, 그리고 나중에는 포르투갈, 스페인, 네덜란드, 프랑스 등의 나라들에게 도성 외곽에 한해 집단 거주지를 허용함으로써, 국제무역에 대해 매우 개방적 태도를 보였다. 그래서 16세기의 외국 상인들은 아유타야를 동양에서 가장 크고 부유한 나라로 묘사했다. 포르투갈은 말라카를 정복한 직후인 1511년, 아유타야의 라마티버티 2세(1473-1529)에게 외교사절단을 파견했다. 이들은 포르투갈 왕국과 싸이암 왕국 사이에 우호관계를 수립한 후, 포르투갈 국왕에게 보내는 친서와 선물을 지닌 아유타야의 싸이암 외교사절단과 함께 돌아갔다. 아유타야는 포르투갈과 최초의 관계를 수립한 지 5년이 지난 후에 통상조약을 맺었다. 이후 1592년에는 네덜란드와도 유사한 조약을 체결하여 쌀 교역 특혜를 주었다.

네덜란드 마을

일본 마을의 전시관

포르투갈 마을의 전시관

나라이(1657-1688) 왕 때 아유타야는 외국인들과 적극적인 통상외교를 펼쳤다. 일본과의 상업적 관계는 거부했지만 네덜란드 및 영국의 교역 회사들에게는 공장을 지을 수 있게 허락했다. 또한 아유타야는 외교사절단을 파리와 헤이그까지 파견했다. 이러한 외교정책을 통해 네덜란드로 하여금 영국과 프랑스를 견제하도록 했다. 그래서 강대국 어느 하나 아유타야에 지나친 영향력을 행사하지 못하도록 했다. 아유타야가 외국과의 교역을 위해 도성 외곽에 주거를 허락하여 생겨난 네덜란드 마을과 일본 마을 그리고 포르투갈 마을은 지금도 그 흔적이 많이 남아 있다.

그러나 1664년에 네덜란드는 무력을 사용해 치외법권 부여 및 보다 자유로운 교역조건을 아유타야에게 강요했다. 사태가 새로운 국면에 다다르자 나라이 왕(1656-1688)은 당시 아유타야 외교업무를 맡고 있던 콘스탄틴 파울콘(Constantine Phaulkon)을 통해 프랑스에게 원조를 청했다. 그 결과 프랑스 기술자들은 아유타야에 들어와 새로운 성들을 건설했고, 나라이 왕을 위해 롭부리 지역에 왕궁을 짓기도 했다. 이때 프랑스 선교사들이 나라이 왕이 기독교로 개종할 수도 있다는 보고를 올리자 루이 14세가 깊은 관심을 보였다고 전해진다.

나라이 왕 시절에 프랑스의 외교 사절단은 아유타야의 왕을 기독교로 개종시키고 태국을 기독교 국가로 만들고 싶었던 모양이다. 드라마 <붑페싼니왓>에서 개종을 권유하는 프랑스 외교 사절단에게 나라이 왕이 하는 말은 매우 합리적이고 타당성 있어 보인다. 나라이 왕의 당시 어록을 옮겨 보면 다음과 같다.

"모든 종교는 선을 행하고 그것을 통해 죄를 사하도록 가르치고 있다. 종교를 가진 군주는 그렇지 않은 군주보다 나라를 더 잘 다스릴 것이라고 나는 믿는다. 그대들은 걱정하지 말고 우리 백성들에게 그대들의 종교를 가르쳐라. 이 나라는 백성들의 종교에 제약을 두지 않는다. 짐은 아직 기독교를 잘 모른다. 그래서 짐도 그대들의 종교에 대해 공부 좀 해보고자 한다. 그러나 그대들의 왕은 현명하신 분이기 때문에 2,000년 넘게 신봉해온 종교를 바꾼다는 것이 얼마나 어려운 일인지 알 것이다. 그러나 그렇다고 해서 불가능한 일 또한 아니다."

한국의 조선왕조실록처럼 당시의 국왕에 대한 기록이 엄격하고 상세하게 기록된 바는 없지만 프랑스의 종교적 강요에 대해 나라이 왕이 아주 잘 대처한 것은 분명해 보인다.

아유타야에서는 귀족 관료와 서양 세력 간의 갈등이 깊어 갔다. 파울콘의 주도로 프랑스 세력이 아유타야에 진출하게 되자, 귀족들과 관료들이 강한 거부감을 나타내기 시작하였다. 나라이 왕이 사망하자 세양 세력에게 반감을 가지고 있던 프라펫라차가 정변을 일으켜 기독교인이었던 왕세자와 파울콘 그리고 많은 선교사들을 처형시켰다. 프라펫라차(1688-1703)는 왕위를 찬탈하고 남아 있던 외국인들을 추방시켰다. 일부 학자들은 아유타야가 이 시기를 기점으로 서양 세력을 멀리하고 중국 상인들을 가까이했다고 주장하는 반면에 다른 일각에서는 유럽에서 18세기 중엽에 발생한 전쟁과 갈등으로 인해 유럽 상인들의 교역 활동이 감소한 것으로 보는 시각도 있다.

아유타야에 서양 세력들이 진출한 17세기 무렵에 조선에서 당파 간 갈등이 심화되고 있었다. 임진왜란이 끝나고 명나라가 쇠약해지자 여진족이 세운 청나라가 득세하였다. 청나라에 대한 대응 방안을 놓고 싸우던 조선의 조정은 결국 강경책이 힘을 얻게 되었다. 그러자 청나라가 조선을 두 차례에 걸쳐 침략하게 되고 조선은 어쩔 수 없이 굴복하고 말았다. 이를 계기로 사대부들의 명분과 실리를 둘러싼 당파 싸움이 더욱 심화되었다. 서양에서는 영국과 프랑스의 식민지 사냥이 계속되고 영국에서는 청교도혁명과 명예혁명이 일어났다. 이로써 절대왕정이 붕괴되고 의회제도를 기반으로 하는 근대 정치에 대한 실험이 시작되었다.

중국인의 유입과 태국의 화교 사회

태국은 여러 종족이 모여 살고 있는 다종족 국가인데 태국 사회에 가장 잘 적응하면서 자연스럽게 동화된 것은 중국인들이라고 볼 수 있다. 중국인들은 13세기부터 태국에 유입되기 시작한 것으로 알려져 있다. 그러나 중국인들이 본격적으로 태국에 이주해오기 시작한 것은 아유타야 시대 때부터이다. 주로 상업을 목적으로 태국으로 건너온 중국인들은 대부분 미혼이었고 이들이 태국인 여자와 결혼하여 낳은 자녀들은 '룩찐'이라 불렀다. 16세기경에는 아유타야 전체 인구의 1/4이 룩찐이었다고 한다. 중국인들은 그들이 가진 근면성과 뛰어난 적응력으로 빠르게 태국 사회에 정착하였다.

그리하여 나라이 왕 때에 이르러 중국인들은 다른 나라 사람들과 달리 외국인 취급을 받지 않았다. 그 후 라마 1세(1782-1809) 때에 방콕을 수도로 정하면서 대규모 토목공사가 벌어지자 여기에

드라마 <랏따나꼬신>의 포스터

참여하기 위해 많은 중국인들이 태국으로 건너오게 되었다. 특히 1860-1930년 사이에 '중국인 인력수출' 계획에 따라 대규모의 중국인들이 또다시 태국으로 이주해왔다. 당시 많은 중국인들이 돗자리 하나와 베개 하나만을 들쳐 메고 뱃길을 통해 태국으로 들어왔다. 이 사람들은 성실하고 근면하여 자수성가한 사람이 많은데 라마 3세까지 거치는 동안 50개 가문의 갑부가 생겨났다고 한다. 그리하여 1825년 23만 명이던 중국계 인구는 1910년경에 79만 명을 넘어서게 되고 1932년에는 태국 전체 인구의 12.2%를 차지하게 되었다.

이렇게 태국 땅에 정착한 중국인들이 본국으로 돌아가지 않고 태국 땅에 뿌리를 내리고 살게 된 것은 태국의 문화적 포용 정책에 힘입은 바가 크다. 드라마 <랏따나꼬신>의 주제가를 보면 얼마간 당시의 상황을 짐작할 수 있다.

… รัตนโกสินทร์ คือแผ่นดิน ที่หล่อหลอม หัวใจ
ร้อยความรักรวมผู้คน มากมายอาศัยอยู่ร่วมชายคา
เชื้อชาติไหนก็พี่น้อง ล้วนพวกพ้อง ข้องเกี่ยวนาน เนิ่นมา
ทุกชีวิตมีสุขใจใต้ฟ้า...ใต้บารมี จักรีวงศ์
และเมื่อความรักของเราเกิดขึ้น จากดวงใจสองดวงที่ซื่อตรง
บนแผ่นดินแห่งความรัก ด้วยศรัทธาที่มั่นคง
รักย่อมยืนยงตลอดไป ขอแค่มีเธอกับฉัน และมีรักที่ผูกพันหัวใจ
ก็สุขแล้วบนแผ่นดินกว้างไกล แห่งรัตนโกสินทร์ …

랏따나꼬씬은 여러 마음을 다스리는 땅
서로 사랑하는 많은 사람들이 같은 처마 밑에 모여 살아간다.
종족이 어떻든 간에 모두 형제가 되고 오랫동안 더불어 살면서 친구가 되어
짝끄리 왕조 은덕 아래서 천하의 뭇 생명들이 모두 행복하였노라.
사랑의 대지 위에 견고한 믿음으로
진솔한 두 마음에서 우리의 사랑이 싹텄을 때
그 사랑은 영속하리라… 단지 그대가 나와 함께 있고 마음으로 맺어진 사랑만 있기를 바라노니
랏따나꼬신의 드넓은 대지 위에서 우리는 행복하리라.

이 드라마의 앞부분에 보면 주인공 아버지가 두 아들을 중국으로 유학을 보내 글을 배우고 과거를 보게 하려고 하자 어머니가 이를 반대한다. 그 이유는 당시 태국의 왕이 언어가 다르다고 차별하지 않는다는 것이다. 그래서 태국에 살면서 중국인처럼 머리를 길게 땋아 늘이고 살아도 누가 뭐라고 하는 사람 없고 설날에는 신에게 경배하고 청명 때에는 조상신에게 제사 지내고 하는 것

들을 다할 수 있음을 상기시킨다. 그러면서 왜 굳이 아이들을 중국인으로 키우려고 하느냐고 반문한다. 오늘날 중국계 태국인들이 동화되어 살아가는 과정과 배경을 미루어 짐작할 수 있는 대목이다.

이렇게 태국으로 이주해오는 중국인들을 동화시키기 위해 여러 정책을 썼다. 나라이 왕 시대에는 외국인과의 혼인을 금지하는 법에서 중국인은 예외로 하였다. 라마 5세 때 이르러서는 중국인들은 태국인들과 같은 노동의 기회와 이익을 추구할 기회를 얻게 되었다. 중국인들은 사회적으로는 태국인들과 동등한 대우를 받으면서도 정치적으로는 외국인으로 분류되어 라마 6세 시대 이전까지는 세금을 적게 내는 혜택까지 누리게 되었다. 라마 6세에 이르러 제정된 법령에 따라 중국인들은 태국식 성씨를 쓰도록 했다. 그렇지 않으면 외국인으로 분류하여 불이익을 받도록 하였다. 그러자 대부분의 중국인들은 개명을 통해 태국인이 되는 길을 선택했다. 또한 피분 쏭크람 내각이 들어서면서 태국 민족의 동질성 확립 정책이 시행되었다. 이에 따라 중국계들에게 태국 시민권을 취득하게 하였다. 그리고 태국식 이름을 사용하고 태국 학교에 다닐 것을 강요하였다. 중국 이름을 가진 사람들에게는 군인을 포함한 공무원이 되는 길을 제한시켰다. 이러한 정책들은 큰 저항 없이 순조롭게 이루어졌다.

19세기 중반 이전에 태국으로 이주해온 중국인들은 혼인에 의해 태국인화되었고 태국과 중국의 혼합된 생활양식을 이루며 살았다. 태국정부의 지속적인 동화정책으로 화교 3, 4세들은 모두 태국인으로 완전히 동화되었다. 오늘날 태국사회에서 중국계 태국인들은 스스로 자신이 태국인이라고 생각한다. 따라서 혼인이

태국에 이주한 초기 중국인의 삶의 모습을 그린 그림

차이나타운 초기 모습의 상상도

나 친교에 있어 타이족과 구분 짓지 않는다. 따라서 이들을 굳이 화교라고 부르는 것은 조금은 부적절해 보인다. 그들 자신은 물론 일반 태국 사람 중에서도 아무도 타이족 태국인과 중국계 태국인을 구분하려는 사람이 없기 때문이다. 오늘날 중국인들은 세계 각지에 널리 퍼져 살고 있다. 그들은 어디에 가서 얼마를 살더라도 중국의 언어와 풍습을 간직하고 사는 점을 볼 때 태국에서 중국인들이 태국화되어버리는 것은 주목할 만한 사실이 아닐 수 없다.

포로를 데리고 환향한 카놈똠

아유타야 말기의 반세기 동안 왕위를 둘러싼 왕자들 사이의 권력투쟁으로 나라는 점점 기울어져 갔다. 그 여파로 궁정의 관료들과 유능한 장군들의 숙청이 뒤따랐다. 33대 마지막 왕인 에까탓 왕도 왕자시절에 자신의 동생인 선왕을 왕위에서 쫓아내고 스스로 왕위에 올랐다. 왕자들의 왕위 찬탈전으로 나라가 한창 어지러웠던 1765년에 버마가 북부와 서부로 나누어 아유타야를 침략해 왔다. 아유타야의 속국이었던 주요 성읍국가들이 쉬이 함락되었다. 그래도 유일하게 끝까지 버티고 저항했던 곳이 방라짠이었다.

방라짠은 태국 씽부리 주에 위치하고 있는 작은 고을이다. 버마의 2차 침공으로 아유타야가 풍전등화의 위기에 처했을 때 끝까지 버마군에 대항하여 싸운 격전지로 알려져 있다. 1764년 버마의 망라 왕은 네미아우 씨하버디가 이끄는 부대를 딱 주 쪽으로 보내서 아유타야의 북쪽을 차단하고 마하나라타가 이끄는 부대를 남쪽으로 보내 해상로를 차단한 다음 두 부대가 수도 아유타야에서 합류할 작전을 세웠다. 그러나 1765년 1월 네미아우 씨하

영화 <방라잔 2>의 포스터

버디가 이끄는 부대가 위쎗 차이찬에 주둔하고 병력 일부가 아유타야 백성들에게 살인과 약탈을 자행하자 인근 도시의 주민들이 버마군에 대항할 모의를 하게 되었다. 이들은 적당한 장소에 매복한 다음 그중 몇이서 버마군을 유인하여 20여 명을 죽였다. 그러고 나서 방라짠으로 피신하였다.

당시 방라짠에는 인근 도시에서 피난온 사람들이 꽤 많았다. 방라짠에는 먹을 거리가 많았고 적이 공격하기 어려운 지형을 갖추고 있었기 때문이다. 방라짠에 모인 주민들은 주술에 능하기로 알려진 탐마촛 스님에 의지하고 있었는데 나중에 퍼탠이 이끄는 400여 명의 무리가 합류하게 되었다. 이들은 두 군데 병영을 구축하고 방라짠 방어에 나섰다. 이후 여덟 차례에 걸친 버마군을 공격을 받아내며 끝까지 항전하였으나 결국은 버마군에게 전멸하고 아유타야도 멸망하게 되었다.

그러나 일부 역사학자들은 방라짠의 영웅담이 과장된 것이라 주장하기도 한다. 방라짠의 항전이 사실이 아니거나 사실이라 하더라도 나라를 구하기 위한 것이 아니라 단지 침략자들로부터 그들의 삶의 터전을 지키고자 마을 주민들의 이야기라고 치부한다. 어쨌든 간에 방라짠의 이야기는 태국에 공산주의의 확산이 우려

되던 냉전 시기에 정부기관에서 국민들에게 애국심을 고취하고 민족주의를 고양하기 위한 수단으로 활용되었다. 그래서 교육부의 교재에 그 내용이 실리기도 하고 연극이나 드라마, 영화로도 많이 제작되었다. 특히 영화로 제작된 방라짠은 한국에서도 상영된 바 있다.

버마의 침략을 받은 아유타야는 오랜 기간 포위된 채로 버티다가 1767년에 함락되고 말았다. 아유타야의 수많은 사원과 왕궁 그리고 그 안에 있던 예술품과 문헌들, 그리고 역사적 기록물들이 모두 다 불타 없어지거나 파괴되었다. 이로써 불멸의 제국 아유타야는 국운을 다하고 역사 속으로 사라져 갔다.

아유타야가 멸망하게 되면서 알려지게 된 것 중의 하나가 무에타이이다. 아유타야가 패하고 수천 명의 아유타야 병사와 백성들이 포로가 되어 버마의 수도로 압송되었다. 포로 중에는 카놈똠이라는 사람이 있었다. 그는 부모와 누이가 버마군에게 죽음을 당하고 혼자 남아 절에서 지내다가 버마군에게 끌려온 사람이었다. 버마에서 지내던 어느 날 버마의 왕은 아유타야 포로와 버마군 간의 복싱 경기를 열었다. 버마군의 사기를 올려주고 싶은 생각에서였다. 이때 카놈똠이 출전하여 무에타이로 버마 측의 선수 열 명을 차례대로 이겼다. 이를 지켜본 버마왕은 카놈똠을 극찬하면서 관직을 주려 했으나 카놈똠은 이를 사양하고 대신에 수많은 아유타야인을 데리고 고국으로 돌아왔다.

무에타이는 왕들도 즐기던 운동경기였다. 역사적으로 보면 아유타야 시대의 나레쑤안 왕과 짜오쓰아 왕 그리고 딱씬 왕 등은 매우 용감한 복서였다. 특히 짜오쓰아 왕과 딱씬 왕은 종종 변복을 하고 여러 행사장에 다니며 무에타이 경기에 출전하곤 하였다.

관광지에서 보여주는 무에타이 경기

현재 사용되고 있는 무에타이 교범도 짜오쓰아 왕에 의해 편찬된 것이라고 한다. 태국은 이를 기리기 위해 2012년부터 매년 2월 6일을 무에타이날로 정하였는데 이날은 프라자오쓰아 왕이 왕위에 오른 날이다.

랏따나꼬신 시대 들어와 라마 5세도 무에타이를 연구하고 수련하였다. 또한 각 지방에서 우수한 선수들을 선발하여 어전 앞에서 경기를 벌이기도 했다. 나아가 교육부에 명하여 무에타이를 학교 필수 과목으로 지정하고 이를 가르치는 교사를 양성하도록 하였다. 어전 앞에서 하는 무에타이 경기는 라마 6세까지 이어졌으며 태국인 무에타이 선수끼리의 경기는 물론 외국인 무에타이 선수 또는 중국인 쿵푸 선수와의 경기도 이루어졌다.

라마 7세 때 경기 중 선수가 사망하는 사고가 발생하자 표준 무대와 링을 설치하고 국제적인 기준을 근간으로 해서 새로운 규정을 마련하였다. 새로운 규정에 따라 각 경기는 5회로 한정하고 매회 3분이 주어지며 각 회 중간에 2분을 쉬도록 하고 있다. 그리고 선수는 보호 장비를 착용하고 발에도 천을 감아야 한다. 무에타이 선수는 관례에 따라 링에 오르기 전에 복서는 5분에 걸쳐 깐 와이크루 의식을 행하게 된다. 이 의식은 링 옆에서 피리와 작은 징에 의해 연주되는 음악에 맞추어 춤추듯 걷고 몸을 움직이는 자세로 이루어져 있다. 이는 자신을 가르쳐준 스승에 감사하고 경기에서 승리와 안전을 기원하는 의식이다. 아울러 경기 전에 준비 운동을 하는 효과도 있다. 태국에서 무에타이 경기를 자주 볼 수 있다. 방콕과 지방의 대형 복싱 경기장에서 거의 매일 경기가 열린다. 실제로 하는 경기가 대부분이지만 관광지에 가면 무대에 간편 링을 설치하고 단지 보여주기 위한 경기를 하는 경우도 있다.

영화 〈뷰티풀 복서〉

태국이라는 나라를 처음 알게 된 계기 중의 하나가 무에타이였다. 어렸을 적 동네에서 운동을 즐겨하던 형들이 태권도보다 강한 게 태국의 킥복싱이라고 하던 것이 기억나는데 그때 킥복싱이 바로 무에타이를 말하는 것이었다. 그래서 나는 어려서부터 막연히 무에타이는 소림사 무술 정도로 멋있고 파괴력 있을 것으로 기대감을 가지고 있었다. 그런데 유학와서 보니 매주 토요일 방콕 룸피니 경기장에서 하는 무에타이 경기를 중계방송 해주는데 생각했던 것만큼 멋있는 장면이 자주 나오는 것이 아니어서 조금 실망하기도 했다.

처음 태국에 왔을 때 강한 인상을 받은 것이 바로 끄라터이였다. 끄라터이는 남성으로 태어났는데 여성적 성향을 지닌 사람을 말

한국에 소개된 <뷰티풀 복서>의 포스터

한다. 유교적 성향이 강한 한국 사회에서 나고 자란 나에게 태국의 끄라터이는 처음에 많은 거부감을 안겨주었다. 대놓고 싫은 감정을 드러낼 수도 없고 그렇다고 포용하기에는 선뜻 마음이 내키지 않았다. 가끔은 태국에 왜 그렇게 끄라터이들이 많은지 그 이유를 물어오는 사람도 있었다. 아마도 남에게 간섭하고 간섭 받기 싫어하는 태국인의 국민성과 태국 사회가 가지고 있는 불교를 바탕으로 한 포용력에 기인한 것 아닌가 하는 생각이 든다. 그런데 <뷰티풀 복서> 라는 태국의 영화 한 편을 보고 끄라터이에 대한 오해나 반감을 상당히 해소할 수 있었다.

영화 <뷰티풀 복서>는 태국 무에타이 선수로 인기를 누리다 성전환 수술을 받고 여자의 삶을 선택한 "넝뚬"의 실제 이야기를 바탕으로 제작한 영화라고 한다. 주인공 넝뚬은 치앙마이의 가난한 집안에서 태어났다. 그는 어린 시절부터 여성의 감수성을 지니고 있어서 또래 남자 아이들과 다른 행동을 보였다. 게다가 외모도 예쁘장해서 동네 아이들에게 놀림을 당하기도 했다. 그런 넝뚬은 사원 행사에 갔다가 우연히 링 위에 올라 상대 선수를 이기고 상금을 받게 된다. 이를 계기로 넝뚬은 자신이 무에타이에 소질이 있음을 알게 되고 돈을 많이 벌 수 있다는 이유 하나로 무에타이 선수가 된다. 워낙 무에타이에 타고난 재능이 있는 데다가 고된 훈련을 거치면서 넝뚬은 일류 선수로 성장한다. 그러나 다른 한편으로 자신의 성 정체성에 대해 고민도 깊어진다.

넝뚬은 실제로 링 위에 오를 때 여자처럼 진한 화장을 한다. 링 위에서 여자처럼 행동하는 넝뚬의 행동거지는 거칠기만 한 무에타이 속성과 묘한 대비를 이루면서 화제가 되었고, 사람들은 그를 주목했다. 그리고 무엇보다 막상 경기를 시작하게 되면 넝뚬은 여성적인 성향과 정반대로 거칠고 화끈한 승리를 거두면서 관객들을 열광시켰다. 넝뚬은 유명한 무에타이 선수가 되었지만 단 한 번도 자신의 성 정체성을 숨기지 않는다. 오히려 당당하게 자신의 성 정체성을 드러내고 살아간다. 그는 무에타이 선수로 성공하지만 나중에 고향으로 돌아와 부모님의 허락을 받고 성 전환 수술을 받는다. 태어날 때는 남자로 태어났지만 죽을 때는 여자로 죽고 싶다는 그의 소원이 이루어진 것이다.

영화 <뷰티풀 복서>를 보면서 나는 자신이 원하는 것을 포기하지 않고 끝까지 당당하게 살아가는 주인공의 삶에 대한 애착과 태

<뷰티풀 복서>의 한 장면

큰스님과 작별하는 주인공

도에 깊은 인상을 받았다. 아무리 불교적 관용과 포용력이 있는 태국 사회라 하더라도 성 소수자의 삶은 고독과 고통이 따르기 마련이다. 넝뚬은 이를 잘 극복하고 불행해질 수도 있는 삶을 행복하게 살아간 사람이었다. 영화 중 넝뚬이 어린 사미승으로 출가하여 스님과 함께 두타행을 하면서 마지막으로 나누는 대화가 가슴에 닿는다.

스님: 물이 어디로 가는지 아느냐?

넝뚬: (고개를 젓는다)

스님: 물은 그것이 가고 싶은 데로 간다.
집 생각이 나느냐?

넝뚬: 네.

스님: 나와 오랜 시간을 같이 보냈구나.
이제 집에 가고 싶으면 돌아가도 좋다.
모든 사람이 이 길을 걸을 수는 없단다.

넝뚬: 스님 제가 이번 생애에 선덕을 많이 쌓으면 다음 생애에는 제가 원하는

삶을 살 수 있을까요?

스님: 운명으로 정해졌다면 너는 이번 생애에서도 네가 살고 싶은 삶을 살 수 있단다.

어떻게 보면 태국인의 삶은 지나치게 불교적이어서 업보와 윤회의 틀에 갇혀서 살아가는 것 같다. 그래서 운명이란 걸 순순히 받아들여 체념할 건 체념하고 살아간다. 그래서 고달픈 삶 속에서도 여유와 미소를 잃지 않고 살아가는 것 같다. 그러나 다른 한편으로는 그로 인해 삶에 있어 너무 수동적이고 자신의 삶과 미래를 바꾸어 보려는 의지가 부족한 것도 사실이다. 그래서 영화 <뷰티풀 복서>의 울림이 크고 주인공 넝뚬의 삶을 통해 많은 것을 생각하게 한다.

더 비빔밥 이야기

외국인 마을을 돌아보고 나서 방콕으로 향했다. 차만 밀리지 않는다면 한 시간 남짓 거리이지만 차가 막히게 되면 시간을 가늠하기 힘들다. 그래도 주말이라서 그런지 다행히도 길거리가 좀 한산해 보였다. 생각보다 일찍 방콕 시내로 들어서자 숙소로 가기 전에 아예 저녁 식사를 하는 게 좋겠다는 생각이 들었다. 갑자기 한국 음식이 먹고 싶어 쑤쿰윗 24번가에 있는 더 비빔밥으로 갔다. 골목에 주차하고 식당으로 들어서니 마침 구석에 자리가 있어 편안하게 식사를 할 수 있었다. 이 더 비빔밥은 나와 대학 동기인 전창관 사장이 운영하는 방콕의 대표적 한국 식당이다.

나는 고등학교 졸업 후 바로 군입대를 하여 5년간 복무를 마치

BrandAge에 소개된 더 비빔밥 사장 부부의 모습

고 대학에 들어갔기 때문에 나이 차가 나기는 해도 대학 시절 전 사장과 가깝게 지냈다. 그가 군에 입대한 사이에 나는 졸업을 하고 태국으로 유학을 왔다. 나중에 전 사장은 군복무를 마치고 복학을 앞둔 상태에서 내가 공부하고 있던 빳따니 주의 쏭클라대학교에 어학 연수를 왔다. 그때 나와 같은 숙소를 쓰면서 이야기도 많이 나누고 나름대로 열심히 공부했다. 당시 숙소에 수도관에 녹이 슬어 녹물이 나왔는데 그때 플라스틱 통에 숯과 자갈 그리고 모래를 사용하여 재래식 정수기를 만들어 쓰기도 했다. 그걸로 걸러낸 물로 샤워를 했던 일을 지금도 만나면 추억 삼아 이야기하곤 한다.

그가 연수를 마치고 돌아가 졸업하면서 대기업 S사에 들어갔다. 워낙 태국에 대해 애정을 많이 가지고 있었던 터라 입사 후에 방콕 주재원으로 두 번이나 나와 10년을 넘게 태국에서 근무하게 되었다. 그러면서 자연스레 태국통이 되어갔다. 그러던 어느 날 한식 세계화 사업을 하겠다면서 쑤쿰윗 24번가에 첫 더 비빔밥 식당을 열었다. 그 후 나는 태국을 오가면서 비빔밥도 얻어 먹고 그의 사업에 관한 이런저런 이야기를 주워들었다. 한번은 직경 2m가 넘는 초대형 가마솥에 비빔밥 식자재를 넣고 초청한 귀빈들이 큰 나무 숟가락으로 함께 비벼 참석한 손님들에게 시식을 하게 하는 홍보행사를 기획하게 되었다. 그런데 가마솥은 구했는데 큰 나무 숟가락을 구하기가 쉽지 않았다. 할 수 없이 주문 제작할까 생각도 했는데 얼핏 조그만 쪽배를 젓는 노가 생각이 나더란다. 그래서 노를 구해다 숟가락으로 썼더니 딱 원하는 크기와 모양이 나와서 행사를 성공리에 치르게 되었다. 사업을 한다는 것이 쉬운 일은 아니겠지만 그래도 일을 꼼꼼하고 체계적으로 하니까 꾸준히 발전하여 현재는 방콕과 팟타야 등지에 모두 10개의 분점을 갖게 되었다.

요식 사업에 성공하려면 무엇보다도 음식이 맛있어야 한다. 나도 가끔 방콕에 가면 비빔밥 말고도 여러 가지를 얻어 먹어 보았다. 그런데 음식이 모양도 예쁘게 차려 나오지만 맛이 있었다. 더 비빔밥이 성공하기까지는 부인이자 오너 셰프인 김명희 여사의 공이 컸다. 모든 식자재를 계량화해서 어느 분점에 가서 먹더라도 똑같은 맛이 나오도록 했다. 예전에 한번은 당시 계엄 사령관이었던 쁘라윳 총리가 태국인들의 지나친 한국 사랑에 대해 불만을

더 비빔밥 홍보행사 장면

표출한 적이 있다. 그는 "한국에 빠져서 내리 한국으로 여행을 다니고 한국 연예인에 미쳐 있는 사람들… 한국으로 날아가서 한국 음악 듣고 한국 음식 먹는 사람들… 그러면서 태국 음식은 먹지 않는 사람들… 그런 사람들이 과연 태국인이 맞는가?" 하고 일갈했다. 아무래도 태국의 국가 지도자 입장에서 보면 태국인들이 너무 한국에 빠져드는 것이 조금 우려가 되었던 모양이다. 그때 김명희 여사는 오너 셰프 자격으로 태국의 7번 채널의 요리 경연 프로그램에 출연했다. 아이언 셰프라는 프로그램으로 태국의 유명한 셰프인 춤편과 요리 대결을 하는 것이었다. 결론적으로 이기지는 못했지만 한국 요리가 그런 유명 요리 경연 프로그램에 출연해서 태국의 공중파를 타고 전국에 방송된 것 자체가 처음이었기에 세간의 이목을 집중시키기에 충분한 사건이었다.

더 비빔밥은 비빔밥을 대표 메뉴로 상정해 시작한 한식 체인 레스토랑 사업이었는데 지금은 메뉴의 다양성이 부가되어 매장

아이언 셰프 요리 경연대회 장면

태국인의 지나친 한류열풍을 지적하는 쁘라윳 총리

을 찾는 고객층이 매우 다양해졌다. 요즘에는 비빔국수를 시켜 놓고 즐거운 표정으로 친구와 대화를 나누는 태국 손님은 물론 둘이 점잖게 앉아 커다란 맥주 잔에 소맥을 제조해 마시는 미국인, 육칼국수 시켜서 면 먼저 건져먹고 밥까지 말아 먹는 아시아인, 라면에 김밥을 시켜 먹거나 한식을 즐기며 담소를 나누는 유럽인들까지 각양각색이라고 한다. 게다가 현재 태국의 5대 슈퍼마켓 체인에 더 비빔밥 도시락을 납품하고 있다. 그리고 앞으로는 김치 세트를 개발하고 대량으로 제조하여 동남아에 수출할 계획을 갖고 있다. 코트라에서 공식적으로 발간한 <2019 국별 진출전략 - 태국편>에 국내의 한 유수 기업과 더불어 더 비빔밥이 성공 사례로 꼽힌 걸 보면 전사장의 한식 세계화 사업은 어느 정도 성공을 거둔 셈이다.

T H A I L A N D

5 톤부리를 가다

제5장 톤부리를 가다

톤부리는 현재의 행정구역상 방콕의 일부이다. 짜오프라야강 서쪽에 위치하고 있는데 과거 톤부리 왕조의 수도였다가 1972년에 방콕으로 편입되었다. 아유타야 제국의 멸망 후에 다시 나라를 되찾은 딱씬이 이곳을 도읍으로 정하고 "끄룽톤부리 씨마하싸뭇"으로 명명했던 도시이다. 문자적의 의미는 '복된 대양의 큰 재물의 도시' 정도로 해석할 수 있다. 그러나 그 이름에 걸맞은 역할을 하지 못하고 일장춘몽처럼 짧은 15년의 영화를 누렸던 도시이다. 유학 시절 건강이 안 좋아 남부의 빳따니와 얄라에 있는 병원에서 치료를 받았었다. 그런데 차도가 없자 그곳 의사가 추천하여 톤부리 지역에 있는 큰 병원에 얼마간 다니면서 치료를 받은 적이 있었다. 한적한 지방도시에 있다가 방콕에 올라오면 정신이 없기 마련인데 그 와중에 일반 버스를 두 번씩이나 갈아 타면서 병원을 찾아다녔었다. 나중에 보니까 톤부리 지역에 큰 병원이 하나 있었는데 라마 9세가 말년에 이 병원에서 오랜 기간 치료를 받고 운명한 곳이 바로 그 씨리랏 병원이었다. 내 육신이 병들었을 때 찾았던 도시라서 좋은 추억은 없었지만 이따금 그 주변을 지날 때 보면 그래도 한때 제국의 수도였던 곳인지라 곳곳에 딱씬 대왕의 동상이 많이 눈에 띄었다.

한 번은 톤부리 지역으로 갈 때 택시를 탔는데 운전기사의 인상이 무척 친근해 보여 이런저런 대화를 나눈 적이 있었다. 보통 태국인들에게 무엇을 물어보면 외국인들에게 오히려 마음을 열고 대답을 잘해주는 경우가 있어 평소 궁금하던 몇 가지를 부담없이 물어보았다. 그의 고향은 북동부의 러이엣 주인데 가족이 모두 고향에 있단다. 택시 운전 경력이 10년 조금 넘는데 회사 택시라서 하루 사납금 900바트에 연료비 500바트를 제외한 나머지가 운전기사 몫이 된다. 그렇게 해서 버는 한 달 수입이 2만 바트 정도라고 하니 70만 원 조금 넘는 셈이다. 가족이 보고 싶을 때 한 열흘씩 다녀오는데 그리 자주 가지는 못한다고 한다. 그의 집은 형제가 열한 명이나 되는 대가족이었는데 결혼하고 아이가 없었다. 그래서 열심히 불공을 드렸더니 마침내 딸을 하나 얻었다. 그래서 감사와 보은의 표시로 일 년간 채식을 했다. 그런데 얼마 전 아버지가 돌아가셔서 또 육 개월간 채식을 하는 바람에 고기를 먹어본 지 오래됐다면서 웃었다.

태국인들이 종교나 신앙의 의미로 채식을 하는 경우가 있다. 소원을 빌거나 간절히 원하는 바가 이루어졌을 때 일정 기간 일체 육식을 금하고 채식만을 한다. 이를 "낀쩨"라고 한다. 문자적 의미는 '쩨에 따라 먹는다'는 뜻인데 여기서 말하는 "쩨"는 재계할 재(齋)를 뜻한다. 즉 계율을 지킨다는 뜻이다. 태국 남부에서 열리는 끼쩨 축제에서 보면 음식점에 노란색 바탕에 붉은 글씨로 齋라고 쓴 깃발을 달아 놓은 것을 많이 볼 수 있다. 중국인들에게 붉은색은 생명에게 복을 준다는 의미이며 노란색은 계율을 지키는 사람을 의미한다. 보통 태국의 불교에서 재가신도들이 법회가 있는 불교일에 지키는 계율이 8계인데 이 중에 정오 이후에 금식하는 것이 포함되어 있다. 그래서 오후에는 음식을 섭취하는 못하므로 결국 두 끼만을 먹는 셈이다. 그러나 대승불교에서의 계율은 이와 달리 하루에 세 끼를 먹으면서 육식을 금하는데 이를 낀쩨라고 한다. 그런데 소승불교를 믿는 태국인들에게 낀쩨라고 하는 것은 특정 기간 육식을 금하는 것을 말한다. 대승불교에서는 지극히 당연한 계율이 태국인들에게는 새로 지켜야 하는 또 하나의 계율인 것이다. 택시 운전사는 아이를 낳게 해달라는 소원을 이루었으므로 일 년간 육식을 금하는 계율을 한시적으로 지킨 것이고 아버지가 돌아가셨을 때에는 부친의 명복을 빌기 위해 다시 육 개월간 같은 계율을 지킨 것이다.

채식를 의미하는 표지

낀쩨라고 하는 것은 단지 비린 것을 먹지 않는 채식만을 의미하지 않는다. 이 기간에 마음을 정화하고 붓다의 가르침을 행하는 것이다. 나아가 진정한 자비를 베풀면서 자신의 복을 구하는 한편, 모든 살아 있는 생명체들에게 평화를 가져다주는 것이다. 사람의 삶에는 여러 고통과 번민이 따르기 마련이다. 그렇지만 오늘날 태국 사람들이 특유의 여유와 미소를 가지고 살아가는 밑바탕에는 이러한 순수한 불심이 자리잡고 있기 때문인 것 같다.

딱씬의 등장과 톤부리 왕조 창건

1767년 버마의 2차 침공에서 아유타야의 패색이 짙어지자 정국은 걷잡을 수 없는 혼란의 늪 속으로 빠져들었다. 이때 최전선에서 군사를 이끌고 있던 딱씬은 버마와의 전쟁에서 승산이 없음을 간파하고 동쪽에 있는 짠타부리로 물러나 전선을 다시 정비하였다. 짠타부리는 타이만 해변에 인접해 있는데 상대적으로 버마군의 병력이 적게 포진하고 있는 지역이었다. 딱씬은 짠타부리를 근거지로 하여 남은 세력을 규합하였다. 딱씬은 버마가 눈치채지 못하는 틈을 타서 톤부리를 공격하여 버마군을 몰아냈다. 이로 인해 태국군의 사기가 충천하여 나중에는 "포쌈똔" 지역에 주둔하고 있던 버마군을 전멸시키고 7개월 남짓한 짧은 기간에 버마군을 아유타야

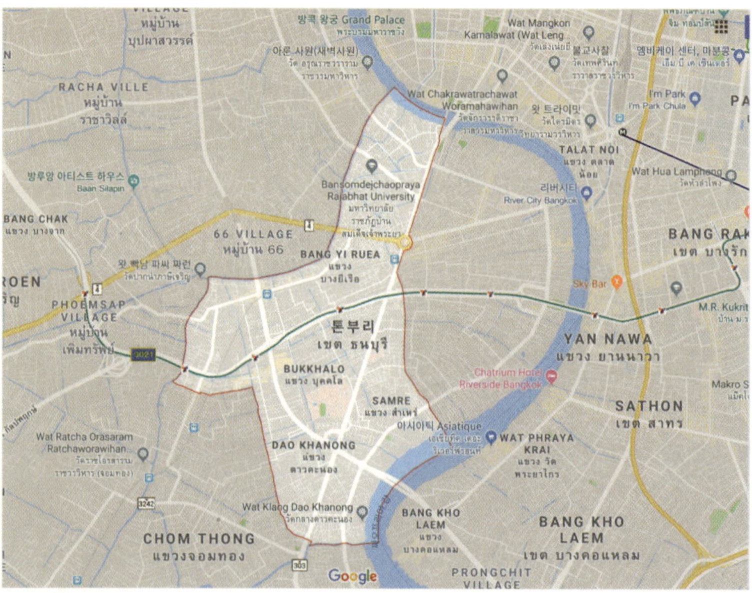

톤부리 지도

에서 완전히 몰아내는 데 성공하였다. 딱씬은 아유타야가 완전히 폐허가 되고 버마가 또다시 아유타야 쪽으로 반격해올 것을 염려하여 톤부리를 도읍으로 정하고 톤부리 왕조를 세웠다.

딱씬 기념 메달

딱씬은 중국인 아버지와 태국인 어머니 사이에서 태어났다. 그의 아버지는 광동성 조주 출신인데 태국으로 건너와 태국 여성과 결혼하여 아들을 낳았다. 아들 이름은 "씬"인데, "딱" 지방을 다스리던 인물이었다고 해서 나중에는 "딱씬"이라고 불렀다. 딱씬은 유력자의 양자로 들어가 군인으로 성장해 갔다. 아유타야가 버마에게 공격을 받던 와중에 1,000여 명의 중국계 병사들을 이끌고 중국인이 많이 거주했던 태국 동남부 지역에서 버마군을 물리쳤다. 딱씬이 군사를 모아 버마군과 결전을 벌인 곳 중의 하나가 짠타부리였다. 딱씬의 일대기를 그린 영화 <짜오딱>의 주제가를 보면 딱씬이 짠타부리에서 비장한 각오를 하고 아유타야로 출전하는 당시 상황을 짐작할 수 있다.

ยุทธศาสตร์ยิ่งใหญ่ ความตั้งใจเด็ดเดี่ยว

มื้อนี้เราจะเคี้ยวข้าว และทุบหม้อข้าว

ตีแหกฝ่าวงล้อม ลุยพม่าข้าศึก

นึกถึงความเป็นไทย ดีกว่าไปเป็นทาส

위대한 전략 단호한 결심!

이번 밥을 먹고 나서는 밥솥을 깨부수어라.

포위망을 뚫고 나가 버마군 진영으로 쳐들어가라.

노예가 되기보다는 타이 혼을 생각하라.

สองมือถือดาบอย่างมั่นใจ

นักรบไทยของพระเจ้าตาก

ฝากฝังกรุงอยุธยา

วันข้างหน้าข้าจะมาทวงคืน

양손에 단단히 칼을 잡고

딱씬의 전사들이여

아유타야를 그대들에게 맡기노라.

훗날 내가 와서 되돌려 받으리라.

แผ่นดินไทยดาลเดือด ทัพข้าศึกรุมล้อม

มัวแต่กล่อมสตรี เริงโลกีย์เป็นหลัก

นักรบกลายเป็นศพ พบกับความปราชัย

เจ้าตากทนไม่ได้ แผ่นดินไทยเป็นหลัก

นักรบคือนักรบ นักสู้แห่งกรุงศรี

ตีฝ่าทัพตองอู ตายหรืออยู่ไม่สำคัญ

คืนนี้จันทร์หลับไหล แหกวงในวงล้อม

อ้อมออกจากกรุงศรี ไปเข้าตีเมืองจันทน์

적군이 몰려와 에워싸니 타이 땅이 노하도다.

여인이나 달래고 육욕을 즐기니

전사가 죽어 나가 패배를 맞는구나.

딱씬이 참지 못하고 타이 땅을 지킨다.

전사는 전사다 제국의 용사들이여

타웅우의 군대를 뚫고 나아가라. 생사는 중요치 않다.

오늘밤 짠타부리도 잠든다. 포위망을 뚫어라.

아유타야를 돌아 나와 짠타부리로 진격하라.

ยึดเมืองจันทบุรี เป็นชุมนุมเจ้าตาก

ตีชุมนุมต่างๆ ตีเจ้าฝางให้แตก

ทบทวนความพ่ายแพ้ แก้ไขยุทธวิธี

รวมชุมนุมที่มี ก่อนโจมตีเจ้าฝาง

พ่ายแพ้เป็นบทเรียน ทำจากเล็กไปใหญ่...

พ่ายแพ้เป็นบทเรียน ทำจากเล็กไปใหญ่

เจ้าฝางชะล่าใจ ในไม่นานก็แตก

จากอยุธยา มาเมืองจันทบุรี

มากรุงธนบุรี ไทยจึงมีเอกราช

짠타부리를 점령하고 딱씬의 집결지로 삼으리라.

여러 무리를 물리쳐라 짜오팡 무리도 물리쳐라.

패배를 돌이켜보고 전략을 바꾸어라.

짜오팡 무리를 치기 전에 우리의 무리를 규합하라.

패배는 교훈이다. 작은 것부터 시작하여 크게 하라.

패배는 교훈이다. 작은 것부터 시작하여 크게 하라.

짜오팡이 기세가 등등하나 머지 않아 무너지리라.

아유타야에서 짠타부리로

그리고 다시 톤부리로 오면 타이는 독립을 찾으리라.

딱씬과 관련하여 나는 재미있는 추억을 하나 가지고 있다. 태국 유학 시절 쏭클라대학교 빳따니 캠퍼스 내에 민속 박물관이 하나 있었다. 박물관장이 친한 사람이어서 자주 놀러 갔는데 하루

청족의 구국 업적을 기리는 간판

는 딱씬을 기리는 메달에 정왕(鄭王)이라고 새겨진 글자를 발견하고는 이상한 생각이 들었다. 대개는 팔리어나 산스크리트어 계통의 다음절어로 된 성씨를 사용하는 태국인들에게 익숙해져 있던 나는 딱씬이 중국계이면서 나와 같은 글자를 성씨로 사용한다는 것이 신기해서 조금 엉뚱한 상상까지 하게 되었다. 나중에 실제로 딱씬은 중국계 태국인 아버지와 태국인 어머니 사이에서 태어나 이름이 정신(鄭信)이었다는 것을 알게 되었다. 그것을 빌미로 나는 가끔 강의시간에 학생들이나 태국 지인들에게 내가 딱씬의 후예라고 우스갯소리를 했다. 그런데 작년에 태국에 가서 빤야피왓 대학교의 찐따나 교수와 짠타부리에 간 적이 있었다. 차를 타고 장거리를 가면서 무료함을 달랠 겸 내가 딱씬의 후예라는 이야기를 한 번 더 했다. 물론 그냥 우스갯소리로 한 이야기였는데 짠타부리의 한 사원 앞에 세워진 간판을 보게 되었다. 그런데 거기에 쓰여진 내용이 내게는 참으로 놀라운 것이었다.

'청'은 짠타부리와 뜨랏 북부지역에 거주하는 애국심이 강한 종족이었다. 나라가 멸망한 지 8개월 되는 1767년 딱씬 대왕은 태국과 중국 그리고 '청'의 군대 5천 명과 100척의 배를 이끌고 나아가 버마를 물리치고 나라를 되찾아 오늘날의 태국이 있게 하였다. '청'이 없었다면 오늘날의 태국이 있을 수 있었을까? '청'은 태국인 아닌가? 왜 '청'을 한낱 (이 지역의) 원주민으로만 치부하는가? 우리의 은인 '청족'의 업적을 여기에 기리는 바이다.

이 글을 읽은 찐따나 교수는 당신의 팔을 가리키면서 소름이 돋는다고 했다. 불과 몇 분 전에 차 안에서 나눈 이야기의 근거가 될 법한 내용이 사원 앞 간판에 쓰여 있는 것이다. 사실 태국어에서 [ㅈ] 음가를 가진 자음이 없어 [ㅊ]의 음가를 가진 자음으로 표기한다. 그래서 위 안내판에 청족은 정족으로 발음해도 태국인에게는 같은 소리로 들린다. 어쨌든 뜻밖의 새로운 사료를 접하고 나니 나도 좀 어리둥절해지면서 강한 호기심이 생겼다. 정말 시간 내서 태국 역사 공부를 한 번 진지하게 해봐야겠다는 생각이 들었다.

딱씬의 몰락과 톤부리 왕조의 종말

딱씬은 구국의 영웅으로 등장하여 톤부리 왕조를 세우고 백년대계를 꿈꾸었지만 안타깝게도 15년이라는 짧은 기간 존속하다가 태국의 역사 속으로 사라져 갔다. 딱씬은 전쟁터에서 여러 번 승리를 거두었는데 란창을 공격해 비엔티안을 함락시키고 크메르의 남부지역의 하띠엔까지 점령했다. 분열되었던 지방 세력들을 제압하여 마침내 톤부리 왕조를 세웠다. 건국 초기 딱씬은 탐마라차의 덕목을 실천하면서 백성을 어질게 다스리려고 노력했다. 그는 전쟁으로 폐허가 된 영토를 재건하고 여러 가지 사회적 갈등과 경제 문제를 슬기롭게 풀어 나갔다. 민생을 돌보는 한편 외국과의 무역도 촉진시켰다.

그러나 시간이 지나면서 딱씬은 지극히 비정상적인 행태를 보이기 시작했다. 딱씬이 톤부리 왕조를 세운 뒤에도 늘 버마의 크고 작은 공격이 이어지고 크메르를 비롯한 속국들의 반란도 있었다. 그러나 나중에 버마의 침략이 잦아들고 전쟁이 소강국면으로 들어서자 딱씬은 마음을 다스리고 불심을 돈독하게 하기 위해 애썼다. 그는 불교에 너무 심취한 나머지 때때로 관료들에게 엄격하게

딱씬 동상

붓다의 가르침을 행하도록 강요하였다. 급기야 말년에 불교 수행에 몰입하면서 자신이 해탈의 단계로 들어섰다고 믿고 스스로 신이라고 생각하는 과대망상에 빠져 승가와 잦은 마찰을 빚게 되었다. 딱신과 승가 간 마찰은 정치적 정통성의 상실과 정권 몰락을 초래하는 중요한 원인이 되었다.

불과 몇 년 안 되는 짧은 시간에 딱씬은 돌이킬 수 없는 몰락의 길을 걷게 되었다. 말년에 귀족들과 관료들이 반란을 일으키자 딱씬은 군사를 보내 진압하려 했으나 진압군이 도리어 반란군과 합세하여 톤부리를 점령하고 말았다. 반란군은 딱씬을 왓쨍 사원에 감금하고 승려로 지내도록 했다. 왓쨍 사원은 오늘날의 왓아룬 사원이다. 캄보디아의 반란을 진압하기 위해 출정하고 있던 짝끄리 장군은 이 소식을 듣고 그의 조카를 보내 반란 세력을 진압했다. 그러나 짝끄리 장군은 딱씬을 다시 왕으로 옹립하지 않고 그를 법정에 세우고 죄과를 물어 사형에 처했다.

딱씬의 최후에 대해서는 말이 많다. 혹자는 참수시켰다고 하고 혹자는 몽둥이로 때려 죽였다고도 한다. 그리고 어떤 호사가들은 딱씬과 닮은 대리인을 죽이고 딱씬은 나컨씨탐마랏으로 피신시켰다고도 한다. 실제로 나컨씨탐마랏 지역 사원이나 동굴 등에 딱씬의 장식품으로 보이는 물건들이 발견되어 그가 이곳에 기거하면서 수행을 했다고 믿는 사람이 적지 않다고 한다. 딱씬 사후에 짝끄리 장군이 랏따나꼬신 왕조를 세우게 되는데 이때가 1782년으로 딱씬의 나이 54세, 재위 기간 15년 만에 벌어진 일이었다. 비록 딱씬의 말로는 비참했지만 그래도 구국의 영웅인 까닭에 오늘날까지도 많은 사람들의 추앙을 받고 있다. 아유타야와 톤부리 그리고 방콕지역에서는 그의 동상이나 기념비 등을 쉽게 찾아볼 수 있다. 톤부리의 방꺽너이 지역 박물관을 찾아가는 도중에 만난 왓쑤완나람 워라위한 사원에서도 딱씬의 동상과 기념비를 볼 수 있었다.

아유타야가 몰락하고 톤부리 왕조가 들어서던 18세기 조선은 영조와 정조 시대를 맞이하면서 왕권이 강화되고 백성과 직접 소통하는 왕민정치를 실현해 나갔다. 이 시기에 학문과 예술이 발달하고 서양의 학문과 과학 기술이 도입되었다. 150년간 지속되던 당파싸움이 끝나고 새로운 사상과 담론이 대두되면서 문화적 황금기를 이룩하였다. 중국에서는 청나라가 번영을 누리고 있었으며 서양에서는 산업혁명으로 자본주의 경제가 발전하고 의회주의를 이루어 내기 위한 시민혁명이 태동하고 있었다. 조선이 새로운 도약을 모색하고 있던 시기에 아유타야는 역사 속으로 사라져 갔다. 그리고 톤부리 왕조가 들어섰으나 그 운명은 너무도 짧았다. 버마의 지배에서 벗어나 나라를 구한 영웅 딱씬은 그 말로가 비참했으나 역사 속에서 부활하여 오늘날까지 태국인의 추앙을 받고 있다.

방꺽너이 박물관

방콕의 태국어 표기는 방꺽이다. 태국어에서 '방'은 조그만 개울을 끼고 발달한 마을을 뜻한다. '꺽'은 '마꺽'의 줄임말인데 Hog plum 또는 Wild Mango라고 부르는 나무를 말한다. 그러니까 방꺽이란 말은 '조그만 강을 끼고 있는 마꺽이 많은 동네'라는 뜻이다. 그러나 오늘날 우리가 방콕이라고 부르는 지명은 끄룽텝이라고 한다. 방콕의 톤부지역에는 지명이 방꺽인 곳이 있는데 방꺽너이와 방꺽야이로 나뉘어져 있다. 방꺾너이는 '작은 방꺽', 방꺽야이는 '큰 방꺽'이란 뜻이다. 톤부리를 찾으면서 제일 먼저 간 곳이 방꺽너이 지역 박물관이다. 이 박물관에는 이 지역의 500년 역사를 설명하는 사료와 자료가 전시되어 있다. 입구에 들어서자 작고 아담한 박물관이 금방 눈에 들어온다.

방명록에 기록하면서 한국에서 왔다고 하니까 직원과 자원 봉사자가 같이 사진 좀 찍자고 한다. 기꺼이 사진 몇 장 같이 찍고 관람을 시작했다. 맨 먼저 눈에 들어온 것은 작은 배 위에 잔뜩 실려 있는 갖가지 과일 모형들이었다. 이 지역 주민들이 대부분 과수원을 하는 사람들이고 여러 가지 맛 좋은 과일 말고도 채소도 많이 재배된다고 한다. 본래 이곳은 아유타야 왕조 창건 당시부터 사람들이 모여 살던 지역이었고 뱃길로 아유타야로 가는 초입에 위치하고 있었다. 그런데 강이 굽어져 흐르기 때문에 멀리 돌아와야 했고 그 때문에 시간이 많이 걸렸다. 그래서 1542년에 지름길을 만들고자 수로를 파게 되었다. 그 결과 본래 강이었던 것이 운하가 되고 새로 판 수로가 강이 되었다. 방꺽너이는 자연히 강으로 둘러싸인 섬이 되었다.

박물관 입구

방꺽너이가 위치하고 있는 톤부리는 '돈의 도시' 또는 '재물의 도시'라는 뜻을 가지고 있다. 딱씬이 군사를

지역 특산물 모형

일으켜 버마군을 물리치고 나라를 되찾은 다음에 톤부리에 수도를 정했다. 그 후 라마 1세가 랏따나꼬신 왕조를 세우면서 수도를 짜오프라야강 너머 방콕으로 옮겨 갔지만 아직도 이곳에 중요한 정부 기관이나 관공서가 많이 남아 있다. 오늘날 국립 왕실 용선 박물관과 해군 정비창 그리고 씨리랏 병원 등이 이곳 톤부리 지역에 위치하고 있다.

이 중에서 씨리랏 병원은 1888년 라마 5세가 왕실 예산으로 건립한 병원이다. 라마 5세의 아들 씨리랏 왕자는 18개월 어린 나이에 이질에 걸렸다. 당시 임시로 지은 병원에서 치료를 받았으나 끝내 병을 이기지 못하고 운명하고 말았다. 라마 5세는 왕자도 제대로 치료를 받지 못하고 죽는 것을 보고 일반 백성들이 제대로 된 치료를 받을 수 있는 병원이 필요하다고 생각했다. 그래서 새로 병원을 크게 짓고 죽은 왕자의 이름을 따서 씨리랏 병원으로 명명하였다. 라마 9세는 말년에 건강이 악화되어 씨리랏 병원에 장기간 입원하였다. 그러나 노환과 지병이 겹쳐 2016년에 89세의 나이로 생을 마감했다.

다른 한쪽 벽에는 이 지역 출신 인물의 사진과 함께 그들의 이력을 소개해 놓았다. 맨 먼저 쏨뎃또라고 부르는 고승의 사진이 보였다. 대승불교의 큰스님으로 라마 4세와 5세 통치기간에 왕라캉 사원의 주지를 지냈다. 그는 당시 가장 존경받는 고승이었다. 그 옆으로 라마 1세 때 처음이자 마지막인 차왕(次王)의 사진과 이력, 그 옆으로 라마 3세 때 최초로 영어와 서양 문화를 공부했다는 멈라초타이, 마지막으로 쑨턴푸의 사진과 이력을 소개하고 있었다. 쑨턴푸는 태국의 가장 걸출한 궁정 시인으로 랏따나꼬신 시대에 활동한 최고의 작가이다. 그는 참신한 시 작법으로 명성을 얻었는데 그가 지은 니랏 형식의 문학 작품은 현대 태국 사회에서도 인기가 높다. 그의 탄생 200주년이 되는 1986년에는 유네스코가 쑨턴푸를 위대한 세계 시인으로 선정한 바 있다.

그리 크고 화려한 박물관은 아니지만 유서 깊은 도시의 역사와 인물을 알리고 기리는 방꺽너이 박물관은 소박하면서도 인상 깊은 곳이었다. 정년 퇴직한 후에 이곳에서 자원봉사로 문화 해설을 한다는 퇴직 교사는 이 박물관이 이 지역에서 자라나는 젊은이들에게 자긍심과 애향심을 길러줄 뿐만 아니라 그들이 꿈과 희망을 갖고 성장하는데 밑거름이 될 것이라고 강조하였다.

멈라초타이의 초상화와 이력

반부 유기 공장

방꺽너이 박물관을 나와 마지막 하나 남아 있다는 유기공장을 찾아갔다. 박물관에서 그리 멀지는 않았는데 골목길이 복잡해서 주민들에게 두세 번 길을 물어보고 확인해가며 가야 했다. 당도하고 보니 조그만 대장간 비슷한 공장에 장인이 출근하여 마침 불을 피고 작업을 시작하려던 참이었다. 생각했던 것보다 규모는 작았지만 태국에도 이런 곳이 있다는 것이 신기하게 느껴졌다. 예전에는 이곳에 유기 그릇 공장이 꽤 있었는데 지금은 모두 사라지고 마지막 하나 남은 공장이라고 한다. 직접 만든 유기 그릇을 좀 볼 수 있겠느냐고 물었더니 손가락으로 한쪽 구석을 가리켰다.

다소 허름하게 보이는 공장 한켠에 조금 전 장인이 만든 유기 그릇들이 있었다. 누렇게 반짝이는 유기 그릇들은 가격이 무척이나

마지막 장인의 모습

비싼 편이었다. 아주 잘 만들어진 것들은 왕실에 납품하기도 하고 방콕에서 소문을 듣고 찾아온 사람들에게 제값을 주고 판매한다고 한다. 그날도 유기를 사러 온 손님이 몇 있었다. 사실 태국은 음식 그릇에 대한 관념이 우리와 조금 다르다. 우리는 접시나 사발에 금이 가거나 이가 빠지게 되면 사용하지 않고 버리는데 태국은 전혀 상관하지 않는다. 우리나라나 중국 사람들이 좋아할 것 같은 유기 그릇이 태국에서도 수요가 있다는 것이 좀 놀라웠다.

공장 문을 나서는데 문득 생각이 났다. 옛날 내가 아주 어렸을 적 집에서는 유기 그릇을 썼다. 명절이 되면 어머니께서는 유기 그릇을 모두 마루에 꺼내 놓으셨다. 그리고 기와 조각을 부수어 가루를 낸 다음 물에 개고 그것을 지푸라기에 묻혀 그릇을 닦으셨다. 그렇게 문지르다 보면 유기 그릇이 감추었던 속살을 내보이듯이 반짝반짝 윤이 났다. 그런 유기 그릇이 어느 날 스테인레스 스

최근에 만들어낸 유기들

틸로 만든 그릇으로 대체되고 시간이 지나면서 내 기억 속에서 사려져 버렸던 것이다.

국립 왕실 선박 박물관

왕실 선박 박물관은 짜오프라야강의 톤부리 쪽 강변에 위치하고 있다. 본래 선박을 수리하고 보관하던 곳이었는데 1947년 폭발 사고로 일부가 훼손되었다. 이후 왕실과 해군에서 복구를 하여 현재 모습으로 남게 되었다. 겉모습은 그리 화려하지 않지만 안으로 들어가보니 과연 왕이 타는 용선이다 싶은 배들이 그 위엄과 아름다운 자태를 뽐내고 있었다.

용선은 아직까지도 왕실 행사에 사용하는 바지선들이다. 이 배들은 역사적으로도 그 가치가 높을 뿐만 아니라 예술적인 아름다움으로도 높이 평가받고 있다. 그래서 예술청에서 국가 유물로 지정하고 이곳 선박 보관소를 국립 박물관으로 승격시켜 1974년부터 일반인들이 관람할 수 있도록 개방하였다. 입장료가 100바트인데 사진 촬영을 하려면 100바트를 따로 더 내야 한다. 왕이 타는 용선은 모두 50척이 넘는다는데 이곳은 장소가 그리 넓지 않아 8척만 놓아두고 나머지는 다른 곳에 보관하고 있다.

수로가 발달한 태국에서 배는 매우 유용한 운송 수단이었다. 또한 전쟁에서 수로로 이동하게 되면 육로로 이동하는 것보다 쉽고 빠르기 때문에 유리한 점이 많았다. 아유타야 시대에 외국과의 교역이 활발해지면서 많은 상선이 드나들었다. 왕이 배를 타고 물위에서 하는 행사와 의식은 아유타야 시대의 엑까톳싸롯(1605-1610) 시대부터 시작된 것으로 알려졌다. 배를 전술대형으로 갖추어 전

박물관 내부의 모습

투력을 향상시키고 적을 물리치는 해상 훈련을 하는 데서 비롯되었는데 오늘날에 와서는 국왕이 배를 타고 수로로 이동하거나 특별한 의식을 치르는 데 사용된다고 한다. 박물관 벽에 사진과 더불어 상세한 설명을 곁들여 놓았다.

1. 르아 프라티낭 쑤판나홍

뱃머리가 봉황의 모습을 하고 있는 배로 라마 6세가 통치하던 1911년에 재 건조를 마치고 아유타야 시대 짝끄라팟 왕때 지었던 본래의 이름을 가져와 르아 프라티낭차이 쑤판나홍이라 명명하였다. 배의 크기는 길이 46.15m, 넓이 3.17m, 깊이 41cm이며 무게는 15톤이다. 중앙에 국왕이나 고위 왕족이 앉는 어좌가 있다. 노 젓는 사람 50명, 중앙 승무원 두 명, 조타수 두 명, 신호수 한 명,

그리고 왕권을 상징하는 여러 층의 찻을 드는 사람 일곱 명에 노 저을 때 노래를 선창하는 사람이 한 명이 더 있다. 이 배는 1992년에 World Ship Trust로부터 세계 선박 유산으로 지정받았다. 왕실 용선 중에 가장 대표적인 것으로 여러 가지 관광홍보 포스터에 가장 많이 등장하고 모형으로 만든 기념품이 많이 팔려서 외국인들에게 가장 친숙한 용선이다.

2. 르아 프라티낭 아난따나카랏

아난따나카랏은 '뱀신의 왕' 또는 '모든 뱀들'이란 뜻이다. 힌두교의 뿌라나 경전에 보면 아난따는 땅 속 7층 아래서 머리로 이 세상을 떠받치고 있다. 그래서 아난따가 하품을 하게 되면 이 세상에서는 지진이 일어나게 된다고 한다. 이 이야기가 태국에 전해지면서 내용이 조금 바뀌었다. 태국 사람들은 아논이라고 하는 물고기가 땅 속에 이 세상을 떠받치고 있는데 이 물고기가 몸을 움츠리게 되면 지진이 일어난다고 믿는다. 그리고 땅 속에 머리가 일곱 개 달린 뱀이 있어 우리가 사는 세상에 비를 내려 준다고 한다. 태국인들에게 있어 왕은 비슈누의 현신이기 때문에 뱀신이 있는 용선에 타고 있어야 한다고 생각한다. 힌두교에 따르면 이 세상이 다하고 새로운 우주가 창조되는 날 비슈누가 뱀신 위에 누워 있다고 한다.

이 아난따나카랏 용선은 라마 3세 때 건조하여 라마 4세 때 처음 사용하였다. 현재 있는 용선은 라마 6세 때인 1914년 4월 14일에 처음 사용되었다. 배의 길이는 44.85m, 폭은 2.58m, 깊이는 87cm이다. 물에 뜨면 31cm가 잠긴다. 노 젓는 사람 54명, 중앙 승무원 두 명, 조타수 두 명, 기수 한 명 그리고 기운을 북돋우기 위한 신호를 보내는 사람 한 명이 더 있다. 이밖에도 찻을 들고 있는 사람 일곱 명에 햇볕 가리개와 부채 그리고 양산을 들고 있는 사람이 세 명 더 있다.

3. 르아 프라티낭 아넥찻푸총

아넥찻푸총은 산스크리트어로 '여러 가지의 뱀'이란 뜻이다. 그래서 이 배의 뱃머리에는 여러 가지의 뱀 모양이 새겨져 있다. 뱀

은 힌두신화에서 자주 등장하는데 때때로 불교 설화에서도 등장한다. 주로 권력이나 지식 또는 풍요를 상징한다. 이 배는 라마 5세 때 건조되었다. 길이가 45.67m, 폭이 2.91m, 깊이가 91cm이며 무게는 7.7톤이다. 노 젓는 사람 61명, 중앙 승무원 두 명, 조타수 두 명, 기수 한 명 그리고 노 저을 때 기운을 북돋우기 위한 신호를 보내는 사람 한 명이 있다. 이밖에도 찻을 들고 있는 사람 일곱 명에 뱃노래를 선창하는 사람이 한 명 더 있다.

4. 르아 프라티낭 나라이쏭쑤반

뱃머리는 나라이신이 가루다를 타고 있는 모습을 하고 있다. 라마 3세 때부터 이름은 있었지만 라마 9세 때 건조되었다. 나라이신은 곧 비슈누 신이다. 대개는 가루다를 타고 있는 모습으로 자주 등장한다. 나라이신은 인간 세계 어디서나 그리고 언제나 현신

할 수 있는 시공을 초월한 존재이다. 인간세계에 현신한 나라이신을 아와딴이라고 하는데 이는 곧 아바타를 의미한다. 15세기경에 태국에서 나라이신을 국왕과 등치시켰다. 그래서 랏따나꼬신 시대 국왕들은 나라이신이 들고 있는 차크라와 소라 껍데기, 그리고 지휘봉과 삼지창 등 네 가지 물건을 들고 있는 모습을 볼 수 있다.

나라이신은 가루다 위에 앉거나 양손에 뱀 즉, 나가를 잡고 치켜든 모습을 하고 있는데 가루다와 나가는 서로 앙숙이지만 나라이신이 부리는 존재들이다. 가루다는 모든 새의 신으로 하늘의 힘을 가지고 있으며 나가는 물의 힘을 가지고 있다. 그래서 나라이신이 가루다 위에 앉아서 나가를 잡고 있으면 모든 세상을 지켜줄 힘을 가지고 있는 것이라고 생각한다.

이 배는 라마 9세 즉위 50주년을 기념하여 해군과 예술청에서 건조하여 헌정한 것이다. 길이 44.03m, 폭이 3.2m, 깊이 1.10m이

며 무게는 20톤으로 물에 뜨면 40cm가 잠긴다. 노 젓는 사람 다섯 명, 중앙 승무원 두 명, 조타수 두 명, 기수 한 명에 힘을 북돋우기 위해 신호를 보내는 사람 한 명이 있다. 이밖에도 찻을 들고 있는 사람 일곱 명에 뱃노래를 선창하는 사람 한 명이 더 있다.

5. 르아 크룻흔헷

인도의 뿌라나 경전이 태국인의 의식과 예술에 영향을 주어 생겨난 산물이 바로 가루다인데 이 배는 뱃머리가 가루다가 양손을 뱀을 잡고 치켜든 형상을 하고 있다. 가루다는 자유롭게 몸을 변신할 수 있으며 어디든지 갈 수 있는 동물이다. 이 배는 라마 1세 때 건조되었으나 2차 세계대전 당시 공습으로 파손되어 1965년 해군과 예술청에서 복원한 것이다.

길이 28.58m, 폭 2.10m, 깊이 56cm이다. 노 젓는 사람이 34명, 중앙 승무원 한 명, 조타수 두 명이 있다. 이 밖에도 기수 한 명과 노 젓는데 장단 맞추어 주는 사람 두 명이 더 있다.

6. 르아 끄라비 쁘랍므엉만

뱃머리의 조각상이 라마 1세의 라마끼안에 나오는 프라람의 용감한 전사 하누만의 모습을 하고 있다. 하누만은 악마의 나라 롱까국의 톳싸깐과 맞서 싸우는 원숭이이다. 라마 1세 때 건조한 것으로 알려졌는데 사료에 이름이 명확하게 등장하는 것은 라마 4세 때이다. 2차 세계대전 때 공습으로 파손되어 1965년 해군과 예술청에서 복원하였다.

길이 26.80m, 폭 2.10m, 깊이 51cm이며 무게는 5.62톤이다. 노

젓는 사람 36명, 중앙 승무원 한 명, 조타수 두 명, 기수 한 명이 있다. 이 밖에도 기운을 북돋우어 주기 위해 신호를 보내는 사람 한 명과 노 젓는데 박자 맞추어 주는 사람 한 명 그리고 승전고를 울리는 사람 열 명이 더 있다.

7. 르아 아쑤라와야팟

뱃머리에 새겨진 조각상 아쑤라와야팟은 '바람을 먹고 사는 도깨비'라는 뜻이다. 새의 몸에 도깨비 얼굴을 하고 있다. 라마 1세 때 처음 건조된 것을 라마 4세 때인 1965년 복원한 것이다.

길이 31m, 폭 2.03m, 깊이 62cm이다. 노 젓는 사람 40명, 중앙 승무원 한 명, 조타수 두 명, 기수 한 명이 있다. 이 밖에도 기운을 북돋우어 주기 위해 신호를 보내는 사람 한 명과 노 젓는데 박자

맞추어 주는 사람 두 명 그리고 승전고를 울리는 사람 열 명이 더 있다.

8. 르아 엑까차이 흔하우

뱃머리가 위로 높이 올라와 끝이 휘어져 있는 모습을 하고 있다. 태국어로 "헤라"라고 하는 동물인데 용의 몸에 뱀의 머리를 하고 있는 전설 속의 동물이다. 배 이름인 엑까차이 흔하우는 '하늘로 솟구쳐 승리하다'는 의미를 가지고 있다. 나라이 왕 시대에 사용한 배인데 현재의 것은 라마 1세때 건조하여 2차 세계대전 때 공습으로 파손된 것을 1965년 해군과 예술청에서 복원한 것이다. 주로 쑤완나홍 용선을 이끌어 주는 역할을 하는 배이다.

길이 27.5m, 폭 1.97m, 깊이 60cm이다. 무게는 7.7톤이며 물에

뜨면 72cm가 물에 잠긴다. 38명의 노젓는 사람과 두 명의 중앙 승무원, 두 명의 조타수가 있다. 이 밖에도 기수 한 명과 노 젓는데 기운을 북돋우어 주기 위해 신호를 보내는 사람 한 명이 더 있다.

박물관 구조가 강 쪽으로는 트여 있지만 다른 쪽으로는 막혀 있는 공간이라서 조금 더웠다. 그래도 여덟 척의 배를 하나하나 들여다보고 사진을 찍다 보니 두 시간이 훌쩍 지나갔다. 왕실 선박 박물관에 전시되어 있는 배들은 하나같이 화려하고 아름답기 그

지없다. 배를 만든 장인들의 섬세함이 볼수록 놀랍기만 하다. 박물관 나서는데 눈길이 자꾸 뒤쪽으로 간다.

태국인의 섬세함

태국인들은 어딘가 모르게 섬세하고 매사에 상대방을 배려하는 조심스러운 성격을 가지고 있다. 내가 아는 어떤 사람은 태국과 일본이 많이 닮았다고 하면서 그 이유를 두 나라 모두 사람들이 심성이 곱고 남에게 폐를 끼치지 않으려고 하는 섬세한 마음씨라고 했다. 이 말을 듣고 나는 어느 정도 공감을 표했다. 태국인들은 다른 사람으로부터 간섭받기 싫어하고 스스로 남에게 간섭하려 들지 않는다. 이방인에게 언제나 호의적인 미소를 보내 마음을 편안하게 해준다. 어법에 있어서도 스스로 결정해도 되는 것을 상대방을 주어로 쓰는 사동문을 사용한다. 예컨대 '내일 몇 시에 올까요?'하는 물음을 '저를 내일 몇 시에 오게 하시겠습니까?'하고 물으면서 판단을 상대방에게 유보시키는 것이 보통이다.

태국어에 '끄렝짜이'라는 말이 있다. 우리말로 옮기면 '부담 갖다' 또는 '어려워하다' 정도 되는 말이다. 태국인들이 일상생활에서 자주 쓰는 말이다. 태국 사람들이 남을 어려워하고 작은 일에도 부담을 갖는 성격을 가지고 있기 때문이다. 태국인들이 남을 도와주면서 말끝마다 하는 말이 "마이 떵 끄렝짜이"이다. 부담 갖지 않아도 된다는 뜻이다. 태국어에서 '마음'이라는 뜻을 가진 "짜이"와 결합하여 만들어지는 합성어 숫자는 400개가 넘는다. 그래서 우리말 대응어가 없는 것도 많다. 그만큼 심리동사가 발달했다는 것인데 이는 태국인들의 마음씨가 매우 섬세하다는 것을 방중해 준다.

태국인들의 섬세함은 비단 심성에서만 나타나는 것이 아니다. 그들의 행동거지에서도 나타난다. 태국의 전통적 인사법은 두 손을 합장하여 올리는 것인데 손을 올리는 높이에 따라 상대방에 대한 예우가 결정된다. 그런데 단순히 손만 올리는 것이 아니라 고개를 적당히 숙이기도 하고 허리를 약간 굽히기도 한다. 또한 여성의 경우에는 무릎을 살짝 구부리며 인사하는데 내가 보기에 이보다 더 아름다운 인사법은 없을 것 같다. 여기에다 발과 머리를 두는 위치를 보면 태국 예절의 정중함이 나타난다. 발은 낮은 곳이고 머리는 높은 곳이다. 그래서 상대방에게 최대한의 경의를 표하는 방법은 그 사람의 발 아래 머리를 대고 엎드려 절하는 것이다. 그래서 태국어에서 남자가 사용하는 일인칭 대명사 "폼"은 '나'라는 뜻도 되고 '머리'라는 뜻도 된다.

태국인들은 손놀림도 매우 섬세하다. 어떤 때 보면 과일을 하나 깎는 것도 새나 동물을 조각한 형태로 깎아 놓아 먹기가 아까울 때가 있다. 호텔에 가보면 수건이나 휴지까지도 예술적으로 말아 놓는다. 식탁에 올려 놓은 냅킨도 그냥 접어두는 법이 없다. 하나같이 꽃처럼 접어 차마 펼쳐 쓰기 아까울 정도다. 역사적으로 식민지 경험도 없이 풍요롭게 살면서 생겨난 그들의 여유가 몸가짐과 마음가짐속에 녹아들어 예술로 승화되지 않았나 하는 생각이 든다.

호텔의 수건을 접어 놓은 모습

물과 더불어 살아가는 태국인들

용선 박물관을 나와 다음 행선지인 왓라캉 사원으로 향했다. 왓라캉은 짜오프라야강변에 있다. 짜오프라야강의 양옆에는 으리으리한 호텔과 황금색 지붕을 한 사원들, 그리고 높이 솟아오른 불탑이 있고 시선을 좀 더 아래로 낮추면 물가에 상대적으로 소박해 보이는 집들을 볼 수 있다. 태국 사람들은 예로부터 물을 유용하게 사용하기 위하여 강을 끼고 도시와 촌락을 건설하였다. 필요한 경우에는 운하를 파서 농사를 짓고 사람과 물건을 운송하는데 용이하도록 했다. 강을 태국어로 "매남"이라고 하는데 "매"는 '어머니'라는 뜻이고 "남"은 '물'이라는 뜻이다. 그래서 강은 곧 물의 어머니인 셈이다. 짜오프라야강의 이름에 붙은 짜오프라야는 귀족 관료 중 가장 높은 등급이다. 태국에서 가장 길이가 길고 수도 방콕을 가로질러 흘러가는 아주 중요한 강이라서 이름을 그렇게 지은 것 아닌가 생각된다.

태국인에게 물은 땅과 더불어 사람에게 먹을 것을 안겨주는 삶의 터전이었다. 18세기경 서양인들의 시각에서 기록해 놓은 것을 보면 태국의 땅은 토양이 좋아 애써 일하지 않아도 수확이 좋다고 서술하고 있다. 그래서 씨만 뿌려 놓으면 우기에 비가 내려 농작물이 저절로 자라고 기후도 온화하여 벼가 빨리 자라는데 역설적으로 이런 기후 조건이 오히려 이곳 농부들을 게으르게 만들어 놓았다고 한다.

서양인의 기록에는 땅에 대한 기술 말고 물에 대한 이야기도 나와 있다. 그 내용을 보면 당시 짜오프라야강변에서 살아가는 태국인들의 모습이 잘 나타나 있다. 태국 사람들이 심성은 착한데 일

물가에서 살아가는 모습

을 하지 않고 빈둥거리며 놓고 있다가도 배를 가지고 나가야 할 때만 되면 힘이 솟구쳐올라 어떤 때에는 며칠을 쉬지 않고 노를 젓는다고 했다. 서양인들 사이에서 회자되었던 이야기에 따르면 당시 태국인들은 걸음걸이보다 헤엄치는 걸 먼저 배우고 열 살만 되면 노를 저을 줄 알았다고 한다. 짜오프라야강에 수십 척의 배가 오가면서 혼잡하기 이를 데 없는데도 배가 부딪히는 사고를 보기 힘들었다고 하니 당시 노 젓는 솜씨가 어떠했는지 짐작이 간다. 간혹 배가 뒤집어지는 일이 발생하기도 하는데 곧바로 배를 뒤집어 노를 저어가는 모습이 마치 서커스를 보는 것과 같았다고 적고 있다. 이러한 기록들을 보면 당시 태국인들은 땅에서의 생활은 다소 나태해 보이지만 물에서의 생활은 정반대였던 것 같다.

근세기 들어 농경사회에서 산업사회로 바뀌면서 땅에서의 삶은 많이 바뀌었지만 물에서의 삶은 상대적으로 크게 바뀌지 않았다. 오늘날에도 짜오프라야강에서 유람선을 타면 양쪽 강가에 늘어

물가의 주택들

선 수상 가옥을 볼 수 있고 아유타야까지 뱃길로 오가면서 좌우 경관과 함께 물과 함께 살아가는 태국인의 모습을 쉽게 접할 수 있다. 그리고 암파와나 담는사두억에 가면 물위에서 배를 타고 물건을 사고파는 수상 시장을 돌아볼 수 있다.

태국인의 삶과 물의 철학

태국에 처음 가서 조금 의아했던 것 중 하나가 사람들 집으로 방문하게 되면 맨 먼저 찬물 한 컵만 덩그러니 가져다주는 것이었다. 물론 더운 나라이기 때문이기는 하지만 아무리 그래도 어떻게 손님 대접을 그렇게 하나 싶은 생각이 들었다. 최소한 과일주스나 하다 못해 탄산 음료라도 내오는 한국 문화에 익숙해 있던 내게 그런 물 한 컵의 손님 대접은 아무래도 좀 성의가 없어 보였다. 그런데 태국 생활에 익숙해지다 보니 뒤늦게 물 한 컵을 대접하는 문화를 이해하게 되었다. 더운 날씨에 남의 집을 방문하게 되면 제

수상 시장의 상인들

일 먼저 찾게 되는 것은 바로 시원한 물 한 컵이었다. 역시 문화라고 하는 것은 머리로 이해하는 것이 아니고 경험을 통해 가슴으로 느끼는 것인가 보다.

태국 사람들은 오랜 세월을 물과 함께 살아왔다. 물과 더불어 살다보니 태국인들의 삶이 물과 밀접하게 되면서 물에 여러 가지 의미를 부여하게 되었다. 그중에서 결혼 생활과 관련하여 생겨난 물의 철학을 보면 물이 태국인의 삶에 어떻게 작용하고 있는지를 잘 알 수 있다. 태국인들이 결혼할 때 "롯남쌍"이라고 부르는 성수 의식이 있다. 결혼식에 참석한 하객들이 하얀색의 소라껍질에 담겨 있는 물을 합장한 신랑신부의 머리나 손에 부어주면서 축하와 덕담을 해주는 의식이다. 이때 물을 부어주는 이유는 신랑신부가 앞으로 물처럼 원만하게 살아가라는 의미가 담겨 있다. 우연히 어느 태국 스님이 결혼 생활에 필요한 삶의 철학을 물에 빗대어 설명한 것을 읽은 적이 있다. 읽고 나서 저절로 감탄사가 나올 정도로 공감이 가는 글이었다. 스님은 글에서 물이 가지고 있는 다섯 가지 속성을 다음과 같이 탁월한 비유를 통해 설명해 놓았다.

첫 번째 속성은 물은 차갑다는 것이다. 결혼한 부부는 조급하게 생각해서는 안 된다. 서로 다른 환경에서 크고 자란 신랑과 신부가 성급하게 하나가 되려고 한다면 결혼 생활은 어려워질 수밖에 없다. 결혼 생활은 마음을 차분하게 갖고 조금씩 하나가 되어 가는 것이다.

두 번째 속성은 물은 자신의 모습을 가지고 있지 않다는 것이다. 즉, 자아가 없는 것이다. 작은 물방울 여러 개가 합쳐져서 물이 되고 그것이 흘러서 작은 개울을 이룬다. 개울은 다시 강이 되고 강은 마침내 바다를 이루게 된다. 결혼 생활도 마찬가지다. 물과 같이 자아를 갖지 않게 되면 이기심도 갖지 않게 된다. 자아를 갖지 않는다는 것은 결코 자신의 존재를 부정하거나 자존감이 없는 것을 의미하지 않는다. 다른 사람보다 자기 자신이 더 중요하다는 의식을 버리는 것이다.

세 번째 속성은 물은 유연하다는 것이다. 물은 어떠한 형태로도 존재할 수 있다. 모든 형태의 그릇에 담길 수 있지만 그렇다고 해서 물의 속성을 잃지는 않는다. 결혼 생활에 있어서도 물과 같은 유연성이 필요하다. 상대방에 대해서 서로 알아가고 적응해 나가면 결혼 생활은 그만큼 원만하게 될 것이다.

네 번째 속성은 물은 모든 살아 있는 것들에게 생명을 준다는 것이다. 물은 우리가 살고 있는 이 세상에 수분을 공급해 준다. 사람은 물론 모든 동식물들은 물 없이는 살 수 없다. 한 가정을 이루고자 하는 사람들은 물처럼 서로에게 베푸는 삶을 살아야 한다.

베푸는 곳에 행복이 있고 사랑이 싹트게 된다. 베푼다고 하는 것은 뺄셈이 아니라 덧셈이다. 행복을 느끼며 살아가는 사람은 베풀어가며 살아가는 사람이다.

다섯 번째 속성은 물은 높은 데서 낮은 곳으로 흘러간다는 것이다. 물은 이 세상의 더러운 것을 씻어 내고는 아무런 대가도 바라지 않고 조용히 낮은 곳으로 흘러간다. 사랑하는 사람들이 살아가면서 서로에게 좋은 일을 해주고 그에 대한 아무런 대가를 바라지 않으면 그 선행의 결과는 가슴속에 오래 남는다. 그러나 선을 베풀었다고 해서 그에 따른 대가를 바란다면 오히려 상대방이 가졌던 고마운 마음조차도 사라지게 될 것이다.

다섯 가지의 물의 철학에서 보는 바와 같이 태국인들은 물과 함께 살아가면서 물을 닮으려 했다. 물이 지니고 있는 다섯 가지의 속성을 '무아'와 '무상'을 이야기하는 불교 철학과 접목시켜 자신을 고집하지 않고 상대방을 배려하며 살아가는 '자비'와 '적선'의 가르침을 얻고자 한 것이다.

왓라캉 사원

용선 박물관에서 왓라캉 사원까지의 거리는 채 2km가 되지 않는다. 그래도 30분을 걸어가기에는 햇볕이 너무 뜨겁다. 차로 가면 10분이 걸리지 않는다. 왓라캉은 글자 그대로 종의 사원이다. 언제 누가 세웠는지 모르지만 라마 1세 때 보수 공사를 거쳐 붙여진 정식 명칭은 왓라캉 코씨따람 워라위한이다. 짜오프라야강변에 위치하고 있어 왕궁과 에메랄드 사원이 있는 타창 쪽에서 배를 타고 건너가면 된다. 육로로 가는 길은 입구가 좁다. 그러나 강변에서부터 들어가는 입구는 꽤 넓은데 들어서는 길 양쪽으로 장사꾼들이 늘어서 있다. 고무다라이에 거북이와 물고기 또는 새를 잡아다 불자(佛者)들에게 판매한다. 이를 사서 방생하면 공덕을 쌓는다고 믿는 것이다. 다른 한 켠에 보리수 나무가 한 그루 서 있는데 라마 4세기 스리랑카에서 묘목을 가져와 심은 것이라고 한다.

방생용 물고기를 파는 가게

선착장에서 들어오는 입구에 규모가 무척이나 큰 프롬마랑씨 스님의 청동 좌상이 한눈에 들어온다. 그 옆으로 종의 모양으로 만든 흰색 조형물이 있는데 중앙에 큰 종과 사방에 작은 종이 네 개 있다. 프롬마랑씨 스님은 태국 역사상 5대 고승 중의 한 명이다. 이 스님의 스님상은 법력이 높아 가격으로 치면 3백만 바트가 넘는다고 한다. 우리 돈으로 2천만 원 가까이 되는 셈이다. 태국인들이 목에 걸고 다니는 불상 같은 것이 있는데 이는 불상이 아니라 스님상이다. 우리나라는 부처님의 불력을 주로 믿지만 태국 사람들은 스님이 가지고 있는 법력을 많이 믿는다. 실제로 프롬마랑씨 스님은 프라카농에 귀신이 나타나 사람들을 저주하여 주민들이 공포와 두려움에 떨고 있을 때 그곳에 가서 귀신을 쫓아낸 적이 있다고 한다.

매낙프라카농은 태국인에게 잘 알려진 만삭 여인의 귀신 이야기다. 지난 2015년에 영화로 만들어진 것이 국내에서 상영되기도 했다. 영화 속의 내용에 따르면 막과 낙은 태국의 프라카농 선착장 주변에서 살아가고 있는 젊은 부부다. 낙이 임신을 하게 되었는데 막은 징집되어 전쟁터에 나가게 된다. 남편 없이 홀로 남은 낙은 아기를 낳다가 잘못되어 세상을 하직하고 만삭의 귀신으로 남게 된다. 전쟁터에서 가까스로 살아남은 막은 이 사실을 전혀 모른 채 집으로 돌아온다. 그리고 이미 죽어서 귀신이 된 아내 낙과 살게 된다. 마을 사람들은 막에게 낙이 죽었다는 사실을 알려주지만 막에게는 그 말이 사실로 들리지 않는다. 그러다가 한 번은 집에서 마루 밑으로 떨어진 라임을 줍는 낙의 팔이 길게 뻗어 나오는 것을 보고 낙이 귀신이라는 사실을 알아챈다. 결국 막은 낙으로부터 도망가 사원에 피신하게 되고 낙은 마을 사람들을 원망하며 난동을 부린다. 그러자 퇴마사가 개입하여 낙을 남비 안에 가두어 버린다. 그리고 프라풋타짠 스님의 법력으로 낙은 평화로운 사후 세계로 가게 된다.

프롬마랑씨 스님상

이 이야기는 오래전부터 전해져 내려왔는데 19세기 초에 일어났던 실제 사건이라고 믿는 태국인이 많다. 이 야기의 맥락이나 시기를 가늠해보면 영화 속의 프라푹 타짠이 프롬마랑씨 스님이 아닐까 하는 생각이 든다.

영화 <피막 프라카농> 포스터

강변으로 나 있는 출입구가 있는데 그 이름이 프롬마랑씨문이다. 그 문을 지나서 사원 입구로 들어서면 양쪽으로 불당이 있는데 왼쪽 불당 이름이 땁낙위한쏨뎃이다. 이 불당 안에 세 명의 고승 좌상이 있다. 그중에 가운데 좌상이 바로 프롬마랑씨 스님이다. 랏따나꼬신 시대 초대 승왕을 지냈고 왓라캉 사원에서 20년간 주지로 있었다. 친나반천이라는 경구를 변형시켜 주문을 만들었는데 태국인들이 아침에 잠자리에서 일어났을 때와 저녁에 잠들기 전에 즐겨 암송하는 주문이라고 한다. 이 주문을 암송하게 되면 위험에서 벗어나고 행운과 건강을 가져다준다고 믿는다. 불당으로 들어서자 많은 사람들이 바닥에 앉아 경배를 올리고 일부는 세 명의 스님 상에 금박을 입히고 있었다. 태국인들이 불상이나 스님상에 금박을 입히는 것은 공덕을 쌓는 중요한 일 중 하나이다. 태국 속담에 "뻿텅 랑프라"라고 하는 속담이 있는데 직역하면 '불상 등쪽에 금박을 입히다'라는 뜻이다. 금박을 입혀 공덕을 쌓을 때 잘 보이는 곳에 입히면 그만큼 알아주는

프롬마랑씨 문

사람이 많을 것이다. 그런데 아무도 보지 않는 뒤쪽에 금박을 입히는 것은 곧 남모르게 선행을 한다는 의미이다. 왼손이 하는 일을 오른손이 모르게 하라는 격언과 뜻이 유사한 말이다.

프롬마랑씨 스님

프롬마랑씨 스님은 라마 1세의 아들이다. 라마 1세는 왕이 되기 전에 짝끄리 장군으로 딱씬 휘하에서 중요한 직책을 맡은 군인이었다. 북부 코랏 지역 정벌에 나선 짝끄리 장군은 깜팽펫에서 주둔하면서 잠시 휴식을 취하고 있었다. 그러던 어느 날 농부의 딸인 한 처자에게 마음이 끌려 예를 갖추어 청혼을 하였다. 그 처자에게서 낳은 아들이 바로 프롬마랑씨 스님이었다. 라마 3세가 승하하던 해가 스님이 64세로 출가한 지 42년째 되던 해였다. 이때 스님은 큰 마음을 먹고 숲에 들어가 두타행을 하면서 여러 스승을 찾아 가르침을 받았다. 그리고 나중에는 몸과 얼굴을 마음대로 바꾸는 변신술에 능통하게 되었다. 라마 4세 때 왕의 간청으로 다시 속세로 나와 여타 지위도 모두 고사하고 왓라캉 사원의 주지를 지냈다. 라마 5세 때 스님의 속세 나이 78세, 출가한 지 56년 되던 해 국왕은 스님을 쏨뎃프라풋타짠으로 임명했다. 왓인트라위한 사원에서 입적했는데 당시 속세 나이 84세, 출가한 지 65년 되던 해였다. 현재 왓인트라 위한 사원에 스님이 두타행을 행하던 당시의 모습을 한 입상이 세워져 있는데 현존하는 가장 큰 스님상으로 알려져 있다. 스님의 입적 소식을 들은 라마 5세는 즉시 사람을 보내 시신을 배로 실어와 왓라캉에서 화장한 후 유골을 안치시키고 일부는 다른 사원에 나누어 봉안했다.

3인의 승려 상의 모습. 가운데가 프롬마랑씨 스님이다.

북쪽에 회랑이 있는데 옆에 3기의 불탑이 있다. 라마 3세 때 3명의 왕족에게 헌정하기 위해 세워졌는데, 그물 모양의 탑으로 작지만 매우 아름답다. 법당 주변에는 흰색의 작은 몬돕 안에 비계석인 바이쎄미가 설치되어 있다. 본래 아유타야 시대 처음 사원을 세웠을 때에는 하나씩 있었을 텐데 라마 1세가 보수하면서 왕실사원으로 승격되어 2개를 한 쌍으로 설치하였다. 외벽은 회색의 대리석으로, 창문 틀과 지붕, 처마 등은 금색으로 되어 있어 왓뜨라밋의 프라몬돕과 같은 은은함을 풍긴다. 처마와 지붕 꼭대기는 봉황 모양으로 장식되어 있고 지붕의 기와는 적색과 황색 그리고 녹색이 어우러져 있다.

법당 남쪽에 옥수수 모양의 쁘랑이 하나 세워져 있다. 라마 1세의 큰 누나에게 헌정하기 위해 세운 것인데 꼭대기는 시바신의 삼지창 모양으로 되어 있고 탑의 중간 부분 사방에 발코니를 내서 붓다에게 경배하는 모습의 조각상을 안치해 두고 있다. 법당 안으로 들어가면 엷은 미소로 반겨주는 본존불이 있다. 이 본존불은 아유타야에서 뱃길로 옮겨왔다고 하는데 딱히 부르는 이름이 없었다. 그런데 라마 5세는 이곳 사원에 와서 그 어디를 가도 이 본존불처럼 나를 웃으며 맞이하는 불상은 없다고 말한 적이 있다. 그래서인지 나중에 "프라 쁘라탄 임랍꽈"라는 이름이 붙여졌다. 뜻을 그대로 옮기면 '웃으면서 하늘을 맞이하는 본존불'이라는 의미이다. 태국어에서 하늘은 보통 국왕을 의미한다. 불상 위에는 9층의 찻이 있는데 라마 1세 때 안치한 것이다. 내부는 여느 사원과 다름없이 불교 설화와 붓다의 일대기를 그린 벽화와 천장의 그림들이 보인다. 라마 6세 대 당대 최고의 화공이 그린 것이라고 한다.

밖에 2개의 종이 걸려 있다. 본래 이 사원에 있던 종은 태국에서 가장 아름다운 소리를 냈다고 한다. 그래서 나중에 왓프라깨우 사원으로 옮겨 갔다. 그렇다면 여기 있는 종은 진품은 아닐 것 같

3기의 백색 불탑

같은데 그래도 예사로워 보이지는 않는다. 사원에 걸려 있는 종은 주로 승려들의 기상과 식사 시간 또는 예불 시간 등을 알리는 용도로도 쓰이지만 붓다의 가르침이 종소리처럼 세상으로 넓게 퍼져 나가라는 의미가 있다고 한다. 왓라캉은 규모가 크지 않은 조그만 사원이기는 하지만 태국 최고의 큰 스님이 기거하던 사원이다. 가장 아름다운 소리를 내는 종과 가장 아름다운 미소를 가진 본존불을 모시고 있는 사원으로 적지 않은 가치와 의미를 담고 있는 것 같다.

시간이 아침을 지나 정오에 가까워지자 햇볕이 뜨거워지기 시작하였다. 점심을 먹기로 하고 주변 식당을 찾아 들어갔다. 더운 날씨에 햇볕에 노출시간이 길어지면 아무래도 식욕이 떨어지기

백색의 쁘랑 불탑

마련이다. 이때 밥 한 끼를 맛있게 먹기 위해서는 우선 손님이 많은 식당을 찾아야 한다. 태국은 외식문화가 발달했기 때문에 맛집을 찾기 위해서는 제일 사람이 붐비는 가게를 들어가면 된다. 사원 앞 길가에 자그마하고 예쁘장하게 지어진 집에 들어갔다. 똠얌꿍과 얌운쎈, 새우튀김 그리고 야채복음을 시켰다. 똠얌꿍은 새우를 주재료로 하여 다양한 식재료를 각종 허브와 함께 넣어 매콤하고 시큼하게 끓인 태국의 대표적인 찌개이다. "똠얌"이라는 말은 "똠"과 "얌" 두 단어로 이루어진 합성어로, "똠"은 '끓이거나 익힌다'는 뜻을 가지고 있다. "얌"은 '뒤섞다, 무치다'는 뜻으로, 태국음식 중 맵게 무친 음식류를 일컫는 말이다. 처음부터 맛있게 먹는 사람도 있지만 어떤 사람은 처음에는 맛이 좀 이상하다 하면서 억지로 먹다가 나중에는 맛들여져서 맛있게 먹는 사람도 있

법당 앞에 걸려 있는 종

똠얌꿍

다. 얌운쎈은 당면 무침으로 비교적 한국인들의 입맛에 잘 맞는 음식이다. 아마도 당면이 한국 음식의 잡채와 식감이 유사하기 때문일 것이다. 그리고 새우 튀김은 한국에 비해 저렴한 새우를 쉽게 맛볼 수 있는 음식이다. 새우와 게는 생선과 더불어 태국인이 가장 즐겨먹는 해산물이다. 점심을 먹고 나니 다시 기운이 난다. 더운 나라를 여행할 때 밥을 잘 챙겨먹는 것은 매우 중요한 일이다.

왓아룬 사원

왓아룬은 아유타야 시대에 지어진 절로 본래 이름은 왓마꺽이었다. 오늘날은 왓아룬이라고 부르는데 이는 '새벽 사원'이라는 뜻이다. 딱씬은 버마군을 몰아낸 후 폐허가 된 아유타야를 버리고 새 왕조를 세우고자 했다. 이에 딱씬은 저녁 일몰 후에 아유타야를 떠나면서 새벽에 도착하는 곳을 새 도읍지로 삼게 해달라고 기원했는데 이튿날 동틀 무렵에 바로 이곳에 다다랐다고 한다. 그래서 이름을 왓짽이라고 바꾸어 불렀다. 왓짽은 '날이 밝아오는 사원'이란 뜻이다. 새 왕조를 세우면서 앞날이 밝아 오기를 기원해서일 것이다. 이 사원은 라마 2세의 전용 사원이기도 하다. 그래서 사원 옆에 라마 2세의 동상이 세워져 있다. 라마 2세가 어린 시절 이 부근에 살았기 때문에 나중에 왕이 된 후 사원을 증축하고 자신의 전용 사원으로 삼았다고 한다. 라마 2세가 승하한 후에 유골도 이 사원에 안치시켜 놓았다. 매년 우안거가 끝나고 출안거 때가 되면 국왕이 뱃길로 이곳으로 와서 가사를 봉헌하는 텃카틴 의식을 주관한다. 국왕이 뱃길로 와서 텃까틴 의식을 치르는 곳은 왓아룬 사원이 유일하다.

도깨비상

라마 2세 때 이 사원을 확장하는 공사를 시작하여 라마 4세 때 완공되었는데 이때 이름을 왓아룬 랏차워라람이라고 바꾸었다. 1905년 라마 3세 때 증축하면서 사원 입구에 두 마리의 도깨비상을 세웠다. 얼굴이 흰색 도깨비가 싸핫싸데차이고 초록색 도깨비가 톳싸깐이다. 이 두 마리의 도깨비상은 태국식 예술로 만들어

왓아룬 사원의 전경

법당 입구의 도깨비상

졌다. 나중에 이 도깨비상과 같은 모양으로 만든 것을 왓프라깨우 사원에도 세웠다. 강 건너편 왓포 사원에도 중국식으로 제작된 도깨비상이 있다. 전해져 내려오는 이야기에 의하면 왓아룬의 태국 도깨비와 왓포의 중국 도깨비가 서로 싸우다 보니 이 지역이 넓은 평지로 바뀌었다고 한다.

도깨비상은 나중에 쑤완나품 공항에도 만들어 놓았다. 12마리의 도깨비상을 공항 입국 심사대 쪽 앞에 있는 면세 구역에 세워 놓았는데 옆에 있는 향수 가게나 가방 가게의 광고 탑 높이가 더 높았다. 그러자 도깨비가 화가 나서 심술을 부리는 바람에 면세품 안의 전자제품과 컴퓨터 등이 망가지고 가방과 화장품 등이 없어져 일주일 동안 문을 닫아야 했다. 급기야 도깨비들을 달래는 의식을 치르고 밖으로 옮겨 세웠다. 그 이후로는 도깨비들이 더 이상 심술을 부리지 않았다고 한다. 믿거나 말거나 하는 이야기겠지만 어쨌든 12마리의 도깨비가 있던 자리에는 현재 도깨비 2마리만 남아 있어 넓고 확 트인 공간으로 조성되어 있다.

라마 2세 기념탑

왓프라깨우 사원에 안치되어 있는 본존불 에메랄드 불상은 본래 이곳에 있었다. 딱씬은 버마군을 물리친 후에 라오스를 정벌하고 비엔티엔에서 에메랄드 불상을 가져와 '작은 불당'이란 뜻을 가진 위한너이에 모셔 놓았다. 그리고 5년 후에 강 건너 왓프라깨우 사원이 완공되자 그리로 옮겨 갔다. 사원 옆에 조그만 정원처럼 꾸며진 공간이 있는데 이곳에 라마 2세의 기념탑이 있다. 기념탑에는 왼손에 칼을 차고 강 쪽을 내려다보고 있는 라마 2세의 동상이 세워져 있다. 그 뒤편에 3마리의 코끼리상이 있다. 라마 2세 재위 시절에 흰 코끼리 즉, 백상이 8마리 있었다고 한다. 태국에서는 백상이 나타나면 그 시대 군주가 덕망이 높은 것으로 여기고 그 군주를 '백상의 군주'라고 불렀다. 이처럼 군주의 덕망을 상징하는 동물은 흰 코끼리와 흰 원숭이 그리고 흰 까마귀가 있는데 라마 5세 재위 시절에는 이 3가지 동물이 모두 나타났다고 한다. '살아 있는 부처'라고 칭송받던 라마 9세의 재위기간에는 백상이 21마리나 있었지만 흰 까마귀는 없었다.

봇너이와 위한너이

'작은 법당'이라는 뜻을 가진 봇너이는 에메랄드 불상이 안치되었던 곳인데 딱신이 출가 수행 때 쓰던 침대와 29기의 불상이 안치되어 있다. 딱씬 좌상이 있는데 옛날에 법당 안에 두었던 것을 지금은 건물 앞으로 옮겨 안치해 놓았다. 봇너이 법당과 위한너이 불당은 나란히 지어져 강 쪽을 보고 있다. 모두 아유타야 시대에 지어진 것을 딱씬 시대에 보수를 한 것이다. 안쪽에 딱씬 동상이 있는데 양손에 칼을 차고 있다. 이 동상은 1946년에 제작된 것인데 실물과 얼마나 닮았는지는 알 수 없다. 태국에 사진기가 들어온 것은 라마 4세 때의 일이다. 초기에는 사진을 찍게 되면 영혼이 파괴되어 오래 살지 못한다는 속설이 있어 사진찍기를 꺼리는 사람도 있었다. 그러나 라마 4세와 5세는 사진을 많이 찍어 오늘날 초상화는 실물과 많이 닮았지만 딱씬과 라마 1~3세까지는 실제로 목격한 사람의 설명을 듣고 화공이 그린 것이라서 어느 정도 신빙성이 있는지는 정확히 알 수 없다. 동상 앞에 대리석으로 된 작은 석판에 딱씬을 칭송하는 시구(詩句)가 적혀 있고 앞에는 커다란 침대가 있는데 딱씬이 출가수행 시 참선할 때 사용한 것이라고 한다. 크기는 가로 3m 6cm, 세로 1m 70cm이며, 두께가 16cm인데 다리와 아래 부분에 꽃무늬를 조각해 놓았다. 티크 목재로 만들어진 것이라서 벌레를 먹지 않기 때문인지 아직 그대로 원상태를 유지하고 있다.

라마 2세의 기념 동상

딱씬이 사용하던 침대

사원 입구

사원 입구에는 지붕이 달린 정문이 빼어난 아름다움을 자랑하고 있다. 박공에는 라마 3세의 취향이 고스란히 반영되어 있어 흔히 볼 수 있는 가루다상이 아닌 꽃무늬로 장식되어 있다. 앞 공간에 돌과 나무로 장식한 석산 정원이 있다. 사원의 쁘랑과 불탑들이 화려하고 현란하게 우뚝 서 있는데 그 옆에 만들어진 작은 공간의 정원은 상대적으로 조금 넓어 보인다. 그래서 보는 사람의 마음에 여유를 갖게 해준다. 사람 모양의 석상이 있는데 180cm의 거구에 수염이 난 얼굴과 서양 복식을 하고 있다. 그리고 한편으로 반인 반조 또는 가루다와 새가 결합된 여러 가지 상상 속의 동물상들이 있다.

소신공양 기념 정자

도깨비상 옆 입구 쪽에 두 채의 정자가 있다. 이 정자는 과거 이곳에서 수행한 승려를 기리기 위해 세워진 것이라고 한다. 나이르엉이란 승려가 와서 위빠싸나 수행을 하는데 손에 올려놓은 연꽃이 만개하면 내생에 부처로 태어난다는 믿음을 가지고 있었다. 그런데 수행 중에 실제로 연꽃이 활짝 피어나자 자신의 몸을 태워 소신 공양을 했다는 것이다. 26년 후에 나이녹이라는 승려가 와서 똑같은 염원을 담고 수행을 했는데 역시 손에 있는 연꽃이 피어나 소신 공양을 하게 되었다. 이런 연유로 두 승려의 소신공양을 기리기 위해 각각 정자를 세웠다. 그래서 현재 두 채의 정자가 나란히 자리잡고 있다.

법당 입구의 박공

회랑

회랑에 사방으로 문이 나 있는데 문마다 앞에 코끼리가 2마리씩 조각되어 있다. 그래서 모두 8마리의 코끼리가 있는데 코끼리의 모양과 자세가 모두 다르다. 그리고 사자상 위에 앉아 있는 중국인 노인의 모습도 보이고 사람상과 동물상 등을 모두 합해 144개의 조각품이 전시되어 있다. 법당 앞쪽으로는 중국식 석탑이 있는데 팔각형 모양을 하고 있다. 각 면마다 8개의 발코니 안에 신선이 조각되어 있는데 태국인들이 "뽀이씨안"이라 부르는 팔선도상이다. 회랑에는 120개의 불상이 안치되어 있고 담장에 144마리의 사자상이 조각되어 있다. 바이쎄마는 팔방에 대리석으로 조각되어 고급스럽게 만들어 표시했는데 모두 두 개씩 짝지어 설치했다.

두 채의 흰색 정자

국왕이 세우거나 보수한 사원의 경우 바이쎄마는 반드시 쌍으로 만들어 세우고 일반 사원이 경우는 하나씩 세우는 것이 보통이다. 한 켠에 룩니밋을 전시해 놓은 것이 보인다. 룩니밋은 둥근 돌에 금박을 입힌 것인데 법당 아래 묻는 것으로 8개를 팔방으로 묻고 중앙에 하나를 더 묻는다. 룩니밋을 묻지 않고 세운 건물에서는 불교의식을 거행할 수 없다.

법당

법당 입구 쪽에 보면 두 손을 앞으로 향하여 들고 서 있는 불상이 있다. 이는 왕궁에 있는 불상을 본떠서 크기를 조금 작게 제작한 것이다. 크기만 조금 다를 뿐 나머지 법의를 입고 있는 모습이나 자세는 똑같다. 이는 라마 4세가 선왕인 라마 2세에게 헌정하

법당을 둘러 싼 사자상

회랑의 불상들

기 위해 만든 것이라고 한다. 입구 쪽 문 앞의 벽과 천장은 꽃 무늬가 있는 중국식 도자기 타일로 장식해 놓았는데 그 어느 사원의 것보다도 아름답다고 한다.

법당 내부에 있는 본존불은 라마 2세가 직접 얼굴을 제작하고 나머지는 장인에게 만들도록 했다고 하는데 잔잔한 미소를 띠고 있다. 불상의 손가락 길이를 보면 엄지손가락을 제외한 나머지 네 손가락의 길이가 같다. 위대한 성인은 네 손가락의 길이가 같고 다섯 발가락의 길이도 같다고 한다. 불상 앞에 연꽃 봉오리 모양의 함이 있는데 여기에 라마 2세의 유골이 봉안되어 있다. 이 법당은 화재로 전소된 적이 있는데 이때 라마 5세는 배를 타고 달려와 병사들과 함께 불을 끄면서 안에 있는 라마 2세의 유골을 꺼내 왔다고 한다. 불상 위로는 9층으로 된 찻이 설치되어 있다. 왕권을 상징하는 찻은 보통 대왕의 경우 9층으로 만들고 왕의 경우 7층,

법당의 본존불

왕비를 비롯한 왕족의 경우에는 5층, 승려의 경우에는 3층으로 만든다.

빨간 자루의 돈

법당의 벽 사면에는 벽화가 있는데 라마 3세 때 그린 것으로 나중에 보수 작업을 거쳤다. 중국이나 서양의 모습이 부분적으로 보여 당시 중국과 서양과 교류했던 흔적이 보인다. 천장에는 붓다의 전생을 묘사한 차독 그림이 있는데 머리를 길게 내린 매터라니의 모습도 보인다. 차독은 붓다의 전생 10생에 관한 이야기인데 태국 사원의 벽화나 천장에 그린 그림들에서 많이 볼 수 있다. 이 사원에는 보석이나 귀금속으로 장식한 고가의 물건들이 많아 오후 다섯 시면 문을 닫고 자물쇠를 채운다. 이 사원에는 라마 3세가 공들인 흔적이 많이 보이는데 실제 라마 3세는 중국과의 교역을 통해 부를 많이 축적했다. 타고난 상술이 있었던지 부왕인 라마 2세는 라마 3세가 아직 왕자였던 시절에 그를 '장사꾼'이라고 불렀다고 한다. 아직 은행이 없던 시절이라 라마 3세는 교역을 통해 벌어들인 돈을 빨간 자루에 담아 침대 밑에 두었다고 한다. 이를 '빨간 자루 돈'이라고 불렀는데 라마 5세 때 라마 3세가 쓰던 침대 밑에서 빨간 자루의 돈이 발견되었다. 그래서 당시 영국과 프랑스와 같은 서구 열강들이 태국의 안위를 위협해올 때 이를 무마하는 데 사용했다고 한다. 실제 프랑스는 당시 왕궁 앞에 포대를 배치해 놓고 자신들의 요구를 들어주지 않으면 대포를 발사하겠다고 위협했다. 라마 5세는 빨간 자루의 돈으로 프랑스에게 전쟁 보상비 300만 프랑을 지불하고 크메르 지역의 3개주를 할양했다. 이런 상황을 겪으면서 라마 5세는 극도로 상심한 나머지 한때 식음까지 전폐했다고 한다. 어쨌든 라마 3세가 벌어들인 빨간 자루의 돈은 후에 태국이 프랑스의 식민지로 전락할 수도 있는 위기에서 유용하게 사용되었다. 결과적으로 나라를 구한 셈이다.

문의 양옆에 보면 그림이 있는데 막깔리폰이라고 부르는 나무가 그려져 있다. 그림에 보면 나뭇가지에 과일이 열릴 자리에 미녀들이 매달려 있다. 막깔리폰은 열매 대신 여자가 열리는 나무라서 누구나 가서 소원을 빌면 그 여자를 아내로 삼을 수 있는데 일주일 후에는 여자가 사라진다고 한다. 그래서 보통 막깔리폰 나무는 모든 소원을 이루어주는 나무로 알려져 있다. 실제로 한 케이블 방송국 채널에서 펫차분 주의 한 농부가 경영하는 과수원에서 여인 형상을 한 열매가 열렸다고 해서 이를 취재해 보도한 적이 있다. 물론 전설에 나타나는 그런 여자가 열린 것은 아니었다. 문 옆에 상아로 만든 "띠우"가 보인다. 승려들이 불교 의식을 행하기 위해 법당으로 들어갈 때 띠우를 하나씩 가지고 들어가는데 그것으로 참석 인원 수를 파악한다. 보통 일반 사원에서는 흔한 나무나 대나무로 만드는데 이 사원은 상아로 만든 것이 무척 이채로운 일이다.

크메르 양식의 불탑 쁘랑

왓아룬 사원에서 가장 빼어난 건축물은 크메르 양식의 불탑인 쁘랑이다. 지상에서 67m의 높이로 쌓아 올린 중앙의 쁘랑은 가파르게 솟아오른 2층의 발코니 구조를 가지고 있으며 도자기로 불탑의 외부를 장식하여 매우 아름답고 섬세하게 보인다. 강의 양쪽 모두에서 가장 잘 보이는 건축물로 아름다운 장관을 제공하는 랜드마크 역할을 톡톡히 하고 있다. 주변에 높이 30m의 보조탑이 네 기가 서로 마주보는 형태로 대칭을 이루고 서 있다. 중앙의 쁘랑은 일곱 갈래로 갈라진 삼각형의 첨탑의 모양을 하고 있는데 시바신의 삼지창을 상징한다고 한다. 탑 주변의 제단에는 고대 중국의 군인들과 동물상들이 있다. 두 번째 발코니 위로는 에라완을 탄 4개의 인드라상이 있다.

정오의 대포 소리

옛날 시계가 없던 시절에는 종이나 북을 치는 방법으로 시간을 알려 주었다. 태국에서 시계가 만들어진 것은 라마 5세 때의 일이

왓아룬 사원의 쁘랑 모습

다. 방콕의 중심지에서는 정오가 되면 대포를 쏘아 시간을 알려주던 시절이 있었다. 그때 시간을 재던 곳이 바로 왓아룬 사원이다. 당시 해 그림자와 별을 관찰하여 나름대로 정확히 낮 12시를 쟀다고 한다. 해군 기지에서는 정오 가까이 되면 짜오프라야강의 배 운항을 중지시키고 있다가 왓아룬 사원에서 정오를 알리는 깃발이 올라가면 대포를 쏘았다.

정오에 대포 소리가 울려 퍼지면 정부의 관공서에서 근무하는 관료와 공무원들은 점심식사를 하러 갔을 것이다. 그러나 사원의 승려들에게는 점심식사 종료를 알리는 소리였다. 아마도 숟가락을 놓고 점심 공양을 마무리했을 것이다. 태국의 불교에서 승려는 정오 이후에는 음식을 섭취하지 못한다는 계율이 있다.

대포를 쏴서 정오임을 알려주는 방식은 한동안 지속되었다. 그런데 이 대포 소리가 방콕의 중심가 사람들에게만 들릴 뿐, 변두리나 지방에 사는 사람들 귀에는 들리지 않는다. 쉽게 말하자면 사대문 안에 사는 사람들에게 주어지는 시보(時報) 서비스였던 셈이다. 그래서 태국어 "끌라이쁜티앙"이라는 말이 생겨났는데 이는 '정오의 대포 소리에서 멀다'는 뜻이다. 다시 말해서 정오를 알리는 대포 소리가 들리지 않는 변두리나 지방에 산다는 뜻이다. 이런 방식은 1932년 입헌 혁명이 일어나고 나서 없어졌다. 이미 시계도 많이 보급되고 예산 문제도 있어서 더 이상 필요하지 않다고 정부가 판단했기 때문이었다.

딱씬과 궁예

왓아룬을 빠져나와 방콕으로 향하면서 딱씬의 생애를 되돌아보았다. 그는 중국계 태국인으로 태어나 버마군을 물리치고 태국을 되찾은 구국의 영웅이었다. 그는 장수로서의 용맹과 지략은 물론 군주로서의 덕망도 갖추었던 것으로 보인다. 딱씬은 짠타부리에 근거를 두고 중국계 태국인의 지원에 힘입어 1년이 지나지 않아 버마 점령군을 물리치고 나라를 되찾았다. 그는 지금의 톤부리 지역을 기반으로 나라를 세우고 1768년 8월 왕위에 올랐다. 그리고 중국과의 교역을 재개하였다.

1769년 딱씬은 크메르의 서쪽 지방을 정벌하였고, 그 후 남쪽으로 진격하여 말레이 반도에 대한 태국의 통치권을 확보하였다. 태국 내의 안전을 공고히 하기 위해 1774년 버마를 공격하였다. 1776년에는 치앙마이를 정벌하여 란나 왕국을 톤부리 왕조에 편입시켰다. 나아가 1778년에는 라오스의 비엔티안을 함락시켜 라오스에 대한 지배권을 행사하게 되었다. 잃어버린 아유타야 제국을 되찾아 톤부리 왕조를 창건한 딱씬의 말년은 왜 불행하게 되었을까? 아무래도 그가 중국계 태국인이라는 출생의 한계를 극복하지 못한 것이 가장 중요한 원인이 아니었을까 하는 의구심이 든다.

그는 아유타야 멸망 후 세력을 규합하여 버마군을 물리치면서 중국계 태국인들의 도움을 받았다. 그러나 나라를 되찾은 후에는 아무래도 중국계 태국인들에 대한 오랜 귀족 가문들의 견제가 있었을 것이다. 그래서 딱신은 이를 극복하기 위해 불교 수행에 몰두하게 되었고, 지나친 수행은 스스로를 해탈한 신의 경지로 비약시키는 종교적 광기로 변질되었다. 결국 딱신은 역성혁명을 일으킨 부하들에 의해 처형되면서 파란만장한 일생을 마감하였다.

딱씬을 생각하다 보면 떠오르는 인물이 바로 한국의 궁예이다. 비록 800여 년 먼저 후삼국 시대를 살다간 인물이지만 인생역정이 딱씬과 흡사한 면이 많다. 궁예는 딱씬과 달리 신라의 왕족 출신으로 알려졌다. 그는 진골의 집안에서 태어났으나 '나라를 망칠 놈'이라는 예언으로 인해 죽을 운명이었다. 그런데 어명을 받은 사람이 차마 죽이지 못하고 다락 밑으로 던져 버린 것을 시녀가 받아 안다가 손가락으로 눈을 찔러 애꾸눈이 되었다고 한다. 이후 궁예는 절에 들어가 승려로 지냈다.

진성여왕 시대 신라 조정에서 분열이 일어나고 전국 도처에 도적들이 들끓게 되자 궁예는 절에서 나와 세상을 평정하고자 양길을 찾아가 자리를 잡았다. 궁예는 비교적 짧은 시간에 3천 5백 명의 군사를 다스리는 우두머리가 되었다. 세력을 키워 철원으로 근거지를 옮기고 왕건이라는 부하를 얻게 되었다. 왕건의 도움에 힘입어 도읍을 개성으로 옮기고 양길을 죽인 후에 901년 후고구려를 세우고 왕위에 올랐다. 그는 나중에 도읍을 철원으로 옮기고 나라 이름을 마진으로 바꾸었다. 그리고 얼마 지나지 않아 다시 태봉으로 바꾸었다.

그러나 궁예는 말년에 이르러 갈수록 포악해지면서 백성들의 신임을 잃어가고 지방 호족들이 반기를 들게 되었다. 궁예는 스스로를 미륵불이라 칭하며 사람의 마음을 꿰뚫어 본다는 관심법을 내세워 많은 신하를 죽이고 나중에는 부인과 아들까지 죽이는 횡포를 일삼게 되었다. 급기야 신하들은 궁예를 버리고 왕건을 새로운 왕으로 추대하게 되었다. 전해지는 이야기에 따르면 궁예는 초라한 모습으로 도망치다가 어느 백성에게 붙잡혀 죽음을 맞이했다고 한다.

딱씬과 궁예는 젊은 시절 타고난 용맹과 기질로 군사를 일으켜 세력을 얻은 후 나라를 세웠다. 그러나 딱씬은 아유타야의 중심 세력인 전통적 귀족 가문이 아니었으며 중국계 태국인이라는 한계를 지니고 있었다. 궁예는 왕족으로 태어났으나 버림받고 사원에서 자란 불운한 과거를 안고 있었다. 열등감과 불안감, 종교적 열정과 착각 속에서 살아온 이들에게 필요한 것은 자신이 안고 있는 모든 약점을 덮을 수 있는 초인간적 능력을 보여주어야 한다는 강박 관념이었을 것이다. 그들이 불행하게 삶을 마감하고 세월이 흐른 지금 태국과 한국 두 나라는 제각기 다른 형식과 의미로 이들의 이름을 역사 속에 새겨 넣고 있다.

T H A I L A N D

6
랏따나꼬씬을 가다

S U K H O T H A I

제6장 랏따나꼬씬을 가다

천사의 도시 방콕의 두 얼굴

방콕은 태국어로는 끄룽텝이라고 하는데 이는 '천사의 도시'라는 뜻이다. 그러나 본래의 이름은 이보다 훨씬 길다. 대학시절 학생통역협회 회원으로 통역 아르바이트를 한 적 있다. 한 번은 아시아 영화제가 서울에서 열려 태국 영화 관계자들을 열흘 정도 수행하며 통역하게 되었다. 그 당시 태국 손님들은 한국에 태국어를 전공하는 학생이 있다는 것을 매우 신기해 했다. 그래서 이런저런 것을 물어보고 답하면서 많이 친해지게 되었다. 한번은 저녁 식사를 하면서 방콕 지명이 무척 길다는 이야기가 나왔다. 그런데 손님 중 한 사람이 갑자기 방콕의 공식명칭을 누가 더 빨리 쓸 수 있는지 겨루어 보자는 제안을 했다. 좋다는 사람이 나오자 바로 종업원을 불러 종이와 펜을 달라고 해서 내기를 시작했다. 정확한 시간은 기억이 나지 않지만 생각보다 긴 시간이 걸려 승자와 패자가 나누어졌다. 그 후 태국어를 전공하면서 나는 아직까지 한 번도 방콕의 공식명칭을 펜으로 써 본 적이 없다. 어휘 자체도 매우 어려워 뜻을 파악하기도 쉽지 않지만 워낙 길어서 외워 보려는 생각도 하지 못했다. 어쨌든 실제로 펜을 들고 종이 위에 적어 보면 족히 두세 줄은 된다.

กรุงเทพมหานคร อมรรัตนโกสินทร์ มหินทรายุทธยา มหาดิลกภพ นพรัตนราชธานีบูรีรมย์ อุดมราชนิเวศน์มหาสถาน อมรพิมานอวตาร สถิต สักกะทัตติยวิษณุกรรมประสิทธิ์

[끄룽텝마하나컨 아먼랏따나꼬신 마힌트라유타야 마하디록폽 놉파랏차타니부리롬 우돔라차니웻마하싸탄 아먼피만아와딴싸팃 싹까라탓띠야위싸누깜쁘라씻]

위의 원문을 읽고 정확한 뜻을 헤아리기 어렵다. 그래서 쉽게 풀이해 놓은 자료를 가지고 내용을 이해한 다음 다시 한국어로 옮겨 보면 아래와 같은 의미를 담고 있다.

천사의 도시, 광대한 수도, 에메랄드 불상이 안치되어 있는 곳, 그 누구도 이길 수 없는 위대한 도시, 견고한 아름다움과 번영이 있는 도시, 아홉 가지의 보석으로 풍요로운 수도, 행복한 도시, 거대한 왕궁이 많은 도시, 나라이신이 강생하여 거주하는 천국, 제석천이 하사하여 천상의 건축가 비슈바카르만이 창조한 도시

그런데 왜 도시 이름을, 그것도 수도 이름을 부르기 어렵게 길게 지었을까? 한 번은 그 이유가 궁금하여 태국인 지인에게 물어

본 적이 있다. 그러자 그냥 의미가 좋은 말은 다 가져다 붙여서 그런 것이라는 단순 명쾌한 답변이 돌아왔다. 일상생활에서 자주 사용하는 기초 어휘들이 단음절어인 태국어에서 음절 수가 많은 다음절어들은 단음절화시키거나 음절 수를 줄여서 사용하는 경향이 강하다. 그래서 방콕도 이름은 길게 지어놓고 보통은 끄룽텝이라고 부른다.

부유한 자의 천국, 빈곤한 자의 지옥

보통은 느림의 미학을 즐기며 사는 듯한 태국인들이기는 하지만 방콕을 중심으로 한 도시에서의 생활은 항상 바쁘고 혼잡스러워 보인다. 저녁이면 거리의 음식점들이 불을 밝혀 손님을 맞이하고 밤늦게까지 사람들이 번잡하게 오간다. 낮에는 덥다 보니까 가급적 필요한 일만 하고 해가 지고 더위가 물러나면 그제야 비로소 여유와 낭만을 즐기는 문화가 생겨난 것인지도 모른다. 그래서 곳곳에 야시장이 들어서고 밤늦게까지 문을 여는 음식점이 많다. 그렇게 늦게 잠든 도시가 아침에 눈 비비면서 깨어나면 사람들은 또다시 하루를 시작한다. 출근시간이 가까워지면, 학생과 직장인들이 버스 정류장 앞에 줄지어 기다리고, 달리는 버스 안에는 승객들이 콩나물 시루처럼 빼곡히 들어서 있다.

교통량이 증가하면서 차는 밀리고 배기관에서 분출되어 나오는 매연은 도시의 아침을 덮는다. 버스 안의 광경은 한국과 크게 다르지 않다. 자리에 앉은 사람은 졸기도 하고 서 있는 사람은 얼굴을 찡그리며 이따금 자신의 시계를 들여다본다. 때로는 차가 막혀 있는 틈을 타 운전기사가 도시락을 꺼내 한끼 식사를 때우는 모습도 볼 수 있다. 자동차가 내뿜는 매연 때문에 교통 정리하는 경찰관들은 대부분 마스크를 쓰고 일한다. 이러한 현상은 아침저녁으로 매일 반복되어 일어나는 일이다. 아무리 봐도 버스는 고단한 서민들의 삶을 그대로 보여주는 교통수단이다.

언젠가 한국에 온 태국 손님들이 거리의 풍경을 보고 낯설게 느껴지는 두 가지 점을 지적한 적이 있다. 하나는 경찰이 마스크를 쓰지 않고 교통정리를 한다는 것과 다른 하나는 사고로 긁히거나 찌그러진 차량의 외관을 수리하지 않고 그냥 타고 다닌다는 것이었다. 아울러 배기량이 큰 중형 승용차들은 하나같이 검은색이라는 점도 지적했다. 그러면서 서울 시내의 매연이 방콕보다 월등히 적다면서 부러워했다. 태국은 방콕의 복잡한 교통문제를 해결하고자 BTS라고 부르는 지상철도 만들고 지하철도 건설했다. 그러나 태국이 더운 나라인데다가 번거로움을 싫어하는 국민성으로 인해 환승 제도가 그다지 성과를 거두지 못하고 있다. 태국인들이 서울에 오면 제일 부러워하는 것이 지하철과 환승제도이다. 지하철 노선도 한 장 들고 다니면 서울과 수도권의 웬만한 곳은 다 다닐 수 있고 버스와 연계하여 환승하면 저렴한 요금과 편리함으로 어디든지 손쉽게 갈 수 있으니 굳이 자가용을 타고 다닐 필요가 없을 것 같다고 감탄을 한다.

태국의 수도 방콕은 앞과 뒤가 다른 두 가지 모습을 가지고 있다. 높은 마천루의 뒤쪽이나 도심을 벗어난 변두리에는 빈민가 또는 밀집 주거지역이라고 불리는 곳에 허름한 집들이 줄지어 늘어서 있다. 이 지역에 사는 사람들은 현대 문명의 한가운데 있으면서도 빈곤하고 어렵게 살아가고 있는 사람들이다. 방콕의 이런 모습은 '천사의 도시'와는 거리가 멀다. 이들의 삶은 매우 열악하다.

진흙 창 위에 지어진 초라한 판잣집에 남루한 옷을 입고 하루 벌어 하루를 먹고사는 사람들이 있고 더러는 알코올중독자와 심지어 마약에 손대는 사람들도 간혹 있다. 힘들고 어려운 삶을 전생의 업보로 여기며 살아가는 사람들에게 이따금 선거철이 되면 정치인들이 이런저런 공약을 가지고 환심을 사려 하지만 그들의 삶이 나아질 기미는 보이지 않는다. 이런 이유로 방콕은 부유한 사람에게는 천국이지만 가난한 사람에게는 지옥일 수 밖에 없다.

이처럼 방콕에서의 생활이 힘이 들기는 하지만 그래도 많은 사람들은 여전히 방콕에서 살고 싶어한다. 도시는 바깥 세상으로 통하는 창이기도 하며 미래로 나아가는 문이기도 하다. 어쨌든 교육이나 일자리의 기회가 지방보다 상대적으로 많기 때문이다. 그래서 아직도 매년 농촌 사람들이 성공을 꿈꾸며 도시로 이주해 오고 있다. 그중에 간혹 성공하는 사람들도 있지만 다른 한편으로는 적지 않은 사람들이 절망하며 빈손으로 돌아가기도 한다. 천사의 도시 방콕은 태국인들에게 두 얼굴을 가진 도시이다. 그래서 누군가는 천사의 얼굴을 보고 살아가지만 적지 않은 사람들이 악마의 얼굴을 하고 있는 방콕을 바라보며 살아간다.

방콕의 교통 체증

방콕의 교통 체증 모습

방콕은 평소에는 매우 평화로워 보인다. 그러나 일단 러시아워만 되면 일부 거리는 아수라장으로 변한다. 엄청난 교통 체증으로 인해 길거리의 차들이 움직이지 못하고 정체되어 있기 일쑤이다. 혹자는 과거 냉전시대에 태국이 결코 공산화될 수 없는 이유로 방콕의 교통 체증으로 인해 적군이 탱크를 밀고 쳐들어와도 함락을 시킬 수 없다는 사실을 맨 먼저 꼽았다. 처음 방콕에 도착해서 남부로 내려가는 기차표를 예매하기 위해 먼저 와서 유학하고 있던 선배의 오토바이 뒤에 타고 간 적이 있었다. 신호등에 걸려 잔뜩 밀려 있는 차들 사이로 곡예운전을 하듯 오토바이가 앞으로 비집고 나가 있다가 신호가 바뀌면 제일 먼저 출발한다. 다음 신호가 걸리면 마찬가지로 다시 오토바이가 신호를 기다리고 있는 자동차 사이를 비집고 앞으로 나아간다. 그래서 시내에서 가장 빠른 교통수단이 바로 오토바이다. 그런데 오토바이들이 자동차 사이로 비집고 나아갈 때 아무도 경적을 울리거나 짜증내는 사람이 없다. 나는 처음 이 광경을 보고 방콕은 부유한 사람과 가난한 사람이 공존하는 사회라고 느꼈다. 나중에 사회학을 전공하는 태국인 친구에게 이 이야기를 한 적이 있는데 그 친구는 무릎을 치면서 정말 그렇다고 맞장구를 쳤다.

꽃 파는 소녀의 애환

푸엉말라이

빨간 신호등에 차들이 정체되어 있으면 그 짜투리 시간을 이용하여 꽃을 파는 소녀들이 있다. 꽃을 실에 꿰어 만든, '푸엉말라이'라고 부르는 조그만 화환을 파는데 때로는 잘 팔리기도 하지만 일진이 좋지 않으면 그마저도 많이 팔리지 않는다. 나중에 한국에 와서 보니까 우리나라에서는 뻥튀기나 오징어 또는 군밤을 파는 모습이 보였다. 그런데 이 꽃을 파는 소녀들은 파란 신호등을 반기지 않는다. 빨간 신호등이 길어야 꽃이 더 많이 팔리기 때문이다. 한 번은 씨나카린위롯 대학교 한국어과의 씻티니 교수와 꽃 파는 소녀 이야기를 한 적이 있다. 그런데 그 꽃 파는 소녀 이야기를 담은 괜찮은 노래가 있다고 하면서 한번 들어보라고 했다. 내가 관심을 보이자 나중에 음악 CD를 하나 사서 호텔 카운터에 맡겨 놓은 것을 가져와 들었다. 그런데 그 노래의 멜로디는 물론 가사가 무척 좋아서 페이스북에 번역하여 올려 놓은 적이 있다.

มันเป็นประจำตรงสี่แยกนี้ ที่รถมันติดเหลือเกิน
แต่ใครๆก็คงต้องผ่าน บังเอิญวันนั้นได้เหลือบไปเห็น
แววตาของเด็กน้อยนั่งมองเหม่อ อยู่ริมข้างฟุตบาท

이 앞 사거리는 늘 차가 너무 밀리기는 하지만
그래도 누구나 지나가야 하는 곳이지. 우연히 그날 곁눈으로 보았어.
조그만 아이가 인도 옆에 멍하니 앉아 있더라.

เลยสะกิดใจ ค่อนข้างห่วงเขาเป็นอะไร จึงได้ทักไป
ให้ช่วยไหม ได้ฟังเขาตอบ น่าแปลกใจ

그래서 문득 무슨 일 있나 걱정돼서 인사를 건넸지.
뭐 도와줄까? 그런데 그 애의 답이 조금은 이상했어.

ก็อยากให้ไฟแดงนานกว่านี้หน่อย
เผื่อว่าจะได้ขายมาลัยให้หมด
ถ้าหากว่าวันนี้มีไปเขียวบ่อย ก็คงขาดทุน
ไม่มีใครอยากซื้อมะลิบานๆ

그냥 빨간불이 조금 더 오래 갔으면 좋겠어요.
그래야 꽃을 다 팔 수 있으니까요.
오늘 파란불이 자주 켜지면 아마도 손해보게 될 거예요.
그 누구도 이미 다 피어난 말리 꽃을 사고 싶어하지는 않잖아요.

และทุกหนนี้ต้องผ่านทางนั้น ที่รถมันติดเหลือเกิน
แต่ตัวฉันไม่เคยจะเบื่อ เพราะฉันนึกถึงคำตอบเด็กน้อย
ที่คอยเตือนใจฉันให้รู้สึก ให้นึกถึงคนอื่น

그리고 매일 차가 너무 밀리는 그 길을 지나는데
그 아이의 대답이 생각나서 나는 지루함을 느낀 적이 없어.
나보고 다른 사람 생각도 하라고 일깨워 주는 그 대답 말이야.

ลองเอาใจเขา เข้ามาใส่หัวใจสักที โลกในแง่ดี
มีความหมาย ให้ฉันได้เปลี่ยน เปลี่ยนความคิด

서로 입장을 바꾸어 보면 세상은 낙관적이 되지.

그러면 내가 변하고 생각이 변하고 그래서 의미가 있지.

ก็อยากให้ไฟแดงนานกว่านี้หน่อย
เผื่อว่าจะได้ขายมาลัยให้หมด
ถ้าหากว่าวันนี้มีไปเขียวบ่อย ก็คงขาดทุน
ไม่มีใครอยากซื้อมะลิบานๆ

그래서 빨간불이 이보다 좀 오래 갔으면 좋겠어.
그래야 꽃을 다 팔 수 있을 테니까.
오늘 파란불이 자주 켜지면 아마도 손해보게 될 거야.
그 누구도 이미 다 피어난 말리 꽃을 사고 싶어하지는 않잖아.

아무리 서두를 줄 모르는 태국 사람이라 하더라도 운전자에게 빨간 신호등은 그리 반가운 것도 아니고 차가 밀리는 시간에는 더욱 짜증나기 마련이다. 가사에서 주인공이 꽃 파는 소녀의 입장을 헤아리는 마음이 무척이나 따뜻하게 느껴졌다. 이 노래를 듣고 나서 나도 거리에서 꽃 파는 아이들에게 어떤 연민 같은 것을 가지고 있었다. 그래서 이따금 신호를 기다리다 짜증이 날 때면 태국 거리의 꽃 파는 아이들을 떠올리며 마음을 고쳐먹고는 했다. 그런데 한 번은 어학연수단 학생들의 지도 교수로 태국의 북부 치앙마이대학교서 열흘 정도 체류한 적이 있었다. 그때 보니까 치앙마이 사거리 곳곳에 세워 놓은 홍보 간판에 '아이들에게서 꽃을 사는 것은 아이들

치앙마이의 거리 간판

을 해치는 것과 같다'는 문구가 쓰여 있었다. 나중에 탐사보도를 보고 그 아이들을 이른바 앵벌이 삼아 돈벌이를 하는 검은 세력이 있다는 것을 알게 되었다. 그러니까 치앙마이 시내의 경고문이 그냥 만들어 놓은 것은 아니었던 것이다. 아무리 선악이 공존하는 곳이 사람 사는 세상이라지만 뒷맛이 참으로 씁쓸했다.

랏따나꼬신 왕조의 창건

방콕은 현 랏따나꼬씬 왕조의 수도이다. 1782년에 딱씬의 휘하에 있던 짝그리 장군은 라마 1세로 등극하였고 짝그리 왕조를 세웠다. 초기 라마 1세부터 3세 통치 시기에는 톤부리 시대를 이어서 아유타야 시대와 같은 번영을 되찾고자 노력했다. 버마와의 크고 작은 전쟁도 끊이지 않았으므로 왕은 국가의 안정을 꾀하면서 다른 한편으로 아유타야의 찬란했던 문화 회복을 도모하였다. 왕은 무역을 하는 외국 상인들로부터 세금을 걷어 국가의 재정을 늘리는 한편 통치 제도를 가다듬어 국가의 초석을 다져나갔다.

라마 1세는 도읍을 톤부리에서 방콕으로 옮겼다. 톤부리 왕조의 왕궁은 양측에 사원이 세워져 있어 통로가 좁았다. 따라서 국왕이 정사를 돌보는 데 있어 불편함이 적지 않았다. 또한 톤부리는 군사적으로도 몇 가지 문제점을 안고 있었다. 짜오프라야강이 한가운데로 흘러 마치 수도가 양분되어 있는 것 같은 모습을 하고 있었다. 그래서 양쪽 강변에 튼튼한 요새를 짓는다 하더라도 적군이 강을 따라 공격해오면 수도의 중심부를 방어하기가 쉽지 않았다. 반면에 동쪽은 수도를 확장하기에 유리했다. 수도는 반도와 같은 형태를 띠고 있었고 강이 절반 이상을 감싸고 돌아 울타리와 같은 역할을 할 수 있었다. 또한 동쪽 외곽에는 적의 침입을 저지할 수 있는 갯벌이 있었다. 톤부리는 다른 곳보다 높은 곳에 위치하여 지리적으로 방어에 유리한 면도 있었으나 제방이 바닷물에 침식되는 문제가 있어 영구적인 시설을 세우기에는 적합하지 않았다. 라마 1세는 이런 여러 가지 문제를 감안하여 수도를 방콕으로 옮겼다.

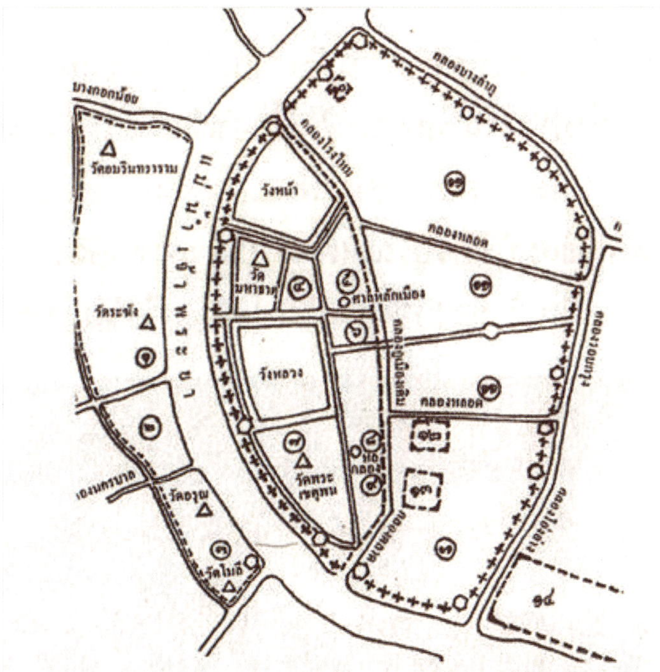

랏따나꼬씬 수도와 톤부리 수도의 지형을 나타내는 설계도

왓프라깨우 사원

랏따나꼬신 왕조가 들어서면서 우선 새 왕궁을 건설하게 되었다. 당시 왕궁을 지으면서 함께 지은 왕실 전용 사원이 바로 왓프라깨우 사원인데 본래 이름은 왓프라 씨랏따나 쌋싸다람이다. 이 사원은 1782년에 건립되어 230여 년의 역사를 가지고 있다. 태국인들이 사원에 대해 가지고 있는 자부심은 대단하다. 예술적으로 가장 뛰어난 건축물이고 그 어떤 사원보다 아름다운 사원이라고 자랑한다. 왓프라깨우 사원을 찾는 관광객은 연간 1,900만 명이 넘는다. 그래서 그런지 갈 때마다 입구에는 줄을 서서 입장권을 구매하는 사람들로 붐빈다. 태국 사람도 적지 않고 중국 사람과 서양 사람도 많다. 한국인 관광객도 많이 늘어나 사원을 관람하다 보면 여기저기서 한국어가 들린다.

왓프라깨우 사원은 1782년 건립을 시작했지만 이후 라마 3세와 라마 5세, 라마 7세와 라마 9세 때 대대적인 증축과 개축 그리고 보수 작업을 거쳤다. 이런 대규모 공사가 대략 50년을 주기로 이루어져 오늘날의 모습을 갖추게 되었다. 현재 이 사원의 벽화는 총 170개의 방에 170개의 그림으로 되어 있어 세계에서 가장 길고 많은 벽화가 있는 곳으로 기록되었다. 법당 안에 안치되어 있는 본존불은 초록색 옥으로 제작된 것인데 태국 사람이면 누구나 평생 한 번은 와서 불공을 드리고 싶어하는 영험 많은 불상으로 알려져 있다.

이 불상은 본래는 태국 북부의 치앙라이의 왓프라깨우 사원에 있었다. 그때부터 이 불상은 에메랄드로 만들어진 것으로 잘못 알려졌다. 그래서 왓프라깨우 사원을 흔히 에메랄드 사원이라고

왓프라깨우 사원의 전경

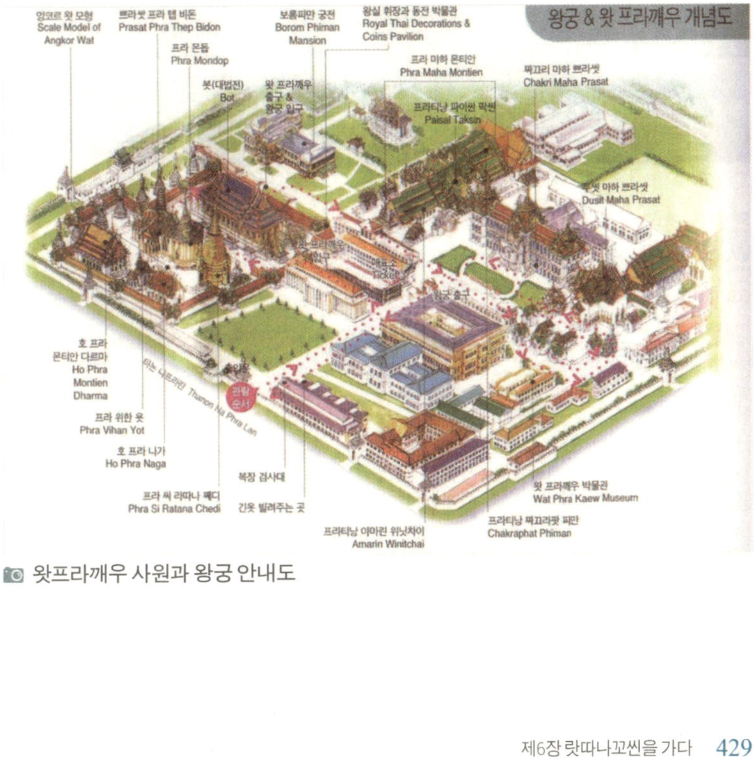

왓프라깨우 사원과 왕궁 안내도

부르기도 한다. 태국은 불교 국가라서 왕궁 안에 전용 사원을 세운다. 왓프라깨우 사원도 짝그리 왕조의 전용사원으로 세워져 왕궁과 같은 울타리 안에 있으며 왕궁과 직접 연결되는 통로가 있다. 사원 안에 승려가 상주하지 않기 때문에 불당이 없고 화려하게 지어진 법당과 불탑 그리고 몬돕과 종탑 등의 건축물이 왕궁 왼편에 자리잡고 있다. 현 왕조를 랏따나꼬신 왕조라고 하는데 랏따나꼬신은 바로 왓프라깨우 사원과 왕궁이 있는 지점의 지명이다. 글자 그대로 해석하면 랏따나는 '보석'이란 뜻이고 꼬씬은 '크다' 또는 '제석천' 즉, '인드라'를 의미한다. 따라서 '커다란 보석' 또는 '제석천의 보석'이라는 뜻인데 여기서 보석은 바로 왓프라깨우 사원 안에 있는 에메랄드 불상을 가리키는 것이라고 한다.

사원에 입장하기 위해서는 우선 입장권을 사야 한다. 근위병들이 지키고 있는 정문에 가면 주차장이 있고 한 켠에 매표소가 있는데 입장료가 외국인의 경우 한 사람당 500바트였다. 같이 간 태국인 지인에게 입장료가 꽤 비싸다고 했더니 그래도 캄보디아의 앙코르와트나 인도의 타지마할, 그리고 프랑스의 베르사유 궁전보다는 저렴한 편이라고 했다. 더욱이 법당 안에 있는 에메랄드 불상의 불력이 영험하여 한 번 불공을 드리는데 그 정도의 입장료는 문제가 되지는 않는다는 것이었다. 태국에서 사원이나 왕궁에 입장하려면 복장이 단정해야 한다. 반바지나 민소매 옷은 불허된다. 미처 긴 바지를 입고 오지 못한 사람을 위해 정문 옆에 옷을 빌려주는 곳이 있어 무료로 이용할 수 있다. 사원 안으로 들어가면 태국어와 외국어로 된 안내 팜플렛을 나누어 준다. 다행히 한국어로 된 팜플렛도 있어서 사원 관람에 많은 도움이 된다. 팜플렛이 있어도 사원의 규모가 워낙 크고 화려해서 처음 들어가면

주요 건축물

방향을 잡기 어렵다. 그냥 시계방향으로 이동하면서 관람하면 된다. 그러면 법당과 부속 건물을 순서대로 돌아보고 왕궁 쪽으로 빠져나오게 된다.

사원 안으로 들어가면 세 개의 중요한 건축물이 있다. 첫 번째는 프라씨랏따나 쩨디라고 부르는 황금색의 불탑인데 1855년 라마 4세 때 건축한 후에 라마 5세 때에 금박 타일을 붙였다. 안에는 붓다의 사리가 모셔져 있다고 한다. 두 번째는 프라몬돕인데 라마 1세 때에 건립되어 초기 랏따나꼬신 시대 건축물의 아름다움을 잘 나타내고 있다. 왕실의 의식을 치르는 용도로 건립하였으며 기우제를 이곳에서 지냈다고 한다. 청동으로 제작된 좌불상이 하나 있는데 오른손으로 빗방울을 청하고 왼손으로 빗방울을 받는 형상을 하고 있다. 세 번째 건축물은 쁘라쌋 프라텝비던이라고 부르는 신전인데 라마 4세 때 세워진 것이다. 본래 에머랄드 불상을 안치하고 왕실의 의식을 치르기 위한 장소로 건립했으나 공간이 비좁자 용도를 바꾸어 랏따나꼬신 시대 왕들의 동상을 세워 놓았다. 이곳은 평소에는 대개 문이 닫혀 있어 내부를 관람하기가 쉽지 않다.

약의 현자 좌상

입구에 들어서면 앞에 한쪽 무릎을 세우고 편안한 모습으로 앉아 있는 사람 모양의 청동 좌상을 만나게 된다. 붓다를 치료해주던 의사라고 알려진 치웍꼬마라팟 현자이다. 일설에는 약재와 요가, 그리고 마사지를 처음 만들어 낸 사람이라고도 한다. 이 현자의 좌상은 라마 3세 때에 세워졌다. 당시 대체의학 관련 의학서를

약의 현자상

발간하면서 '의원들의 스승'이라고 일컫는 현자의 좌상을 세우고 그 앞에 약재를 갈아 약을 만드는 절굿공이도 같이 만들어 놓았다. 태국의 의사들이 이 절굿공이 앞에 와서 약의 효능을 간구하면서 경배를 드린다고 한다. 전근대사회의 태국에서 대부분 승려들이 의사 노릇을 했다. 글을 아는 승려들이 여가 시간에 의학서를 읽고 그 지식으로 마을 주민들을 치료해주었던 것이다. 그래서 옛날에는 사원이 곧 병원이기도 했다. 그래서 사원 안에 약의 현자 좌상이 세워져 있는 것은 지극히 자연스러운 일이다.

프라포티 탓피만 사당

현자의 좌상 뒤쪽으로 프라포티 탓피만 사당이 있다. 이 사당을 중심으로 보면 왼쪽에 허랏차 꺼라마누썬관이 있다. 프라포티 탓피만 사당에는 아유타야 왕조 33명의 왕과 톤부리 왕조의 딱씬 왕에게 헌정된 불상 34기가 안치되어 있다. 안쪽 벽에는 아유타야 왕조의 나라이왕 시대 역사가 그림으로 그려져 있다. 오른쪽에는 허프라랏차 퐁싸누썬관이 있다. 이 건물 안에는 현 랏따나꼬신 왕조 8명의 왕에게 헌정된 불상 8기가 안치되어 있다. 벽에는 딱씬 왕 시대의 짠타부리에서 일어난 역사적 사건이 그림으로 그려져 있다.

프라포티 탓피만 사당은 원추형 기둥으로 되어 있고 색색의 타일로 장식되었다. 안에는 금박을 입힌 스투파 형식의 작은 불탑이 안치되어 있다. 이 불탑 안에는 붓다의 유골과 붓다가야의 보리수나무 열매와 나뭇잎이 함께 보관되어 있다고 한다. 이 사당은 라마 4세 때에 크메르 양식으로 세워졌다. 라마 4세는 크메르의 예술과 건축 애호가였다. 당시 앙코르와트 지역은 태국의 속국이었는데 라마 5세 때에 프랑스에게 넘겨주었다. 이런 이유로 당시 태국의 여러 건축물이 크메르 방식으로 지어졌다.

법당

화려하게 지어진 법당 건물은 랏따나꼬신 초기 예술의 진수를 보여준다. 지붕의 처마 끝에는 머리를 하늘로 향해 쳐들고 있는 나가상의 모습이 있고 아래쪽에는 봉황의 꼬리 형상을 하고 있

법당의 모습

는 장식을 볼 수 있다. 이런 형식의 건축물은 오늘날 태국 전역의 여러 불교 건축물에서 볼 수 있다. 지붕 꼭대기에서 전면에 삼각형 모양을 이루고 있는 박공 부분에 보면 가루다를 타고 있는 모습의 나라이신이 있다. 가루다와 나라이신은 태국 왕실의 상징이다. 이를 통해 이곳이 태국의 왕실 전용 사원임을 미루어 짐작할 수 있다. 바닥은 북부의 란나 문화의 전통 문양으로 조각되어 있다. 태국의 사원의 법당은 대개 동쪽으로 문이 나 있고 출입문을 가로질러 맨 끝 쪽에 본존불이 자리잡게 된다. 왓프라깨우 사원의 법당은 라마 1세 때에 지어졌다. 이후 방콕 천도 50주년을 맞이하던 1832년과 방콕 천도 100주년을 맞이하던 1882년에 각각 대대적인 보수공사를 거쳐 오늘날의 모습에 가까워지게 되었다. 법당의 기단부는 두 개의 층으로 되어 있다. 먼저 대리석으로 된 아래 부분에 연꽃 디자인으로 한 층을 더해 바닥을 만들었다. 지붕은 겹층으로 되어 있다. 태국에서 건물의 지붕이 말 안장 모양으로 되어 있으면서 겹층인 경우는 내부가 넓은 홀인 경우가 많다. 오늘날 대부분의 사원이나 왕궁 같은 건물에서 이런 형태의 지붕을 많이 볼 수 있다. 왓프라깨우 사원의 법당 건물은 3겹 4층 구조로 되어 있고 그 위에 물고기 비늘과 유사한 형태의 세라믹 타일로 장식했다. 처마 밑에는 보리수 나무 잎새 모양으로 된 작은 종들이 매달려 있다.

기단부의 가루다와 사자상

에메랄드 불상을 모셔 놓은 법당의 기단부를 보면 수많은 가루다들이 떠받들고 있는 모습이 조각되어 있다. 라마 3세 때 만들었

가루다상

다는 이 가루다는 모두 112마리로 법당을 빙 둘러싸고 있다. 마치 본존불을 수호하기 위해 천상에서 파견된 위엄 서린 근위병처럼 보인다. 가루다는 비슈누 신이 타고 다니는 탈것으로 태국에서는 곳곳에서 볼 수 있다. 태국인들에게 왕은 비슈누의 현신으로 보기 때문에 정부 문서의 문장에도 가루다가 사용되고 있다. 또한 왕실의 상징이기도 해서 건축물 곳곳에서 조각되어 있는 모습을 흔하게 볼 수 있다. 법당 기단부의 가루다는 양쪽 발로 나가의 머리 쪽을 누르고 양손으로는 나가의 꼬리를 쥐고 있다. 법당 주변에 12개의 정자가 세워져 있어 불자(佛者)들이 와서 쉬거나 독경을 하는 장소로 사용한다. 앞쪽 입구에는 사자 두 마리가 지키고 있는데 이 사자상은 라마 1세가 크메르에서 가져온 것이라고 한다. 사자상은 오래전부터 한 맥주 회사 제품의 상표로 쓰고 있어 매우 친숙하게 느껴진다. 현재 사원 앞쪽에 6마리, 뒤쪽에 6마리가 있어 모두 12마리의 사자상이 있다.

법당 내부의 모습

법당 안으로 들어가면 높이 세워진 목각 옥좌에 에메랄드 불상이 모셔져 있다. 워낙 유명한 불상이고 이 사원의 핵심인 존재라서 뭔가 대단한 것일 줄 알았는데 의외로 작고 소박한 느낌을 준다. 멀찍이서 봤기에 그렇게 보이는 것인지도 모른다. 불상이 안치된 옥좌는 나무로 깎아 만들고 금박과 보석으로 장식했는데 랏따나꼬신 시대 초기 예술의 진수로 꼽힌다. 에메랄드불상 양옆으로 두 개의 불상이 있는데 가부좌를 틀고 손바닥이 보이게 두 손을 편 자세로 앉아 있다. 이런 모습의 불상을 시무외인이라고 하는데 '두려워하지 말라'는 의미라고 한다. 그래서 중생의 모든 두려움과 근심 걱정을 없애준다는 말이 있다. 이 불상은 라마 3세가 라마 1세와 2세에게 헌정하기 위해 만든 것이다. 불상의 이름도 선왕의 이름을 그대로 가져와 "프라 풋타 엿퐈 쭐라록"과 "프라 풋타 럿라 나팔라이"이다. 그 앞에 있는 또 하나의 불상은 라마 4세가 왕위에 오르기 전에 출가수행할 당시 제작한 것으로 "쌈풋타 빠니"라고 부른다. 불상을 기준으로 오른쪽 모서리에는 남서쪽부터 붓다의 일대기가 벽화로 그려져 있다. 불상을 마주보는 동쪽 벽에는 붓다를 유혹하는 악마의 모습과 득도 과정이 그려진 항마성도가 있다. 그리고 땅의 여신 매터라니의 모습도 보인다. 불교 설화에서 보면 매터라니는 보리수 나무 아래서 붓다가 명상에 잠겨 있을 때 이를 유혹하려는 마귀를 물에 빠뜨려 죽였다고 한다. 매터라니는 보통은 긴 머리를 가진 여인의 형상으로 나타난다. 그래서 물에 젖은 긴 머리를 짜내게 되면 이를 통해 엄청난 물이 나온다고 한다. 이런 매터라니는 태국뿐만 아니라 라오스와 미얀마 그리고 캄보디아의 불교 건축물에서 흔히 볼 수 있다. 보통 풍요의 상징이기도 하고 일부 지역에서는 논과 밭 그리고 소나 물소를 돌보아 주는 신으로 믿기도 한다. 북쪽 벽을 보면 붓다가 생전에 여러 곳을 다니며 설법하는 장면이 그려져 있고 마지막으로 열반하는 장면이 묘사되어 있다. 그리고 법당 뒤쪽 벽에는 소승 불교의 우주관이 장엄하게 그려져 있다.

에메랄드 불상

에메랄드 불상은 사실 옥으로 만든 불상이다. 워낙 정교하게 잘 만든데다 왕실 전용 사원에 안치되어 있다 보니까 그냥 에메랄드 불상으로 이름이 굳어진 것 같다. 이 에메랄드 불상이 이곳에 오기까지는 참으로 오랜 여정을 거쳐야 했다. 전해져 내려오는 이야기에 의하면 에메랄드 불상은 기원전에 인도에서 만들어져 수백 년 후 내전을 피해 스리랑카로 옮긴 것을 후에 다시 인도로 옮기는 과정에 바다에 빠졌다고 한다. 나중에 이 불상이 우연히 태국쪽 캄보디아 연해 안다만에서 발견되었는데 우여곡절 끝에 치앙라이까지 옮겨 오게 되었다. 불상의 행방은 역사 속으로 사라졌다가 1434년에 치앙라이의 왓빠야 사원에서 발견되었다. 당시 불탑 하나가 벼락을 맞아 무너졌는데 그 안에서 석고 불상을 발견하여 불당으로 옮겨왔다. 그런데 불상의 코 부분이 깨져 나가 초록색으로 된 부분이 노출되었다. 이상하다 싶어 깨진 부분을 벗겨보니

에메랄드 불상

안에 옥으로 만들어진 불상이 발견되었다.

이 소식을 들은 치앙마이의 쌈팡깬 왕이 불상을 치앙마이로 옮기고자 했으나 불상을 운반하는 코끼리가 치앙마이로 가려고 하지 않고 자꾸 람빵으로 가려고 하는 것이었다. 람빵도 그 당시는 란나의 영토여서 일단 불상을 그곳으로 옮기게 되었다. 나중에 에머랄드 불상은 다시 치앙마이로 옮겨졌다. 당시 치앙마이를 통치하고 있던 프라짜오 차이야쳇싸탄 왕이 란창국으로 돌아가면서 이 불상도 라오스의 루앙프라방으로 함께 옮겨 갔다. 란창국이 나중에 수도를 위앙짠으로 옮기면서 불상도 다시 위앙짠까지 오게 되었다. 이런 과정을 거쳐 에머랄드 불상은 200여 년간 라오스에 있게 되었다. 톤부리 왕조 시대에 이르러 1778년 짝그리 장군이 위앙짠을 점령하고 에머랄드 불상을 왓아룬 사원으로 옮겨와 안치시켰다. 4년 후 톤부리 왕조가 몰락하고 짝그리 장군이 랏따나꼬신 왕조를 세우면서 에머랄드 불상도 짜오프라야강 건너편에 있는 현재의 왓프라깨우 사원으로 옮겨졌다. 태국인에게 있어서 에머랄드 불상은 고귀하고 영험 많은 불상일지 몰라도 라오스인들에게는 힘이 없어 빼앗긴 그들의 문화유산인 셈이다. 한번은 라오스에 가서 그곳의 국립대 교수와 에머랄드 불상 이야기를 나눈 적이 있다. 혹시 라오스에서 이 불상에 대한 반환청구를 할 수도 있는 것 아니냐고 물었다. 그러자 그 교수는 에머랄드 불상은 자신들에게는 값진 문화유산이나 영험 많은 불상이라기보다는 약소국의 비애를 상징하는 역사적 산물이라고 말하면서 쓴웃음을 지었던 기억이 난다.

법의 교체 의식

이 에머랄드 불상은 실제로는 란나 시대 후기의 예술품으로 보인다. 높이 66cm에 넓이 48cm 크기의 좌불상이다. 화려한 황금색 법의를 입고 황금 화관을 머리에 쓰고 있는데 여름에서 겨울로 계절이 바뀔 때마다 국왕이 직접 옷을 갈아입히는 법의 교체 의식을 한다. 라마 1세는 여름과 우기에 입힐 황금색 법의 두 벌을 제작하고 나중에 라마 3세가 다시 건기에 입힐 법의를 한 벌 더 제작하여 총 세 벌이 되었다. 그래서 매년 3월과 7월 그리고 11월에 불상의 옷을 갈아입히는 행사가 거행된다. 법의를 갈아입히는 행사가 끝나면 보통 왕이 왕족이나 귀족 관료에게 법수를 뿌려주며 축원하는 의식이 있었는데 라마 9세는 일반인들에게도 법수를 뿌려 주어 온정주의적 면모를 보여주었다.

악령을 물리치는 도깨비상

왓프라깨우 사원으로 들어가면 곳곳에서 만나는 것이 문을 지키고 서 있는 도깨비상이다. 도깨비상은 시멘트로 만들고 그 위에 모자이크와 색색의 거울 조각으로 장식했는데 높이가 6m에 이른다. 태국인에게 있어 도깨비는 주로 힌두 신화와 불교 설화 등을 바탕으로 생겨난 상상 속의 동물이다. 수미산을 둘러싸고 있는 힌마판 숲에는 나가나 가루다와 같은 동물이나 키나라 등과 같은 자연의 정령들이 산다. 그중 도깨비는 때로는 착한 존재로, 때로는 무서운 존재로 등장하는 반인반수의 동물이다. 태국식으로 세워진 최초의 도깨비상은 왓아룬 사원에 있고 이곳에 있는 도깨비는 두 번째로 세워진 것이다. 라마 3세 때에 세워진 이 도깨비상은 총 네 쌍인데 동서남북 사대문의 지킴이 역할을 하고 있다. 사원 입구에 세워진 두 도깨비 중에 몸통이 초록색으로 되어 있는 것이 톳싸깐이다. 톳싸깐은 태국의 라마끼안에서 낭씨다라는 여인을 두고 하누만과 쟁탈전을 벌이는 인물로 태국인들에게는 매우 친숙한 존재이다. 또 하나의 도깨비상은 몸통이 흰색으로 되어 있는데 사핫싸데차 도깨비이다. 도깨비상은 라마 5세 때 이르러 두

도깨비상

쌍이 더 만들어져 총 여섯 쌍, 12마리의 도깨비상이 있다. 이들 도깨비는 곤봉을 들고 문 앞에 서서 악령들이 들어오지 못하게 지키는 일을 한다. 이들의 얼굴은 모두 법당 쪽을 향하게 만들어졌는데 이는 법당에 안치되어 있는 에메랄드 불상을 보호하기 위한 것이라고 한다. 이 도깨비상은 쑤완나품 공항에도 그 모형이 세워져 있다.

프라씨랏따나 불탑

프라씨랏따나 불탑은 프라몬돕 기준으로 서쪽에 있는 거대한 불탑으로 아랫부분은 종을 엎어 놓은 듯한 모양을 하고 있다. 상층부는 고깔처럼 뾰족하게 솟아나 있는데 안에 붓다의 진신 사리가 봉안되어 있다고 한다. 그래서 사원 내에서 가장 성스러운 탑으로 여긴다. 이 불탑은 1855년 라마 4세 때에 아유타야의 왓프라씨싼펫 사원의 불탑을 본따서 만들고 라마 5세 때 외부에 금박을 입혔다. 혹자는 이 불탑 양식을 버마의 양식이라고도 한다. 아유타야는 417년간 존속되었지만 중간에 버마의 침략을 받고 1569년부터 얼마간 버마의 속국으로 있었다. 그때 버마의 영향을 적지 않게 받았다고 하는데 실제 이 불탑은 미얀마 양곤에 있는 쉐다곤 파고다와 매우 흡사한 모양을 하고 있다.

프라몬돕

프라몬돕은 법당의 북쪽에 자리잡고 있다. 라마 1세 때 아유타야 말기 혹은 랏따나꼬신 시대 초기 양식으로 지어진 장서각이다. 몬돕은 주로 불경을 보관하는 서고로 사용되었는데 과거 태국사회에서 사원이 교육기관의 기능을 담당했던 사실을 떠올리면 일종의 도서관이었던 셈이다. 왓프라깨우 사원의 프라몬돕은 상대적으로 조금 높게 쌓아 올린 테라스 위에 지어졌다. 원래 이곳에 연못이 있었다고 하는데 그 연못 가운데 섬처럼 만들어 놓고 그곳에 몬돕을 지었던 것이다. 이런 건축양식은 아유타야 시대부터 있었는데 쥐나 벌레들로부터 몬돕 안에 보관된 불경을 보호하기 위한 것이다.

라마 1세는 랏따나꼬신 왕조를 개국하면서 불교 개혁에 힘썼다. 아유타야 말기 불교의 타락이 도덕적 위기를 초래했다는 판단 아래, 교단을 정비하는 한편 승려와 학자, 필경사들 동원하여 팔리 삼장 또는 띠삐따까라고 부르는 경전의 개정본과 삼계론 또는 뜨라이푸미까타라고 부르는 경전을 편찬하였다. 이러한 불경 편찬 사업은 왓마하탓 사원에서 진행되었는데 작업이 끝나면 몬돕으로 옮겨왔다. 그런데 방대한 불경 편찬 작업이 끝나고 축하행사를 하는 도중 불꽃놀이를 하면서 불꽃이 몬돕에 옮겨 붙어 화재가 나는 사고가 발생했다. 다행히 불경은 소실되지 않았는데 라마 1세가 왓프라깨우 사원의 2차 보수 공사를 하면서 서고를 다시 짓도록 하였다.

새로 지어진 장서각은 본래 있던 연못을 메우고 테라스를 조성한 후에 불탄 서고 자리에 다시 지은 것이다. 나중에 라마 4세 때 테라스를 좀더 확장하고 2층의 계단을 만들었다. 그리고 장서각으로 연결되는 계단과 6개의 문을 더 만들었다. 동쪽과 서쪽의 회랑도 이때 만들어 진 것이다. 라마 6세 때에는 동쪽과 남쪽 그리고 북쪽에 테라스로 올라가는 계단을 만들고 아울러 프라씨 랏따나 불탑으로 올라가는 남쪽 계단도 만들어 현재의 모습을 갖추게 되었다. 몬돕 안에는 삼매경을 보관하고 있는 크고 아름다운 진주 자개 책장이 있는데 빼어난 아름다움으로 높은 예술적 가치를 평가받고 있다.

몬돕의 네 귀퉁이에 4개의 돌부처가 안치되어 있다. 이는 라마 5세가 인도네시아의 자바섬에 있는 보로부두르 사원에서 선물로 받은 것을 옮겨 온 것이다. 당시 라마 5세는 자바섬의 보로

프라씨 랏따나 쩨디

프라몬돕

프라몬돕 네 귀퉁이의 돌부처

부두르 사원을 방문한 적이 있는데 고대 유물에 대해 관심을 보이자 자바섬을 통치하고 있던 네덜란드 정부가 라마 5세에게 헌정했다고 한다. 이 불상들은 처음엔 몬돕 남쪽에 안치했다가 라마 6세 때에 법당 앞으로 자리를 옮겼다. 그 후 1982년 방콕을 도읍으로 정한 200주년을 기념하기 위해 진품은 왓프라깨우 사원 박물관으로 옮겨 전시하게 하고 본래의 자리에는 모형으로 똑같이 만든 불상을 안치시켜 놓았다. 불상들은 제각기 다른 모습을 하고 앉아 있다. 북동쪽의 불상은 양손을 무릎 위로 모으고 있는 자세로 있고, 북서쪽 불상은 오른손 바닥을 위로 향해 펼쳐서 무릎 위에 놓은 모습을 하고 있다. 그리고 남동쪽 불상은 악마를 항복시키는 항마자세를 하고 있고, 남서쪽 불상은 양손을 가슴 언저리에 모으고 있는 이른바 무드라라고 부르는 수인 자세를 하고 있다.

쁘라쌋 프라텝비던

프라몬돕 옆에 있는 아름다운 건물이 하나 있는데 십자형으로 지은 몬돕 위에 옥수수 모양의 쁘랑이 솟아나 있는 모습을 하고 있다. 이 건물이 바로 쁘라쌋 프라텝비던 신전이다. 라마 4세 때 짓기 시작하여 라마 5세 때 완성된 건물이다. 라마 4세는 애초에 이곳에 에머랄드 불상을 안치하기 위한 목적으로 테라스를 조성하고 쁘라쌋 프라텝비던 신전을 짓도록 명했다. 당시에 불당 위치가 상대적으로 낮은 곳에 위치하고 있었는데 라마 4세는 붓다가 낮은 곳에 위치하고 있는 것에 대해 못마땅하게 생각했던 것이다.

태국 문화에 있어서 '높이'는 매우 중요한 의미를 갖는다. 그중에서 불상은 가장 높은 곳에 위치한다. 그다음이 국왕이다. 신체 중에서는 머리가 가장 높은 곳이다. 정수리 부분은 영혼이 머무르는 곳이라 여긴다. 그래서 태국에서는 다른 사람 앞을 지나갈 때 자신의 머리를 상대방의 머리보다 낮추는 것이 기본 예절이다. 만약에 머리를 낮추지 않고 지나가면 상대방이 내 머리를 밟고 지나가는 것 같은 불쾌함을 느낀다고 한다.

라마 4세는 쁘라쌋 프라텝비던 신전의 완공을 보지 못하고 승하했다. 신전은 그 뒤에 라마 5세 때인 1882년 랏따나꼬씬 천도 100주년 되는 해에 완공되었다. 그러나 막상 완공하고 나서 보니

쁘라쌋 프라텝 비던의 전경

규모가 생각보다 작아 왕실의 여러 의식을 행하기에 부적합하여 비어 있는 채로 있다가 1903년에 화재로 인해 일부 소실된 것을 라마 6세 때 보수했다. 이후 라마 6세는 왕궁에 있던 라마 1세부터 5세까지의 동상을 이곳으로 옮겨와 홀 안에 모셨다고 하는데 내부는 4월 6일 짝끄리 왕조 창건 기념일과 12월 5일 라마 9세 생일을 제외하고는 일반인에게 공개되지 않는다.

건축 양식을 보면 아유타야 쁘라쌋텅 왕(1629-1656) 시대 건축 양식을 기반으로 한 전형적인 태국 전통양식의 건축물이다. 테라스로 들어가는 4개의 문이 있고 머리가 다섯인 무찰린다 나가상

문 앞을 지키는 도깨비상

이 있는데 금박의 몸에 유리로 아름답게 장식되어 있다. 위의 도깨비상이 곤봉을 들고 서서 악령이 들어가지 못하게 지키고 있다. 벽에는 품카오빈이라고 부르는 타이 문양이 새겨진 타일을 붙였다. 문과 창문에는 왕관 양식이 사용되었고 금박과 색색의 유리로 꾸며져 있다. 지붕의 구조는 4겹 3층으로 되어 있고 한가운데에 옥수수 모양의 불탑인 쁘랑이 세워져 있는데 녹색의 타일로 외관을 장식하고 있다. 첨탑 부분에 금박을 입힌 왕관이 놓여 있는데 이는 라마 5세의 문장이다. 사면으로 책을 엎어 놓은 모양의 지붕 박공이 있는데 동쪽 박공에는 청색 유리 배경에 왕관이 있다. 그 양옆에 왕실의 찻이 호위하고 있는 라마 4세의 문장이 장식되어 있고 서쪽에는 라마 3세의 문장인 프라위만이 장식되어 있다. 남쪽 박공에는 라마 2세의 상징인 나가를 양손으로 휘어잡고 있는 가루다가 새겨져 있고 북쪽 박공에는 우나롬이라고 부르는 라마 1세의 문장이 장식되어 있는데 마치 나가가 타이 숫자 ๑ 의 형상으로 똬리를 틀고 있는 모습과 유사하다.

역대 왕 기념 붓싸복

법당 옆 북쪽으로 가면 라마 1세부터 3세까지의 붓싸복이 있다. 붓싸복은 왕이 앉는 용좌를 말한다. 라마 5세 때 건립하여 헌정한 것이라고 하는데 붓싸복 중앙에 그 왕의 상징물이 안치되어 있다. 대개는 왕관의 형태를 지니고 있거나 그 왕의 문양의 모습을 지닌 것이 모셔져 있다. 라마 1세의 문양을 보면 둥근 연꽃 봉오리 모양의 무늬 안에 타이 숫자 ๑ 이 뱀의 형상으로 쓰여져 있고 라마 2세의 문양은 양발로 뱀의 머리 쪽을 밟고 양손으로는 뱀의 꼬리 부분을 잡고 있는 가루다의 모습을 하고 있다. 그리고 라마 3세의 문양은 신전의 모습을 하고 있다. 붓싸복의 기단부는 도깨비가 양손으로 떠받치고 있는 부조로 되어 있고 옆에는 불력(佛力)을 나타내는 두 개의 찻이 있다.

라마 4세와 라마 5세의 경우에는 왕관이 모셔져 있는데 왕관의 윗부분은 가늘고 뾰족하게 위로 솟아 있고 안면부에는 로마병사의 투구에서 볼 수 있는 안면 보호대가 부착되어 있다. 안면보호대에는 아름다운 무늬가 조각되어 있다. 이러한 조형물들은 청동이나 주석으로 제작한 후에 금으로 도금을 한 것이다. 라마 1세부터 라마 5세까지의 붓싸복 아래쪽에는 왕이 타고 다니던 코끼리상들이 위치하고 있다. 이 코끼리들은 대개가 백상으로 라마 5세

라마 1-3세 기념 붓싸복

때에는 백상이 8마리나 있었다고 한다. 태국에서는 백상이 나타나게 되면 그 시대 군주의 덕망이 높은 까닭으로 여긴다. 실제로 라마 5세 때에 태국은 문호개방과 근대화에 성공하여 오늘날의 태국으로 발전하는 기반을 공고히 다졌다.

라마 6세의 기념 붓싸복

이밖에도 라마 6세부터 9세까지의 붓싸복이 세워져 있는데 라마 6세는 삼지창 모양의 상징물이 있고 라마 7세는 세 개의 화살이 옆으로 누워 있는 형상으로 된 상징물이 있다. 라마 8세의 상징물은 한쪽 발은 가부좌를 틀고 한쪽 발은 받침대 아래로 내리고 앉아 있는 신의 모습을 한 형상으로 되어 있다. 그리고 라마 9세의 상징물은 차끄라 안에 타이 숫자 ๙가 들어 앉아 있는 모습을 하고 있다. 라마 6세부터 9세까지의 붓싸복은 라마 9세 때에 건립된 것이다. 이들 붓싸복 아래쪽에는 대리석으로 만든 현판에 왕들의 간단한 약력이 쓰여져 있다.

앙코르와트 모형

왓프라깨우 사원 안에는 캄보디아의 앙코르와트 사원의 모형이 전시되어 있다. 이는 라마 4세 때에 건립한 것인데 앙코르와트를 구경하지 못하는 태국인들을 위해 만들어 놓은 것이라고 한다. 당시 앙코르와트는 태국의 통치하에 있었다. 크메르의 앙코르와트는 수리야바르만 2세 때 세워졌는데 공사가 끝나기 전에 왕이 승하하자 장인들이 공사를 멈추고 귀향해 버리는 바람에 탑의 꼭대기 부분이 미완으로 남아 있다. 그러나 왓프라깨우 사원에 있는 앙코르와트 모형은 탑의 꼭대기 부분까지 완성된 모습을 하고 있다. 그래서 혹자는 실제 앙코르와트보다 이곳의 앙코르와트 모형이 더 아름답게 지어졌다고 한다.

앙코르와트는 세계 7대 불가사의 중의 하나로 꼽히는데 장장 60년에 걸쳐 공사가 진행되었고 당시의 군인과 포로 그리고 일반 백성까지 모두 합해서 200만 명이 동원되었다고 한다. 석재는 50km

앙코르와트의 모형

떨어진 곳으로부터 돌을 채석하여 코끼리 2만 마리를 이용해 숲에서 강으로 운반했다. 그리고 다시 뗏목에 실어 공사 현장으로 가져왔다고 하는데 상상력을 동원해도 바로 수긍하기 힘들 정도이다. 앙코르와트는 나중에 라마 5세 때에 프랑스에게 빼앗겼다가 나중에 캄보디아가 독립하면서 캄보디아 영토에 귀속되었다. 앙코르와트가 있는 지역의 이름이 시엠립 또는 세엠레아프인데 "시엠"은 '사얌' 즉 태국을 뜻하고 "립" 또는 "레아프"는 '패하게 하다' 또는 '격파하다'의 의미로 '태국을 격파했다'는 의미를 담고 있다.

프라위한엿

앙코르와트 모형 옆에 위한엿이라고 부르는 흰색 건물이 하나 있는데 불상을 보관하기 위해 지은 건물이다. 지붕은 태국의 왕관인 몽꿋의 모양을 본떠서 만들고 윤이 나는 다양한 색깔의 타일로 장식하였다. 발코니 앞쪽은 연꽃 봉오리 모양으로 되어 있다. 앞에는 힌마판 숲에 사는 상상 속의 동물이라고 알려진 반인반조 모습의 동물이 2마리 서 있다. 힌마판은 불교와 힌두교에 기반을 둔 천도를 일컫는 말이다. 수미산 계곡에 위치한 광대한 지역을 말하는데 둘레가 약 14만 4천 km 되는 곳에 8만 4천 개의 봉우리와 일곱 개의 연못이 있다고 한다.

프라위한엿

허프라낙

위한엿 뒤쪽에 허프라낙이라고 하는 건물이 하나 더 있다. 본래는 라마 1세 때 황금불상을 안치하기 위한 법당으로 사용한 것을 라마 3세 때에 확장하여 랏따나꼬신 시대 왕족들의 유골을 안치시켜 놓았다. 이른바 영묘인 셈인데 이는 아유타야 시대 왕실 사원이던 왓프라씨싼펫 사원에 왕족들의 유골을 보관하던 전통을 따른 것이다. 앞쪽 벽에 구리와 은을 섞어 만든 불상이 조각되어 있다.

허프라낙

허프라 몬티안탐

허프라 몬티안탐

왓프라깨우 사원의 북쪽 테라스에 자리잡고 있는 허프라 몬티안탐은 라마 1세의 동생인 짜오프라야쓰아가 지은 것으로 알려졌다. 서쪽의 전면부는 랏따나꼬신 초기의 건축 양식을 잘 나타내주고 있다. 그리고 서쪽의 박공에는 인드라신이 에라완 코끼리를 타고 있는 모습이 조각되어 있다. 정면 외벽에 세 개의 문이 있는데 그중에 가운데 문은 18세기 초 아유타야 왕조 버롬마꼿 왕 시대에 대대적으로 보수작업을 한 왓버롬풋타람 사원의 법당에서 가져온 곳이다. 처음엔 박물관에서 보관하다가 1932년 랏따나꼬신 천도 150주년을 준비하면서 이곳으로 옮겨왔다고 한다. 본래 이 건축물은 불교 경전을 보관하고 학자와 승려들이 불법(佛法)을 학습하는 장소로 사용했으나, 지금은 왕실의 불경과 중요한 문서를 보관하는 부속 서고로 사용하고 있다. 내부에는 삼매경을 보관하는 책장이 있는데 자개로 수를 놓아 매우 아름답다고 한다. 벽에는 "신들의 모임"이라는 벽화를 비롯한 아름다운 벽화가 여럿 있다고 하는데 일반인들에게는 공개되지 않는다.

회랑의 벽화

에메랄드 사원을 둘러싼 회랑 내부의 벽면에는 기다란 벽화가 늘어서 있다. 라마끼안의 이야기를 설명하는 4,984구절의 방대한 내용이 그림으로 표현되어 있다. 그림은 시계바늘 방향으로 이어지는데 178개의 방벽에 총 길이가 대략 600m에 이른다. 프라위한엿의 건너편인 동쪽 벽에서부터 서사시의 서곡이 펼쳐

내부 회랑의 벽화

지며 왕궁으로 가는 문 근처에 이르러서 막이 내린다. 이 벽화는 세계에서 가장 길이가 긴 벽화로 기네스북에 올라 있다. 라마끼안은 인도의 대서사시 라마야나의 태국어판으로 다음과 같은 내용을 담고 있다.

> 프라람의 아내 씨다가 톳싸깐에게 납치된다. 프라람은 그의 동생인 프라락과 원숭이 무사 하누만의 도움을 받아 톳싸깐과 전쟁을 벌여 씨다를 구출해 데려온다. 그러나 프라람이 톳싸깐에게 납치되었던 씨다의 정절을 의심하게 되고, 이에 씨다는 불 위를 걷는 루이퐈이 의식을 통해 정절을 증명한다. 그 후 씨다는 평온한 삶을 찾는 듯 보였으나 톳싸깐의 유모에게 모함을 당해 숲으로 쫓겨난다. 씨다는 숲에서 프라

람의 아이를 낳게 되고 이를 숨긴 채 살아간다. 그런데 나중에 프라람이 이 사실을 알고 궁으로 들어와 살 것을 간청했으나 씨다는 거절한다. 이에 프라람은 하누만을 시켜 씨다에게 자신이 죽었다고 속여 씨다를 궁으로 오게 하였다. 그러나 프라람의 죽음이 거짓임을 안 씨다는 지하세계로 잠적해 버린다. 프라람은 잘못을 깨닫고 숲으로 들어가 사는데 프라몽꿋이 그 모습을 보고 불쌍히 여겨 둘을 화해시킨다. 그리하여 프라람과 씨다는 아유타야 왕국을 통치하면서 행복하게 살아간다.

라마끼안의 도입부에서 가장 중요한 장면은 고대 인도의 아요타야 왕국의 현명한 왕 프라람이 롱까국의 톳싸깐에게 납치된 자신의 왕비 씨다를 구출하기 위해 전쟁을 일으키는 장면이다. 그리고 톳싸깐이 죽는 최종 전투 장면으로 막을 내린다. 라마끼안 내용을 담은 벽화는 라마 1세 때 만들어졌는데 그 당시의 모습은 그리 많이 남아 있지 않다. 200년 넘는 세월을 거치면서 벽화가 많이 퇴색하고 손상되어 보수를 거듭하는 동안 많이 변형되었기 때문이다. 라마 3~5세 기간 동안 보수작업이 이루어졌는데 얼마큼 원본에 가깝게 보수 되었는지 알 수 없다. 1932년에 전체적인 보수를 마치고 새롭게 채색을 한 후, 1965년부터 1972년까지 7년 동안 다시 한번 보수작업이 이루어졌다.

라마 1세의 효성이 담긴 두 기의 황금 불탑

쁘라쌋 프라텝비던 앞에 두 기의 황금 불탑이 서 있다. 라마 1세가 부모에게 바치기 위해 세운 것으로 라마끼안 쩨디라고도 부른다. 라마 3세 때 보수 작업을 거쳐 라마 4세 때에 프라몬돕 부근에 있던 것을 쁘라쌋 프라텝비던을 지으면서 그 앞으로 옮겨 왔다. 라마 5세 때에 동판을 씌우고 금박을 입힌 후 라마 6세 때에 현재의 자리로 옮겨왔다. 남쪽에 있는 탑이 부친을 위한 것이고 북쪽에 있는 탑이 모친을 위한 것이다. 탑은 네 귀퉁이가 톱니의 형태로 되어 있고 8각형의 형태로 되어 있는 대리석 기단 위에 세워져 있다. 그리고 20마리의 도깨비상이 두 팔로 받치고 서 있는 모습의 부조가 사방을 둘러싸고 있다. 도깨비의 양손은 뱀을 잡

두 기의 황금 불탑

고 있는 모습이다. 도깨비상은 색유리 모자이크로 화려하고 아름답게 장식하였다. 그 위로 3층으로 사자상 기단이 있고 다시 그 위에 3층의 연꽃 기단이 있다. 연꽃 기단 위에 유골함이 안치되어 있다. 첨탑 부분은 9개의 연꽃으로 층층이 장식된 기둥이 있고 그 위로 가늘고 긴 기둥이 서 있다. 탑의 주변에는 힘마판 숲에 산다고 알려진 동물들의 형상이 조각되어 있다. 반인반조의 동물도 있고 새의 몸통에 도깨비 얼굴을 하고 있는 동물도 보인다.

프라앗싸다 마하쩨디

사원의 앞쪽에 하늘로 높이 솟아 있는 여덟 기의 불탑이 보이는데 옥수수 모양을 하고 있어 크메르 양식으로 지어진 것임을 알 수 있다. 정확히 언제 지은 것인지 나타내주는 근거를 찾기는 어렵다. 회랑 바깥쪽에 여섯 기가 있고 회랑 안쪽에 두 기가 더 있다. 여덟 기의 탑 모두 각각 다른 이름과 색상을 가지고 있다. 북쪽으로부터 남쪽으로 줄지어 있는 탑을 차례대로 보면 흰색의 탑은 붓다, 하늘색 탑은 붓다의 가르침, 분홍색 탑은 붓다의 제자들 즉, 승려에게 헌정하기 위한 탑으로 이른바 삼보를 기리기 위한 탑들이다. 이어서 초록색 탑은 비구니, 회색 탑은 전생의 붓다, 청회색의 탑은 국왕, 적색의 탑은 보살, 황색의 탑은 미래의 붓다에게 헌정하기 위해 세운 것이라고 한다. 방콕 천도 200주년을 기념하면서 이 불탑의 이름을 프라앗싸다 마하쩨디라고 명명하였다. 동쪽으로 도깨비가 2마리 서 있는데 녹색의 도깨비는 인트라칫이고 적색의 도깨비는 쑤리야폽이다.

여덟 기의 불탑 중 일부

종탑

프라깨우 사원 안에는 종이 달려 있는 종탑이 하나 있다. 이 종탑은 라마 1세가 톤부리에 있는 왓라캉 사원에 있는 종을 가져와 매달기 위해 세웠다. 그러나 현재와 같은 모습의 종탑은 라마 4세 때에 만들어진 것이다. 태국에서 가장 아름다운 소리를 낸다고 하는데 주로 국경일 행사가 있을 때만 사용한다고 한다.

태국 사원에 가면 의외로 종이 많이 걸려 있는 것을 볼 수 있다. 종탑에 걸려 있는 종도 있지만 지면 위에 낮게 걸어 놓은 종도 많이 볼 수 있다. 종탑에 있는 절은 보통 하루에 세 차례 타종을 한다. 새벽 4시부터 4시 반까지 3번씩 타종을 한다. 이는 승려들에게 일어날 시간임을 알리는 알람이기도 하고 인근 주민들에게는 일어나 시주를 준비하라는 신호기도 하다. 그리고 아침 8시와 오후 4시에 종치는데 이는 승려들에게 아침 예불과 저녁 예불을 드리는 시간을 알려주는 것이다. 이때는 3번씩 10~15분 동안 친다. 이밖에도 사원에 불이 나거나 도둑이 들었을 때와 같은 비상 상황에서 종을 치기도 하고 일식이나 월식이 있는 경우에도 종을 친다.

땅 위에 낮게 걸린 종은 일반 불자들이 치도록 걸어 놓은 것이다. 종을 치게 되면 '울림'과 '퍼짐'이 일어난다. 그래서 종을 칠 때 넓게 울려 퍼져 나가는 종소리처럼 자신의 명성이 멀리 퍼져 나가기를 기원하는 것이다. 종뿐만 아니라 징이나 북도 사용하는데 보통 낮 11시에 치는 북은 승려들에게 점심 공양 시간임을 알려주는 것이다. 태국의 승려들은 아침 탁발 후 남은 음식을 점심 공양으로 하고 계율에 따라 정오 이후에는 음식을 먹지 못한다. 그래서 저녁 공양은 없기 때문에 북은 오전 11시에 한 차례만 친다.

종탑

왕궁

라마 1세는 기존의 톤부리가 좁고 협소하여 수도로 사용하기에 적합하지 않다고 보고 짜오프라야강 동쪽으로 수도를 옮겼다. 새로 옮긴 곳이 오늘날의 왓프라깨우 사원이 위치하는 곳인데 당시 이 지역에 거주하고 있던 중국계 태국인들에게 토지 보상을 하고 오늘날의 야오와랏 차이타운과 쌈펭 지역으로 이주시킨 후에 새로이 왕궁과 왕실 전용 사원을 짓게 되었다. 총면적 21만 8천 평방미터에 이르는 드넓은 지역에 왕족들의 주거를 위한 궁전과 관료들과 더불어 정사를 돌보는 대전도 지었다. 1782년 왕궁 일부가 준공되자 라마 1세는 바로 이곳에서 성대한 대관식을 거행하였다.

방콕으로 도읍을 옮긴 것은 전략적 요충지이기 때문이다. 방콕은 서쪽으로 짜오프라야강이 흐르고 동쪽으로 수로가 해자처럼 있어서 마치 거대한 섬의 모습을 하고 있다. 라마 1세는 성곽과 망루를 세우고 안쪽에 불탑과 법당 그리고 궁궐을 지었다. 그리고 왕궁에 기거하면서 이곳을 통치의 중심지로 삼고자 했다. 왕궁은 아유타야의 것을 모방하여 짓고 외곽 지대와 중간 지대 그리고 내곽 지대로 나누었다. 현재 왕궁은 동쪽으로 국방부와 인접해 있고 서쪽으로 짜오프라야강과 인접해 있다. 그리고 남쪽으로 왓포 사원 그리고 북쪽으로는 싸남루앙과 인접해 있다. 왓프라깨우 사원을 시계방향으로 돌면서 관람하다가 12시 방향에 있는 작은 문을 넘어서게 되면 왕궁이 있는 지역이다. 왓프라깨우 사원 지역보다는 건물들 사이 간격이 넓고 광장이 있어 공간의 여유가 많아 보인다.

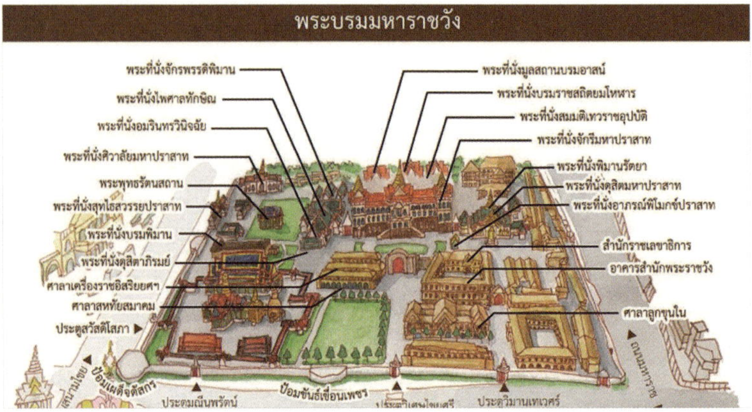

왕궁 안내도

프라 마하 몬티안

프라 마하 몬티안은 아마린 위닛차이, 파이산 탁씬 그리고 짝끄라팟 피만 3개의 어좌로 구성되어 있다.

아마린 위닛차이는 왕을 알현하는 행사가 있을 때 사용되는 어좌로 라마 1세가 통치하던 1785년에 세워졌다고 한다. 이 어좌 안에는 높다랗게 세워진 9단의 흰색 찻과 그 양옆에 7단의 흰색 찻이 짝을 이루고 세워져 있다. 그리고 어좌의 전면에는 배 모양의 단이 놓여있다.

파이산 탁씬은 왕의 대관식을 거행할 때 사용하던 장소다. 대관식 때 왕은 팔각의 왕좌에 앉아 태국 내 각 지방을 대표하는 8명으로부터 추대받는 의식을 거행한다. 그런 후 옆에 있는 대관식용 의자에 옮겨 앉음으로써 왕위에 오르게 된다. 이 두 왕좌의 중간에는 높은 단이 설치되어 있고 그 위에는 태국의 백성을 보살펴준다는 수호신의 조각상이 세워져 있다.

프라 마하 몬티안

짝끄라팟 피만은 라마 1세부터 3세까지 차례로 기거하던 숙소이다. 그래서 후대의 왕들은 대관식을 거행한 날은 반드시 이 숙소에서 하룻밤 묵는 전통이 생겨났다. 건물의 입구 양옆에는 정부 부서의 문양들이 있다. 사자는 내무부를 상징하는 것이고 코끼리는 국방부, 그리고 수정 연꽃은 외무부를 상징한다.

짝끄리 마하 쁘라쌋

왕궁을 볼 때 가장 중앙에 우뚝 솟아 있는 건물이 짝끄리 마하 쁘라쌋이다. 이 건물은 라마 5세인 쭐라롱껀 대왕의 명에 의해 1876년에 세워졌다. 프라 마하 몬티안과 두씻 마하 쁘라쌋 사이에 있다. 세 개의 궁으로 이루어져 있는데 동쪽에서 서쪽으로 뻗어 있고 회랑으로 연결되어 있다. 이 어좌는 건축미가 매우 뛰어난데 타이식 건축미와 유럽식 건축미가 서로 어우러져 조화를 이루고 있다. 건물 자체는 유럽식으로 지었는데 지붕은 타이식으로

짝끄리 마하 쁘라쌋

지어서 유럽이 타이 왕관을 쓰고 있다는 평가를 받는다. 이런 뛰어난 건축미로 인해 왕궁 내에서 왓프라깨우 사원의 에메랄드 불상과 더불어 가장 중요한 장소로 꼽히고 있다.

요즘에 짝끄리 마하 쁘라쌋 어좌는 손님 접견 장소로만 사용되고 있다. 그중에서 왕좌가 있는 중앙부는 주로 외국 대사들이 주재국 임명 동의를 절차를 밟을 때 사용하고 때로는 외국사절을 영접하는 장소로 쓰이기도 한다. 내부에 장식된 크리스탈 장식품의 대부분은 쭐라롱껀 왕이 외국의 국가 원수들로부터 선물받은 것이다.

동쪽 벽에는 라마 4세 몽꿋왕이 통상조약 체결을 위해 파견된 영국 사절 존 바우링 경을 맞이하는 그림이 걸려 있고 오른쪽 벽에는 영국으로 파견된 태국 사절단이 버킹검궁에 도착하여 빅토리아 여왕에게 영접받는 그림이 걸려 있다. 그리고 서쪽 벽에는 330여 년 전 아유타야의 나라이 대왕이 프랑스에 파견한 사절단의 그림이 걸려 있고 방 안쪽 벽에는 몽꿋왕이 프랑스 대사를 맞이하는 장면과 나폴레옹 3세에게 파견하여 보낸 태국 사절단의 그림이 걸려 있다.

두씻 마하 쁘라쌋

두씻 마하 쁘라쌋

두씻 마하 쁘라쌋은 라마 1세가 자신의 시신이 이곳에 안치되기를 바라며 지었다고 한다. 왕궁 안에서 가장 중심이 되는 어좌이다. 짝끄리 마하 쁘라쌋의 동쪽에 세워져 있다. 인접하여 피만 랏따야 어좌가 있고 좌우 양쪽으로 나란히 건물이 있다. 그리고 시종들의 숙소가 있고 뒤쪽으로 내궁에 연결되어 있다. 이 어좌는 랏따나꼬신 건축물 중 으뜸으로 꼽히며 건물 전체가 타이식으로 세워진 유일한 어좌이다. 특히 건물 가운데 하늘로 치솟은 첨탑 부분은 그 아름다움을 자랑한다. 건물의 주요 용도는 왕이나 왕족들의 시신을 화장하기 전에 안치하여 백성들이 조문을 할 수 있도록 한 것이라고 한다. 이 건물에서 매년 대관식 기념 행사를 개최한다.

버롬 피만

버롬 피만 어좌는 왕궁 안 왓프라깨우 사원의 남쪽 그리고 씨왈라이 정원 북쪽에 자리잡고 있다. 본래는 1903년에 쭐라롱껀 왕이 황태자 책봉을 받은 왕자에게 지어주고자 한 것인데 그 왕자가 먼저 세상을 하직하자 나중에 라마 6세가 된 왕자의 거처로 사용하도록 하사한 것이다.

천장에는 인도 고대신화에서 유래된 인드라와 기타 우주의 수호신들이 그려져 있고 신들 밑에는 현명한 왕이 지켜야 할 10가지 계율이 쓰여 있다. 이곳 버롬 피만 어좌는 라마 7세와 8세, 그리고 라마 9세도 여러 번 숙소로 사용했던 건물이다. 최근에는 외국의 국빈과 특별사절단이 머무는 영빈관으로 사용되고 있다.

버롬 피만

꾸어이띠아우–강렬한 쌀국수의 맛

꾸아이띠아우

왕궁을 나와 점심을 먹기로 하고 주변의 가까운 식당으로 갔다. 간단히 쌀국수를 먹기로 하고 가게로 들어갔는데 안에 손님이 꽤 많다. 태국에서 간단하게 요기를 하기에는 쌀국수가 최고다. 면의 굵기나 국물 그리고 같이 들어가는 재료에 따라 종류가 수십 가지에 달하고 주문하면 5분 안에 먹을 수 있는 음식이기도 하다. 중국에서 본래 과조(科條) 또는 분조(粉條)라고 부르는 음식이었는데 아유타야 왕조 나라이 왕 시대에 중국과의 교역이 활발해지면서 태국에도 유입된 것으로 보인다. 이후 피분 쏭크람 시절에 국가에서 국가 경제 활성화를 위해 국민들로 하여금 이 쌀국수를 먹도록 장려하였다. 그때 피분 쏭크람이 역설한 내용은 조금 흥미로운 면이 있다.

국민 여러분께 꾸어이띠아우를 드실 것을 권합니다. 꾸어이띠아우는 몸에도 좋고 시고 짜고 단맛을 고루 지니고 있습니다. 태국에서 직접 만들어 먹을 수 있습니다. 쉽게 찾아 먹을 수 있고 맛도 좋습니다. 만약 태국인이 매일 꾸어이띠아우 한 그릇씩 먹는다면 하루 1,800만 그릇의 꾸어이띠아우를 먹게 됩니다. 그렇게 되면 하루 태국인이 먹는 꾸어이띠아우값이 9,000만 싸땅이 되며 이는 90만 바트에 해당합니다. 충분히 돈이 회전할 수 있는 금액이지요. 이 돈이 그 어떤 한 사람의 손에 떨어지는 것이 아니고 농민과 어민에게 골고루 흘러 들어가게 될 것입니다. 돈 1바트를 가지면 언제든 꾸어이띠아우를 사 먹을 수 있습니다. 아무것도 사지 않으면 아무것도 얻는 게 없습니다. 그냥 지금처럼 있게 되지요. 그건 돈의 가치를 아무 소용없게 하는 것과 같습니다.

나는 피분 쏭크람의 쌀국수 장려글을 보면 어릴적 박정희 대통령 시절 혼분식을 장려하면서 토요일을 분식의 날로 정하고 집에서 국수를 먹도록 독려했던 기억이 난다. 또 혼식을 장려하여 쌀과 보리를 섞어 밥을 지어먹게 했는데 점심시간이면 담임선생님이 도시락 검사까지 했었다. 그래서 쌀밥만을 싸오는 아이들을 나무라곤 하셨는데 사실 그 당시 아이들 대부분은 이미 혼식이었다. 도시락에 흰 쌀밥을 싸올 수 있는 아이들은 불과 몇 명 안 되는 동네 부잣집 아이들뿐이었다.

요즘 한국에 베트남 쌀국수가 많이 보급되고 있다. 그런데 굳이 맛을 비교해 보자면 나는 태국의 꾸어이띠아우보다 맛있는 베트남 쌀국수 "퍼"를 먹어 먹지 못했다. 한 번은 호치민에 가서 클린턴 전 미국 대통령 부부가 와서 먹었다는 음식점의 퍼를 먹어 본 적이 있는데 그 맛이 태국의 평범한 꾸어이띠아우만 못하다는 생각이 들었다. 미각이 사람마다 다르므로 굳이 우열을 가리고 싶지는 않지만 어쩌면 나의 태국 쌀국수에 대한 사랑이 각별한 것인지도 모르겠다.

꾸어이띠아우를 주문할 때마다 나는 팍치를 넣지 말아 달라고 이야기한다. 팍치는 태국음식 위에 많이 뿌려 먹는 대표적 고명이다. 타이어에 "팍치로이나"라는 말이 있다. 음식을 먹음직스럽게 팍치를 고명으로 얹는 것을 말하는데 의미가 확장되어 '겉만 번지르르하고 실속은 없다'는 뜻도 있다. 나는 이 팍치에 대해 잊지 못할 추억을 가지고 있다.

팍치와의 첫 만남

1987년 처음 태국에 왔을 때 방콕에 첫발을 내디딘 순간 나는 비릿한 냄새를 느꼈다. 바닷가에서나 나는 듯한 냄새였는데 왜 그런 냄새였는지 모르겠다. 나중에 그냥 태국인들이 생선을 즐겨먹으니까 그럴 수도 있겠다는 생각이 들었다. 당시 던므앙 공항에서 시내로 들어서자 처음 오는 도시임에도 이질감보다는 왠지 모를 친근감 같은 것을 느꼈다. 펫부리땃마이에 있는 조그만 호텔에서 묵었는데 체크인하고 방에 들어간 시간이 오후 서너 시쯤 되었다. 한두 시간 쉬고 나서 저녁을 먹기 위해 호텔을 나섰다. 방콕 시내 한복판이니 만큼 길을 따라 걷다 보면 식당이 나올 거라는 생각에서였다. 그런데 호텔 위치가 주거지역이 아니어선지 한참을 가서야 겨우 조그만 식당 하나가 나왔다.

좀 이른 시간이어서인지 손님이 나밖에 없었다. 내가 자리에 앉자 앳돼보이는 여종업원이 달려오더니 무엇을 드시겠냐고 물었다. 벽면에 메뉴판을 보니 글씨체가 인도 문자를 흉내 내서 쓴 것이라서 금방 눈에 들어오지 않았다. 엉겁결에 나는 아무거나 달라고 했다. 그러자 그 종업원 아이는 눈을 동그랗게 뜨더니 주방 쪽으로 들어갔다. 사실 태국에서 음식을 주문하면서 아무거나 달라는 사람은 없다. 늘 시간에 쫓겨 "빨리빨리!"를 외치며 살아가는 한국 사람들이나 "아무거나 주세요" 아니면 "제일 빨리 되는 걸로 주세요" 하고 주문하는 것이 다반사였던 시절이었다. 잠시 후에 주방 쪽에서 오빠로 보이는 청년 하나가 나와 다시 주문을 받았다. 그사이 나는 메뉴판 해독에 성공하여 겨우 볶음밥인 "카우 팟"을 시켰다.

카우팟이 나오고 식사가 시작되었다. 접시 위에 소복하게 담아 온 볶음밥 위에 야채 고명을 얹었는데 의외로 향이 좋았다. 그런데 한 숟가락을 입에 넣어 씹는 순간 이상한 향이 입안을 감돌았다. 그리 강하지 않은 향이기는 하지만 묘한 거부감을 주는 것이었다. 마치 오랫동안 방치해 놓은 행주에서 나는 냄새 같기도 한 것이 영 개운치가 않았다. 순간 나는 긴장하지 않을 수 없었다. 그래도 유학을 마음먹고 올 때는 한 10년쯤 태국에서 지낼 각오를 하고 왔는데 음식에서 이런 고약한 냄새가 나서 어찌 버틸 수 있을까 하는 걱정이 들었다. 겨우 몇 숟가락 뜨는 시늉을 하고는 식당을 나와 호텔로 돌아왔다. 그리고 첫날밤 나는 앞으로 태국에서 공부할 일이 걱정되어 잠을 이루지 못했다. 공부도 밥심으로 하는 것인데 이런 냄새 나는 밥을 먹고 어찌 공부를 하랴 싶었다. 그러나 다음 날 그런 걱정은 말끔히 사라졌다.

당시 쑤쿰윗가에서 사업을 하고 있던 선배를 찾아가 인사를 드렸는데 저녁을 사준다고 하면서 인근 식당으로 갔다. 그때 먹은 음식이 지금 생각해보면 쑤끼였다. 식사를 시작하는데 같이 간 여직원이 내게 끓는 국물에서 무언가를 건져 내면서 이걸 먹을 줄 아느냐고 물었다. 내가 받아서 입에 넣고 씹어보니 바로 어제 볶음밥에서 나던 냄새가 났다. 내가 인상을 찌푸리자 그 여직원이 이게 "팍치"라고 하는 것인데 외국인들 중에 못 먹는 사람들이 많다 하면서 정히 싫으면 "마이 싸이 팍치" 하면 된다고 했다. '팍치를 넣지 말라'는 말이었다. 나는 비로소 어제 볶음밥에서 나던 냄새가 고명으로 얹었던 팍치에서 나는 것임을 깨달았다. 그 후에 나는 8년 동안 태국에 살면서 음식을 주문할 때 제일 먼저 "마이 싸이 팍치" 하는 것을 잊지 않았다. 팍치는 우리말로 고수라고 하는 것인데 태국과 동남아 지역에서 고명으로 많이 얹어 먹는다. 속설로는 팍치를 많이 먹으면 모기가 물지 않는다고 하는데 그 진위는 확인해보지는 못했다. 어쨌든 방콕에서 처음 만난 팍치는 내게 하루 동안의 짧은 근심과 걱정을 안겨주었다.

왓포 사원

왓포 사원의 본래 이름은 왓포타람이었다. 누가 언제 세웠는지 명확히 나타나 있는 자료가 없다. 주변에 보리수 나무가 많이 자라나서 왓포라고 불렀을 것으로 추정된다. 이 사원은 다른 사원과 다른 특이한 점이 하나 있다. 태국의 거의 모든 사원은 법당의 문이 동쪽으로 나 있다. 동쪽에서 해가 뜨기 때문에 '발전과 번영'을 기원하는 의미를 담고 있다. 그러나 왓포 사원의 법당은 문이 서쪽으로 나 있다. 그 이유는 옛날에 이곳에 도로가 나 있지 않아 왕이 행차할 때 배를 타고 왔는데 부두에서 법당으로 들어오는 방향이 서쪽이기 때문이다.

라마 1세가 등극 후에 왕궁과 왓프라깨우 사원을 짓고 곧바로 왓포 사원를 개보수했다. 개보수 공사에 13년이 걸렸고 당시 돈으로 30만 바트가 소요되었다. 또한 2만 명의 인부와 장인이 동원되었다. 현재의 환율로 30만 바트면 1천만 원 정도의 돈이지만 당시 경제상황에 비추어 보면 어마어마한 돈이다. 보수공사가 끝나고

왓포 사원의 안내도

탑이 많은 경내의 모습

라마 1세는 사원의 이름을 왓쳇뚜폰 위몬 망카라왓으로 바꾸고 자신이 죽으면 유골을 이곳에 봉안하라는 유언을 남겼다. 그리고 나중에 라마 4세가 왓쳇뚜폰 위몬 망카라라람이라는 좀더 듣기 좋은 이름으로 바꾸었다. 왓포 사원은 태국에서 가장 많은 관광객이 다녀가는 곳이다. 2016년 기준으로 2천만 명이 넘는 관광객이 다녀가서 왕궁과 왓프라깨우 사원보다 많은 숫자를 기록했다. 아시아에서 앙코르와트와 타지마할 그리고 만리장성 다음으로 4번째로 많은 사람이 찾는 곳이 바로 왓포 사원라고 한다.

왓포 사원 내에 95기의 불탑이 있는데 이는 방콕의 사원 중에서 가장 많은 숫자이다. 태국에서 불탑이 가장 많은 사원은 아유타야에 있는 왓프라씨싼펫 사원으로 모두 216기의 불탑이 있다. 또한 왓포에는 46m의 길이를 가진 와불이 있는데 세계에서 아름다운 와불로 알려져 있다. 그리고 회랑도 겹층 회랑이어서 내부 회랑이 있고 외부 회랑이 한 겹 더 있다. 내부 회랑이 외부 회랑보다 다소 높은 편이다. 회랑에는 모두 394개의 불상이 안치되어 있다. 왓포 사원에는 유난히 불상이 많은데 여기에는 그 이유가 있다. 라마 1세는 태국 전역에 있는 불상이 소실되거나 파손되는 것을 염려하여 중요하고 가치가 높은 불상들을 전부 왓포 사원로 옮겨왔다 그래서 모두 1,248개의 불상을 방콕으로 옮겨 왔는데 이를 다시 방콕의 여러 사원에 나누어 안치시키도록 했다. 그리고 나서 최종적으로 왓포 사원에 안치된 불상이 394개가 된 것이다. 이밖에도 왓포 사원에는 여러 가지 약초와 나무를 재배하는 21개소의 석산 정원이 있고 최초의 안마 학교가 자리하고 있다.

세계에서 가장 아름다운 와불

포다람 지역의 건축물

포다람 지역은 사원의 서쪽 구역으로 짜오프라야강과 인접해 있다. “프라풋타싸이얏”이라고 부르는 거대한 와불이 안치되어 있는 불당이 위치한 곳이기도 하다. 본래 포다람 사원의 법당이었던 정자가 있고 몬돕과 라마 1세부터 4세까지의 불탑이 있다. 와불이 모셔져 있는 불당은 라마 3세 때 건립되었다. 본래 자리잡고 있던 포다람이 철거된 지역에 불당을 세우면서 사원이 북쪽으로 확장되었다. 불당 건립은 라마 3세의 15번째 아들인 짜우라다완 왕자에게 공사 책임을 맡겼다. 불당 건립 공사는 먼저 와불을 만들고 난 뒤에 법당 크기와 같은 불당을 세웠다. 불당의 벽에는 위쪽에 스리랑카 불교의 역사를 노래한 문학 작품인 마아웡 그림이 있고 창문 사이 벽에는 뛰어난 13명의 비구와 10명의 우바새 그리고 10명의 우바이와 관련된 그림이 있다. 불당 안에는 와불이 안치되어 있는데 벽돌로 만든 다음 석고를 칠하고 다시 그 위에 금박을 입힌 것이다. 이 불상은 규모로 보면 태국 내 3번째로 큰 불상이라고 한다. 와불은 좀 특이한 점이 있는데 왼발과 오른발을 나란히 겹치게 하고 발에는 진주로 만든 108가지 행운을 나타내는 무늬가 장식되어 있다. 이 무늬는 인도와 중국의 신앙이 혼재되어 있는 것이라고 한다. 그리고 가운데는 붓다의 32가지 신체적 특징을 나타내는 그림이 있다.

와불의 발바닥 모습

프라마하쩨디 불탑

사원 안에는 프라마하쩨디라고 부르는 네 기의 불탑이 있다. 높이가 모두 42m로 같지만 색상은 각기 다르다. 이 중에서 가장 먼저 세워진 불탑은 중앙에 있는 녹색 탑으로 라마 1세가 건립하였다. 안에는 황금불상의 몸통이 보관되어 있다. 16m 크기의 이 불상 몸통은 본래 아유타야의 왓프라씨싼펫 사원에 있던 것인데 버마와의 전쟁에서 불에 타 불상은 소실되고 몸통만 남아 있던 것이다. 불탑은 푸른색 도자기를 입히고 다른 불탑들이 있는 중앙에 세워져 있는데 다른 세 기의 불탑이 이를 둘러싸고 있다. 이 불탑이 바로 라마 1세 전용 불탑이다. 두 번째 세워진 불탑은 북쪽에 위치하고 있는 흰색 탑으로 라마 3세가 선왕인 라마 2세를 위해 건립한 것이다. 그리고 세 번째 세워진 불탑은 남쪽에 위치해 있는 주황색 탑으로 라마 3세가 자신을 위해 건립하였다고 한다. 마지막으로 세워진 불탑은 청색 탑으로 라마 4세가 아유타야의 쑤리요타이탑을 모방하여 건립한 것이다. 라마 4세는 이 탑을 세우고 나서 더 이상 탑을 세우지 말라고 명하였다. 그 이유는 왓포 사원의 경내에 불탑을 더 세울 만한 터가 없었기 때문이다. 또 하나의 이유는 라마 1~4세는 동시대에 일정 기간 같이 생존했으나 라마 5세는 4명의 선왕을 다 보지는 못했기 때문이다. 프라마하쩨

프라마하쩨디

디 네 기 외에 왓포 사원에는 보조탑이 71기가 있다. 그리고 다섯 기의 탑이 같은 기단 위에 세워져 있는 불탑이 총 20기가 있어 모두 합하면 95기의 불탑이 있다.

보조탑

보조탑은 바깥쪽 회랑을 둘러싸고 총 71기가 있다. 라마 3세 때 건립되었는데 본래는 왕족들의 유골을 안치시켜 놓을 목적으로 세운 것이다. 외부는 녹색 도자기와 돌로 장식되어 있다. 다른 불탑들에 비해 크기가 작지만 랏따나꼬신 시대 가장 아름다운 보조탑이라는 찬사를 받고 있다.

보조탑의 모습

크메르 양식의 불탑 쁘랑

프라악키 쩨디라고 부르는 크메르 양식의 불탑이 법당 바깥쪽에 사방으로 네 기가 새워져 있는데 탑의 아치형의 문 부근에 사천왕상이 있다. 사천왕상은 주석으로 만들고 옻칠을 한 다음에 금박을 입혔다. 위쪽에는 도깨비상이 있는데 불탑 상단부의 쁘랑을 지고 있는 형상을 하고 있다.

안마 학교

왓포의 사원 내에 모두 20개소의 정자에서 안마 교육이 이루어지고 있다. 사원 내에 모두 1,140개의 석판에 새겨진 의학 교재가

크메르 양식의 쁘랑

있는데 이는 유네스코 지정 세계기록문화유산으로 등재되어 있다. 태국에는 모두 3개의 세계기록문화유산이 있다. 첫 번째가 람캄행 대왕 비문이고 두 번째가 석판으로 된 안마 교재 그리고 세 번째가 라마 5세 때의 공문서 기록이다. 이 공문서 기록은 총 80만여 쪽에 5만여 건의 공무가 기록된 것이다. 석판에 새겨진 의학 교재는 병의 증상을 그림으로 나타내고 그 병을 치료하기 위해서는 석산 정원의 어떤 약초를 캐다가 다려 먹어야 하는지 설명하고 있다. 왓포 사원의 교재는 의학 말고도 문학과 역사 건축 등과 관련된 내용이 더 있다. 안마 학교는 내국인의 경우 40시간에 7,500바트 외국인의 경우에는 9,500바트의 등록금을 받는데 과정을 마치게 되면 수료증을 발급해준다. 석판 교재에 보면 사람의 앞모습과 뒷모습을 그려 놓고 경락을 일일이 설명해 놓았는데 모두 지적 재산권으로 등록되어 있다.

안마 학교

석산 정원

석산 정원은 라마 3세 때 세워진 것이다. 최초의 석산 정원은 왕궁 안에 만들어졌다. 정원은 동상과 분수대, 그리고 힌마판 숲의 동물 조각상 등으로 아름답게 꾸며져 있다. 왓포 사원의 석산 정원 앞에 보면 남근상이 있다. 이는 라마 3세가 크메르에서 가져온 것으로 바이욘 시대의 것이다. 시바신의 남근상으로 알려져 있는데 맨 위쪽은 둥글게 만들어져 우주 모양을 하고 있으며 시바신의 상징이고 중간 부분은 팔각형인데 이는 나라이신의 상징이다. 그리고 아랫부분은 창조의 신 브라흐마의 상징이다. 옆에 보면 전신주가 하나 있는데 중국풍의 세라믹으로 장식되어 있고 중국의 국화인 매화꽃 무늬가 수놓아져 있다.

석산 정원에는 여러 개의 약초 캐는 현자의 상이 있다. 본래는 80개가 넘게 있었지만 많이 도난당하고 현재 24개가 남아 있다. 24개의 현자상은 모두 다른 자세와 모습을 하고 있는데 이 자세들이 태국 안마의 시초라고 한다. 라마 3세 때 청동을 입히고 채색을 했는데 대부분 탈색되어 지금은 거의 남아 있지 않다. 이 밖에도 사자와 개 그리고 거북이와 돼지 등의 동물상이 있는데 중국과 무역을 하고 귀환하는 배의 밑바닥에 실려 균형을 유지하는 역할을 했다. 즉, 오늘날 선박평형수와 같은 기능을 했던 셈이다. 왓포 사원의 의과대학은 안마와 의술 그리고 약초를 통한 약학 등의 종합 의술의 산실이었다고 볼 수 있다.

석산 정원

약초 캐는 현자의 상

외부 회랑

외부 회랑 입구에 보면 사자상 2개가 세워져 있다. 왼쪽 것이 수사자이고 오른쪽 것이 암사자이다. 이 사자상은 중국에서 들여온 것으로 중국인들은 왼쪽을 더 중하게 여겼다. 그래서 황제가 왼쪽에 앉고 황후가 오른쪽에 앉는다. 우리나라도 중국의 영향을 받아 좌의정이 우의정보다 높은 지위였다. 그러나 태국의 경우는 반대로 국왕 부처가 앉을 때 보면 국왕이 오른쪽에 앉고 왕비가 왼쪽에 앉는다. 이 사자상은 외부 회랑 앞문을 지키면서 악령이나 마귀가 법당 안으로 침입하지 못하게 막고 있다. 다른 사원들도 보면 코끼리상이나 나가상을 세워 지킴이 역할을 하게 하는 경우도 많다. 불교 사원에서 귀신이나 악령을 막는 것을 보면 태국 불교가 토속신앙과 융합한 것을 볼 수 있다. 태국에도 귀신이 많다. 그러다 보니 미신도 많다. 회랑 입구에 문지방이 있는데 태국인들의 믿음에 따르면 문지방에도 귀신이 있다. 그래서 문지방을 밟는 것을 금기로 여긴다. 보통 문을 드나들면서 문지방을 밟게 되면 문지방 귀신이 놀라 해를 끼친다고 하는데 아마도 문지방을 보호하고 안전을 도모하기 위한 생활의 지혜일 것이다.

회랑 안으로 들어가면 제갈량처럼 긴 수염을 가진 중국인 책사의 모습을 하고 있는 석상을 볼 수 있다. 손에는 책과 붓을 들고 있다. 그 뒤쪽으로 보면 회랑을 따라 254개의 불상이 나란히 줄지어 앉아 있다. 내부 회랑에 150개의 불상이 더 있다. 이 불상들은 금과 구리 그리고 주석을 만들어진 것인데 불상의 모습을 보면 여러 시대의 예술이 혼합되어 있다. 불상의 머리 끝에 뾰족하게 솟아 오른 것은 쑤코타이 예술이며 머리 부분에 돌기가 많이 나 있

외부 회랑 입구의 사자상

회랑의 불상들

중국식 석탑

는 것은 란나 예술이다. 그리고 얼굴의 곡선은 아유타야의 예술이다.

옆에 여러 층의 중국식 석탑이 서 있는데 층층마다 빈 공간을 만들어 등잔을 놓을 수 있게 했다. 라마 4세 이전까지는 전기가 없던 시절이라서 석탑에 등잔을 켜놓고 주위를 밝혔던 모양이다. 석탑의 아래 부분은 작은 사자상이 조각되어 있고 그보다 더 아래에는 양팔로 탑을 들어 올리고 있는 팔선도의 모습이 조각되어 있다.

내부 회랑

내부 회랑으로 들어가는 입구에 법당 경계 표지석인 바이쎄마를 볼 수 있다. 8개의 바이쎄마를 팔방에 설치해 놓았는데 왕실 사원인지라 각각 2개를 쌍으로 설치해 놓았다. 회랑에는 라마끼

라마끼안이 묘사된 대리석

안 내용이 묘사된 대리석 154개가 나열되어 있다. 이는 라마 3세 때 제작한 것으로 190여 년의 역사를 갖고 있다.

법당

법당 안에는 좌불인 프라풋타 테와 빠띠마껀 불상이 안치되어 있다. '신이 만든 불상'이란 의미인데 새로 주조한 것이 아니고 아유타야 시대 초기에 만들어진 것이다. 본래 왓쌀라씨나 사원에 있던 것을 라마 1세가 이리로 옮겨 온 것이다. 앉은 자세로 묵묵히 참선하고 있는 좌불상이 가지고 있는 항구한 이미지에 새로 옮겨 온 수도가 영구히 번영하기를 바라는 염원을 담고자 했던 것이다. 법당 안에 9개의 창문과 8개의 기둥이 있다. 기둥에는 힌마판 숲에 사는 동물들이 조각되어 있고 중국의 국화인 매화 무늬로 장식되어 있다. 벽화에는 붓다의 일대기가 그려져 있다. 본존불 앞

법당의 본존불

에 있는 연꽃 모양의 함에는 라마 1세의 유골이 안치되어 있다고 한다. 본존불은 아유타야 시대 초기에 제작된 것인데 좌불상으로 오른손 위에 왼손을 올려놓고 참선하는 모습의 빵싸마티 불상이다. 이런 모습의 불상은 태국에서 흔하지 않은 것이다. 불상 위쪽에 9층으로 된 찻이 있고 앞에 적색과 녹색이 섞여 있는 부채가 세워져 있는데 이는 이 사원의 주지승이 승왕 출신임을 나타내는 표지이다.

본존불 아래쪽에 붓다에게 경배하는 두 제자의 모습이 보인다. 하나는 지혜가 출중했다는 사리풋다상이고 또 하나는 신통력을 가지고 있었다는 마하 목갈라나상이다. 그 아래로 다시 10명의 아라한상이 있다. 법당의 출입문과 유리창과 문 위에는 거울이 달려 있는데 이는 악귀의 출입을 막기 위한 것이라고 한다. 악귀는 자신의 모습을 본적이 없기 때문에 악귀가 출입하는 곳에 거울을 달아 놓으면 거기에 비친 자신의 모습을 보고 놀라 도망간다고 한다. 순진한 장인의 지혜와 해학이 돋보이는 장치라 볼 수 있다.

불당

사방으로 세워져 있는 4개의 불당에는 전국의 대도시로부터 옮겨온 불상들이 안치되어 있다. 불당의 앞쪽 현관은 각기 사방으로 앞을 보고 있고 뒤쪽 현관은 모두 법당을 향하고 있다.

동쪽 불당에는 앞쪽에 프라풋타 만위차이 불상을 모셔 놓았는데 불상의 이름이 '악마를 이긴 붓다'라는 뜻이다. 이 불상은 싸완카록의 왓카우인 사원에서 옮겨 온 것이다. 뒤쪽에는 프라풋타록까낫 쌋싸다짠 불상이 안치되어 있다. 이 불상은 아유타야 시대 때 만들어져 왓프라씨싼펫 사원에 안치되어 있던 것을 옮겨 온 것인데 상태가 그다지 나쁘지는 않다.

서쪽 불당에는 앞쪽에 프라풋타 친나씨무니낫 불상을 모셔 놓았다. 이 불상은 똬리를 튼 뱀의 머리가 불상의 머리 위에 우산처럼 펼쳐져 있는 무찰린다 불상으로 본래는 쑤코타이에 있는 것을 프라풋타 친나랏 불상과 함께 옮겨 온 것이다.

북쪽 불당에는 앞쪽에 프라풋타 빵빨리라이 불상을 모셔 놓았다. 이 불상은 석단에 앉아 있는 형상의 좌불상으로 라마 1세가 왓포 사원을 세우면서 제작한 것이다.

남쪽 불당에는 프라풋타 친나랏 불상을 모셔 놓았는데 붓다가 설법하는 모습을 하고 있다. 본래 쑤코타이에 있던 것을 옮겨 온 것이다.

왓포 사원의 도깨비상

도깨비상은 몬돕으로 들어가는 아치형 출입문에 세워져 있다. 분홍색 얼굴이 쌋타쑨 도깨비이고 녹색 얼굴이 파야껀 도깨비이다. 형상이 라마끼안에 나오는 도깨비와 흡사하여 중국 사람 형상의 인형이나 태국의 고전인 란탄에 나오는 문지기로 오해하는 경우가 많다. 이 왓포 사원의 도깨비가 왓쨍 사원의 도깨비와 얽힌 전설이 있다. 왓쨍 사원은 왓아룬 사원의 옛날 이름이다. 두 도깨비는 각각 왓포 사원과 왓쨍 사원을 지키는 일을 하고 있었는데 아주 친한 사이였다. 그런데 하루는 왓쨍 사원의 도깨비가 왓포 사원의 도깨비에게 돈을 빌려 갔다. 그런데 갚을 날이 되어도 빌려간 돈을 갚지 않는 것이었다. 그래서 두 도깨비가 서로 싸우게 되었는데 워낙 몸집이 크고 힘이 센 도깨비들인지라 싸움이 끝나고 나자 주변이 넓은 평지로 변해 버렸다. 이 사실을 알게 된 시바신은 두 도깨비에게 벌을 내렸다. 왓포 사원의 도깨비는 왓포 사원의 법당을 지키게 하고 왓쨍 사원의 도깨비는 왓쨍 사원의 불당을 지키도록 하였다고 한다. 두 사원 사이의 평지에는 현재 타띠안 부두와 시장이 들어서 있다.

싸타쑨 도깨비

파야컨 도깨비

최초의 대학

라마 3세는 왓포 사원을 대대적으로 수리하고 복원한 이후에 여러 분야의 학문과 관련된 내용을 석판 위에 새겨 놓았다. 또한 경내에 갖가지 자세로 체조하는 도사의 모습을 조각해 놓았다. 모두 합해서 8가지 분야로 나누어지는데 왓포 사원의 건립 역사, 전통 약학 교범. 위생학, 전통과 관습, 태국 문학, 속담과 격언, 랏따나꼬신 초기 대도시의 직제 등으로 나누어진다. 이를 현대 교육기관과 대응시켜보면 역사대학, 예술대학, 문과대학, 그리고 의과대학 등

체조하는 도사상

이 된다. 태국은 전통적으로 사원이 교육 기관의 역할을 했지만 왓포 사원과 같이 다양한 교육을 담당한 사원은 없었다. 왓포를 태국 최초의 대학이라고 하는 이유가 바로 여기에 있다.

왓벤짜마버핏 사원

왓벤짜마버핏 사원은 아난타싸마콤 궁과 정부 청사 사이에 위치하고 있다. 이 사원은 라마 5세 때 지어졌는데 젊은 시절 라마 5세가 출가수행했던 곳이기도 하다. 최고의 미를 자랑하는 본존불과 쑤코타이, 중국, 크메르, 이탈리아 등의 4개국 건축 예술의 집합체라고 알려진 건축미, 그리고 역대 총리들이 이곳에 빈소를 마련하고 장례식을 거행한 곳으로 유명하다. 본존불은 프라풋타 친

사원의 전경

나랏 불상으로 핏싸눌록의 왓프라씨 마하탓 사원의 것을 본떠서 만든 것인데 매우 아름답기로 정평이 나 있다.

독특한 건축양식

이 사원은 언제 지어진 것인지 알 수 없다. 라마 3세 때 이곳에 군대를 주둔시키고 당시 태국의 침략한 라오스의 아누왕 군대를 맞이하려 했으나 나컨랏차씨마에서 격퇴하는 바람에 바로 철수하고 이곳에 불탑 다섯 기를 세웠다. 라마 4세 때 다섯 사람의 형제자매간인 왕족이 개보수를 하고 왓벤짜마버핏 사원으로 개명하였다.

처마와 지붕의 건축양식

벤자마버핏은 '다섯 사람의 왕족'이란 뜻이다. 그 후 라마 5세 때 모두 철거하고 새로 지었다. 새로 지은 사원은 매우 획기적인 건축 양식을 사용하였다. 처마와 지붕 그리고 용마루 등은 봉황의 모양을 한 쑤코타이 예술이 사용되고 지붕은 중국식 기와를 사용하였다. 사자상은 바이욘 시대의 크메르 예술로 모두 4개가 설치되어 있다. 또한 유리창은 색유리로 장식하여 이탈리아풍으로 나 있다. 바이쎄마도 기존의 양식을 버리고 법당 앞쪽에 2개가 단순한 연꽃 봉오리 모양으로 설치되어 있고 뒤편에는 바닥에 깔아 놓은 보도 블록 위에 연꽃 모양으로 새겨 놓은 것이 전부이다.

법당

이 사원의 법당은 매우 아름답기로 소문나 있다. 태국 내에 이탈리아의 대리석으로 지은 5개의 건축물 중 하나이다. 라마 5세는 아난타싸마콤 어좌를 지으면서 이탈리아에서 대리석을 들여왔는데 어좌를 짓고 남은 대리석으로 이 사원의 법당을 지었다고 한다. 대리석으로 지은 또 다른 건물은 쭐라롱껀대학교 인문대학 강당과 차층싸오 주의 왓쏘턴 사원의 법당, 그리고 왓뜨라이밋의 황금불상이 안치된 프라몬돕 등이다.

법당에 안치된 본존불은 본래 핏싸눌록의 왓프라씨 랏따나마하랏 사원의 프라풋타 친나랏 본존불을 모셔오려 했으나 주민들이 반대했다고 한다. 이런 민심을 헤아린 라마 5세는 장인들을 현지

법당 안의 본존불

에 보내 똑같은 불상을 만들어 오게 했다. 장인들은 여러 부분으로 나누어 주조한 다음 뱃길로 옮겨와 이곳에서 조립해 완성했다. 불상에 쑤코타이 초기에서 말기까지 이르는 예술의 미가 담겨 있다. 불상 뒤로 아우라는 파야낙 두 마리가 머리를 아래로 하고 연꽃 봉오리 모양의 형상을 하고 있고 아래 받침대에는 암수 두 마리의 도깨비가 받침대를 머리에 이고 있는 모습으로 만들어졌다.

핏싸눌록의 본존불을 그대로 본떠서 만들었다고 하는데 약간의 변화를 주기도 했다. 우선 핏싸눌록의 원본은 불상 뒤의 파야낙을 나무로 나든 다음 옻칠을 하고 금을 입힌 데 비해 이곳의 불상은 황동으로 제작했다. 또, 원본에는 불상의 이마에 아홉을 나타내는 타이숫자 ๙ 모양의 우나롬이 있는데 이 사원의 불상에는 없고 원본에 없는 받침대의 사자상과 도깨비상이 있다. 그리고 원본에는 불상 뒤편에 양쪽에서 천사가 물을 뿌리는 아름다운 그림이 있는데 이 사원의 불상 뒤쪽은 단순한 벽으로 되어 있다.

본존불 아래 라마 3세의 유골이 봉안되어 있다, 그리고 벽면에는 불탑의 모습이 그려져 있고 천장에는 332개의 별이 있는데 유난히 크게 만든 11개의 별이 있다. 독일에서 들여온 등이 6개 설치되어 있다. 법당 앞에 있는 두 쌍의 하얀 대리석으로 만든 사자상은 왓프라깨우 사원의 크메르 청동 사자상을 본떠서 만든 것이라고 한다.

회랑의 불상 박물관

회랑을 따라 52개의 불상이 전시되어 있다. 라마 5세 때 세계 여러 곳에서 가져와 전시해 놓았는데 특이한 모습과 자세를 하고 있는 다양한 불상이 여럿 있다. 우선 문에 들어오는 좌불이 하나 있는데 파키스탄에서 가져온 것이다. 머리와 손발톱도 길고 오래 굶어 갈비뼈가 그대로 드러난 참혹한 형상의 불상인데 원본보다 좀 더 크게 만들어 놓은 모형이라고 한다. 싯다르타가 고행을 통해 득도를 하고자 할 때 모습이다. 그때 인드라신이 나타나 핀이라고 하는 현악기를 연주하며 깨우침을 주었다고 한다. 핀은 줄이 너무 팽팽해도 고운 음색이 나지 않고 너무 느슨해도 제대로 된 소리가 나지 않는다. 구도의 길도 마찬가지로 중도를 걸어야 깨우침을 얻

갈비뼈가 드러난 불상의 모습

을 수 있다는 것을 암시한 것이다. 싯다르타는 즉시 자리에서 일어난 다음 음식을 먹고 손발톱을 자르고 머리를 깎은 후 깨달음을 얻어 석가여래가 되었다.

걷는 모습의 유행불이 하나 있는데 왼발을 앞으로 내디디며 걷는 여성의 모습을 하고 있다. 왼손은 위로 올리고 오른손은 아래로 내린 자세로 있다. 유행불 중에는 가장 아름다운 불상이라 한다. 왓마하탓 사원에서 옮겨 온 것인데 가만히 보면 손가락 길이가 일반 사람들처럼 제각기 다르다. 쑤코타이 시대 초기 불상이라서 그렇다고 한다. 그 시대 이후의 불상들은 엄지손가락을 제외한 손가락 발가락의 길이가 모두 같다. 머리 끝은 위로 타오르는 불꽃 형상을 하고 있고 얼굴은 인도 사람과 흡사하다. 또한 전형적인 인도의 귀족처럼 양쪽의 귓볼이 길게 늘어져 있는 모습을 하고 있다. 옛날 인도의 귀족들은 무거운 귀고리를 달아 귓볼을 아래로 늘어지게 했는데 그렇게 해야 오래 산다는 믿음 때문이었다.

좌불상이 하나 또 있는데 이 불상은 펫차부리 주의 왓야이 사원에서 옮겨온 것이라고 한다. 왼손은 손바닥을 위로 향하게 한 채 무릎 위에 올려 놓고 빗물을 받는 모습을 하고 있다. 또 오른손은 손바닥을 앞쪽으로 향하게 한 다음 어깨 높이 아래로 들고 있다. 이 불상은 프라칸타랏 불상으로 가뭄이 들 때 비가 오게 해달라고 청하는 불상이라고 한다. 이 불상을 좀더 자세히 관찰해보면 몸에 두르고 있는 가사가 태국식이 아닌 중국식이다. 쑤코타이나 아유타야 시대의 불상에서 볼 수 없는 복식이다.

사자상 뒤로 서 있는 키가 큰 입불상이 있는데 왼손은 아래로 내리고 오른손은 설법하는 자세로 앞쪽으로 내민 형상을 하고 있다. 입불상으로는 제일 키가 크고 시대적으로도 가장 오래되었

겉는 모습의 유행불

다. 그런데 얼굴이 사각형에 가깝고 불상의 허리띠를 보면 크메르에서 사용하는 장식이 들어가 있다. 크메르의 영향을 받은 롭부리 예술품으로 보인다. 불상의 자세가 마치 두 손을 들어 만류하고 있는 듯한 형상을 하고 있다. 이 불상에는 전해져 내려오는 이

씨움을 말리는 모습의 입불상

야기가 담겨 있다. 고대 인도에서 붓다의 친가 쪽과 외가 쪽 사람들이 가뭄에 시달리다가 물을 가지고 서로 싸우게 되었다. 상황이 심각해져서 전쟁을 하기 직전까지 갔는데 이 사실을 알게 된 붓다가 피는 물보다 진하다는 가르침을 주면서 서로 싸우지 못하게 만류한 적이 있다고 한다. 이런 모습의 불상을 "빵함얏"이라고 부르는데 '친척을 만류하는 자세'라는 뜻이다.

이 불상의 아래 기단에 라마 5세의 유모의 유골이 봉안되어 있다. 라마 5세의 유모는 매우 현명한 여인이었다. 프랑스가 전쟁 피해 보상을 요구하며 왕궁 앞에 대포를 갖다 놓고 위협할 때 아무리 국고를 긁어 모아도 300만 프랑을 채우기 힘들었다. 이때 라마 3세가 무역을 통해 비축해 둔 이른바 '빨간 주머니의 돈'으로 문제를 해결하라고 조언한 사람이 바로 이 유모였다. 평소 유모를 존경하고 있던 라마 5세는 결국 빨간 주머니의 돈으로 위기를 극복할 수 있었다.

운하의 다리

이 사원의 일반 구역과 승려 구역을 나누는 운하가 있다. 라마 5세는 이곳에 운하를 파고 다리를 세 군데 놓았다. 다리 이름이 '그림 다리'와 '사발 다리' 그리고 '상아 다리'다. 당시 문구류와 도자기, 그리고 상아를 수출하여 벌어들인 수입으로 건설했다는 것을 암시해주고 있다. 승려 구역에 위한쏨뎃 어좌가 있는데 "싸앙"이라고 부르는 동물의 청동상이 두 개 있다. 이 동물은 라마 3세가 꿈에서 전쟁을 하는데 나타나 도와주었다는 꿈속의 동물이면서 상상의 동물이다. 꼬리 달린 사자상과 약간 흡사한 모양을 하고 있는데 라마 3세는 왓포의 담장에 싸앙상 16개를 세웠다. 나중에 라마 5세가 추가로 2개를 주조해 이 사원에 세워 모두 네 마리의 싸앙상이 있다.

위한쏨뎃의 싸앙 모습

종탑의 모습

이 사원에도 예외없이 종탑이 있다. 이 종은 왓프라깨우 사원에 있는 종 다음으로 아름다운 소리를 낸다고 한다. 태국에서 종이나 징 또는 북은 시간을 알리는 중요한 도구이며 수단이었다. 아침에는 징을 쳤는데 7시에 한 번, 8시에 두 번, 9시에 세 번, 열 시에 네 번, 11시에 다섯 번을 쳤다. 징 소리를 태국어에서는 "몽"이라고 표현하는데 바로 징 소리를 나타내는 의성어가 시각을 나타내는 단위로 사용된 것이다. 저녁에는 북을 쳤다. 저녁 일곱 시에 한 번으로 시작해서 밤 11시에 다섯번을 쳤다. 저녁때 시각을 나타내는 단위는 "툼"인데 마찬가지로 북 소리를 나타내는 의성어가 저녁 시간의 시각을 나타내는 단위로 사용된 것이다.

프라티낭 쏭파누엇

프라티낭쏭파누엇과 쌀라 씨쏨뎃

프라티낭 쏭파누엇은 라마 5세가 출가수행할 때 기거하던 곳이다. 출가는 왓 프라깨우 사원에서 15일 동안 했지만 기거는 이곳에서 했다. 이곳은 라마 5세의 왕비가 한동안 사용하기도 했다. 라마 5세에게는 큰아들이 있었는데 열아홉 되던 해에 병사하고 말았다. 상심한 왕비는 상복을 입고 한동안 이곳에 와서 설법을 듣고 예불을 드리며 마음을 달랬다. 자식이 먼저 죽으면 가슴에 묻는다는 말은 왕족이나 평민이나 다를 게 없었나 보다. 현재는 비어 있는데 당시에 사용하던 침대가 남아 있고 그림도 20여 점 있다고 한다. 문이 잠겨 있어 일반인들이 관람하지는 못한다. 그 옆에 좀더 화려한 건물이 있는데 이름이 쌀라 씨쏨뎃이다. 여기서 쏨뎃은 왕자나 공주를 뜻한다. 라마 4세의 네 자녀가 그들의 재산으로 세운 건물이라고 해서 이름을 그렇게 지었다고 한다. 안에는 북과 종이 전시되어 있는데 라마 5세 때 북쪽에서 반란이 일어나자 군대를 파견하여 물리칠 때 사용했던 독전고와 승전고라고 한다. 태국에서는 장례식을 사원에서 치르는데 많은 전직 총리들이 이곳에서 장례를 치렀다. 보통 100일간 빈소를 마련하고 모든 절차와 조문이 끝나면 화장하게 된다. 그래서 때로는 장례를 어느 절에서 며칠 장으로 치르는가 하는 것이 곧 고인의 사회적 지위를 나타내주는 척도이기도 하다.

왓마하탓 사원

왓마하탓은 싸남루앙을 앞에 두고 왼편에 탐마쌋대학교가 자리잡고 있다. 왕이 기거하던 왕궁과 부왕(副王)이 있던 왕나의 중간에서 서쪽으로 짜오프라야강을 접하고 있다. 앞에 라마 1세의 동생이며 부왕이었던 프라야쓰아의 기념탑이 있다. 기념탑에는 두 손에 칼을 받쳐 들고 서 있는 모습의 프라야쓰아 동상이 서 있다. 본래 이 사원은 아유타야 시대에 처음 지어졌고 왓쌀락 사원이라고 불렀는데 '조각 사원'이란 뜻이다. 당시 사원의 승려들이 조각에 뛰어난 솜씨를 가지고 있어 그렇게 불렀다고 한다. 사원 안에 있는 몬돕에는 붓다의 사리가 모셔져 있다.

프라야쓰아의 기념탑

라마 1세는 일반인 시절 이름이 텅두엉이고 동생은 분마였다. 텅두엉은 나중에 짝끄리 장군이 되고 라마 1세로 등극한다. 분마는 프라야쓰아가 되고 나중에 부왕으로 임명되었다. 프라야쓰아는 1744년 아유타야의 뻼펫에서 태어나 16세가 되던 해 아유타야의 마지막 왕 프라짜오 엑까탓 왕에게 바쳐졌다. 1767년 아유타야가 버마에게 패하자 친구 세 명과 함께 배를 타고 랏차부리로 가서 형인 짝끄리를 찾아 나섰다. 그러다가 이곳 왓쌀락에 도착하여 버마와의 전쟁에 대한 승리를 다짐하고 전쟁터로 나갔다. 프라야쓰아는 짠타부리로 가서 딱씬과 합류하여 버마군을 물리쳤다.

프라야쓰아의 동상

1780년에는 형인 짝끄리 장군과 함께 크메르 반란군을 진압하면서 전투를 승리로 이끌었다. 1785년 버마의 빠둥 왕이 과거에 자신들이 지배했던 아유타야 지역을 점령하기 위해 쳐들어왔다. 이때 아홉 개 부대를 이끌고 와서 이를 "쏭크람까오탑"이라고 했다. 이는 구군(九軍)의 전쟁이라는 뜻이다. 버마군은 다섯 갈래로 진격해왔다. 프라야쓰아는 사령관으로 군대를 이끌고 나가 3만의 군대로 9만 명의 버마군을 물리치는 쾌거를 이루었다. 프라야쓰아는 밤마다 군사들에게 환호성을 지르게 하여 적으로 하여금 태국 쪽에 지원군이 도착하는 것으로 보이게 했다. 사기가 떨어진 버마군은 세 배가 넘는 병력으로 패할 수밖에 없었다.

프라야쓰아는 살아생전에 딱씬을 도와 열여섯 차례 전쟁터로 나갔고 버마군과 여덟 번을 싸웠는데 모두 스물네 차례 승리를 거둔 전쟁 영웅이었다. 나중에 다시 왓쌀락으로 돌아와 사원을 개보수하고는 왓니파람이라고 이름을 바꾸어 불렀다. 그리고 나중에 최종적으로 왓마하탓 유와랏 랑씨릿 마하위한이라는 이름을 가지게 되었다. 인도를 무력으로 통일한 아소카 왕이 말년에 전쟁으로 인한 죄업을 씻기 위해 불교 진흥에 힘쓴 것과 같이 프라야쓰아도 전쟁을 통해 수많은 인명을 살상한 악업을 씻고자 했는지 모른다. 그는 1803년 60세의 나이에 결석으로 숨을 거두었는데 시신을 화장한 후에 유골은 왓프라깨우 사원에 봉안되었다.

불당

위한루앙이라고 부르는 불당 안에는 5개의 불상이 안치되어 있다. 그중에 3개의 불상은 과거에 득도하여 부처가 된 과거불이고 가운데 큰 불상이 바로 석가모니불이다. 중국과 한국에서는 모두 7명의 과거불이 있는데 비해 태국에서는 석가모니를 포함하여 4명의 과거불이 있다. 그리고 다른 쪽으로 불기 5천 년에 이 세상에 나온다는 미륵불이 자리잡고 있다. 그리고 반대편에 관음보살상이 있다. 관음보살은 아이를 막 잉태하려는 연인이 고통을 받는 것을 보고 도와주기 위해 남자에서 급히 여자로 변신하는데 앞가슴과 발은 미처 변신하지 못했다고 한다. 그래서 관음보살상을 보면 여자의 모습인데 앞가슴이 없고 발이 좀 큰 것을 볼 수 있다. 관음보살은 인간의 고통을 덜어주는 자비로운 존재다. 그래서 많은 사람들이 와서 고통을 호소하고 소원을 빈다. 그리고 소원을 성취하게 되면 더 이상 소고기를 먹지 않겠다고 맹세한다. 관음보살에 대한 믿음이 깊어졌기 때문이다. 태국 사람들 중에는 의외로 소고기를 먹지 않는 사람들이 많다. 종교문제로 먹지 않는 사람들은 대개 관음보살을 신봉하는 사람들이다. 일설에는 관음보

불당 안에 안치된 불상 모습

살의 아버지가 사람으로 태어나 살면서 악업을 많이 쌓는 바람에 그다음 생애에 소로 태어났다고 한다. 그래서 관음보살을 섬기는 사람들은 소고기를 먹지 않는다고 한다.

프라몬돕

불당 앞에 위치한 몬돕은 라마 1세 때 건립한 것이다. 안에 붓사복이 있는데 옻칠을 하고 금을 입혔다. 탑의 윗부분은 가늘고 길게 솟아 있다. 라마 1세의 아버지인 텅디와 동생인 프라야쓰아의 유골이 이곳에 안치되어 있다. 주변에 좌불상 또는 입불상이 28개 안치되어 있는데 대승불교에서 이야기하는 28명의 과거불이라고 한다.

프라몬돕 안의 붓싸복

법당

왓마하탓 사원의 법당 바닥에는 빨간색 융단이 깔려 있다. 왓쑤탓 사원의 법당과 더불어 태국에서 가장 큰 법당 중의 하나라고 한다. 실제로 가장 크고 아름다운 법당은 차층싸우 주의 왓쏘턴 사원 법당으로 이를 짓는 데 40년이 걸렸다고 한다. 본존불은 프라씨싼펫불인데 양 무릎의 넓이가 5m이고 높이가 7m이다. 벽돌로 만들고 시멘트를 바른 후에 옻칠을 하고 금을 입혔다. 라마 1세 때 프라야쓰아가 제작한 것이다. 이 본존불에는 세 왕조의 예술이 녹아 있다. 머리끝이 불꽃처럼 솟아오르는 것은 쑤코타이 예술이며 머리에 돌기가 많이 나 있는 것은 아유타야의 예술이고 얼굴의 선과 모양은 란나의 예술이다. 가사에 주름이 없고 어깨에 걸치는 쌍카띠가 배꼽까지 내려온 것도 란나 형식이다. 본존불을 받치고 있는 받침대는 범선 모양을 하고 있다. 다른 사원과 달리 벽과 천장에 그림이 없는 것도 특이하다.

법당 안의 본존불

이 사원은 모두 다섯 명의 승왕을 배출했다. 또한 이 사원은 딱씬과 프라야쓰아가 출가수행한 사원이기도 하다. 그리고 왕비나 공주, 또는 왕자와 같은 왕족의 유골이 보관되어 있는 곳이다. 사원 안에 보리수가 있는데 스리랑카에서 묘목을 가져와 심은 것으로 알려졌다. 인도에서 가장 오래된 보리수는 불타 없어진 지 오래라서 스리랑카에서 가장 오래된 보리수의 묘목을 가져다 심었다고 한다.

왓뜨라이밋 사원

왓뜨라밋 사원은 차이나타운이 있는 야오와랏과 후어람퐁역에서도 그다지 멀지 않은 곳에 위치하고 있다. 이곳의 몬돕에는 프라풋타 마하쑤완 삐띠마껀이라고 부르는 황금불상이 있는 곳으로 유명하다. 프라 몬돕은 회색으로 지어진 건축물인데 지붕과 벽공 등 일부는 금색으로 되어 있어 무언가 색다른 분위기를 풍기고 있다. 이 사원이 언제 누구에 의해서 건립되었는지는 정확히 알 수 없다. 본래 이름은 왓쌈찐따이 사원인데 전해져 내려오는 이야기에 의하면 중국인 형제 3명이 세웠다고 한다. 그 후 1939년에 개보수 작업을 거쳐 왓뜨라이밋 위타야람으로 이름을 바꾸었다. 이 사원은 아무래도 중국인들과 관계가 있어 보인다. 위치상으로 중국인들이 많이 모여 사는 야오와랏이 시작되는 곳이라 이곳을 후어망껀 즉 '용의 머리'라고 한다. 사원 바로 옆에 중국식 기와 지붕이 있는 대문 형태의 건축물이 있다. 이곳에서 시작되는 도로 이름도 타논텅캄 즉 '황금로'이다. 그리고 금은 보석 가게가 즐비한 차이나타운이 바로 이곳에서 시작된다.

사원의 전경

황금불상이 모셔져 있는 몬돕 안으로 들어가기 전에 한 층 아래를 보면 중국역사관이 있다. 이곳에 중국인들이 태국으로 유입되는 과정과 그들의 애환을 설명하는 영상물과 전시물이 있다. 청나라 말기에 영국과의 전쟁을 치르고 이에 고초를 겪던 중국의 민초들에게 태국은 한때 기회의 땅이었다. 그래서 많은 사람들이 배를 타고 태국으로 유입되어 왔다. 역사관 한 켠에는 배의 모형이 하나 있고 그 안에 들어가보면 당시 중국인들 타고 들어오던 장면을 영상으로 보여준다. 입구로 들어서자 마침 폭풍우가 몰아치는 배위에서 우왕좌왕하는 중국인들의 모습이 보이고 그 중의

차이나타운 역사관 모습

한 남자는 커다란 호박을 들고 있는 장면이 보였다. 안내하는 스님의 설명에 따르면 당시 호박은 다용도 물품이었다. 배가 난파되면 물에 뜰 수 있게 하는 구명 도구로 사용할 수도 있고 평시에는 음식물이 떨어졌을 때 먹을 수 있는 비상식량이기도 했다. 벽에는 당시 중국인들이 들어오던 쌈펭 부두의 모습이 그려진 그림이 있다. 무거운 짐을 내리고 옮기는 중국인들의 분주한 모습이 실감나게 그려져 있다. 라마 3세 당시의 상황을 상상하여 그린 것이라고 하는데 실제로 라마 3세 때 쌈펭 부두는 무역으로 성황을 이루었던 곳이다.

역사관을 나와 정면의 가운데 계단으로 올라가면 안으로 들어가는 입구가 나온다. 옆에 신을 벗고 올라갈 수 있도록 신발장을 비치해 놓고 있다. 불상이 안치되어 있는 문을 들어서면 정면에 가부좌를 틀고 앉아 있는 거대한 황금불상이 바로 눈에 들어온다. 높이는 3m가 넘고 무게가 5.5톤이라고 한다. 불상으로 몸은

황금불상 제작 과정

40%, 얼굴은 80%, 머리와 상투는 99% 순금으로 이루어져 있다. 금액을 환산하면 28억 원쯤 된다고 한다. 이 불상은 쑤코타이 전

황금불상 운송 모습 상상도

성기 때 제작된 것으로 보인다. 람캄행 대왕의 비문 내용으로 추정해 보면 이 불상은 왓마하탓 사원의 중요한 불상이었다. 이후 쑤코타이가 쇠락하면서 1403년에 아유타야로 옮겨왔다. 이후 아유타야가 전란을 겪게 되자 승려들은 이 불상을 보존하고자 옻칠을 한 뒤에 회반죽을 입혔다. 당시 전쟁을 하면서 값비싼 불상은 약탈 대상이었기 때문이다. 석고 불상으로 변신한 황금불상은 전쟁 때 버마군의 관심을 벗어나 온전히 보존할 수 있었다. 퐁싸와단 기록에 보면 1801년 라마 1세가 전국에 있는 불상을 방콕으로 옮겨 오도록 칙령을 내렸다. 그래서 이 불상도 방콕으로 옮겨졌다. 아래층의 역사관에 황금불상을 옮기는 모습이 상세하게 그린 그림이 있다. 석고 속에 감춰져 있던 황금불상은 1935년에 이르러서 현재의 왓뜨라이밋 사원으로 옮겨졌다. 그런데 당시 왓뜨라이밋 사원에는 이 불상을 안치할 건물이 없어 20년간 임시 보관 장소에 두었다가 1955년 새로 세워진 몬돕 안으로 옮기게 되었다.

그런데 이때 부주의로 불상을 묶은 밧줄이 끊어지고 불상이 땅에 떨어지면서 회반죽이 깨졌다. 그러자 안에 있던 황금불상이 제 모습을 드러냈다. 나중에 라마 9세인 푸미폰 국왕이 이 불상을 프라 풋타 마하쑤완 빠띠마껀으로 이름을 지었는데 '위대한 황금불상'이란 뜻이다.

이 황금불상은 1992년에 세계에서 가장 큰 황금불상으로 기네스북에 이름을 올렸다. 제작 당시에는 모두 아홉 부분으로 나누어 주조한 다음 조립하여 붙였다. 당시에 주조 기술이 한계가 있어 불상의 크기가 2m가 넘게 되면 이런 방법을 썼다고 한다. 자세히 관찰해 보면 이 황금불상의 팔꿈치에 이어 붙인 흔적이 남아 있다. 불상의 눈은 진주를 박아 만들었는데 진짜 사람의 눈인 것처럼 보여 훨씬 생동감있어 보인다. 불상이 안치된 받침대는 고급 대리석으로 만들어졌다. 이탈리아에서 원석을 들여와 가공한 것

황금불상의 받침대

으로 왓벤짜마버핏 사원의 대리석과 같은 것이라고 한다. 받침대는 크기가 꽤 큰데도 전체가 하나의 돌로 되어 있다. 이는 라마 9세가 자신의 80회 생일을 맞이하여 이 사원에 헌정한 것이다. 내벽의 타일도 대리석으로 되어 있는데 꽃무늬 하나하나를 직접 화공이 손으로 그린 것이라고 한다. 꽃무늬 가운데를 보면 라마 9세를 상징하기 위해 아홉을 나타내는 타이 숫자 ๙가 그려져 있다. 색상이 짙지 않아 은은함을 풍기고 있다.

실내 기둥에는 신의 그림이 그려져 있는데 쑤코타이 시대 신의 모습을 하고 있다. 밑에는 받침대를 받치고 있는 도깨비상이 있는데 전체적으로 크메르 문화의 흔적이 보인다. 보통 사원의 불상은 법당 안에 벽을 뒤에 두고 앉아 있는 모습인 데 비해 이 황금불상은 몬돕 한가운데 위치하고 있어 불상 뒤쪽도 탁 트인 공간이 있다. 불상 앞에 절을 하고 소원을 비는 불자들의 행렬이 끊이지 않는다. 무엇을 비는지는 알 수 없으나 어느 스님은 자신의 복을 구하기보다는 선을 행할 수 있는 의지를 간구하는 것이 붓다의 가르침이라고 말씀하신 적이 있다. 그러나 중생이 갖가지 고통을 견뎌야 하는 사바세계에서 불교가 기복성을 벗어나기는 쉬운 일이 아니다. 몬돕 밖으로 나서니 양쪽에 종이 하나씩 걸려 있는데 왼쪽 종은 라마 9세가 봉헌한 것이고 오른쪽 종은 씨리킷 왕비가 봉헌한 것이라고 한다. 그 아래에 보면 탁발 나갈 때 들고 다니는 바루가 큰 게 하나 있는데 소원을 빈 다음 눈을 감고 여기에 동전을 던져 시주하는 것이라고 한다.

태국의 국왕과 불교

오늘날 태국 전역에 흔히 볼 수 있는 것이 국왕의 초상화이다. 관공서나 집안에 걸려 있는 달력에서도 국왕의 사진을 흔히 볼 수 있다. 그리고 사원에 가더라도 법당 앞에 세워진 국왕의 초상화를 볼 수 있다. 입헌 군주제이다 보니 그럴 수 있겠다 싶은데 사원의 경내에 세워진 국왕의 초상화는 다소 의아하게 느껴진다. 태국의 불교와 국왕은 밀접한 관계에 있다. 태국의 헌법에는 국왕은 불교 신자이어야 한다고 못박고 있다. 태국의 국왕은 불교의 후원자이며 통제자의 역할을 수행해 왔다. 태국 역사에서 왕들은 수많은 불교 사원과 불탑을 건립하였다. 왕실 전용사원은 국가적 행사나 왕실의 의식이 거행되는 장소이기도 했다. 왕궁 밖에도 왕실의 후원으로 건립된 사원이 도처에 분포되어 있다. 국왕은 또한 필요한 경우에 불교를 정화하고 개혁하기도 했다. 아유타야 시대의 나라이 왕과 톤부리 시대의 딱씬 왕, 그리고 랏따나꼬신 시대의 라마 1세는 불교 정화를 통해 기강을 바로 세우려 했다. 또한 라마 4세는 왕위에 오르기 전에 27년간 출가수행을 통해 불교 개혁운동을 펼치기도 했다.

랏따나꼬신 시대의 왕들

랏따나꼬신 왕조가 들어서면서 라마 1세(1782-1809)는 수도를 톤부리에서 방콕으로 옮겼다. 초기에는 아유타야를 본떠서 국가 재건에 힘쓰는 한편 사회와 경제 그리고 문화적 변화와 발전을 도모하였다. 이 시기에 관제 및 지방조직을 정비하고 캄보디아의 바탐

방 지역을 병합하였다. 1790년에 이르러 버마군을 완전히 격퇴시켰다. 캄보디아와 일부 말레이계 왕국들을 조공국으로 거느렸으나 버마, 라오스, 베트남과 같은 여러 이웃나라들의 침략에 직면해야 했다. 라마 2세(1809-1824)는 정부 조직의 제도를 정비하여 왕실의 참여를 강화하였다. 1822년 영국이 우호통상조약 체결을 제의해왔으나 이를 거절하였다. 라마 3세(1824-1851) 는 1824년에 발발한 영국과 버마 간의 전쟁에서 1826년에 영국이 승리하자 영국과 통상조약 체결을 체결하였다.

라마 4세~라마 7세 통치기간에는 정치와 경제, 사회 그리고 통치제도에서 커다란 변화가 있었다. 버마가 영국의 식민지가 되자 랏따나꼬신 왕조는 식민지화에 대한 위협을 느끼게 되었고 유럽 강대국들과의 관계개선에 나섰다. 유럽의 여러 나라들과 우호통상조약을 체결하고 근대화를 이룩해 나갔다. 외국과의 교역을 확대하고 노예제도 철폐, 교육제도의 확대, 징세 제도 확립, 행정기구 개혁 등을 추진해 나갔다.

라마 4세(1851-1868)는 라마 3세 재위 기간에 27년 동안 출가수행하면서 불교 경전과 서양문물에 대해 탐구하고 왕위에 올랐다. 1855년 영국과 우호통상조약인 바우링(Bowring) 조약을 체결하였다. 태국은 1856년 이 조약 비준하면서 처음으로 "싸얌"이라는 국호를 사용하였다. 이어서 1856년 미국 및 프랑스와 우호통상조약 체결하고 다른 여러 유럽 국가들과도 같은 조약을 체결하였다. 아울러 국내 정치와 경제 개혁을 추진하였는데 영화 <왕과 나>에 나오는 국왕이 바로 라마 4세이다.

라마 5세(1868-1910)는 근대화 지향의 개혁정책을 추진하면서 서양세력들의 틈바구니 속에서 독립을 유지해 나갔다. 1882년에 영국과 프랑스에 상주 공사를 파견하였다. 1893년 프랑스의 무력 시위에 굴복하여 메콩강 유역 일부를 프랑스에 양도하는 조약을 체결하였다. 1907년 프랑스에게 캄보디아 지역을 상실하고, 1909년에는 말레이 북부 4개주를 영국에 양도하였다. 이처럼 태국은 영국과 프랑스의 완충지대 역할을 하게 되면서 필요에 따라 영토의 일부를 양도하기도 했다. '팔다리는 잘려져 나가도 몸통만 보존하면 살 수 있다'는 정책에 따라 여러 차례 국경이 바뀌기는 했지만 동남아시아 여러 나라 중에 유일하게 식민지로 전락되지 않고 독립을 유지하게 되었다. '대나무 외교' 또는 '양다리 외교'로 불리는 태국의 외교정책은 후에 약소국 외교의 모범사례로 꼽히게 되었다. 서구 열강들과 교섭하면서도 내부적으로는 현대적인 중앙집권적 민족국가로 발전을 꾀했다. 라마 5세는 노예제도를 철폐하고 교육제도를 확대해 나갔다. 1885년에는 부왕제를 폐지하고 왕세자 제도를 도입하였다. 1887년 12개부로 구성되는 새로운 내각제도 도입하고 불교 개혁를 개혁하고 사원의 교육기능 강화하였으며 초등교육의 의무화를 시도하였다. 또한 징세 제도 확립하고 행정기구 개혁 등을 추진해 나가는 등 개혁정치를 통해 태국의 근대화에 절대적인 기여를 하였다.

라마 6세(1910-1925)는 왕위에 오르기 전 10년간 영국에서 유학하였다. 그는 왕위에 오르고 나서 타이 민족주의를 제창하고 군 조직을 개편했다. 1917년 제1차 세계대전 당시 연합군으로 참전하여 전승국의 지위를 누렸다. 이를 바탕으로 국제 연맹의 창설회원국이 되고 불평등 조약 타파의 계기를 마련하였다. 1916년에 쭐라롱껀대학교를 설립하고 국기를 제정하였다. 또한 여성의 지위를 향상시키고 국가 공휴일 제도를 도입하였다. 이밖에도 라마 6세는 근대화 개혁을 지속적으로 추진하고 1913년에는 성씨 제도를 도입하였다.

라마 7세(1925-1935)는 라마 6세의 동생이다. 왕위에 오르고 나서 정부 최고 기관인 국가최고위원회를 설치하고 재정난 등 내정문제 해결에 노력하였다. 1930년대 초의 세계공황 등 위기상황 대처를 위해 국왕이 임명하는 총리에 정부 운영권을 위임하는 정부개혁안을 1932년 6월 청년 장교와 일부 관료들이 주축이 된 무혈 혁명이 발생하면서 입헌군주제를 도입하였다.

1932년 입헌혁명 이후 현재까지는 민주주의 시대라고 불린다. 입헌혁명이 일어나고 태국의 통치제도는 절대군주제에서 입헌군주제로 바뀌었다. 이로써 절대적 권력을 누렸던 국왕의 역할은 축소되고 헌법이 제정되어 민주주의 시대로 들어섰다. 라마7세는 입헌군주제를 수용했지만 정부와 갈등을 겪다가 영국에서 왕위를 내어 놓았다. 그 뒤를 이어 라마 7세의 조카인 아난타 마히돈이 10세의 나이로 라마 8세(1935-1946)로 등극했으나 1946년에 머리에 의문의 총상을 입고 죽었다. 그러자 동생 푸미폰 아둔야뎃이 라마 9세(1946-2016)로 왕위를 잇게 되었다. 그러나 입헌혁명 이후에 절대군주제하에서의 지도층과 새로운 제도하의 지도층 간 대립과 갈등이 생겨났다. 이런 갈등이 오래 지속되는 동안에 라마 9세는 태국 국민들의 절대적 존경을 받는 존재로 부상했다. 그럼에도 불구하고 입헌혁명 이래 태국은 잦은 쿠데타를 겪게 되면서 민주주의 실현에 실패하여 군부독재를 불러왔다는 비판도 받게 되었다. 라마 9세는 2009년 9월 이후 건강이 악화되어 장기간 치료를 받다가 2016년에 승하하고 그 뒤를 이어 라마 10세가 왕위에 올랐다.

살아 있는 부처 푸미폰 국왕

푸미폰 국왕은 1946년 왕위에 올라 70년을 통치하다가 89세의 나이에 승하했다. 그는 지방 순시를 통해 끊임없이 국민들의 삶을 보살폈다. 전국의 오지와 낙후된 지역을 누비며 국민들과 대화하고 접촉하면서 보시와 지계, 근면과 희생 등 탐마라차의 덕목을 실천한 것이다. 지금까지 국왕이 주도하는 경제사회개발사업은 1,300개의 프로젝트에 달하는데 56개주의 4,000개 부락에서 시행되었다. 이러한 국왕의 행적은 매스컴을 통해 고스란히 국민들에게 전달되었다. 태국은 1979년부터 채널 5번과 채널 7번의 두 지상파 텔레비전을 통해 왕실 동정 보도를 해왔다. 1980년대 중반에 태국은 도시의 90%, 그리고 1980년대 말에는 농촌의 70%가 텔레비전을 소유하고 있었다. 저녁 시간에 식사를 마치고 텔레비전 앞에 모여 앉은 가족들에게 뉴스를 통해 전달되는 국왕의 모습은 목에는 카메라를 걸고 한 손에 지도를 들고 비지땀을 흘리며 소외지역 주민들을 만나고 격려하는 모습이었다. 이런 과정을 통해 푸미폰 국왕은 '온정으로 국민을 돌보는 어버이와 같은 군주'로서의 이미지를 국민들에게 각인시켜 갔다. 오늘날 태국에서 8월 12일은 왕비의 생일이며 어머니의 날이다. 12월 5일은 국왕의 생일이며 아버지의 날이기도 하다.

태국에는 국왕 찬가가 있다. 국왕 찬가는 본래 아유타야 시대 국왕이 어전에 들 때 연주하던 곡이었다고 한다. 그런데 근대 들어와 라마 4세 때 영국의 여왕 찬가인 <God Save the Queen>을 국왕 찬가로 사용한 적이 있었다. 당시 영국인 군사훈련 교관이 이 곡을 들여와 사용했기 때문이었다. 그러나 태국이 영국의 식민지도 아닌데 왜 영국의 여왕 찬가를 사용하는가에 대한 논란이 일자 라마 5세때 국왕 찬가를 다시 작곡하게 하였다. 이후 몇 차례 수정과 보완 작업이 이루어져 1888년 현재의 국왕 찬가로 자리매김하게 되었다. 그 노랫말의 내용을 우리말로 옮겨 보면 다음과 같다.

ข้าวรพุทธเจ้า
นบพระภูมิบาล
เอกบรมจักริน
พระยศยิ่งยง
ผลพระคุณ ธ รักษา
ขอบันดาล
จงสฤษดิ์ดัง หวังวรหฤทัย

เอามโนและศิระกราน
บุญดิเรก
พระสยามินทร์
เย็นศิระเพราะพระบริบาล
ปวงประชาเป็นสุขศานต์
ธ ประสงค์ใด
ดุจถวายชัย ชโย

우리 모두는 마음을 모으고 머리를 숙여 엎드려 경배하오며
위대한 공덕을 지니신 이 땅의 통치자께 합장배례하나이다.
탁월하신 제왕의 왕조가 되소서. 싸얌의 위대하신 분이시여
전하의 영광은 크고 오래 갈지니
전하의 다스림으로 우리 모두가 평온을 누리나이다.
전하의 성덕으로 만백성이 행복을 누리나이다.
전하께서 원하시는 모든 것이 이루어지소서
전하의 마음이 바라는 대로 이루어지소서
그렇게 소망하는 우리의 마음을 폐하께 바치나이다.

국왕 찬가의 노랫말 원문은 어려운 산스크리트어 계통의 차용어가 많이 쓰여 그 뜻을 제대로 이해하기 쉽지 않다. 위의 번역된

내용은 쏭클라대학교의 두엉몬 찟짬농 교수가 쉬운 태국어로 풀이한 것을 우리말로 옮긴 것이다. 한 번은 친한 태국인 교수에게 태국 초등학생들이 이 노랫말의 뜻을 다 아느냐고 물어본 적이 있다. 그 교수는 갑자기 목소리를 낮추더니 중고등학생들 중에서도 모르는 학생들이 상당수 있을 거라고 한다. 두엉몬 교수는 원문을 쉬운 태국어로 옮기고 전체 내용을 다시 한번 요약하여 다음과 같이 적었다.

우리 모두는 은덕이 크신 전하께 경배합니다.
전하께서는 만백성을 행복하게 다스리시니
전하의 성덕을 온 백성이 마음에 새기나이다.
전하께서 원하시는 모든 것을 이루시기를 소망하는 우리의 마음을 바치나이다.

유학 시절 8년간 나는 태국에서 이 노래를 수십 번은 들었는데 노랫말의 의미를 알고 나서 라마 9세인 푸미폰 국왕이 국민에게 베푼 선정과 태국인이 푸미폰 국왕에 대해 가지고 있는 애정과 존경의 마음에 딱 맞아떨어지는 내용이라는 생각이 들었다. 가끔 페이스 북에 태국인 친구들이 올린 글에서 라마 9세 통치 시기에 살고 있음을 자랑스럽게 생각한다는 내용을 심심찮게 목격한 바 있다. 나는 그 사람들이 라마 9세에 대해 가지고 있는 충정을 충분히 이해하고 공감한다.

푸미폰 국왕은 19세의 나이로 왕위에 올랐다. 입헌군주제하의 국왕은 존재하지만 통치하는 못하는 상징적 존재로 머물러 있기 쉽다. 그러나 푸미폰 국왕은 탁월한 리더십을 발휘하여 국민들의 정신적 지주로 자리 잡아 나갔다. 입헌혁명 이후에 태국은 군부의 탐욕으로 인한 빈번한 쿠데타로 인해 정치발전이 더디게 진행되었다. 군부가 쿠데타를 일으킨다는 것은 헌정질서를 파괴하는 행위로 국민들로부터 지지를 받기 어렵다. 그래서 군부의 입장에서 성공한 쿠데타가 되기 위해 필요한 것이 바로 국왕의 윤허였다. 국왕은 국민들로부터 절대적인 존경과 사랑을 받는 존재였기 때문에 국왕의 승인을 통해 쿠데타는 정당성을 확보할 수 있었다. 국왕은 군부에게 쿠데타를 승인하면서 왕실의 존속과 유지를 약속받았다. 이러한 국왕의 처신은 쿠데타로 인한 국가적 혼란과 위기를 사전에 잠재우는 긍정적 효과가 컸다. 이런 까닭에 국민들은 정치적 위기가 있을 때마다 국왕의 역할을 기대하게 되었다. 이러한 태국식 민주정치를 통해 태국은 입헌 혁명 이래 스무 번의 군사 쿠데타가 있었지만 비교적 안정된 정국을 유지하면서 정치와 경제 발전을 도모할 수 있었다.

아버지의 발자국을 따라 걸으며

푸미폰 국왕은 슬하에 왕자 1명과 공주 3명을 두었다. 그중에서 태국인들로부터 가장 사랑을 받는 사람은 마하 짝끄리 씨린턴 공주다. 그녀는 1955년 라마 9세인 푸미폰 국왕의 둘째 딸로 태어났다. 다른 왕자나 공주와 달리 결혼하지 않고 평생을 부왕(父王)의 뒤를 따라 다니며 왕실사업을 통해 가난하고 소외된 국민의 삶을 보살펴 왔다. 태국 국민들로부터 절대적인 사랑과 존경을 받아 '천사 공주'로 불린다. 씨린턴 공주가 쓴 아버지의 "발자국을 따라 걸으며"라는 시 한 편에 이런 공주의 삶이 잘 나타나 있다.

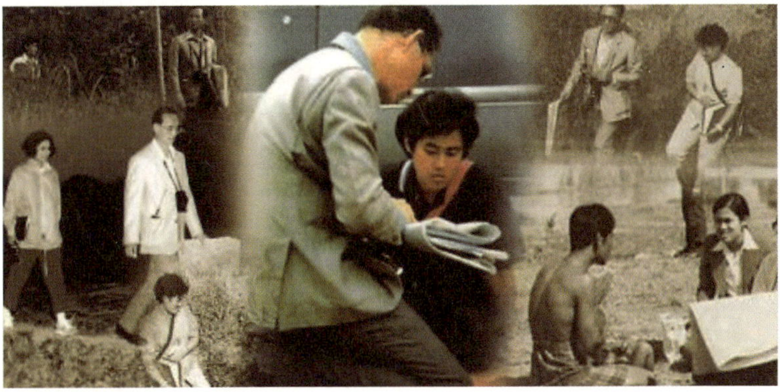

푸미폰 국왕과 씨린턴 공주

เดินตามรอยเท้าพ่อ

아버지의 발자국을 따라 걸으며

"ฉันเดินตามรอยเท้าอันรวดเร็วของพ่อโดยไม่หยุด
ผ่านเข้าไปในป่าใหญ่ น่ากลัว ทึบ แผ่ไปโดยไม่มีที่สิ้นสุด มืดและกว้าง
มีต้นไม้ใหญ่เหมือนหอคอยที่เข้มแข็ง

나는 쉬지 않고 빠르게 걷는 아버지의 발자국을 따라 걷는다.
커다란 숲을 지날 때면 두렵다. 울창하게 끝없이 펼쳐 있는 숲… 어둡고 광활하다.
우람한 나무는 마치 견고한 망루처럼 서 있다.

พ่อจ๋าลูกหิวจะตายและเหนื่อยด้วย
ดูซิจ๊ะเลือดไหลออกมาจากเท้าทั้งสองที่บาดเจ็บของลูก
ลูกกลัวงู เสือ และหมาป่า
พ่อจ๋าเราจะถึงจุดหมายปลายทางไหม

아버지! 배고파 죽겠어요. 그리고 무척 힘들어요.
보세요! 상처 난 저의 두 발에서 피가 흘러요.
뱀과 호랑이 그리고 늑대가 나올까 두려워요.
아버지! 우리는 목적지에 도착할 수 있을까요?

ลูกเอ๋ยในโลกนี้ไม่มีที่ไหนดอกที่มีความรื่นรมย์ และความสบาย
สำหรับเจ้า
ทางของเรามิได้ปูด้วยดอกไม้สวยๆ
จงไปเถิด แม้มันจะเป็นสิ่งบีบคั้นหัวใจเจ้า

얘야! 너에게 안락하고 편안한 곳은 이 세상 그 어디에도 없단다.
우리가 가는 길은 예쁜 꽃이 뿌려져 있는 그런 길이 아니란다.
가자! 그 길이 너의 가슴을 쥐어짠다 하더라도…

พ่อเห็นแล้วว่า หนามตำเนื้ออ่อนๆ ของเจ้า
เลือดของเจ้า เปรียบดั่งทับทิมบนใบหญ้าใกล้น้ำ
น้ำตาของเจ้าที่ไหลต้องพุ่มไม้สีเขียว
เปรียบดังเพชรบนมรกตที่แสดงความงดงามเต็มที่

아버지는 가시가 너의 여린 살을 찌르고 있는 것을 보았다.
너에게서 흐르는 피는 물가의 풀잎 위에 맺힌 루비와도 같고
네가 흘리는 눈물은 푸른 덤불 위로 떨어져
마치 에메랄드 위에서 한껏 아름다움을 발산하는 다이아몬드와도 같구나.

เพื่อมนุษยชาติ จงอย่าละความกล้า
เมื่อเผชิญกับความทุกข์ ให้อดทนและสุขุม
และจงมีความสุขที่ได้ยึดอุดมการณ์ที่มีค่า
ไปเถิดถ้าเจ้าต้องการเดินตามรอยเท้าพ่อ..."

인류를 위해 너의 용기를 잃지 마라.
고통에 직면하게 되면 인내하고 총명해져라.
그리고 값진 이상에 기반한 행복을 누려라.
가자! 네가 아버지의 발자국을 따라 걷기를 원한다면…

부녀 간의 평범한 대화 형식으로 쓰여진 이 한 편의 자유시에는 평생을 부왕(父王)인 푸미폰 국왕의 곁을 보좌하면서 소외되고 가난한 국민들의 삶을 보살펴온 마하 짝그리 씨린턴 공주의 인생 여정이 그대로 투영되어 있다.

푸미폰 국왕은 온정주의적 국왕으로서 평생을 소외되고 가난한 국민들의 삶을 보듬어왔다. 그러나 다른 한편으로는 푸미폰 국왕에 대한 비판적인 시각도 있다. 국왕과 군부의 결탁, 그리고 절대적으로 왕실에 대한 비판을 허용하지 않는 왕실 보호법, 그로 인한 인권문제 등이 제기되기도 하였다. 그러나 70년간 한 나라를 통치해오면서 국민들에게 어버이와 같은 존재로 자리잡고 살아 있는 부처로 칭송받은 군주는 그 어느 나라 역사 속에서도 유례를 찾아보기 어렵다는 것 또한 분명한 사실이다.

푸미폰 국왕의 자족경제

한국의 농어촌 지역을 빠른 시간에 발전시킨 데에는 새마을 운동의 역할이 컸다. 어릴 때 선친께서 시골 이장 일을 보셨다. 그때는 너무 어릴 때라 자세한 것을 다 기억할 수는 없지만 동네 입구에 근면, 자조, 협동이라는 문구가 생겨진 비석이 세워지고 신작로에서 동네로 들어오는 진입로가 포장되었다. 그리고 지붕 개량 사업한다면서 초가지붕이 벗겨지고 기와지붕이나 슬레이트 지붕으로 바뀌던 기억이 난다. 나중에 그게 새마을 운동으로 비롯된 것이라는 것을 알았다. 볍씨 개량 사업도 성공을 거두어 "통일벼"라는 신품종이 보급되어 쌀 수확량이 획기적으로 늘어난 것도 그때쯤 일이다. 선친께서 어린 나에게 원래 쌀이 여든여덟 알이 맺히기 때문에 쌀미(米) 자에 숫자 팔(八)이 두 번 들어가는 것인데 새로 나온 통일벼는 일백이십 알이 더 맺힌다고 설명해 주셨던 기억도 난다.

그 뒤 잊혀졌던 새마을 운동이 다시 떠올랐던 것은 태국 유학 시절 초기였다. 당시 태국의 전화 사정이 그리 좋지 않은 편이어서 한국에 전화를 하려면 우체국에 가서 교환을 통해야 했다. 유학생 신분에 전화요금도 비싸서 교환원에게 통화 시작 후 3분이 지나면 끊어 달라고 요청했다. 통화 시작 후 3분이 되면 전화가 끊기고 그래서 정확히 3분 통화료 165밧을 내던 시절이었다. 그때 교환원이 내가 한국에서 온 유학생이라고 하자 대뜸 박정희 대통령과 새마을 운동을 말하면서 친근감을 표시하는 것이었다. 태국이 농경 국가여서인지 여러 대학에 '지역 개발을 위한 교육학' 과목이 전공으로 개설되고 커리큘럼에 어김없이 새마을 운동에 관한

자족경제 포스터

내용이 담겨 있었다. 나도 한국에서 왔다는 이유로 대학원으로 불려가 한두 번 특강을 한 적이 있었다.

태국의 "쎗타낏 퍼피양"은 글자 그대로 번역하면 '충분한 경제' 또는 '넉넉한 경제'라는 뜻이다. 그러나 전체적인 맥락을 보고 번역하면 '자족경제'에 더 가깝다. 이 태국의 자족 경제는 1974년 푸미폰 국왕이 제시한 경제 철학으로 내용에 있어서 우리나라의 새마을 운동과 흡사한 면이 많다. 이 자족경제는 별다른 성과를 거두지 못하고 있다가 1997년 태국이 경제 위기를 겪으면서 지속적 국가 개발 운동으로 발전했다. 중용, 절제, 합리성을 바탕으로 내부 위기 관리를 목표로 설정하고 지혜와 근면을 통해 행복한 삶을 추구한다는 이념을 더하게 되었다. 나는 새마을 운동을 통해 한국 농촌이 발전하던 시대에 살아 왔던 터라 태국의 자족경제에 대해 많은 관심을 가지고 있었다.

태국은 한때 아시아에서 상당히 앞서가는 나라였다. 한국전쟁이 끝나고 한국은 재건 운동을 하면서 태국에 가서 농업 연수를 받기도 하고 1970년에는 서울 특별시가 유치한 제6회 하계 아시안 게임 개최권을 반납하자 이를 대신 치러준 도시가 바로 방콕이었다. 당시 한국은 북한의 군사 도발과 안보 위협, 그리고 경제 개발 사업 등으로 인한 재정 문제 때문에 아시안 게임을 치를 여력이 없었다. 그러나 한국의 경제발전은 예상보다 빨랐다. 점진적인 발전을 하던 태국에 비해 한국은 이른바 압축 성장에 박차를 가하면서 태국을 앞지르게 되었다.

그런 과정에서 새마을 운동은 태국인의 시각에서 보면 매우 획기적인 것이었다. 한국의 새마을 운동이 태국에 알려지면서 새마을 운동 현장 견학과 연수가 이어졌다. 1978년 6월에 태국 정부의 지역개발과 농촌 진흥과 관련된 16개 부처의 공무원으로 구성된 새마을 연수단이 한국을 찾았다. 이들은 새마을 운동 현장을 돌아보고 연수를 마친 다음에 보고서를 통해 '새마을 운동은 단순한 농촌 개발 운동이 아니라 정부와 국민이 합심하여 국가를 개발하기 위해 추진한 이상적 운동'이라고 언급한 후에 '국가정책에 대해 새마을 지도자는 대통령에게 직속으로 건의하거나 보고할 수 있으며 대통령은 이를 검토하고 공정하게 해결해 줌으로써 소통을 통해 사회계층 간의 간극을 줄일 수 있었다'고 평가했다.

태국의 정부지도자들도 새마을 운동에 대해 많은 관심을 가졌다. 쁘렘 띤쑤라논 총리는 1981년 11월 8~10일 사이에 방한하여 새마을 운동 현장을 직접 돌아 보았다. 그는 방한 일정을 마치고 돌아가 한국인들이 해낸 것을 태국 사람들이 못할 이유가 없다고 판단했다. 그래서 새마을 운동을 농촌개발 운동의 성공사례로 보고 태국에 농촌 개발 운동의 본보기로 삼을 것을 역설하였다. 실제로 새마을 운동을 태국의 농촌개발운동의 발전 모델로 삼고자 하는 노력은 당시 태국 내에서 개최된 여러 세미나에서도 볼 수 있다. 1981년 10월에 태국의 국가교육위원회에서 개최한 '생활 교사의 새로운 실천'이란 주제의 세미나 발표집에 보면 한국의 새마을 운동을 소개하고 태국 농촌의 '가난에서 벗어나기 운동'에 활용할 수 있다는 내용이 나온다 또, 1985년 개최된 '한국 새마을 운동의 태국 내 도입 가능성'이란 주제의 세미나에서는 한국의 농촌 개발 모델이 이스라엘, 덴마크, 미국 등의 것보다 우월하며 태국에 적용시키기에 더 적합하다고 평가했다. 한국과 태국이 일정 부분 아시아적 가치를 공유하고 있는 사실에 비추어 보면 이런 판단은 매우 타당성이 있어 보인다.

1981년 제5공화국 시절에 전두환 대통령이 동남아를 순방한 일이 있었다. 당시 태국 왕실은 태국을 방문한 전두환 대통령에게 정중하게 태국의 농촌을 돌아볼 것을 요청하였다. 전두환 대통령 내외는 이를 흔쾌히 수락하여 태국 국왕 부처 및 쁘렘띤 쑨라논 총리와 함께 헬기편으로 태국과 캄보디아 국경지대에서 48km 떨어진 지역의 농촌개발사업 현장을 시찰한 바 있다. 변경된 일정으로 인하여 태국 국왕 및 총리와의 정상회담은 현장으로 이동하는 차 안에서 이루어지고 오찬시간에까지 이어지게 되었다. 정상외교 일정 중에서 매우 특이한 상황이 벌어진 셈이다.

당시 푸미폰 국왕은 한국의 새마을 운동을 염두에 두고 전두환 대통령에게 자국의 자족경제 현장을 돌아보게 한 다음에 이에 관한 의견을 교환하고 싶었던 것 같다. 태국의 자족경제와 한국의 새마을 운동에 상당부분 공통점이 있다고 판단했기 때문이다. 태국의 자족경제는 태국인의 성향을 바탕으로 한 인간중심적 접근을 특징으로 하고 있다. 자족경제의 철학에는 중용, 분별, 자기방어라는 세 가지 요소가 통합되어 있다. 중용이란 적절한 수준에서 생산과 소비를 뜻하며, 분별은 자족의 정도를 결정하는 데 있어 여러 요소들을 합리적으로 검토하는 것을 말한다. 그리고 자기 방어는 미래에 발생할 수 있는 여러 가지 위험 상황으로부터 스스로를 보호할 수 있도록 대비하는 것을 뜻한다. 이러한 태국의 자족경제는 매년 12월 5일 국왕 생일에 행해지는 대국민 연설에서 지속적으로 강조되어왔다.

한국의 새마을 운동과 태국의 자족경제 운동은 출발점과 기본 철학에 있어서 어느 정도 공통점을 가지고 있으나 이행 과정과 성과에서는 상당한 차이점을 보였다. 한국의 새마을 운동의 정신은 근면, 자조, 협동으로 참을성 많고 부지런하며 강한 성취욕을 가진 한국인 성향과 맞아떨어져 상당한 성과를 거둔 반면에 자족경제는 비교적 풍요로운 자연환경 속에서 위기의식 없이 순탄하게 살아온 태국인들 성향 때문에 그다지 구체적인 성과를 거두지 못한 것으로 평가된다.

한국과 태국은 모두 경제 발전을 통해 선진국으로 진입하고자 했다. 다만 태국은 국가 개발과 경제 발전에 있어서 한국과 많은 공통점과 유사한 환경을 가지고 있으면서 진정성 부족으로 소기의 목적을 달성하지 못한 것 같다. 한국과 태국은 각각 외환위기와 금융위기를 겪었으며 현재는 그 위기를 극복하고 새로운 도약을 꿈꾸고 있다. 태국의 자족경제는 아직도 진행형이다. 한국의 새마을 운동의 성공과 경이로운 경제발전은 태국인들에게 모범

사례로 꼽히고 있으며 지속적인 관심을 가지고 지켜보고 있다. 게다가 2000년을 기점으로 태국에 한류가 상륙하면서 태국인이 한국을 바라보는 시선은 더욱 진지해지고 있다.

도시로 떠나가는 농촌 청년들

유학 시절 태국에서 8년을 살았지만 대부분 대학 캠퍼스와 그 인근지역에서 주로 생활하고 시골에 가본 기억은 두세 차례밖에 없다. 그런데도 태국의 시골에 갔을 때 느꼈던 것은 마치 타임머신을 타고 시간을 거슬러 온 느낌이었다. 내 어릴 적 시골의 모습과 흡사한 점이 많았기 때문인지 모른다. 태국은 빈부의 격차가 심하다. 특히 방콕과 농촌에서의 삶은 더더욱 그러하다. 그래서 태국은 하나의 나라가 아니라 두 개의 나라라고 하는 사람도 있다. 방콕이라는 나라가 하나 있고 그 외 농촌 지역에 또 다른 나라가 하나 더 있다는 것이다. 사실 방콕을 돌아보면 우리나라 서울과 별반 다를 바 없다고 생각되지만 지방으로 내려가 보면 이야기가 다르다. 학부 시절에 우리나라 TV에서 태국 영화가 한 편 방영된 적이 있었다. <크루반넉>이라는 영화였는데 시골의 한 젊은 선생님이 산림을 해치는 도벌꾼과 싸우다 죽는 슬픈 영화였다. 그 당시 영화 속에 나오던 시골의 모습과 허름하게 지어진 학교 건물 등을 보면서 오래전에 만든 영화라 그러려니 생각했었다. 그런데 유학 시절 초기에 시골 안쪽으로 들어가보니까 영화에서 보던 시골 모습과 크게 다르지 않은 광경이 그대로 눈앞에 나타났다.

허름한 주택과 조금은 남루해 보이는 옷을 입은 주민들, 그리고 한국에서 왔다고 하니까 낯선 이방인을 보기 위해 몰려드는 아이들이 호기심 어린 눈초리로 나를 보고 있었다. 그중에 나이 좀 먹은 여자아이들은 나와 눈이 마주치면 수줍어 골목 뒤로 몸을 숨기는 것이었다. 그 모습을 보고는 내 어릴 적 추억이 떠올랐다. 동네에 하나 있던 교회에 미국 선교사가 온다는 소문이 돌았다. 나는 친구들과 어울려 서양인 모습을 한 번 보려고 교회로 갔다. 온다는 시간이 저녁이어서 호롱불까지 밝혀 들고 갔는데 정말 늦은 시간에 도착한 미국 선교사는 우리가 생각했던 대로 체구도 크고 얼굴은 약간 불그스레한 데다가 코가 유난히 컸다. 우리는 집으로 돌아오면서 그 서양 선교사를 코쟁이 선교사로 부르기로 했다. 그때가 1960년대 후반이었으니까 30여 년 전 모습이 당시 태국의 1990년대 후반 모습과 묘하게 닮아 보이는 것이었다.

태국 농촌지역을 여행하다 보면 우리나라와 다른 풍경이 하나 있다. 길가에 "누나"라고 써 붙인 간판이 종종 보이는데 이를 그대로 옮기면 '논쥐'라는 뜻이다. 말하자면 들쥐를 가리키는 것 같은데 도대체 논에서 잡은 쥐를 어떻게 한다는 것일까 궁금했다. 한번 태국인 친구 차를 얻어 타고 가던 길에 마침 그 간판이 또 보이길래 기회다 싶어 물어보았다. 그랬더니 그 친구 말이 논에서 잡은 쥐를 요리해서 판다는 것이다. 그걸 어떻게 먹느냐고 물었더니 자기가 먹어보았는데 돼지고기나 닭고기보다 오히려 맛있다고 한다. 그래서 가격도 훨씬 비싸다고 한다. 그러고 보니 가격도 간판에 적혀 있는데 킬로그램당 265바트였다. 숙소에 돌아와 인터넷으로 돼지고기 가격을 검색해보니 정말 돼지고기는 킬로그램당 175바트밖에 되지 않았다. 처음엔 혐오 식품처럼 느껴졌는데 가만히 생각해보니 나도 어릴 적에 개구리를 많이 잡아서 구워 먹었던 기억이 떠올랐다. 그리고 우리가 아무렇지 않게 먹는 번데기가 외국인 눈에 보면 어떻게 느껴질지를 생각해보니 모든 게 마음먹기 아닌가 하는 생각이 들었다.

태국은 전통적인 농경 국가였다. 옛날부터 쌀과 생선을 주식으로 하는 태국인에게 있어서 농민은 매우 중요한 존재였다. 그래서 우리가 농자는 천하지대본이라고 한 것처럼 태국 사람들도 농부는 '국가의 중추'라고 했다. 농민들은 벼를 재배하여 국민을 먹여 살리기도 하지만 외국으로 수출하기도 한다. 얼마 전까지 하더라도 태국의 쌀 수출량은 세계 1위여서 국제 시장에서 쌀 가격이 태국산 쌀 기준으로 책정되곤 했다.

태국에서 대부분 벼는 중부지방에서 재배된다. 태국의 농지 면적은 2천만 헥타르가 조금 안 되는데 이 중에서 논이 차지하는 비율은 60% 정도이다. 관개 수리 면적이 꾸준히 증가하고 있으나 아직도 70% 정도는 천수답이다. 그래도 태국 중부지방은 비옥하

논쥐를 판다는 길거리 간판

고 광대한 땅과 풍부한 물이 있어서 농사 짓기 좋은 지역이다. 그래서 옛날에는 이곳을 아시아의 곡창지대라고 불렀다. 태국인들에게 농업은 수백 년 동안 이어져 내려온 가업이었다.

그러나 산업화 시대로 접어들면서 농촌에 산업 시설이 들어서고 주거지역과 상업지역이 밀고 들어왔다. 이에 젊은이들은 농사일을 저버리고 도시로 나가 공장에 취직하거나 상대적으로 수입이 좋은 다른 직업을 찾아 농촌을 떠났다. 태국의 농림·수산업의 대 GDP 비중이 1950년대에 47% 이상을 차지하였으나 점차 감소하여 2016년에 8.3%까지 하락하였다. 1980년대 인구대비 68%였던 농가 인구는 최근 31.74%로 줄어들었다. 농촌은 과거와 같이 더 이상 풍요롭고 낭만적인 곳이 아니다. 햇볕을 등지고 힘겹게 살아도 미래에 꿈과 희망을 안겨주지 못하는 곳으로 바뀌어 가고 있다.

태국의 부익부 빈익빈 현상이 우리보다 크고 특히 도시와 농촌의 삶은 그 차이가 더욱 커 보인다. 농경 국가였으나 이미 오래전부터 많은 사람들이 농촌을 등지고 도시로 삶의 터전을 옮겨갔다. 그러나 도시로 간 사람들의 삶의 질이 반드시 나아지리라는 보장도 없다. 그래서 그런지 몰라도 낙천적이던 태국인들 모습도 점차 많이 달라지고 있다. 언제나 해맑게 웃던 태국인들의 미소가 조금씩 사라지고 있는 것 같아 안타깝다.

한국과 태국-21세기 새로운 이웃

태국인이 한국인을 보고 중국의 한 소수종족으로 인식한 것이 3세기 전 아유타야 시대의 일이다. 한국을 가난하고 위험한 나라로 인식한 것이 불과 반세기 전의 일이다. 그러나 이제 태국인의 인식 속에서 한국인은 부지런하고 근면하여 국가 개발에 성공한 '아시아의 용'으로 바뀌었다. 또 다른 한편으로 군부독재에 저항하여 민주화를 이룩하고 지금은 아시아의 중심국가로서 중요한 지위를 차지하고 있는 국가로 바라보고 있으며 최근 들어서는 한국과 한국인에 대한 관심이 고조되고 있다.

태국에서 한국어 교육이 막 시작될 무렵에 한국어 교육을 담당한 적이 있었다. 아직 전공으로 개설되지 않은 초기에 교양 선택과목으로 강의를 했는데 수강생이 꾸준히 늘어났다. 당시 교재도 없었을 때라서 짬짬이 시간을 내어 한국어 문법 교재와 회화 교재도 썼다. 나는 한국어를 배우는 학생들에게 한국은 급속도로 발전하는 나라이므로 열심히 공부하면 한국기업체나 정부 기관에서 일할 수도 있을 것이라고 강조했다. 그런데 촌부리 주에 진출해 있던 한국의 대기업에서 한국어를 배운 학생들을 채용하고 싶다고 연락이 와서 10명 남짓 입사를 시켰다. 그런데 나중에 내가 유학생활을 마무리하고 한국에 들어왔을 때 그 학생들은 마침 한국에 연수를 받으러 왔다. 그래서 그들과 서울에서 반갑게 해후한 적이 있다.

그리고 세월이 한참 지나 태국의 마히돈 대학에서 방문교수로 있던 지난 4월에 그중 몇이서 가족을 데리고 찾아와 다시 만났다. 20여 년 만의 해후였다. 식사를 같이하고 차를 마시며 한참 동안 옛날 이야기를 했다. 현실이 행복한 사람들에게 과거는 모든 것이 아름다운 추억으로 남는다. 옛날 처음 한국어를 배울 때 자신들은 물론 주변 사람들도 한국이 어떤 나라인 줄 몰랐다고 한다. 그런데 지금 와서 보니 한국은 정말 놀라운 속도로 발전하여 선진국이 되고 그래서 이제는 한국 회사에 다니는 것을 자랑스럽게 생각한다고 한다. 나는 이들이 한국의 발전 과정을 지켜보면서 한국에 대한 인식이 바뀐 대표적인 태국인들이라는 생각이 들었다.

똑똑하지만 성격이 좀 급한 친구

지난 2008년 한태 수교 50주년을 맞이하여 방콕에서 한국과 태국의 학자들이 모여 세미나를 개최한 적이 있다. 그때 나는 "한태 양국 대학생들의 상호 국가 이미지 조사"라는 제목으로 논문을 하나 발표하였다. 한국에서 태국어를 전공하는 학생들이 태국에 대해 갖는 이미지와 태국에서 한국어를 전공하는 학생들의 한국에 대한 이미지를 조사하여 비교 분석한 내용을 소개했는데 그 결과가 매우 의미 있게 나왔다.

한국어를 전공하는 태국 학생들에게 '한국' 하면 떠오르는 이미지가 무엇이냐고 물었더니 태국 학생들은 김치와 영화, 인삼, 연예인, 한복순으로 꼽았다. 처음 태국에 유학하던 1980년대에는 태국인들에게 한국 하면 떠오르는 것이 대개는 인삼과 남북 대치 생황으로 인한 국가 안보의 위험이었던 것 같다. 인삼은 워낙 오래전부터 한국을 상징하는 이미지로 굳어져서 태국에서 한국을 지칭할 때 남한을 쏨카우라고 하고 북한을 쏨댕이라고 했다. 북한이 공산주의 국가여서 홍삼이라 부르고 상대적으로 남한은 백삼이라고 부른 것 같다. 한국전쟁에 참전한 바 있는 태국인들은 한국의 안보 상황에 대해 잘 이해하고 있었다. 내가 한국에서 왔다고 하면 대부분 남한에서 왔느냐 아니면 북한에서 왔느냐고 묻곤 했다.

좀더 구체적으로 한국과 한국인에 대해 어떻게 생각하느냐는 질문에 대해서는 한국은 매우 역동적이고 빠르게 변화하는 나라이면서 반면에 긴장되고 제약이 많은 나라라고 답했다. 그리고 한국인은 능동적이고 열정적이며 똑똑하면서 또한 시끄럽고 감정적이며 거칠고 복잡하다는 이미지도 가지고 있었다. 태국 학생들이 한국과 한국인에 대해 갖는 긍정적인 이미지는 한국이 이룩한 놀라운 경제성장과 효율성 등에 기인한 것으로 보이고 부정적인 이미지는 태국에 진출한 한국 기업에서 일하는 태국인이나 한국에서 일하는 태국인 이주 노동자들이 경험한 한국인의 성격 등에서 나온 것으로 추측된다.

두 나라의 관계발전을 위해서 태국 학생들은 한국은 태국으로부터 친절과 인정, 겸손과 배려, 여유와 융통성 등을 배워야 한다고 생각하고 반면에 태국은 한국으로부터 열정과 의욕, 근면과 기술, 애국심 등을 배워야 한다고 생각하고 있는 것으로 나타났다.

한국은 태국과 오래 우방관계를 지속해 왔지만 상당 기간 동안 태국인들은 한국과 한국문화에 대해서 잘 알지도 못했다. 한국전쟁을 겪고 나서 새마을 운동을 통해 농촌을 개발하고 경제개발을 통해 국가 발전을 이룩한 나라로 인식하고 있었던 것 같다. 그러다가 80년대 후반 아시안 게임과 올림픽 게임을 성공적으로 치러내고 2000년대 들어 태국에 상륙한 한류의 영향으로 한국에 대한 새로운 이미지가 형성되었다. 그런데 태국인들이 한국에 대해서 갖는 이미지에는 긍정적인 부분도 많지만 부정적인 면도 적지 않다. 한마디로 한국인은 태국인들에게 있어서 똑똑하지만 성격이 좀 급한 친구쯤 되는 것 같다.

사람은 좋은데 너무나 느긋한 친구

한국인이 태국인을 처음 만난 것은 한국전쟁 때였다. 태국인은 한국전쟁 당시 자그마한 체구로 용감하게 싸워 자유를 지켜준 고마운 '작은 호랑이(little tiger)'라는 인상이 강하게 남아 있다. 또 한편으로는 1960대와 70년대에 태국이 킹스컵 축구대회와 아시안게임을 여러 번 개최하면서 상대적으로 스포츠 선진국으로 인식되었다. 그러다가 1980년대 후반 들어 해외여행 자율화의 바람을 타고 한국인의 태국 여행이 증가하면서 태국은 상대적으로 물가가 저렴하고 볼거리가 많은 나라라고 알려지게 되었다. 또한 태국인은 낙천적이고 미소를 잃지 않는 친절한 사람들로 인식되었다.

한국과 태국 양국 대학생들의 상대방 국가에 대한 기본적이 이미지 조사에서 한국 학생들은 태국 하면 떠오르는 이미지로 불교와 사원, 친절과 미소, 맛있고 다양한 음식 등을 꼽았다. 최근 한국 학생들의 경우에 태국에 직접 다녀올 수 있는 기회가 많이 늘어나고 한국의 언론매체를 통해 태국에 관한 정보를 접할 수 있는 기회가 많아졌기 때문에 태국에 대한 이미지가 추상적 이미지에서 구체적 이미지로 변화되고 있는 것 같다.

한국 학생들은 태국과 태국인의 이미지에 대해 태국은 긍정적이고 밝은 나라이면서 긴장되지 않은 나라, 그리고 개방적인 나라라는 인식과 더불어 부정적인 측면으로는 태국은 느린 나라이면서 깨끗하지 않은 나라, 그리고 역동적이지 않은 나라라는 인식도 아울러 갖고 있었다. 태국 사람에 대한 이미지로는 좋은 사람, 진실된 사람, 윤리적인 사람으로 평가했다. 아울러 감정적이고 수동적이며 약한 사람이라는 부정적인 이미지도 가지고 있는 것으로 나타났다.

한국 학생들이 갖고 있는 태국과 태국인에 대한 긍정적인 이미지는 태국을 다녀오는 한국인 관광객들이 밝은 표정의 태국인과 그들이 베풀어 주는 친절, 그리고 늘 여유를 가지고 낙천적으로 살아가는 모습을 직접 목격하게 되면서 생겨난 것으로 보이고 태국에 대한 부정적인 이미지는 한국에 비해 상대적으로 발전이 더딘 나라라고 생각하는 데서 비롯된 것으로 보인다.

두 나라의 관계발전을 위해서 한국 대학생들은 태국은 한국으로부터 근면성과 경제개발, 열정과 의욕 등을 배워야 하고 한국은 태국으로부터 여유와 친절, 전통문화 보존, 관광산업 등을 배워야 한다고 생각하고 있는 것으로 나타났다.

한국과 달리 태국인들은 풍부한 자연의 혜택 속에서 살아왔다. 또 역사상 상대적으로 시련이 적었고 위기가 별로 없었다. 태국은 일 년 내내 더운 상하의 나라이다. 또한 화내지 말라는 계율을 가진 불교의 나라이기도 하다. 그래서 태국 사람들은 언제나 느슨한 사회에서 살아왔다. 태국 사람들이 일상생활에서 가장 자주 사용하는 말이 바로 "마이뻰라이" 라고 한다. "괜찮다"는 뜻을 가진 말이다. 한국 사람들이 "빨리빨리!"를 외쳐야 하는 상황에서 태국 사람들은 "짜이옌옌"하고 있는 경우가 많다. "짜이옌옌"이라는 말은 "서두르지 마!"라는 뜻이다. 한국인들에게 태국인은 사람은 좋은데 너무나 느긋한 친구 정도 되는 것 같다.

한 나라의 젊은이들이 특정한 국가에 대해 가지고 있는 이미지는 매우 중요하다. 한국과 태국은 60년 지기의 우방이다. 양국의 대학생들이 두 나라의 관계발전을 위해 무시와 편견을 버리고 문화적 이해와 교류를 통해 경제협력을 다져나가야 한다고 생각하고 있는 점은 매우 바람직한 일이다.

이바지 음식이 넉넉한 나라

예전에 푸껫에서 국제 세미나를 할 때 특별히 초청된 태국의 한 외교관이 매우 흥미로운 이야기를 했다. 동남아 국가들의 음식을 소개하고 각국의 음식들의 식자재와 조리방법 그리고 맛을 이야기하면서 공통점과 차이점을 분석했다. 그리고 결론적으로 동남아 국가들의 음식이 나름대로의 독특함을 바탕으로 여러 가지 다양성을 지니고 있지만 공통점이 적지 않아서 같은 식탁에 앉아서 함께 식사를 할 수 있다는 것이었다. 그러면서 동남아 국가들의 협력과 발전을 도모하는 데 아무런 문제가 없다고 마무리를 했다.

요즘은 한국 사람들 중에 태국 음식을 즐겨 먹는 사람들이 많이 늘어났다. 또한 한류바람을 타고 태국 사람들이 한국 음식을 접할 기회가 많아졌다. 앞에서 이야기한 외교관의 논리대로 한다면 한국과 태국인이 식사를 함께하는 것은 전혀 문제가 되지 않는다. 태국인들 대부분이 김치찌개를 좋아하고 한국인들 대부분이 깽쏨을 처음부터 맛있게 먹을 수 있다. 음식을 함께 먹을 수 있다는 것은 친화력을 높여 준다.

우리나라의 전통 혼례에 보면 이바지 음식이란 것이 있다. 요즘은 대부분 음식 잘하는 집에서 맞추어 보내지만 본래는 신랑과 신부의 양가에서 각기 자신의 집안 음식을 선보이는 의미가 있었다. 옛날에 신랑 신부를 맞이할 때 양가에서 마련한 큰상 음식이 각각 신랑과 신부 댁으로 이바지 음식을 보냈다. 신랑 집안에서는 새로 들어오는 신부 집안의 음식 맛이 어떤지 그리고 간이 어떤지를 알 수 있는 기회였고 신부 집안에서는 새로 맞이하는 사위 집안의 음식을 신부가 맛을 보고 익혀서 시댁과의 음식의 차이를 좁히고자 하였던 것이다.

한국과 태국의 음식문화를 보면 서로가 이바지 음식으로 보내고 싶은 것이 적지 않을 것이다. 한국과 태국이 공동 발전을 추구하는 현 시점에서 이런 이바지 음식들이 많다는 것은 매우 다행스런 일이다. 이는 똑똑하지만 성격이 좀 급한 친구와 사람은 좋은데 너무 느긋한 친구가 김치찌개와 깽쏨을 같은 식탁에 올려놓고 앞으로 새로운 협력관계를 구축하면서 과거 혈맹에서 21세기 상생의 동반자로 얼마든지 함께 나아갈 수 있다는 것을 의미한다.

지난해 한태수교 60주년을 맞이하여 한국태국학회에서 한태 양국 60여 명의 학자가 모인 가운데 국제학술대회를 개최한 바 있다. 내가 회장을 맡고 있어서 평소 잘 알고 지내던 씬라빠건 대학교의 쏨차이 쌈니앙응암(สมชาย สำเนียงงาม) 교수에게 축시를 부탁하여 기념 책자 앞머리에 실은 적이 있다. 이 책 끝머리에 그 시를 다시 한 번 음미해보고자 한다.

60th Anniversary of
Thailand - Republic of Korea Diplomatic Relations

한태 수교 60주년 기념 로고

๖๐ ปี ความสัมพันธ์ไทยเกาหลี
-จากมิตรประเทศสู่พันธมิตรร่วมประโยชน์อันแท้จริง

สายสัมพันธ์สานสายใจไทยเกาหลี
หกสิบปีมิตรภาพอันยิ่งใหญ่
จากกำลังพยัคฆ์น้อยแห่งแดนไทย
มาช่วยเพื่อน ณ แดนไกลด้วยใจรัก
จวบวันนี้ความผูกพันผนึกแน่น
สองดินแดนร่วมประโยชน์โลกประจักษ์
มิตรไมตรียิ่งยืนยงมั่นคงนัก
เกาหลีไทยสัมพันธ์รักษ์นิรันดร์กาล

한태 수교 60년

- 혈맹에서 진정한 상생의 동반자로

마음에서 마음으로 엮어진 한국과 태국
그 위대한 60년의 우정
태국의 작은 호랑이들이
연민의 마음으로 달려와 먼 땅의 우방을 도왔었노라.
그 결속은 오늘날까지 견고하고
두 나라의 호혜 관계를 온 세상이 목도하였도다.
한국과 태국, 그 우정은 오래도록 굳건하고
두 나라의 관계는 영원히 지켜 나가리라.

여행을 마치며…

쑤코타이 왕조부터 랏따나꼬신 왕조까지 700여 년의 시간을 따라 걷는 여행은 나에게 커다란 즐거움이었다. 그저 벽돌 더미로만 보였던 오래된 사원과 불탑들에서 아직까지 뿜어 나오는 역사의 향기를 느낄 수 있었다. 상하의 나라 태국은 덥다. 연평균 기온이 28도가 넘는 나라에서 해가 뜨고 한낮이 되면 체감 온도는 35도를 훌쩍 넘어간다. 그런 날씨 속에서 옛 사원과 왕궁을 찾아다니는 일은 때로는 힘들고 지치기 마련이다. 그래도 더위가 가져다주는 갈증보다는 이곳의 역사와 문화에 대한 지적 갈망이 더 컸다. 그래서 중간에 여행을 멈출 수가 없었다. 내내 황톳빛 길을 걸으며 생각했다. 이렇게 더운 땅에서 살아가는 사람들의 평온한 미소는 어디서 왔을까?

인간이 신을 섬기는 목적 중의 가장 핵심은 신과의 합일일 것이다. 기독교인은 예수를 닮는 삶을 소망하고 불교도들은 붓다의 가르침을 깨달아 부처가 되는 성불을 염원한다. 나는 태국의 사원을 돌아보면서 일관된 하나의 모습을 발견할 수 있었다. 그것은 바로 붓다의 미소였다. 어느 시대 어느 사원을 가더라도 하나같이 은은한 미소를 띠고 있는 불상들이 있었다. 그런데 나중에 문득 태국인들의 미소가 바로 이 불상들의 미소와 묘하게 닮았다는 사실을 깨달았다. 그들은 수백 년간 불교를 신봉하며 살다가 붓다를 닮아버린 것 같았다. 아니면 그들이 불상을 만들면서 자신들의 미소를 붓다의 모습에 담아 넣은 것인지도 모른다. 그래서 해답을 얻었다. 태국인의 미소는 바로 붓다에게서 왔다는 것을… 내가 황톳길을 걸으며 발견한 것은 붓다의 미소이면서 바로 태국인들의 미소였다.

여행을 마치고 나면 추억이 남는다. 처음 생각했던 것보다는 긴 여행이었다. 여행 중에 어떤 때는 시간을 거슬러 올라가기도 하고 어떤 곳은 되돌아 다시 가보기도 했다. 한국에 돌아와 짐을 풀고 일상으로 돌아오고 나서도 여행 중의 추억은 때때로 내 머릿속을 맴돌았다. 마치 장자의 호접몽처럼 나는 아직도 이따금 태국 어느 고도(古都)의 사원을 맴돌고 있는 듯한 착각에 빠져들었다. 그런데 그것이 그렇게 싫지가 않았다. 기억은 시간이 가면서 시나브로 희미해질 것이다. 그러나 앞으로 얼마를 더 살더라도 이제는 태국의 붓다처럼, 그리고 그를 따르는 태국의 불자(佛者)들처럼 언제나 그 은은한 미소를 잊지 않고 살아갈 일이다.

Thailand

| 정환승의 태국 문화유산답사기 001 |

태국역사문화기행

초판 인쇄 2019년 8월 21일
초판 발행 2019년 8월 28일

지은이 정환승
발행인 김인철
총괄 · 기획 가정준 Director, University Knowledge Press
편집장 신선호 Executive Knowledge Contents Creator
기획 · 물류 이현진 Planning Expert
사전 · 도서편집 정준희 Contents Creator
도서편집 이병철 Contents Creator
이근영 Contents Creator
장혜린 Contents Creator
재무관리 강현주 Managing Creator
발행처 한국외국어대학교 지식출판콘텐츠원
02450 서울특별시 동대문구 이문로 107
전화 02)2173-2493~7
팩스 02)2173-3363
홈페이지 http://press.hufs.ac.kr
전자우편 press@hufs.ac.kr
출판등록 제6-6호(1969. 4. 30)
디자인 · 편집 (주)이환디앤비 02)2254-4301
인쇄 · 제본 네오프린텍 02)718-3111

ISBN 979-11-5901-596-0 04980 정가 25,000원
ISBN 978-89-7464-008-8 04980 (세트)

*잘못된 책은 교환하여 드립니다.

HUINE은 한국외국어대학교 지식출판콘텐츠원의 어학도서, 사회과학도서, 지역학 도서 Sub Brand이다. 한국외대의 영문명인 HUFS, 현명한 국제전문가 양성(International +Intelligent)의 의미를 담고 있으며, 휴인(携引)의 뜻인 '이끌다, 끌고 나가다'라는 의미처럼 출판계를 이끄는 리더로서, 혁신의 이미지를 담고 있다.